AF777508

Revue belge
de droit international

ISSN 0035-0788

Belgian Review of International Law
Belgisch tijdschrift voor Internationaal Recht

Revue belge de droit international

VOL. XLV

2012 - 1

BRUYLANT
BRUXELLES

DOSSIER SPÉCIAL

Sous la direction de Olivier Corten, François Dubuisson et Pierre Klein

ISRAËL/PALESTINE, TROIS QUESTIONS ACTUELLES DE DROIT INTERNATIONAL

REVUE BELGE DE DROIT INTERNATIONAL
2012/1 – Éditions BRUYLANT, Bruxelles

PRÉSENTATION

PAR

Olivier CORTEN,
François DUBUISSON

ET

Pierre KLEIN

Le conflit israélo-palestinien est régulièrement au centre de l'actualité depuis la création de l'État d'Israël en 1948 et l'occupation par celui-ci des territoires palestiniens, à la suite de la guerre de juin 1967. Constitué à partir de certaines contributions à un colloque international qui s'est tenu à l'Université Libre de Bruxelles en 2011 — contributions qui ont été actualisées et retravaillées en vue de la publication — le présent dossier vise à faire le point sur certains aspects contemporains de ce conflit, en se concentrant sur trois questions de droit international : l'État, la guerre et le commerce.

Un premier volet de ce dossier est consacré à la question de l'État palestinien. Depuis la proclamation de 1988, la question de l'existence de la Palestine en tant qu'État s'est posée de façon répétée. Elle est revenue à l'ordre du jour à la suite de la procédure engagée par l'Autorité palestinienne le 22 janvier 2009 devant la Cour pénale internationale en vue de la mise en œuvre de poursuites pour les crimes qui auraient été commis à Gaza au cours de l'opération « plomb durci », menée contre ce territoire par l'armée israélienne en décembre 2008 et janvier 2009. Cette procédure a été lancée en application de l'article 12, § 3, du Statut de la C.P.I., qui vise le cas d'un « État qui n'est pas partie » au Statut. L'Autorité palestinienne a ensuite déposé des demandes d'admission auprès de plusieurs organisations internationales, ce qui a mené à l'admission de la Palestine à l'UNESCO en 2011, ainsi qu'à sa reconnaissance par l'Assemblée générale des Nations Unies comme « État non-membre observateur auprès de l'ONU », le 19 novembre 2012. C'est pour l'essentiel autour de ces questions que sont centrées les contributions de ce premier volet du dossier. Dans son étude, Jean Salmon argumente en faveur de l'existence de l'État palestinien, en s'appuyant à la fois sur des critères juridiques objectifs (en particulier les éléments constitutifs de l'État) et sur le large mouvement de reconnaissance qui s'est développé ces dernières années. Mathias Forteau apporte quant à lui une réponse moins tranchée à la question, en appliquant au précédent palestinien une conception relativiste de la définition de l'État. Ainsi, la qualification d'État serait dépendante non seulement des reconnaissances des États tiers, mais aussi de chacun des régimes juridiques dans le cadre desquels est envisagée et définie la qualité étatique.

Un deuxième volet de ce dossier s'attache à une analyse du problème de la guerre, avec des aspects qui relèvent à la fois du *jus contra bellum* et du *jus in bello*. Depuis de nombreuses années, la question de l'usage de la force par les protagonistes du conflit israélo-palestinien fait l'objet de débats juridiques approfondis. On s'est notamment demandé dans quelle mesure la légitime défense au sens de l'article 51 de la Charte des Nations Unies pouvait être invoquée par Israël pour justifier ses actions militaires dans le cadre de ce qui est présenté comme une «guerre contre le terrorisme». Plus récemment, l'interception de navires battant pavillons d'États tiers en haute mer par les forces armées israéliennes a posé la question des effets juridiques du blocus établi à l'encontre de Gaza. Ces deux questions sont traitées par Olivier Corten et Vaios Koutroulis dans leurs contributions respectives. Le premier soutient une conception symétrique de la notion de légitime défense ; ainsi, soit on estime que la Palestine n'est pas un État, et ni Israël ni la Palestine ne peuvent invoquer cette règle juridique dans leurs rapports mutuels ; soit on admet que la Palestine est devenue un État, et l'article 51 de la Charte s'applique de manière pleine et entière dans les relations israélo-palestiniennes, dans le respect des résolutions existantes du Conseil de sécurité. Quant à Vaios Koutroulis, il procède à une analyse critique des quatre rapports (un rapport israélien, un rapport turc, ainsi que deux rapports établis au sein des Nations Unies) qui ont été rendus au sujet de l'arraisonnement de la flottille, en déterminant dans quelle mesure leurs interprétations respectives du *jus in bello* correspond au droit international positif existant.

Dans un troisième et dernier volet de ce dossier, on se penche sur les questions liées au commerce. Selon de nombreuses résolutions des Nations Unies, l'avis de la Cour internationale de Justice du 9 juillet 2004 et plusieurs rapports internationaux, l'occupation du territoire palestinien par Israël s'accompagne de nombreuses violations du droit international, notamment par l'implantation de colonies, la construction d'un mur de séparation ou la destruction de maisons. Cette situation a-t-elle, au regard du droit international, des conséquences juridiques sur les relations commerciales que les États ou les entreprises privées entretiennent avec Israël ? Dans la mesure où les États sont dans l'obligation de faire respecter le droit international humanitaire et de ne prêter aucune aide ou assistance au maintien d'une situation illicite résultant d'une violation grave du droit international, doivent-ils agir afin que les entreprises relevant de leur juridiction ne contribuent pas à de telles violations ? Ces questions reçoivent des réponses contrastées de la part d'Eric David, d'une part, d'Eric de Brabandère et Larissa van den Herik, d'autre part. Le premier estime que les entreprises privées (ou certains de leurs dirigeants) qui aideraient Israël à violer gravement le droit international humanitaire peuvent, voire doivent, être poursuivies pour complicité. Les seconds estiment, en revanche, que les obligations résultant du droit international en ce domaine sont trop générales pour pouvoir donner lieu à des poursuites, lesquelles poseraient par ailleurs de sérieux problèmes sur le plan de la responsabilité pénale des entreprises privées et, plus fondamentalement, sur celui de leur personnalité juridique internationale. Par ailleurs, des campagnes de boycott ont été lancées, dans différents pays, par des mouvements associatifs à l'encontre des produits israéliens. En France, ces campagnes ont fait l'objet de poursuites pénales fondées sur leur caractère discriminatoire. Se pose ainsi la question de la licéité de ce type de protestation et des restrictions à la liberté d'expression dans le droit international des droits de l'homme. Ce point particulier est étudié par François Dubuisson, qui estime que la pénalisation des appels au boycott des produits israéliens pose des graves problèmes de compatibilité avec le droit à la liberté d'expression.

I. L'ÉTAT

REVUE BELGE DE DROIT INTERNATIONAL
2012/1 – Éditions BRUYLANT, Bruxelles

LA QUALITÉ D'ÉTAT DE LA PALESTINE

PAR

Jean SALMON*

Résumé

La Palestine doit aujourd'hui être considérée comme un État au sens du droit international. Elle remplit tous les éléments constitutifs requis par la coutume, le problème de l'effectivité du gouvernement étant la conséquence directe de l'occupation israélienne contraire au droit international. La Palestine a d'ailleurs été reconnue comme État par de très nombreux États tiers, et est devenue membre de l'UNESCO ainsi qu'« État non-membre observateur auprès de l'ONU », depuis le 19 novembre 2012. Dans ce contexte, le procureur de la Cour pénale internationale est tenu de donner suite à la demande palestinienne tendant à ce que soient évaluées les accusations de crimes de guerre lors de l'intervention israélienne dans la bande de Gaza, en 2009-2010.

Le 29 novembre 2012, l'Assemblée générale des Nations Unies adoptait le projet de résolution A/67/L.28 intitulé «Statut de la Palestine à l'ONU», qui devenait ainsi la résolution A/RES/67/19. On en trouvera le texte en annexe I. Sur 193 membres de l'ONU, 188 prirent part au vote : 138 États votèrent pour, 9 contre et il y eut 41 abstentions. La majorité des 2/3 fut ainsi acquise alors qu'une majorité simple suffisait. On trouvera le détail des votes en annexe II.

Bien qu'il s'agisse d'un problème ancien, la question de la reconnaissance de la Palestine comme État n'a jamais été aussi pertinente qu'aujourd'hui. Face à un processus de paix qui est à l'arrêt du fait de la politique d'obstruction d'Israël, à une occupation qui perdure depuis 55 ans, à une colonisation qui s'étend, à des violations du droit humanitaire constantes, à la construction d'un mur de séparation reconnue comme contraire au droit international par la Cour internationale de Justice, en un mot face à une politique israélienne tendant à rendre impossible un État palestinien viable, la reconnaissance de la Palestine comme État, apparaît comme un moyen, en confirmant un statut qui lui est dû, de freiner les visées annexionnistes d'Israël, il n'y a que la forme juridique « État » qui donne à une entité politique la plénitude de droits (et de devoirs) dans la communauté des Nations.

* Professeur émérite de l'Université Libre de Bruxelles, Centre de droit international.

Les formes qui permettent d'officialiser ce statut sont diverses : les reconnaissances bilatérales de la Palestine comme remplissant les conditions objectives de l'État, la reconnaissance collective par des organisations internationales, l'admission de la Palestine comme État membre de l'ONU, enfin, la reconnaissance par la Cour pénale internationale du statut d'État à l'occasion de la plainte de la Palestine contre Israël à la suite de l'opération «plomb durci». Ces diverses solutions rencontrent des objections qui mettent en lumière des raisonnements formalistes qui résistent difficilement à l'analyse. On envisagera successivement ces différentes possibilités et les difficultés qu'elles suscitent, en terminant par une analyse des effets de la résolution précitée du 29 novembre 2012.

I. — L'existence objective de l'État palestinien et les reconnaissances bilatérales

La reconnaissance d'État traditionnelle est un acte par lequel un État reconnaît qu'une entité déterminée sera, à son égard, dorénavant considérée comme un État dans une situation d'égalité de droit. À cet égard, la définition donnée en 1936 par l'Institut de droit international n'a pas pris une ride :

«La reconnaissance d'un État nouveau est l'acte libre par lequel un ou plusieurs États constatent l'existence sur un territoire déterminé d'une société humaine politiquement organisée, indépendante de tout autre État existant, capable d'observer les prescriptions du droit international, et manifestent en conséquence leur volonté de la considérer comme membre de la Communauté internationale» (1).

En conséquence, la reconnaissance est un acte qui n'engage que celui qui y procède. C'est un acte relatif. En d'autres termes, on peut être un État pour certains et pas pour d'autres. La question est de savoir quelles sont *les conditions* pour qu'une entité candidate soit recevable à revendiquer cette qualité. Ces conditions sont à la fois objectives (A) et subjectives (B).

A. — *Les conditions objectives de l'existence de l'État*

Si l'on considère que la reconnaissance comporte un aspect déclaratif d'une entité préexistante méritant la qualité d'État, on s'attend à ce que cette entité ait un contenu objectif. Ce dernier est caractérisé par un certain nombre de conditions que tant la pratique internationale que la doctrine énumère de la façon suivante : une population ; attachée à un territoire ; dotée

(1) I.D.I., «Résolution sur la reconnaissance des nouveaux États et des nouveaux gouvernements», 23 avril, 1936, article 1er, *A.I.D.I.*, 1936, vol. 39, t. II, pp. 300-301.

d'un gouvernement ; lequel est indépendant de tout autre (ou souverain) (2). Il est indiscutable depuis longtemps, même par ceux qui s'abstiennent encore de franchir le pas, que la Palestine possède les caractéristiques habituellement requises pour une reconnaissance d'État, à savoir un peuple, un gouvernement, un territoire et une indépendance.

Le peuple palestinien (qui dépasse les 4 millions d'individus) dispose d'un droit à l'autodétermination reconnu depuis la période mandataire ainsi que dans la résolution 181 (II) de l'Assemblée générale des Nations Unies. Son droit à l'autodétermination, y compris le droit à l'indépendance et à la souveraineté nationale, n'a cessé d'être proclamé chaque année par l'Assemblée générale de l'ONU depuis au moins trente ans (3). Dès 1980, l'Assemblée générale a proclamé les droits inaliénables du peuple palestinien, y compris : « b) le droit de créer son propre État souverain et indépendant » (4).

Il existe par ailleurs des institutions formant un gouvernement, dont les institutions internationales reconnaissent la solidité (ONU, FMI, BIRD et même l'Union européenne) (5). Ce gouvernement a la capacité d'entretenir des relations internationales par un réseau diplomatique étendu, même avec les pays qui ne le reconnaissent pas comme État. Les divergences entre l'Autorité palestinienne et le Hamas n'affectent pas l'unité de la personnalité juridique de la Palestine, représentée — comme observateur — par son représentant permanent à l'ONU. Ce gouvernement assure le contrôle du territoire. Certes, l'occupation d'une partie importante de son territoire limite l'effectivité de ce contrôle. Mais une occupation étrangère — au demeurant largement illégale — n'affecte pas la qualité de ce gouvernement.

(2) Ces caractéristiques étaient déjà énumérées dans la Convention sur les droits et devoirs des États adoptée par la septième conférence internationale américaine, convention signée à Montevideo, le 26 décembre 1933 (*R.T.S.D.N.*, n° 3802), dont l'article premier se lit comme suit :

« L'État comme personne de droit international doit réunir les conditions suivantes :

I. Population permanente.

II Territoire déterminé.

III. Gouvernement.

IV. Capacité d'entrer en relations avec les autres États ».

(3) Voy. la résolution 2535 B (XXIV) du 10 décembre 1969 de l'Assemblée générale des Nations Unies. Depuis lors, le droit à l'autodétermination du peuple palestinien a été réaffirmé chaque année par l'Assemblée générale.

(4) Résolution ES 7/2 du 29 juillet 1980.

(5) Voy. World Bank, « Sustaining Achievements in Palestinian Institution-Building and Economic Growth », Economic Monitoring Report to the Ad Hoc Liaison Committee, 18 september 2011, http://www.worldbank.org/ ; United Nations, Palestinian State Building : A Decisive Period, Ad Hoc Liaison Committee Meeting, Brussels, 13 April 2011, http://unispal.un.org. Voy. aussi « Rapport du Comité d'admission de nouveaux membres sur la demande d'admission de la Palestine à l'Organisation des Nations Unies », Conseil de sécurité, S/2011/705, § 13 : « Mention a été faite de rapports de la Banque mondiale, du Fonds monétaire international et du Comité de liaison pour la coordination de l'assistance internationale aux Palestiniens, selon lesquels les fonctions gouvernementales palestiniennes avaient actuellement atteint un stade de développement suffisant pour permettre le fonctionnement d'un État ».

La Palestine dispose aussi d'un territoire, dans les frontières telles qu'elles existaient le 4 juin 1967, c'est-à-dire constituées par les lignes d'armistice de 1949. Ce territoire a été confirmé comme suit par la Cour internationale de Justice dans son avis consultatif du 9 juillet 2004 intitulé «Conséquences juridiques de l'édification d'un mur dans le territoire palestinien occupé»:

> «Les territoires situés entre la Ligne verte (voir paragraphe 72 ci-dessus) et l'ancienne frontière orientale de la Palestine sous mandat ont été occupés par Israël en 1967 au cours du conflit armé ayant opposé Israël à la Jordanie. Selon le droit international coutumier, il s'agissait donc de territoires occupés dans lesquels Israël avait la qualité de puissance occupante. Les événements survenus depuis lors dans ces territoires tels que rapportés aux paragraphes 75 à 77 ci-dessus n'ont rien changé à cette situation. L'ensemble de ces territoires (y compris Jérusalem-Est) demeurent des territoires occupés et Israël y a conservé la qualité de puissance occupante»(6).

Peu importe que la «ligne verte» ne soit pas une frontière définitivement fixée entre Israël et la Palestine. Une indétermination relative au tracé des frontières entre un État et ses voisins n'est en rien un obstacle à sa reconnaissance. Faut-il rappeler que la prétention que ses frontières ne seraient pas définitivement fixées ne fut jamais un argument pour ne pas reconnaître Israël dont les frontières ne le sont toujours pas davantage ? Dans le plaidoyer qu'il fit au Conseil de sécurité le 2 décembre 1948, au nom des États-Unis, Philip Jessup insista sur le fait qu'Israël était un État même si ses frontières n'étaient pas fixées(7).

Enfin, on peut établir l'***indépendance de l'État palestinien,*** c'est-à-dire le fait de n'être assujetti à aucune autre puissance, de ne dépendre de la souveraineté d'aucun autre État. Cette indépendance fit l'objet d'une déclaration solennelle du Conseil national palestinien (la Déclaration de l'indépendance de l'État de Palestine) le 15 novembre 1988(8). L'Assemblée générale des Nations Unies, par une résolution du 43/177 du 15 décembre 1988(9), prit acte de cette Déclaration dans les termes suivants:

> «L'Assemblée générale, [...]
>
> Consciente de la proclamation de l'État palestinien par le Conseil national palestinien dans la ligne de la résolution 181 (II) de l'Assemblée générale et dans l'exercice des droits inaliénables du peuple palestinien ; (...)

(6) C.I.J., «Conséquences juridiques de l'édification d'un mur dans le Territoire palestinien occupé», avis consultatif du 9 juillet 2004, *Recueil 2004*, p. 167, § 78.

(7) M. WHITEMAN, *Digest of International Law*, Department of State publications 7403, vol. I, June 1963, p. 231.

(8) Déclaration d'indépendance de la Palestine, Annexe III à la Lettre datée du 18 novembre 1988 adressée au Secrétaire général par le Représentant permanent de la Jordanie auprès de l'ONU, A/43/827, S/20278. Voy. J. SALMON, «La proclamation de l'État palestinien», *A.F.D.I.*, 1988, pp. 37-62.

(9) Résolution adoptée par 104 voix contre 2 et 36 abstentions.

Prend acte de la proclamation de l'État palestinien par le Conseil national palestinien le 15 novembre 1988 ;

2. Affirme qu'il est nécessaire de permettre au peuple palestinien d'exercer sa souveraineté sur son territoire occupé depuis 1967 ».

Cette indépendance n'est pas non plus entamée par l'occupation israélienne sur certaines parties du territoire palestinien. Les arguments tendant à nier l'effectivité du gouvernement palestinien sur la base de l'occupation israélienne semblent oublier que c'est ainsi reconnaître un effet à une occupation dont il est établi depuis 1967 qu'elle doit prendre fin (demande par le Conseil de sécurité de retrait des territoire palestinien occupé depuis la résolution 242 (1967)(10)) et qu'elle est largement entachée d'illégalités.

On peut donc considérer que les conditions objectives de l'existence d'un État sont réunies depuis longtemps. C'est en partie ce qui explique que la proclamation par le Conseil national palestinien de l'État de Palestine fut suivie d'emblée d'une centaine de reconnaissances bilatérales en 1988.

B. — *La condition subjective de* l'animus — *La volonté d'être reconnu*

Le caractère formellement unilatéral de la reconnaissance dissimule le fait qu'il s'agit en réalité d'une relation bilatérale, d'un accord. On est reconnu par qui veut bien vous reconnaître et pour ce que l'on veut être reconnu.

Trois arguments ont été avancés à ce propos pour repousser un statut d'État à la Palestine, arguments qui ont ceci en commun qu'ils se rattachent à cette condition subjective qui, selon certains, n'existerait pas dans le chef de la Palestine. Ainsi, on a prétendu que cette dernière ne clarifiait pas l'espace sur lequel elle revendiquait sa souveraineté (1), que les accords d'Oslo s'opposaient à une telle revendication (2) et enfin que l'Autorité palestinienne ne s'était pas clairement proclamée elle-même comme État (3). Ces trois arguments seront réfutés successivement.

(1) Pour ce qui est de l'espace sur lequel la Palestine revendiquait sa souveraineté, *la déclaration d'indépendance du 15* novembre *1988* (11) visait déjà expressément la résolution 181 (II) du 29 novembre 1947 (plan de partage) et la déclaration politique du Conseil national de l'OLP qui accompagnait la déclaration d'indépendance (12) réclamait seulement le retrait par Israël de

(10) S/RES/242 du 22 novembre 1967. Voy. également la résolution 476 (1980), par laquelle le Conseil « réaffirme la nécessité impérieuse de mettre fin à l'occupation prolongée des territoires arabes occupés par Israël depuis 1967, y compris Jérusalem », tout en rappelant que « l'acquisition de territoires par la force est inadmissible » (résolution 476 (1980) du 30 juin 1980).

(11) Déclaration précitée ; *supra*, note 8.

(12) Déclaration politique, Annexe II à la Lettre datée du 18 novembre 1988 adressée au Secrétaire général par le Représentant permanent de la Jordanie auprès de l'ONU, A/43/827, S/20278.

tous les territoires palestiniens et arabes occupés en 1967, y inclus la partie arabe de Jérusalem.

(2) Sans doute, *les accords d'Oslo* mirent sur pied un processus de paix qui avait pour but de résoudre divers problèmes afin de permettre la coexistence de deux États côte à côte dans la paix. On en a tiré argument pour soutenir que l'Autorité palestinienne avait donné son accord pour postposer la création de l'État jusqu'à la conclusion du processus de négociation(13). À cet argument, il peut être répondu que les accords d'Oslo ne remettaient pas en cause la déclaration de 1988 ; ils en postposaient les effets concrets pour une période provisoire de 5 ans, période à l'issue de laquelle les négociations devaient être terminées, c'est-à-dire en 1998. C'est pourquoi, pour ce qui concerne la mise en veilleuse de la proclamation de l'État, les accords d'Oslo doivent être considérés comme obsolètes. Les autres objectifs des accords d'Oslo peuvent être poursuivis par l'État palestinien — dans la mesure où Israël ne s'obstinera pas à continuer à dresser tous les obstacles possibles à leur réalisation. Toute autre interprétation signifierait que la proclamation de l'État de Palestine dépendrait d'une condition purement potestative dans le chef de l'État d'Israël.

(3) S'agissant de la volonté de l'Autorité palestinienne d'être reconnue comme État, cette question fit surface à propos de la requête déposée en 2009 par la Palestine à la Cour pénale internationale à la suite de l'opération armée «plomb durci» menée par Israël contre la bande de Gaza. À cette époque, l'Autorité palestinienne ne se prononçait pas elle-même sur sa qualité d'État et sur ce en quoi elle voulait être reconnue. Depuis lors, l'Autorité palestinienne est sortie de son silence. Elle était lasse de voir le processus de paix s'éterniser et, au fil des ans, la situation dans les territoires occupés se détériorer : dépeçage et balkanisation de son territoire(14) ; édification d'un mur illégal sur son territoire ; population souffrant de brimades, d'expropriations contraires au droit humanitaire et de multiples entraves à la circulation ; problème des réfugiés restant au point mort (ces derniers ne peuvent même pas rentrer dans les territoires palestiniens occupés) ; frontières bouclées ; ressources naturelles pillées par l'occupant, *etc.* Comme le déclarait Saeb Arekat, négociateur palestinien, le 8 juin 2011,

> «Nous refusons de laisser notre État de Palestine se faire ensevelir sous quarante années d'expansion des colonies israéliennes. Nous, Palestiniens, allons continuer d'œuvrer pour la reconnaissance de notre État dans les frontières de 1967»(15).

(13) Voy. Permanent Representative to the UN, Ambassador Ron Prosor, Address to the UN Security Council, 15 October 2012, http://www.mfa.gov.il : «The Palestinian's unilateral actions are a clear breach of every agreement that they have signed with Israel, including the Oslo Accords, the Interim Agreement, and the Paris Protocol.

(14) En 1991, il y avait environ 200.000 colons israéliens dans les territoires palestiniens occupés ; aujourd'hui, on en compterait près de 600.000 (http://www.btselem.org/settlements/statistics).

(15) Dans un article paru le même jour dans le journal *Le Monde*.

Cette volonté s'est traduite par différentes démarches officielles de l'Autorité palestinienne adressant une *demande explicite* à tous les États de la communauté internationale de reconnaissance de la Palestine comme État dans ses frontières de 1967. Le président Abbas, dans la lettre de candidature à l'admission de la Palestine à l'ONU adressée au Secrétaire général des Nations Unies du 23 septembre 2011 (16), demande «l'admission de la Palestine sur la base des frontières du 4 juin 1967 avec Al-Quds Al-Sharif (Jérusalem) comme capitale». Cette lettre est signée par l'intéressé au titre de «Président de l'État de Palestine, Président du Comité exécutif de l'Organisation de libération de la Palestine».

À ce jour, environ 130 États ont reconnu la Palestine comme État dans les limites territoriales ainsi définies, parmi lesquels, deux membres permanents du Conseil de sécurité : la Russie et la Chine. Récemment, plusieurs États de l'Amérique latine (l'Argentine, le Brésil, le Paraguay, le Chili, l'Équateur, la Bolivie) et des États de l'Union européenne comme Chypre et Malte se sont aussi prononcés en ce sens (17). Près de 70 % des États du monde considèrent que la Palestine est un État. Que les autres n'aient pas encore procédé à la même reconnaissance affecte-t-il la qualité d'État de la Palestine ? Faut-il attendre que les États-Unis et Israël aient donné leur *nihil obstat*, et que leurs alliés suivent pour que, d'un coup de baguette magique, la Palestine accède à ce statut ? Ou bien faut-il reconnaître que les reconnaissances majoritaires présentes attestent une existence incontestable. Sans doute ces reconnaissances ne lient-elles que les États qui y ont procédé. Mais en revanche, les «objecteurs persistants» ne peuvent, par la simple poursuite de leur négationnisme, empêcher l'existence d'un nouvel État accepté par la majorité de la société internationale.

II. — La reconnaissance collective par des organisations internationales

Toute organisation internationale composée d'États reconnaît, par définition, le statut d'État à tout nouveau membre qu'elle admet dans son sein. En 1975, nous avions déjà signalé cette prérogative qui permet à l'Assemblée générale des Nations Unies de qualifier les situations dont elle est saisie dans l'exercice de ses compétences (18): existence d'un peuple ou d'un État, ou de se prononcer de manière inverse, avec le refus de reconnaître une situation.

La reconnaissance de la qualité d'État peut ainsi découler d'une qualification explicite donnée par l'Assemblée générale des Nations Unies. Un bon

(16) S/2011/592.

(17) Voy. la liste détaillée des reconnaissances : http://en.wikipedia.org/wiki/International_recognition_of_the_State_of_Palestine.

(18) Dans un article publié dans *Le Monde diplomatique*, avril 1975, page 21, «Une prérogative importante de l'Assemblée générale des Nations Unies : la reconnaissance de situations».

exemple est fourni par la résolution 3061 (XXVIII) du 2 novembre 1973, par laquelle l'Assemblée générale des Nations Unies s'était félicitée « de l'accession récente à l'indépendance du peuple de la Guinée-Bissau qui a créé l'État souverain qu'est la *République de Guinée-Bissau* ». C'était une consécration officielle de la qualité d'État avant l'admission qui devait avoir lieu l'année suivante, en septembre 1974. La qualification peut aussi résulter d'une invitation officielle par l'Assemblée générale de participer à une conférence des Nations Unies au titre d'État. Ainsi, l'Assemblée a invité à la Troisième Conférence des Nations Unies sur le droit de la mer, par sa résolution 3067 (XXVIII) du 10 novembre 1973, « la République de Guinée-Bissau » et « la République démocratique du Viet Nam », l'une et l'autre expressément désignées comme des « États ». Cette compétence appartient en réalité à toute organisation internationale qui admet en son sein un nouveau membre avec la qualité d'État. C'est ainsi que la Palestine s'est vue reconnaître le statut d'État par son admission à titre de membre du Mouvement des pays non alignés (19), de l'Organisation de la coopération islamique (20), du Groupe des 77 (21), de la Ligue arabe (22).

Une autre formule bien établie est celle d'observateur permanent, d'État non-membre de l'ONU. Ce statut relève de l'usage, car aucune disposition de la Charte des Nations Unies n'en fait état. Il a été très fréquemment utilisé pour de nombreux États. Ont bénéficié de ce statut dans le passé, en dehors du cas emblématique de la Suisse, les États suivants : l'Autriche de 1945 à 1955 ; la Corée du Sud de 1949 à 1991 ; la Finlande de 1952 à 1955 ; l'Italie de 1949 à 1955 ; le Japon de 1952 à 1955 ; la RFA de 1952 à 1973 ; la République du Vietnam (du Sud) de 1952 à 1977 ; l'Espagne de 1953 à 1955 ; Monaco de 1956 à 1993 ; la RDA de 1972 à 1973 ; le Bengladesh de 1972 à 1974 ; la République de Corée de 1973 à 1991 ; la Guinée-Bissau durant quelques mois en 1974 ; la République démocratique du Vietnam de 1975 à 1977. Aujourd'hui, le Saint Siège, qui n'est pas un État (mais qui représente les intérêts du Vatican qui, lui, est un État) possède depuis 1964 le statut d'observateur permanent. L'OLP possède un statut spécial d'observateur au titre de mouvement de libération nationale depuis 1974 (23) et la Palestine depuis 1988 (24). On verra ci-dessous que le statut d'observateur permanent État non-membre a été envisagé dès le 22 septembre 2011 par le président Sarkozy à la tribune

(19) La Palestine fait partie des 120 membres du groupe des pays non alignés : http://fr.wikipedia.org/wiki/Mouvement_des_non-alignés.

(20) http://fr.wikipedia.org/wiki/Organisation_de_la_coopération_islamique#Membres (depuis 1969).

(21) Aujourd'hui 132 : http://fr.wikipedia.org/wiki/Groupe_des_77.

(22) http://fr.wikipedia.org/wiki/Ligue_arabe#Pays_signataires ; l'Autorité palestinienne fait partie des 22 membres depuis 1967.

(23) Résolution 3237 (1974) du 22 novembre 1974.

(24) Par sa résolution 43/177 du 15 décembre 1988, l'Assemblée générale des Nations Unies a décidé que la désignation d'O.L.P. serait remplacée par celle de Palestine.

de l'Assemblée générale de l'ONU. Et on envisagera les conséquences de la résolution adoptée par l'Assemblée générale le 29 novembre 2012.

Mais, avant d'en arriver à ce point, il convient enfin de signaler comme particulièrement significative l'adhésion de la Palestine à l'UNESCO. Le 31 octobre 2011, la Palestine est devenue « État membre de l'UNESCO (25). Parmi les 194 États membres, 107 ont voté pour, 14 contre et il y eut 52 abstentions. Douze États n'ont pas participé au vote. On verra ci-dessous les conséquences qui sont attachées à ce nouveau statut.

III. — La tentative de la Palestine de devenir État membre de l'Organisation des Nations Unies

Dans le passé, on l'a vu, l'Assemblée générale des Nations Unies a maintes fois proclamé le droit du peuple palestinien d'exercer sa souveraineté sur son territoire occupé depuis 1967 et affirmé le droit du peuple palestinien à créer un État indépendant de Palestine (26). Toutefois, ces diverses résolutions se bornaient à n'envisager qu'un État en devenir (*ad futurum*). Le gouvernement palestinien a effectué une démarche décisive en déposant le 23 septembre 2011 sa candidature comme État membre de l'ONU, « sur la base des frontières du 4 juin 1967 avec Al-Quds Al-Sharif (Jérusalem) comme capitale » (27). Une telle candidature est-elle recevable ? À cette fin, elle doit répondre à des conditions de fond et de procédure prévues par l'article 4 de la Charte des Nations Unies.

A. — *Les conditions de fond*

Selon l'article 4, § 1, de la Charte des Nations Unies,

> « 1. Peuvent devenir Membres des Nations Unies tous autres États pacifiques qui acceptent les obligations de la présente Charte et, au jugement de l'Organisation, sont capables de les remplir et disposés à le faire ».

Cet article pose diverses conditions, qui seront examinées successivement.

1. *La qualité d'État*

La Charte ne donnant aucune définition de l'État, il s'agit d'un renvoi à la notion traditionnelle de l'État que l'on a exposée ci-dessus. La pratique universaliste de l'Organisation s'est montrée très libérale en accueillant des

(25) http://www.unesco.org/new/fr/member-states/countries. De manière similaire, la Namibie était devenue membre de l'OIT en 1978 avant son entrée à l'ONU en 1990.

(26) Voy. p. ex A/RES 62/146 du 18 décembre 2007, A/RES /64/438 du 18 décembre 2009, A/RES/65/16 du 30 novembre 2010 et A/RES/66/146 du 19 décembre 2011.

(27) Demande d'admission de l'État de Palestine à l'Organisation des Nations Unies, 23 septembre 2011, A/66/371, S/2011/592.

micro-États, des États divisés, des États neutres, voire des États dont l'indépendance pouvait, à l'époque de leur admission, être problématique (Inde, Biélorussie, Ukraine).

2. *Le caractère «pacifique»*

Seul le cas de l'Espagne franquiste s'est posé aux origines de l'ONU (28). Depuis, cette condition n'a plus été évoquée pour évaluer l'admission d'un nouveau membre.

3. *L'acceptation des obligations de la Charte*

Ici également, la condition semble devenue essentiellement théorique. En pratique, on se contente d'une déclaration officielle par le candidat qu'il serait malséant de contester. En l'occurrence, la Palestine a depuis longtemps formulé une telle déclaration.

4. *La capacité de respecter ces obligations*

La question s'est essentiellement posée à propos des micro-États, mais aucun critère d'incapacité n'a été retenu comme décisif. En ce qui concerne l'importance de la population, on s'est montré de plus en plus permissif, comme l'illustrent les exemples des Seychelles (50.000 habitants), d'Andorre et de Monaco (30.000 habitants), ou du Liechtenstein (12.000 habitants). Quant à l'étendue du territoire, on sait que Monaco ne dispose que de 2,5 km^2. Enfin, la viabilité économique n'a pas été retenue comme critère, ce qui aurait d'ailleurs posé problème à bon nombre de membres des Nations Unies.

Par son avis du 28 mai 1948 (29), la Cour internationale de Justice a déclaré que ces conditions étaient limitativement énumérées. Depuis le mouvement de décolonisation des années 1960, l'admission est devenue pratiquement automatique et l'examen des conditions de fond purement formel.

B. — *Les conditions de procédure*

En application de l'article 4, § 2, de la Charte,

> «L'admission comme Membres des Nations Unies de tout État remplissant ces conditions se fait par décision de l'Assemblée générale sur recommandation du Conseil de sécurité».

(28) À la Conférence de San Francisco, une motion interprétative proposée par le Mexique et adoptée à l'unanimité a déclaré que «les États dont les régimes ont été établis avec l'aide des forces militaires appartenant aux pays ayant fait la guerre contre les Nations Unies ne seront pas admis aussi longtemps que ces régimes se maintiendront au pouvoir». L'Espagne était directement visée. L'Assemblée générale recommanda, le 12 décembre 1946 par sa résolution 39 (I), que l'on empêche le Gouvernement espagnol franquiste d'adhérer aux institutions reliées aux Nations Unies.

(29) C.I.J., «Conditions de l'admission d'un État comme Membre des Nations Unies (article 4 de la Charte)», avis consultatif du 28 mai 1948, *Recueil 1948*, pp. 62-64.

Les décisions de l'Assemblée générale en matière d'admission de nouveaux membres sont considérées comme importantes aux termes de l'article 18, § 2 :

> «2. Les décisions de l'Assemblée générale sur les questions importantes sont prises à la majorité des deux tiers des membres présents et votants. Sont considérées comme questions importantes : [...] l'admission de nouveaux Membres dans l'Organisation, [...]».

Elles doivent par conséquent être prises à la majorité des deux tiers des membres présents et votants.

Ces décisions sont toutefois subordonnées à une recommandation du Conseil de sécurité. L'admission d'un nouvel État membre ne pouvant être rangée parmi les questions de procédure, l'article 27, § 3 s'applique, c'est-à-dire que le veto d'un membre permanent du Conseil peut empêcher l'adoption d'une résolution favorable à l'admission. L'abstention, en revanche, ne fait pas obstacle à la prise de décision. L'admission peut aussi se faire sans vote, pourvu que l'intention des membres du Conseil soit incontestable. En témoigne par exemple l'adoption sans vote, par le Conseil, des résolutions 753 et 754 recommandant à l'Assemblée générale l'admission respectivement de la Slovénie et de la Croatie à l'ONU et la résolution 755 relative à la Bosnie-Herzégovine. En l'absence de résolution du Conseil, l'Assemblée générale ne peut passer outre. La recommandation fait défaut (30).

En pratique, les vetos ont été fréquents à l'époque de la guerre froide, pendant le blocage de 1945 à 1955 affectant les États ex-ennemis ou neutres de la Seconde Guerre mondiale et quelques États décolonisés. L'Assemblée, à dominante anti-communiste, n'accordait pas sa voix aux États socialistes. En rétorsion, l'Union soviétique opposait son veto à l'admission des autres candidats. Finalement, une solution de *package deal* fut acceptée par l'Occident en 1955, ce qui aboutit à l'admission en bloc de 16 nouveaux membres. Par la suite, les vetos vinrent surtout des États-Unis : de 1972 à 1974 : veto chinois à propos du Bangladesh ; en 1975 : veto américain pour les deux Vietnam ; de juin à décembre 1976 : veto américain pour l'Angola (à cause de la présence de troupes cubaines en Angola) ; de 1976 à 1977 : veto américain (14 voix c. 1) pour la République Socialiste du Vietnam (justification donnée : l'absence d'informations sur les soldats américains portés disparus pendant la guerre).

La candidature palestinienne a suivi la procédure usuelle : déclaration officielle de demande d'admission assortie d'une acceptation des obligations de la Charte remise au Secrétaire général, lequel la transmit au président du Conseil de sécurité. Celui-ci saisit le Comité d'admission de nouveaux membres en vue d'un examen préalable. Ce dernier présenta son rapport le

(30) C.I.J., «Compétence de l'Assemblée générale pour l'admission d'un État aux Nations Unies», avis consultatif du 3 mars 1949, *Recueil 1949*, p. 10.

11 novembre 2011(31). Le rapport passe en revue très systématiquement tous les arguments échangés, sans mentionner quel État les a exprimés et sans prendre position dans un sens ou un autre. Il conclut que le Comité n'est pas parvenu à un consensus sur une recommandation à adresser au Conseil de sécurité. À la lecture des différentes positions exprimées, on constate que plusieurs États ont repoussé les arguments hostiles à l'admission de la Palestine comme État membre. On se bornera à mentionner celles qui nous paraissent les plus pertinentes.

> «7. [...] Il a encore été affirmé que la question de la reconnaissance de la qualité d'État à la Palestine ne pouvait et ne devait pas être subordonnée à l'issue des négociations entre Palestiniens et Israéliens; dans le cas contraire, cette reconnaissance dépendrait de l'approbation d'Israël, ce qui reviendrait à accorder à la Puissance occupante un droit de veto sur le droit du peuple palestinien à l'autodétermination, un droit que l'Assemblée générale avait déclaré inaliénable en 1974» [...].
>
> «11. [...] Il a été avancé que l'occupation par Israël était un facteur qui empêchait le Gouvernement palestinien de contrôler pleinement son territoire. Toutefois, il a été souligné que l'occupation par une puissance étrangère n'impliquait pas que la souveraineté du territoire occupé devait être transférée à la Puissance occupante)» [...].
>
> «12. En ce qui concerne l'existence d'un gouvernement, il a été avancé que la Palestine remplissait cette condition. Toutefois, il a été déclaré que le Hamas contrôlait 40 % de la population de la Palestine et, qu'en conséquence, on ne pouvait considérer que l'Autorité palestinienne exerçait un contrôle effectif sur le territoire qu'elle revendiquait. Il a cependant été souligné que l'Organisation de libération de la Palestine, et non pas le Hamas, était le représentant légitime du peuple palestinien» [...]. En outre, plus de 130 États avaient reconnu la Palestine en tant qu'État souverain indépendant» [...].
>
> «16. D'aucuns se sont interrogés sur la question de savoir si la Palestine était effectivement un état épris de paix, étant donné que le Hamas refusait de renoncer au terrorisme et à la violence et avait pour objectif déclaré la destruction d'Israël. D'un autre côté, il a été fait mention de l'avis consultatif de la Cour internationale de Justice rendu en 1971 au sujet de la Namibie, selon lequel les seuls actes qui peuvent être imputés à un État sont ceux de l'autorité étatique reconnue».

Selon certaines informations, la candidature palestinienne, si elle avait été mise aux voix, n'aurait pas recueilli la majorité nécessaire de 9 membres pour l'adoption d'une résolution, notamment du fait de certaines abstentions(32). Cela évitait aux États-Unis d'apparaître comme mettant obstacle à cette résolution par un veto.

En conclusion, il apparaît clairement que les conditions nécessaires à la création d'un État palestinien ne sont pas sérieusement mises en doute et

(31) Rapport du Comité d'admission de nouveaux membres sur la demande d'admission de la Palestine à l'Organisation des Nations Unies, 11 novembre 2011, S/2011/705.

(32) K. Lebhour, «Le Conseil de sécurité devrait entériner l'échec de la demande d'adhésion palestinienne à l'ONU», http://www.rfi.fr/moyen-orient/20111111-le-conseil-securite-enterine-echec-demande-adhesion-palestinienne-onu.

que c'est essentiellement l'obstruction des États-Unis, indéfectible soutien de l'État d'Israël, qui fait obstacle à l'admission de la Palestine comme État membre de l'ONU. Dans ces conditions, l'octroi à la Palestine du statut d'État non-membre avec qualité d'observateur est devenu une question d'actualité. Selon le rapport du comité d'admission de nouveaux membres du Conseil de sécurité, cette possibilité a été mentionnée en son sein :

> «20. En outre, il a été proposé qu'à titre de mesure intermédiaire, l'Assemblée générale adopte une résolution par laquelle la Palestine obtiendrait le statut d'État observateur».

Pour des raisons de principe qui se comprennent, la Palestine, qui attend depuis 1947 de siéger à l'ONU aux côtés d'Israël, comme il était prévu en 1948, et qui est lasse de voir le Quatuor faire dépendre son statut du bon vouloir d'Israël, lequel engrange chaque année des états de fait territoriaux illicites, n'avait, jusqu'à récemment, pas répondu à cette proposition. Cependant, le 8 juin 2012, à l'occasion d'une rencontre avec le président Hollande à Paris, M. Mahmoud Abbas a annoncé que la Palestine était disposée à accepter un statut d'État non-membre de l'ONU (33). Cette réduction des ambitions palestiniennes, explicable par le blocage de la procédure d'admission en tant que membre, ne doit, pour autant, être assimilée à une défaite dans les circonstances. Le statut d'État non-membre observateur a été celui de la Suisse pendant 54 ans, et elle ne s'en portait pas plus mal. Dans l'optique de ses dirigeants, le statut de la Palestine recevrait de cette façon une consécration indiscutable et généralisée attachée à la qualification «d'État du droit des gens». Dès cette reconnaissance acquise, s'appliqueraient à elle, désormais sans contestation, toutes les déclarations de l'Assemblée générale qui ont proclamé les droits et devoirs «des États» qui nourrissent une large partie des manuels de droit international public. On pense en particulier à tous les principes des relations amicales, c'est-à-dire les principes de l'article 2 de la Charte dont il est admis par la Cour internationale de Justice qu'ils s'appliquent au titre du droit coutumier «à tout État» : l'interdiction du recours à la force, l'inviolabilité territoriale, la légitime défense contre l'agression, la non-intervention dans les affaires intérieures, le règlement pacifique des différends, *etc.* (34). Une telle démarche visait indéniablement à renforcer la défense de son inviolabilité territoriale. C'est d'ailleurs ce qui explique qu'Israël a continué à s'opposer frénétiquement à tout statut d'État, en vain, comme on le constatera en prenant en compte les conséquences juridiques de la résolution adoptée par l'Assemblée générale le 29 novembre 2012. Mais, avant d'en arriver là, il faut examiner de quelle manière le débat s'est déplacé devant la Cour pénale internationale.

(33) http://www.ladepeche.fr/article/2012/06/08/1373199-palestine-a-paris-abbas-se-dit-d-accord-pour-un-statut-d-etat-non-membre-a-l-onu.html

(34) C.I.J., «Activités militaires et paramilitaires au Nicaragua et contre celui-ci», arrêt du 27 juin 1986, *Recueil 1986*, pp. 146 et 147, § 292.

IV. — Les ambiguïtés de la Cour pénale internationale

Le 22 janvier 2009, Ali Khashan, ministre de la Justice du gouvernement de la Palestine déposa, au titre de l'article 12, paragraphe 3 du Statut de la C.P.I., (qui vise un État qui n'est pas partie au Statut, mais sur le territoire duquel le crime a été commis) une déclaration par laquelle son gouvernement consentait à ce que la Cour exerce sa compétence à l'égard d'« actes commis sur le territoire de la Palestine à partir du 1er juillet 2002 » (35).

Le 3 avril 2012, le Bureau du Procureur de la Cour a rendu public un rapport sur la recevabilité de cette requête au regard des conditions préalables à l'exercice de la compétence de la Cour en vertu de l'article 12 du Statut de Rome (36). Dans son rapport, dont le texte complet peut être consulté en annexe III de la présente contribution, le Procureur expose quelle méthode il a suivie pour déterminer si la Palestine était ou non un État. Il déclare suivre la jurisprudence établie par le Secrétaire général des Nations Unies :

> « Dans les cas où la question de savoir si le requérant peut être considéré ou non comme un "État" est sujette à controverse ou fait débat, le Secrétaire général suit habituellement les recommandations de l'Assemblée générale, dont les résolutions fournissent à ce titre des indications permettant d'y répondre » (37).

La référence au rôle de l'Assemblée générale des Nations Unies pour interpréter une convention qui n'a pas été élaborée au sein de l'Organisation des Nations Unies peut sembler inattendue. Le Statut de Rome du 17 juillet 1998 a été adopté au sein d'un autre forum, étranger à l'ONU. La Cour pénale internationale ne fait pas partie de ce qu'il est convenu d'appeler « le système des Nations Unies », même si le Conseil de sécurité peut, agissant dans le cadre du chapitre VII de la Charte, déférer au Procureur une situation où un ou plusieurs crimes paraissent avoir été commis (38). Le seul lien organique entre le Statut de la Cour pénale internationale et l'Organisation des Nations Unies est le choix du dépositaire des instruments de consentement à être lié par ce traité. En effet, selon l'article 125, paragraphe 3 du Statut :

> « Le présent Statut est ouvert à l'adhésion de tous les États. Les instruments seront déposés auprès du Secrétaire général de l'Organisation des Nations Unies ».

(35) Declaration recognizing the jurisdiction of the International Criminal Court, 21 janvier 2009, http://www.icc-cpi.int/NR/rdonlyres/74EEE201-0FED-4481-95D4-C8071087102C/279777/20090122PalestinianDeclaration2.pdf.

(36) Bureau du Procureur, « Situation en Palestine », 3 avril 2012, *Bulletin d'information hebdomadaire du Bureau du Procureur de la Cour pénale internationale*, n° 116, 27 mars — 3 avril 2012 ; http://www.icc-cpi.int/fr_menus/icc/structure%20of%20the%20court/office%20of%20the%20prosecutor/comm%20and%20ref/decision%20not%20to%20proceed/palestine/Pages/update%20on%20situation%20on%20palestine.aspx.

(37) *Ibid.*, § 5.

(38) Article 13, b), du Statut de Rome.

Le Bureau du Procureur estime qu'«[a]ucune disposition du Statut n'autorise le Bureau du Procureur à adopter une méthode visant à définir le terme "État" au regard de l'article 12-3 qui s'écarterait de celle établie aux fins de l'article 12-1» (ce dernier étant relatif à l'acceptation de la compétence de la Cour par une *partie au Statut*) (39). Pour devenir partie au Statut, la Palestine aurait du y adhérer et déposer son instrument d'adhésion auprès du Secrétaire général des Nations Unies. Dans cette hypothèse, le Procureur aurait donc de même été renvoyé aux recommandations de l'Assemblée générale. Le procureur examine ensuite la pratique de l'Organisation des Nations Unies à propos de la Palestine et note que, jusqu'à présent, aucun statut d'État ne lui a été reconnu par l'Assemblée générale (40). La Palestine n'est reconnue que comme «observateur» et le Conseil de sécurité n'a pas encore répondu à sa demande d'adhésion comme État membre. Il en découle que tant que ce point de droit n'aura pas été élucidé, le Bureau du procureur ne peut considérer que compétence lui est attribuée pour examiner l'affaire.

Le raisonnement du Bureau du Procureur a de quoi surprendre. Le recours à l'avis de l'Assemblée on l'a vu, est motivé comme suit :

> «Dans les cas où la question de savoir si le requérant peut être considéré ou non comme un "État" est sujette à controverse ou fait débat, le Secrétaire général suit habituellement les recommandations de l'Assemblée générale, dont les résolutions fournissent à ce titre des indications permettant d'y répondre» (41).

Cette phrase est suivie de la note en bas de page suivante :

> «Cette thèse est présentée dans les dispositions interprétatives adoptées par l'Assemblée générale lors de sa 2202e séance plénière du 14 décembre 1973 ; voir *Précis de la pratique du Secrétaire général en tant que dépositaire de traités multilatéraux*, ST/LEG/7/Rev.1, par. 81-83 ; http://treaties.un.org/doc/source/publications/practice/summary_ french.pdf» (42).

Les paragraphes 81-83 du *Précis de la pratique du Secrétaire général en tant que dépositaire de traités multilatéraux* auxquels le Procureur se réfère sont très instructifs. Ils se réfèrent à deux types de clauses d'adhésion connues dans la pratique des Nations Unies dont il convient de rappeler la substance. La première, connue sous le nom de «clause de Vienne», prévoyait que pouvaient adhérer aux traités tous les États membres de l'Organisation des Nations Unies, ou membres des institutions spécialisées ou parties au statut de la Cour internationale de Justice. Cette clause avait un but politique bien précis : interdire aux parties socialistes des États divisés l'accès aux conventions contenant ladite clause. En effet, la République du Viet-nam (Sud), la Corée du Sud et la République fédérale d'Allemagne avaient été admises dans les institutions spécialisées ; la République démocratique

(39) Décision du procureur, précitée, § 6.
(40) *Ibid.*, § 7.
(41) *Ibid.*, § 5.
(42) *Ibid.*, p. 2, note 3.

du Vietnam, la Corée du Nord et la République démocratique allemande ne l'avaient pas été. Quant à la référence aux États non-membres des Nations Unies parties au statut de la Cour internationale de Justice, elle visait la Suisse et le Liechtenstein. La seconde, répondant à la dénomination «clause tous États»(43), était utilisée pour certains traités, notamment relatifs au domaine nucléaire, auxquels on tenait à ce que les parties socialistes des États divisés adhèrent. Cette clause était liée à la désignation de trois capitales dépositaires : Washington, Londres et Moscou. Ainsi, les pays socialistes pouvaient adhérer en déposant leur instrument d'adhésion à Moscou. La qualité d'État se trouvait de cette manière acquise tout en étant relativisée selon la localisation du dépositaire.

Cette explication étant donnée, on nous pardonnera de donner *in extenso* le contenu des paragraphes 81 à 83 dudit *Précis* :

«*2. La formule "tous les États"*

81. Il reste qu'un certain nombre de traités adoptés par l'Assemblée générale ont été ouverts à la participation de "tous les États" sans autre précision (voir par exemple la Convention sur l'élimination et la répression du crime d'apartheid et la Convention sur la prévention et la répression des infractions contre les personnes jouissant d'une protection internationale, y compris les agents diplomatiques). Interrogé sur son interprétation de la formule "tous les États", le Secrétaire général a, en diverses occasions, souligné qu'il existe dans le monde certaines régions dont le statut n'est pas clairement défini. S'il lui fallait adresser une invitation à un pays se trouvant dans ce cas ou en recevoir un instrument d'adhésion, il devrait faire face à une situation très délicate, à moins que l'Assemblée ne lui donne des directives explicites quant aux pays entrant dans la catégorie définie par les termes "tout État" ou "tous les États". Le Secrétaire général ne souhaite pas avoir à trancher, de sa propre initiative, une question politique aussi brûlante et controversée que celle de savoir si des pays dont le statut n'est pas clairement établi sont des États et considère qu'une telle décision ne relève pas de sa compétence. Il ne serait donc à même de donner effet à la formule "tous les États" ou "tout État" que si l'Assemblée générale devait lui fournir une liste complète des pays couverts par cette formule *autres que ceux qui entrent dans le champ de la "formule de Vienne", c'est-à-dire les États membres de l'Organisation des Nations Unies ou membres des institutions spécialisées ou parties au Statut de la Cour internationale de Justice.*

3. La pratique de l'Assemblée générale

82. Cette pratique du Secrétaire général s'est imposée et a été clairement énoncée dans le texte ci-après adopté sans objection par l'Assemblée générale à sa 2202[e] séance plénière, le 14 décembre 1973, en tant qu'accord entre les membres de l'Assemblée :

"II est entendu que le Secrétaire général en s'acquittant de ses fonctions de dépositaire d'une convention contenant la clause 'tous les États' suivra la pratique de l'Assemblée générale dans l'application de cette clause et que, chaque fois que cela sera opportun, il sollicitera l'avis de l'Assemblée avant de recevoir une signature ou un instrument de ratification ou d'adhésion".

(43) V. v°clause «tout État» dans J. Salmon (dir.), *Dictionnaire de droit international public*, Bruxelles, A.U.F., 2001, p. 187.

> 83. La "pratique de l'Assemblée générale" à laquelle le texte ci-dessus fait référence se déduit d'indications par lesquelles l'Assemblée manifeste sans ambiguïté *qu'elle considère une entité particulière comme un État, même si les critères de la formule de Vienne ne sont pas satisfaits.* On trouve de telles indications, par exemple, dans la résolution 3067 (XXVIII) du 10 novembre 1973 par laquelle l'Assemblée a invité à la Troisième Conférence des Nations Unies sur le droit de la mer, outre les États que couvrait à l'époque la formule de Vienne, désormais bien établie, "la République de Guinée-Bissau" et "la République démocratique du Viet Nam", l'une et l'autre expressément désignées comme des "États" »(44).

Il résulte de ce texte que l'interprétation que le Secrétaire général, en tant que dépositaire, attribue à l'expression «tout État» repose sur la pratique de l'Assemblée. Il s'agit d'un élément d'un ensemble composé d'une part des États visés par la clause de Vienne «c'est-à-dire les États membres de l'Organisation des Nations Unies ou membres des institutions spécialisées ou parties au Statut de la Cour internationale de Justice» et d'autre part des États déterminés par «la pratique de l'Assemblée générale qui se déduit d'indications par lesquelles l'Assemblée manifeste sans ambiguïté *qu'elle considère une entité particulière comme un État, même si les critères de la formule de Vienne ne sont pas satisfaits*». Il en découle que lorsque le traité comporte la clause «tous État», il est ouvert aux États membres de l'Organisation des Nations Unies ou membres des institutions spécialisées ou parties au Statut de la Cour internationale de Justice ainsi qu'à ceux que l'Assemblée générale considère comme un État, même si les critères de la formule de Vienne ne sont pas satisfaits.

On est en droit de s'étonner que le Bureau du Procureur n'ait pas appliqué au cas d'espèce les règles qu'il invoquait lui-même. Il était en effet incontesté à la date de diffusion de la note du Bureau du procureur, le 3 avril 2012, que depuis le 31 octobre 2011, la Palestine était un État membre de l'UNESCO. Cette dernière est une *institution spécialisée* des Nations Unies. La Palestine est, par les dispositions mêmes dont le Bureau du procureur se targue, un État en droit d'adhérer au Statut de Rome de la Cour pénale internationale aux termes de l'article 125 dudit Statut et *a fortiori*, en attendant qu'elle y ait procédé, un État pouvant se prévaloir de l'article 12, paragraphe 3 du Statut (45).

Par ailleurs, et on en arrive ainsi à la dernière partie de notre raisonnement, il est évident que la question ne peut plus être évaluée de la même manière depuis l'adoption, le 29 novembre 2012, de la résolution de l'Assemblée générale consacrée au «Statut de la Palestine à l'ONU».

(44) Nous soulignons.

(45) Par la même occasion, au titre d'État, la Palestine pourrait adhérer aux conventions multilatérales ouvertes «à tous les États». Ce qui veut dire notamment parmi beaucoup d'autres, les conventions de Genève et leurs protocoles.

V. — Les conséquences juridiques de l'adoption de la résolution de l'Assemblée générale sur le «Statut de la Palestine à l'ONU»

La résolution adoptée par l'Assemblée générale des Nations Unies le 29 novembre dernier, par 138 voix contre 9 et 41 abstentions(46), est historique. Sans doute, l'essentiel était que par cette résolution, l'Assemblée générale reconnaissait à la Palestine le statut d'État *non-membre* observateur à l'ONU — on reviendra plus loin sur la signification de ce vote (B). Mais la résolution comprend un autre volet. Elle fait le point sur toutes les règles de droit international qui gouvernent le statut de la Palestine (A).

A. — *Les règles de droit international gouvernant le statut de la Palestine*

L'Assemblée fait une synthèse de toutes les règles et principes de droit qui encadrent le statut de la Palestine. Elle rappelle tout d'abord la résolution 181 (II) du 29 novembre 1947, adoptée il y a exactement 65 ans, qui prévoyait la création de deux États sur le territoire qui se trouvait encore pour quelques mois sous mandat de la Grande-Bretagne. Puis elle aborde, sans grand souci didactique il est vrai, une série de principes qui ont jalonné les prises de position des organes des Nations Unies :

— le principe de l'inadmissibilité de l'acquisition de territoire par la force énoncé dans la Charte ;

— les résolutions de base du Conseil de sécurité à commencer par la *résolution 242 (1967)* qui condamne l'«acquisition de territoire par la guerre», demande le «retrait des forces armées israéliennes des territoires occupés» et affirme «l'inviolabilité territoriale et l'indépendance politique» de chaque État de la région.

— La *résolution 338 (1973)*, par laquelle le Conseil de sécurité demande aux parties en cause de commencer immédiatement l'application de la résolution 242 (1967) du Conseil de sécurité dans toutes ses parties.

— La *résolution 446 (1979)*, par laquelle le Conseil exige l'arrêt des «pratiques israéliennes visant à établir des colonies de peuplement dans les territoires palestiniens et autres territoires arabes occupés depuis 1967», déclare que ces pratiques «n'ont aucune validité en droit» et demande à Israël de respecter la convention de Genève relative à la protection des personnes civiles en temps de guerre.

— La *résolution 478 (1980)*, par laquelle le Conseil demande à Israël de mettre fin à l'occupation de Jérusalem et de mettre fin aux modifications du caractère juridique et géographique de la ville. Cette résolution faisait

(46) A/RES/67/19. V. les annexes 1 et 2 au présent article.

suite au non-respect par Israël de la résolution 476 du 30 juin 1980 — une décision condamnant la loi israélienne votée par la Knesset la même année instituant Jérusalem comme capitale « une et indivisible » de l'État d'Israël.

— La *résolution 1397 (2002)*, par laquelle le Conseil de sécurité demande la « cessation immédiate de tous les actes de violence, y compris tous les actes de terreur et toutes provocations, incitations et destructions », et réclame la coopération des Israéliens et des Palestiniens visant à la reprise des négociations.

— La *résolution 1515 (2003)*, par laquelle le Conseil se déclare « attaché à la vision d'une région dans laquelle deux États, Israël et la Palestine, vivent côte à côte, à l'intérieur de frontières sûres et reconnues », et demande en conséquence aux parties en conflit de s'acquitter des obligations relatives à la « feuille de route » du Quartet.

— Enfin, la *résolution 1850 (2008)*, laquelle soutient le processus d'Annapolis, et demande aux parties de « s'abstenir de toute mesure susceptible d'entamer la confiance » et de ne pas « remettre en cause l'issue des négociations ».

— L'Assemblée générale rappelle ensuite les principes suivants :

— l'application de la Convention de Genève relative à la protection des personnes civiles en temps de guerre du 12 août 1949 au *territoire palestinien occupé, y compris Jérusalem-Est* ;

— le droit du peuple palestinien à l'autodétermination, y compris son droit à *un État indépendant* de Palestine ;

— l'obligation pour Israël de *se retirer du territoire occupé depuis 1967, y compris Jérusalem-Est,*

— le problème des *réfugiés* qui doit être réglé conformément à la résolution 194 (III) ;

— l'illégalité des activités israéliennes d'*implantation* dans le Territoire palestinien occupé, y compris Jérusalem-Est, qui doivent cesser entièrement ; l'avis consultatif de la Cour internationale de Justice sur les *Conséquences juridiques de l'édification d'un mur dans le Territoire palestinien occupé* du 9 juillet 2004, qui avait démontré l'illégalité de cette construction, est rappelé ;

— l'Assemblée souligne que la Communauté internationale ne reconnaît pas *l'annexion de Jérusalem-Est* et que la question du statut de Jérusalem, *capitale des deux* États doit être réglée par la négociation ;

— l'Assemblée générale rappelle sa résolution du 58/292 du 6 mai 2004, qui affirme notamment que le statut du territoire palestinien occupé depuis 1967, y compris Jérusalem-Est, reste un *statut d'occupation militaire* et que conformément au droit international et aux résolutions pertinentes des Nations Unies, le peuple palestinien a le droit de disposer de lui-même et d'exercer sa *souveraineté* sur son territoire

— elle réaffirme son attachement, conforme au droit international, à la solution prévoyant deux États, avec *un État palestinien indépendant et souverain, démocratique, viable et d'un seul tenant,* vivant dans la paix et la sécurité côte à côte avec Israël, *sur la base des frontières d'avant 1967,*

— elle rappelle le fait que le Gouvernement de l'État d'Israël et l'Organisation de libération de la Palestine, représentante du peuple palestinien, se sont mutuellement reconnus le 9 septembre 1993,

— elle affirme le droit de tous les États de la région de vivre en paix à l'intérieur de *frontières sûres et reconnues* au niveau international,

— elle accueille avec satisfaction les opinions favorables concernant l'état d'avancement de la création de l'État exprimées par la Banque mondiale, l'Organisation des Nations Unies et le Fonds monétaire international, et reprises dans les conclusions formulées par le Président du Comité spécial de liaison en avril 2011 et par la suite, à savoir que l'Autorité palestinienne a dépassé le seuil à partir duquel un État devient fonctionnel dans les principaux secteurs étudiés,

— elle prend enfin acte que 132 États membres de l'Organisation des Nations Unies ont reconnu l'État de Palestine, et que l'État de Palestine est membre de diverses organisations internationales y compris l'UNESCO.

En conclusion de ce long préambule, l'Assemblée :

> « 1. *Réaffirme* le droit du peuple palestinien à l'autodétermination et à l'indépendance dans un État de Palestine situé sur le territoire palestinien occupé depuis 1967 ;
>
> 2. *Décide* d'accorder à la Palestine le statut d'État non-membre observateur auprès de l'Organisation des Nations Unies, sans préjudice des droits et privilèges acquis et du rôle de l'Organisation de libération de la Palestine auprès de l'Organisation des Nations Unies en sa qualité de représentante du peuple palestinien, conformément aux résolutions et à la pratique existant en la matière ;
>
> 3. *Espère* que le Conseil de sécurité examinera favorablement la demande présentée le 23 septembre 2011 par l'État de Palestine, qui souhaite devenir membre de plein droit de l'Organisation des Nations Unies ».

B. — *Le statut d'État observateur non-membre*

L'importance de ce long préambule réside aussi en ceci qu'il justifie l'octroi à la Palestine du statut d'État observateur non-membre. Son territoire est bien précisé : il s'agit de celui qu'Israël a occupé depuis 1967, y compris Jérusalem Est dont l'annexion par Israël n'est pas reconnue par la communauté internationale. Le gouvernement de la Palestine a dépassé le seuil auquel un État devient opérationnel aux yeux d'institutions spécialisées particulièrement exigeantes. L'occupation étrangère doit cesser, comme les implantations en territoire occupé. La Palestine jouit de la souveraineté sur son territoire. Certes, l'Assemblée générale n'est pas censée reconnaître les

États ; il n'en demeure pas moins que la qualification qu'elle détermine est le résultat de votes d'États souverains qui, lorsqu'ils se prononcent par un vote affirmatif, reconnaissent que l'entité visée est un État — sauf à plonger dans la schizophrénie. À partir de ce moment, il n'est plus contestable que l'entité qui bénéficie de cette qualification est titulaire des droits et des obligations que le droit international confère à l'État du droit des gens. Certains essayeront en vain de soutenir que la résolution pourrait ne traiter que d'un État « en devenir ». On ne voit toutefois pas comment cette position pourrait être compatible avec le dispositif de la résolution, en particulier son troisième alinéa, qui demande au Conseil de sécurité d'admettre la Palestine comme État membre des Nations Unies.

ANNEXE I

Résolution adoptée par l'Assemblée générale

[*sans renvoi à une grande commission (A/67/L.28 et Add.1)*]

67/19. Statut de la Palestine à l'Organisation des Nations Unies

L'Assemblée générale,

Guidée par les buts et principes énoncés dans la Charte des Nations Unies et soulignant à cet égard le principe de l'égalité de droits des peuples et de leur droit de disposer d'eux-mêmes,

Rappelant sa résolution 2625 (XXV) du 24 octobre 1970[1], par laquelle elle a affirmé notamment le devoir qu'a tout État de favoriser, conjointement avec d'autres États ou séparément, la réalisation du principe de l'égalité de droits des peuples et de leur droit de disposer d'eux-mêmes,

Soulignant qu'il importe de maintenir et consolider la paix internationale en se fondant sur la liberté, l'égalité, la justice et le respect des droits fondamentaux de la personne humaine,

Rappelant sa résolution 181 (II) du 29 novembre 1947,

Réaffirmant le principe, énoncé dans la Charte, de l'inadmissibilité de l'acquisition de territoire par la force,

Réaffirmant également les résolutions du Conseil de sécurité sur la question, notamment les résolutions 242 (1967) du 22 novembre 1967, 338 (1973) du 22 octobre 1973, 446 (1979) du 22 mars 1979, 478 (1980) du 20 août 1980, 1397 (2002) du 12 mars 2002, 1515 (2003) du 19 novembre 2003 et 1850 (2008) du 16 décembre 2008,

Réaffirmant en outre que la Convention de Genève relative à la protection des personnes civiles en temps de guerre, du 12 août 1949[2], est applicable au Territoire palestinien occupé, y compris Jérusalem-Est, notamment en ce qui concerne le sort des prisonniers,

---

[1] Déclaration relative aux principes du droit international touchant les relations amicales et la coopération entre les États conformément à la Charte des Nations Unies.

[2] Nations Unies, *Recueil des Traités*, vol. 75, n° 973.

Réaffirmant sa résolution 3236 (XXIX) du 22 novembre 1974 et toutes les résolutions sur la question, dont la résolution 66/146 du 19 décembre 2011, réaffirmant le droit du peuple palestinien à l'autodétermination, y compris son droit à un État indépendant de Palestine,

Réaffirmant également ses résolutions 43/176 du 15 décembre 1988 et 66/17 du 30 novembre 2011 et toutes les résolutions concernant le règlement pacifique de la question de Palestine qui soulignent, entre autres, qu'Israël doit se retirer du territoire palestinien occupé depuis 1967, y compris Jérusalem-Est, que les droits inaliénables du peuple palestinien, à commencer par le droit de disposer de lui-même et de créer un État indépendant, doivent être réalisés, qu'un règlement équitable du sort des réfugiés de Palestine doit être trouvé conformément à la résolution 194 (III) du 11 décembre 1948, et que toutes les activités israéliennes d'implantation dans le Territoire palestinien occupé, y compris Jérusalem-Est, doivent cesser entièrement,

Réaffirmant en outre sa résolution 66/18 du 30 novembre 2011 et toutes les résolutions concernant le statut de Jérusalem, gardant à l'esprit que la communauté internationale ne reconnaît pas l'annexion de Jérusalem-Est et soulignant qu'il faut trouver moyen de régler par voie de négociation la question du statut de Jérusalem, capitale de deux États,

Rappelant l'avis consultatif de la Cour internationale de Justice en date du 9 juillet 2004[3],

Réaffirmant sa résolution 58/292 du 6 mai 2004, dans laquelle elle affirme entre autres que le statut du territoire palestinien occupé depuis 1967, y compris Jérusalem-Est, reste un statut d'occupation militaire et que, conformément au droit international et aux résolutions des Nations Unies sur la question, le peuple palestinien a le droit de disposer de lui-même et d'exercer sa souveraineté sur son territoire,

Rappelant ses résolutions 3210 (XXIX) du 14 octobre 1974 et 3237 (XXIX) du 22 novembre 1974, par lesquelles elle a respectivement invité l'Organisation de libération de la Palestine à participer à ses délibérations en qualité de représentant du peuple palestinien et lui a accordé le statut d'observateur,

Rappelant également sa résolution 43/177 du 15 décembre 1988, dans laquelle elle a entre autres pris acte de la proclamation de l'État palestinien par le Conseil national palestinien le 15 novembre 1988 et décidé que la désignation de « Palestine » devrait être employée au sein du système des Nations Unies au lieu de la désignation « Organisation de libération de la Palestine », sans préjudice du statut et des fonctions d'observateur de l'Organisation de libération de la Palestine au sein du système des Nations Unies,

Tenant compte du fait que le Comité exécutif de l'Organisation de libération de la Palestine s'est vu investi, en application d'une décision du Conseil national palestinien, des pouvoirs et responsabilités du Gouvernement provisoire de l'État de Palestine[4],

Rappelant sa résolution 52/250 du 7 juillet 1998, par laquelle elle a conféré à la Palestine, en sa qualité d'observateur, des droits et privilèges supplémentaires,

---

[3] Voir A/ES-10/273 et Corr.1.

[4] Voir A/43/928, annexe.

Rappelant également l'Initiative de paix arabe adoptée en mars 2002 par le Conseil de la Ligue des États arabes[5],

Réaffirmant son attachement, conforme au droit international, à la solution prévoyant deux États, avec un État palestinien indépendant, souverain, démocratique, viable et d'un seul tenant, vivant dans la paix et la sécurité côte à côte avec Israël, sur la base des frontières d'avant 1967,

Gardant à l'esprit le fait que le Gouvernement de l'État d'Israël et l'Organisation de libération de la Palestine, représentante du peuple palestinien, se sont mutuellement reconnus le 9 septembre 1993,

Affirmant le droit de tous les États de la région de vivre en paix à l'intérieur de frontières sûres et internationalement reconnues,

Saluant le plan de 2009 de l'Autorité nationale palestinienne visant à mettre en place les institutions d'un État palestinien indépendant dans un délai de deux ans, et accueillant avec satisfaction les opinions favorables concernant l'état d'avancement de la création de l'État exprimées par la Banque mondiale, l'Organisation des Nations Unies et le Fonds monétaire international, et reprises dans les conclusions formulées par le Président du Comité spécial de liaison en avril 2011 et par la suite, à savoir que l'Autorité palestinienne a dépassé le seuil à partir duquel un État devient fonctionnel dans les principaux secteurs étudiés,

Sachant que la Palestine est membre de plein droit de l'Organisation des Nations Unies pour l'éducation, la science et la culture, de la Commission économique et sociale pour l'Asie occidentale, du Groupe des États d'Asie et du Pacifique ainsi que de la Ligue des États arabes, du Mouvement des pays non alignés, de l'Organisation de la coopération islamique et du Groupe des 77 et de la Chine,

Sachant également qu'à ce jour 132 États Membres de l'Organisation des Nations Unies ont reconnu l'État de Palestine,

Prenant note du rapport du Comité du Conseil de sécurité pour l'admission de nouveaux Membres, en date du 11 novembre 2011[6],

Soulignant que la question de Palestine doit demeurer la responsabilité des Nations Unies jusqu'à ce qu'elle soit réglée de manière satisfaisante dans tous ses aspects,

Réaffirmant le principe de l'universalité de la composition de l'Organisation des Nations Unies,

1. *Réaffirme* le droit du peuple palestinien à l'autodétermination et à l'indépendance dans un État de Palestine situé sur le territoire palestinien occupé depuis 1967 ;

2. *Décide* d'accorder à la Palestine le statut d'État non membre observateur auprès de l'Organisation des Nations Unies, sans préjudice des droits et privilèges acquis et du rôle de l'Organisation de libération de la Palestine auprès de l'Organisation des Nations Unies en sa qualité de représentante du peuple palestinien, conformément aux résolutions et à la pratique existant en la matière ;

---

[5] A/56/1026-S/2002/932, annexe II, résolution 14/221.

[6] S/2011/705.

3. *Espère* que le Conseil de sécurité examinera favorablement la demande présentée le 23 septembre 2011 par l'État de Palestine, qui souhaite devenir membre de plein droit de l'Organisation des Nations Unies[7] ;

4. *Affirme sa détermination* à contribuer à la réalisation des droits inaliénables du peuple palestinien et à un règlement pacifique de la question du Moyen-Orient qui mette fin à l'occupation remontant à 1967 et corresponde à la solution prévoyant deux États, avec un État palestinien indépendant, souverain, démocratique, d'un seul tenant et viable vivant dans la paix et la sécurité côte à côte avec Israël, sur la base des frontières d'avant 1967 ;

5. *Considère qu'il est urgent* de reprendre et d'accélérer les négociations dans le cadre du processus de paix au Moyen-Orient, sur la base des résolutions pertinentes des Nations Unies, du mandat de la Conférence de Madrid, notamment du principe de l'échange de territoires contre la paix, de l'Initiative de paix arabe[5] et de la Feuille de route du Quatuor pour un règlement permanent du conflit israélo-palestinien prévoyant deux États[8], afin de parvenir à un accord de paix juste, durable et global entre les parties palestinienne et israélienne et de régler toutes les grandes questions encore en suspens, à savoir les réfugiés palestiniens, Jérusalem, les colonies de peuplement, les frontières, la sécurité et l'eau ;

6. *Exhorte* tous les États ainsi que les institutions spécialisées et les organismes du système des Nations Unies à continuer de soutenir le peuple palestinien et de l'aider à réaliser rapidement son droit à l'autodétermination, à l'indépendance et à la liberté ;

7. *Prie* le Secrétaire général de prendre les mesures nécessaires pour donner suite à la présente résolution et de lui rendre compte d'ici à trois mois des progrès accomplis à cet égard.

44e séance plénière
29 novembre 2012

Annexe II

GENERAL ASSEMBLY
67TH
PLENARY MEETING:44
RECORDED VOTE ADOPTED

SER. NO: 408
ITEM: 37
SYMBOL: A/67/L.28
DRAFT RESOLUTION

RESOLUTION 67/19

DATE: 29 NOV 12
TIME: 4:59 PM
VOTE: 1

YES: 138
NO: 9
ABSTAIN: 41

SUBJECT: STATUS OF PALESTINE IN THE UN

Y AFGHANISTAN
A ALBANIA
Y ALGERIA
A ANDORRA
Y ANGOLA
Y ANTIGUA-BARBUDA
Y ARGENTINA
Y ARMENIA
A AUSTRALIA
Y AUSTRIA
Y AZERBAIJAN
A BAHAMAS
Y BAHRAIN
Y BANGLADESH
A BARBADOS
Y BELARUS
Y BELGIUM
Y BELIZE
Y BENIN
Y BHUTAN
Y BOLIVIA
A BOSNIA/HERZEG
Y BOTSWANA
Y BRAZIL
Y BRUNEI DAR-SALAM
A BULGARIA
Y BURKINA FASO
Y BURUNDI
Y CAMBODIA
A CAMEROON
N CANADA
Y CAPE VERDE
Y CENTRAL AFR REP
Y CHAD
Y CHILE
Y CHINA
A COLOMBIA
Y COMOROS
Y CONGO
Y COSTA RICA
Y COTE D'IVOIRE
A CROATIA
Y CUBA
Y CYPRUS
N CZECH REPUBLIC
Y DPR OF KOREA
A DEM REP OF CONGO
Y DENMARK
Y DJIBOUTI
Y DOMINICA
Y DOMINICAN REP
Y ECUADOR
Y EGYPT
Y EL SALVADOR
  EQUAT GUINEA
Y ERITREA
A ESTONIA
Y ETHIOPIA
A FIJI
Y FINLAND
Y FRANCE
Y GABON
Y GAMBIA
Y GEORGIA
A GERMANY
Y GHANA
Y GREECE
Y GRENADA
A GUATEMALA
Y GUINEA
Y GUINEA-BISSAU
Y GUYANA
A HAITI
Y HONDURAS
A HUNGARY
Y ICELAND
Y INDIA
Y INDONESIA
Y IRAN (ISL R)
Y IRAQ
Y IRELAND
N ISRAEL
Y ITALY
Y JAMAICA
Y JAPAN
Y JORDAN
Y KAZAKHSTAN
Y KENYA
  KIRIBATI
Y KUWAIT
Y KYRGYZSTAN
Y LAO PDR
A LATVIA
Y LEBANON
Y LESOTHO
  LIBERIA
Y LIBYA
Y LIECHTENSTEIN
A LITHUANIA
Y LUXEMBOURG
  MADAGASCAR
A MALAWI
Y MALAYSIA
Y MALDIVES
Y MALI
Y MALTA
N MARSHALL ISLANDS
Y MAURITANIA
Y MAURITIUS
Y MEXICO
N MICRONESIA (FS)
A MONACO
A MONGOLIA
A MONTENEGRO
Y MOROCCO
Y MOZAMBIQUE
Y MYANMAR
Y NAMIBIA
N NAURU
Y NEPAL
A NETHERLANDS
Y NEW ZEALAND
Y NICARAGUA
Y NIGER
Y NIGERIA
Y NORWAY
Y OMAN
Y PAKISTAN
N PALAU
N PANAMA
A PAPUA N GUINEA
A PARAGUAY
Y PERU
Y PHILIPPINES
A POLAND
Y PORTUGAL
Y QATAR
A REP OF KOREA
A REP OF MOLDOVA
A ROMANIA
Y RUSSIAN FED
A RWANDA
Y ST KITTS-NEVIS
Y SAINT LUCIA
Y ST VINCENT-GREN
A SAMOA
A SAN MARINO
Y S TOME PRINCIPE
Y SAUDI ARABIA
Y SENEGAL
Y SERBIA
Y SEYCHELLES
Y SIERRA LEONE
A SINGAPORE
A SLOVAKIA
A SLOVENIA
Y SOLOMON ISLANDS
Y SOMALIA
Y SOUTH AFRICA
Y SOUTH SUDAN
Y SPAIN
Y SRI LANKA
Y SUDAN
Y SURINAME
Y SWAZILAND
Y SWEDEN
Y SWITZERLAND
Y SYRIAN AR
Y TAJIKISTAN
Y THAILAND
A TFYR MACEDONIA
Y TIMOR-LESTE
A TOGO
A TONGA
Y TRINIDAD-TOBAGO
Y TUNISIA
Y TURKEY
Y TURKMENISTAN
Y TUVALU
Y UGANDA
  UKRAINE
Y UA EMIRATES
A UNITED KINGDOM
Y UR TANZANIA
N UNITED STATES
Y URUGUAY
Y UZBEKISTAN
A VANUATU
Y VENEZUELA
Y VIET NAM
Y YEMEN
Y ZAMBIA
Y ZIMBABWE

Annexe III

Situation en Palestine

1. Le 22 janvier 2009, Ali Khashan, en sa qualité de Ministre de la justice du Gouvernement palestinien, a déposé au titre de l'article 12-3 du Statut de Rome une déclaration par laquelle son gouvernement consent à ce que la Cour pénale internationale exerce sa compétence à l'égard d'« actes commis sur le territoire de la Palestine à partir du 1er juillet 2002[1] ».

2. Conformément à l'article 15 du Statut de Rome, le Bureau du Procureur a amorcé un examen préliminaire afin de déterminer s'il est raisonnablement fondé à ouvrir une enquête. Dans un souci d'équité, le Bureau a donné à toutes les parties concernées la possibilité de se faire entendre. La Commission indépendante d'établissement des faits sur Gaza de la Ligue des États arabes a présenté son rapport lorsqu'elle s'est rendue au siège de la Cour. Le Bureau a permis à la Palestine d'exposer sa position en détail à l'oral et à l'écrit et a également examiné plusieurs rapports présentant des thèses contradictoires[2]. En juillet 2011, la Palestine a confirmé au Bureau qu'elle avait fait valoir ses principaux arguments, sous réserve du dépôt de pièces justificatives complémentaires.

3. Dans le cadre d'un examen préliminaire, il convient d'abord de déterminer si les conditions préalables à l'exercice de la compétence de la Cour au regard de l'article 12 du Statut de Rome sont réunies. Une fois ces critères remplis, le Bureau peut procéder à l'analyse des informations recueillies sur les crimes allégués et des autres conditions régissant l'exercice de la compétence énoncées aux articles 13 et 53-1.

4. La compétence de la Cour n'est pas fondée sur le principe de la compétence universelle : il revient au Conseil de sécurité de l'Organisation des Nations Unies (article 13-b) ou à un « État » (article 12) de lui attribuer cette compétence. L'article 12 prévoit qu'un « État » peut le faire en devenant partie au Statut de Rome (article 12-1) ou en acceptant expressément ladite compétence par voie de déclaration (article 12-3).

5. La question qui se pose alors est de savoir à qui il revient de définir ce qu'est un « État » aux fins de l'article 12 du Statut ? Conformément à l'article 125, le Statut de Rome est ouvert à l'adhésion de « tous les États », et tout État souhaitant devenir partie au Statut doit déposer un instrument d'adhésion auprès du Secrétaire général de l'Organisation des Nations Unies. Dans les cas où la question de savoir si le requérant peut être considéré ou non comme un

---

[1] La déclaration peut être consultée en cliquant sur ce lien : http://www.icc-cpi.int/NR/rdonlyres/74EEE201-0FED-4481-95D4-C8071087102C/279777/20090122PalestinianDeclaration2.pdf

[2] Pour consulter un résumé des observations voir http://www.icc-cpi.int/menus/icc/structure%20of%20the%20court/office%20of%20the%20prosecutor/comm%20and%20ref/ palestine/palestine?lan=fr-FR.

« État » est sujette à controverse ou fait débat, le Secrétaire général suit habituellement les recommandations de l'Assemblée générale, dont les résolutions fournissent à ce titre des indications permettant d'y répondre[3]. La responsabilité de définir le terme « État » au sens de l'article 12 incombe donc en premier lieu au Secrétaire général de l'ONU, lequel s'en remettra aux recommandations de l'Assemblée générale en cas de doute. En vertu de l'article 112-2-g, l'Assemblée des États parties au Statut de Rome peut également décider d'examiner cette question en temps utile.

6. Dans son interprétation et application de l'article 12 du Statut de Rome, le Bureau a estimé que c'était aux organes compétents de l'Organisation des Nations Unies ou à l'Assemblée des États parties qu'il revenait de décider, en droit, si la Palestine constitue ou non un État aux fins d'adhésion au Statut de Rome et, par conséquent, d'exercice de la compétence de la Cour visée à l'article 12-1. Aucune disposition du Statut n'autorise le Bureau du Procureur à adopter une méthode visant à définir le terme « État » au regard de l'article 12-3 qui s'écarterait de celle établie aux fins de l'article 12-1.

7. Le Bureau prend acte du fait que la Palestine a été reconnue comme un État dans le cadre de relations bilatérales par plus de 130 gouvernements et par certaines organisations internationales dont des organes onusiens. Il n'en reste pas moins que le statut qui lui est actuellement conféré par l'Assemblée générale des Nations Unies est celui d'« observateur » et non pas d'« État non membre ». Le Bureau croit comprendre que, le 23 septembre 2011, la Palestine a demandé à devenir membre des Nations Unies en qualité d'État en vertu de l'article 4 2) de la Charte des Nations Unies, mais que le Conseil de sécurité ne s'est pas encore prononcé sur ce point. Cette procédure ne se rapporte pas directement à la déclaration déposée par la Palestine, mais elle nous éclaire sur le statut juridique actuel de cette dernière aux fins d'interprétation et d'application de l'article 12.

8. Le Bureau n'exclut pas la possibilité d'examiner à l'avenir les allégations de crimes commis en Palestine si les organes compétents de l'ONU, voire l'Assemblée des États parties, élucident le point de droit en cause dans le cadre d'une évaluation au regard de l'article 12 ou si le Conseil de sécurité lui attribue compétence en déférant cette situation conformément aux dispositions de l'article 13-b.

[3] Cette thèse est présentée dans les dispositions interprétatives adoptées par l'Assemblée générale lors de sa 2202e séance plénière du 14 décembre 1973 ; voir *Précis de la pratique du Secrétaire général en tant que dépositaire de traités multilatéraux*, ST/LEG/7/Rev. 1, par. 81-83 ; http://treaties.un.org/doc/source/publications/practice/summary french.pdf

REVUE BELGE DE DROIT INTERNATIONAL
2012/1 – Éditions BRUYLANT, Bruxelles

LA PALESTINE COMME «ÉTAT» AU REGARD DU STATUT DE LA COUR PÉNALE INTERNATIONALE

PAR

Mathias FORTEAU*

Résumé

La saisine par la Palestine de la Cour pénale internationale comme ses demandes d'admissions déposées auprès de l'UNESCO et de l'ONU amènent à s'interroger sur la relativité éventuelle de la qualité étatique, laquelle pourrait être reconnue dans certains contextes et pas dans d'autres. Cette relativité est à certains égards déjà consacrée par le droit international pour ce qui concerne la Palestine puisque celle-ci n'est pas considérée comme un État par certains sujets du droit international tout en ayant conclu des traités en tant qu'État avec d'autres. Au regard du droit international en vigueur, la Palestine semble être ainsi dotée de qualités distinctes selon ses partenaires et il importe de déterminer si cette qualité étatique relative peut prospérer également au sein d'organisations universelles ou bien si la qualité étatique ne pourrait être reconnue qu'une fois pour toutes et de manière invariable au sens où une entité serait ou non un État, quel que soit le contexte dans lequel la question viendrait à se poser. Cette contribution vise à montrer qu'une telle conclusion ne paraît pas correspondre à l'état de la pratique et du droit international.

En saisissant le 21 janvier 2009 la Cour pénale internationale sur le fondement de l'article 12, paragraphe 3, de son Statut, article en vertu duquel un «État qui n'est pas Partie au présent Statut (...) peut (...) consentir à ce que la Cour exerce sa compétence» à l'égard de son territoire et de ses ressortissants, le gouvernement de la Palestine a relancé le débat lancinant de l'existence d'un État palestinien sur des bases relativement nouvelles (1).

Cette saisine ne vise pas en effet à obtenir l'attribution une fois pour toutes, et en quelque sorte dans l'absolu, de la qualité étatique, contrairement à ce qui put être le vœu de la Palestine en 1988 lorsque l'indépendance fut une première fois proclamée — ou comme ce fut la volonté du Kosovo ou,

* Professeur à l'Université Paris Ouest, Nanterre La Défense, Membre de la Commission du droit international des Nations Unies.

(1) Sur la question générale de «L'État palestinien», v. M. Perrin de Brichambaut, J.-F. Dobelle, F. Coulée, *Leçons de droit international public*, Presses de Sciences Po et Dalloz, 2e éd., Paris, 2011, pp. 127-148. Sur le contexte de la saisine de Cour pénale internationale par la Palestine en janvier 2009, v. en particulier Y. Ronen, «ICC Jurisdiction over Acts Committed in the Gaza Strip», *E.J.I.L.*, 2010, pp. 3-5.

plus anciennement, des ex-Républiques yougoslaves lorsque ceux-ci proclamèrent unilatéralement leur indépendance, le premier le 17 février 2008 (2), les autres au début des années quatre-vingt dix (3). En l'occurrence, il s'agit, plus modestement (en apparence en tout cas), de revendiquer l'application d'un régime particulier réservé aux « États » au sein d'une organisation internationale à compétence spécialisée, la Cour pénale internationale, aux fins de permettre la répression de certains crimes internationaux dont il est allégué qu'ils ont été commis sur le territoire palestinien par l'État israélien. Cette revendication s'est accompagnée par la suite de demandes d'adhésion à deux autres organisations internationales, l'une à vocation spécialisée elle aussi, l'UNESCO, l'autre à compétence politique générale, l'ONU (4).

Ces diverses revendications sont en principe sans préjudice de la qualité ou de l'absence de qualité étatique de la Palestine dans l'ordre juridique international « général », même si, de toute évidence, les victoires engrangées sur le premier plan ne pourront rester sans effet sur le second en consolidant l'effectivité d'un État palestinien (5). L'effet recherché sera bien entendu d'autant plus fort que le champ de compétences de l'organisation et sa composition seront très larges. L'adhésion à l'ONU, voire l'octroi, que la Palestine s'est vue accorder le 29 novembre 2012, du statut d'État observateur non-membre, peut en particulier difficilement s'interpréter autrement que comme une reconnaissance par la communauté internationale qu'il existe un État palestinien (6).

Ces démarches récentes de la Palestine sont intéressantes à plus d'un titre.

(2) V. en particulier à cet égard les paragraphes 2.49 et suivants de la contribution écrite additionnelle du Kosovo en date du 17 juillet 2009 dans l'affaire de la *Conformité au droit international de la déclaration unilatérale d'indépendance relative au Kosovo (requête pour avis consultatif)* portée devant la Cour internationale de Justice, [www.icj-cij.org].

(3) V. notamment A. Pellet, « Note sur la Commission d'arbitrage de la conférence européenne pour la paix en Yougoslavie », *A.F.D.I.*, 1991, pp. 336 et s.

(4) Pour l'UNESCO, v. la requête 182 EX/52 (2009). La Palestine y a été admise comme État membre le 31 octobre 2011. Pour les Nations Unies, v. la demande d'admission notifiée le 23 septembre 2011 (A/66/371 — S/2011/592) que le Conseil de sécurité a renvoyée à l'examen du Comité d'admission de Nouveaux Membres le 28 septembre 2011 (S/PV.6624). Celle-ci n'a pu aboutir compte tenu de la menace de veto américain au Conseil de sécurité qui est chargé de recommander l'adhésion à l'Assemblée générale en vertu de l'article 4, paragraphe 2, de la Charte. Le 29 novembre 2012, en revanche, la Palestine s'est vue accorder par l'Assemblée générale des Nations Unies « le statut d'État observateur non-membre auprès de l'Organisation des Nations Unies » (résolution A/RES/67/19, par. 2). La résolution a été adoptée par 138 voix pour, 41 abstentions et 9 voix contre.

(5) Il convient de relever qu'à la différence de la déclaration déposée auprès de Cour pénale internationale par le « gouvernement de la Palestine » qui ne qualifie pas la Palestine d'« État », la demande d'admission présentée à l'ONU l'a été au nom de « l'État de Palestine ». C'est là une différence non négligeable entre les deux demandes.

(6) Gilbert Guillaume estime plus largement qu'une reconnaissance émanant des puissances les plus directement concernées « est en un sens vraiment constitutive » (« La reconnaissance en droit international », *in* C. Puigelier (dir.), *La reconnaissance/Recognition*, Bruylant, Bruxelles, 2011, p. 10). On peut se demander si, dans le cas palestinien, l'opposition d'Israël à cette reconnaissance, de même que celle des États-Unis, ne sont pas un frein déterminant à l'accession de la Palestine à la qualité étatique.

La saisine de la Cour pénale internationale a tout d'abord eu le mérite d'initier un débat contradictoire devant une juridiction internationale à propos de cette délicate question — ce qui n'avait pas été le cas à la suite de la proclamation d'un État palestinien le 15 novembre 1988 (7). Une vingtaine d'opinions ou de consultations juridiques ont été déposées à la suite de cette saisine auprès du Procureur de la Cour pénale internationale par des juristes venus d'horizon divers, les dernières l'ayant été en octobre 2010. Ce faisant, un débat pré-judiciaire s'est tenu qui a permis que les moyens de fait et de droit pertinents soient discutés de manière rigoureuse et détaillée. Trois grandes thèses se sont affrontées à cette occasion : une première thèse a consisté à soutenir que la Palestine serait un État au sens du droit international et qu'elle serait par conséquent en droit de se prévaloir de l'article 12 du Statut ; d'autres ont estimé que la Palestine ne serait pas un État au sens du droit international et qu'elle ne pourrait pas par conséquent bénéficier de cette disposition ; selon une troisième catégorie d'opinions, il ne serait pas nécessaire de décider que la Palestine est un État au sens du droit international pour la considérer comme un État au sens du Statut, ce qu'elle serait (8).

De prime abord, le fait même qu'une juridiction internationale comme la Cour soit appelée à trancher la question de la qualité étatique de la Palestine au regard de l'article 12 du Statut paraît neutraliser l'argument selon lequel celle-ci n'aurait pas le pouvoir de dire que la Palestine est un État au sens de cette disposition au motif qu'il s'agirait d'une question ressortissant à la compétence exclusive des États (9). Il ne semble pas faire de doute en effet

(7) V. en particulier le différend resté non résolu qui avait été porté à la connaissance des États parties aux conventions de Genève par le dépositaire de ces conventions quant au point de savoir si la Palestine pouvait y adhérer. Ledit dépositaire n'avait pas estimé être habilité à trancher lui-même cette question et elle ne l'a jamais été depuis : « en date du 21 juin 1989, le Département fédéral des affaires étrangères (DFAE) de la Confédération suisse a reçu de l'Observateur permanent de la Palestine auprès de l'Office des Nations Unies à Genève une lettre informant le Conseil fédéral suisse 'que le Comité exécutif de l'Organisation de Libération de la Palestine, chargé d'exercer les fonctions de Gouvernement de l'État de Palestine par décision du Conseil National Palestinien, a décidé en date du 4 mai 1989, d'adhérer aux quatre Conventions de Genève du 12 août 1949 et à leurs deux Protocoles additionnels'. Le 13 septembre 1989, le Conseil fédéral suisse a informé les États qu'il n'était pas en mesure de trancher le point de savoir s'il s'agissait d'un instrument d'adhésion, 'en raison de l'incertitude au sein de la communauté internationale quant à l'existence ou non d'un État de Palestine' », [http://www.icrc.org/dih.nsf/WebSign?ReadForm&*id.* = 375&ps = P].

(8) Ces différentes opinions sont disponibles sur le site du Procureur de Cour pénale internationale, à l'adresse suivante : [http://www.icc-Cour pénale internationale.int/en_menus/icc/structure%20of%20the%20court/office%20of%20the%20prosecutor/comm%20and%20ref/decision%20not%20to%20proceed/palestine/Pages/palestine.aspx]. Le présent auteur tient à indiquer qu'il est l'un des trente-huit signataires de l'opinion rédigée par le professeur Alain Pellet à la demande de Maître William Bourdon, laquelle se rattache à la dernière des trois positions explicitées dans le texte.

(9) Y. Ronen soutient cette idée *in* « ICC Jurisdiction over Acts Committed in the Gaza Strip », *E.J.I.L.*, 2010, p. 22 : « if the Prosecutor, or later the Pre-Trial Chamber, determines that the Palestinian declaration fulfils the requirements of Article 12(3), they would be assuming an almost unprecedented competence, which incurs onto the political sphere which is the traditional prerogative of states ».

qu'aux fins (et aux fins seulement) de déterminer si elle a compétence, la Cour pénale internationale est habilitée, par voie d'exception, à trancher ce type de question, dans un sens ou dans un autre. Il est difficile d'affirmer sur ce point que la Cour aurait le pouvoir de constater que la Palestine n'est pas un État sans avoir à l'inverse le pouvoir de constater qu'elle en est un (10). Les deux pouvoirs sont les deux faces d'une seule et même médaille et ne peuvent donc varier de nature selon l'issue de la décision adoptée. Le principe de la compétence de la compétence habilite tout autant la Cour à répondre par la positive que par la négative à la question qui lui est posée. Qui plus est, ce principe semble même l'*obliger* à répondre à cette question, car une juridiction internationale ne peut esquiver la question de sa compétence lorsqu'elle lui est posée (11). C'est en ce sens qu'il faut certainement lire l'article 19, paragraphe 1, du Statut de Cour pénale internationale en vertu duquel «la Cour s'assure qu'elle est compétente pour connaître de toute affaire portée devant elle». La saisine du juge semble ainsi impliquer que celui-ci n'a pas d'autre choix que de prendre position sur la demande palestinienne.

Pour ce faire, il est toutefois nécessaire d'être en présence d'une question susceptible d'examen judiciaire, c'est-à-dire susceptible d'un examen en droit — une juridiction internationale ne pouvant décider que sur la base de règles juridiques. À ce dernier titre, la question se pose donc de savoir si le droit international a véritablement son mot à dire sur la question. Plusieurs États avaient soulevé l'argument dans l'affaire du *Kosovo* selon lequel la naissance de l'État échapperait à l'emprise du droit international, ce dernier n'interdisant ni n'autorisant les sécessions (hors le cas de quelques règles prohibitives exceptionnelles qui n'entraient pas en jeu dans cette affaire) (12). La Cour internationale de Justice a écarté l'argument dans son avis du 22 juillet 2010 mais dans des termes dont la portée n'a rien d'absolu. La Cour a estimé que la question qui lui avait été soumise était de nature juridique parce qu'il lui était demandé «de déterminer si la déclaration d'indépendance était conforme (...) au droit international» (13). Autrement dit, la question était juridique

(10) *Id.*, selon qui «[t]he converse would not be unprecedented: a determination that the PNA has not established itself universally as a state would not exceed the ordinary powers of a non-state actor».

(11) Il faut souligner à cet égard que le principe de la compétence de la compétence est non seulement un principe général du droit, c'est sans doute aussi une nécessité dans un ordre juridique dépourvu d'autorité supérieure (v. en ce sens CPA, *Le Gouvernement du Soudan / Le Mouvement/ Armée populaire de libération du Soudan («l'arbitrage Abyei»)*, sentence finale du 22 juillet 2009 [www.pca-cpa.org], pars. 497-502). Il convient de rappeler également qu'en droit international, la question de la compétence du juge international est un moyen d'ordre public, qu'il doit soulever au besoin d'office (v. ainsi C.I.J., *«Immunités juridictionnelles de l'État (Allemagne c. Italie; Grèce (intervenant))»*, arrêt du 3 février 2012, [www.icj-cij.org], par. 40).

(12) V. notamment les exposés écrits de la France (pars. 1.4-1.5), de l'Allemagne (pp. 27 et s.) et du Royaume-Uni (pars. 5.12 et s.) et *contra* les observations écrites de la Serbie (par. 217) et de l'Argentine (pars. 12-13) (tous disponibles en ligne à l'adresse [www.icj-cij.org], sous l'onglet de l'affaire du *Kosovo*, «Procédure écrite»).

(13) C.I.J., avis consultatif du 22 juillet 2010, *CIJ Recueil 2010*, p. 415, par. 26.

en tant qu'elle portait sur la licéité de la déclaration d'indépendance et non sur *l'existence* d'un État kosovar, deux questions que la Cour a pris soin de distinguer nettement dans son avis (14). La part que pourrait prendre le droit dans la résolution de cette deuxième question demeure ainsi pendante et, avec elle, tout le problème de la relation du droit international à l'État.

La saisine de la Cour pénale internationale comme les demandes d'admissions déposées auprès de l'UNESCO et de l'ONU amènent également à s'interroger sur la relativité éventuelle de la qualité étatique, laquelle pourrait être reconnue dans certains contextes et pas dans d'autres. Cette relativité est à certains égards déjà consacrée par le droit international pour ce qui concerne la Palestine puisque celle-ci n'est pas considérée comme un État par certains sujets du droit international tout en ayant conclu des traités *en tant qu'État* avec d'autres (15). Au regard du droit international en vigueur, la Palestine semble être ainsi dotée de qualités distinctes selon ses partenaires et il importe de déterminer si cette qualité étatique relative peut prospérer également au sein d'organisations universelles ou bien si la qualité étatique ne pourrait être reconnue qu'une fois pour toutes et de manière invariable au sens où une entité serait ou non un État, quel que soit le contexte dans lequel la question viendrait à se poser. Dans une telle hypothèse, la Palestine ne pourrait être un « État membre » d'une organisation internationale ou un « État au sens du Statut de Cour pénale internationale » qu'à la condition d'être, par ailleurs et préalablement, un État au sens du droit international.

La demande adressée par la Palestine à la Cour pénale internationale a fait l'objet d'un examen approfondi par le Bureau du Procureur (16). Le 3 avril 2012, ce dernier a divulgué sa décision sur la question clôturant son examen préliminaire. S'interrogeant sur le point de savoir « à qui il revient de définir ce qu'est un 'État' aux fins de l'article 12 du Statut », et constatant que le dépositaire du Statut de la Cour était le Secrétaire général des Nations Unies, le Bureau du Procureur a estimé qu'il ne pouvait donner suite pour l'instant à la demande palestinienne. Selon lui, conformément à la pratique habituellement subie par le Secrétaire général en sa qualité de dépositaire, il incombait, non pas au Bureau du Procureur, mais aux organes compétents

(14) *Ibid.*, p. 423, par. 51 : « En particulier, la Cour n'est pas priée de dire si la Kosovo a ou non accédé à la qualité d'État (...) ».

(15) V. les exemples donnés dans le document déposé auprès du Bureau du Procureur par la Ligue des États arabes le 14 octobre 2009 (*Documents on the Status of Palestine*, *in supra*, note 8). Par contraste, la Palestine n'est pas signataire en tant qu'État des accords conclus avec Israël dans le cadre du processus de paix.

(16) Selon les indications données dans le 7e rapport de Cour pénale internationale sur ses activités en 2010/2011 (A/66/309, 19 août 2011, pars. 84-88), l'Autorité palestinienne devait présenter « sous peu son mémoire en clôture », lequel constituait donc semble-t-il le dernier acte de la procédure que le Bureau du Procureur avait estimé nécessaire d'ouvrir de manière à ce que « l'Autorité palestinienne et les autres parties intéressées aient l'occasion de s'exprimer » sur la déclaration palestinienne d'acceptation de la compétence de la Cour, en donnant « à toutes les parties les garanties d'une procédure régulière » (*ibid.*, par. 85).

des Nations Unies (le Secrétaire général, sur la base des recommandations de l'Assemblée générale) ou, alternativement, à l'Assemblée des États parties au Statut de Rome, et à eux seuls, d'« élucide[r] le point de droit en cause » (17).

L'adhésion de la Palestine à l'UNESCO comme État membre ainsi que l'octroi à la Palestine, le 29 novembre 2012, du statut d'État observateur non-membre auprès de l'ONU permettent semble-t-il désormais au Procureur, sur le fondement de sa propre décision d'avril, d'estimer que la Palestine est bien un État aux fins de l'article 12 du Statut. Cette conséquence paraît d'autant plus devoir s'imposer qu'il est apparu clairement lors des débats relatifs à l'octroi du statut d'État observateur non-membre auprès de l'ONU que ses opposants n'ont pas paru douter que cet octroi permettrait à la Cour pénale internationale de s'estimer compétente à l'égard de la Palestine — en témoigne en particulier la tentative peu glorieuse consistant à monnayer son vote à l'Assemblée générale en faveur de la Palestine contre un engagement de sa part qu'elle ne saisirait pas la Cour (18).

Cela étant, sur le plan juridique, le débat n'est pas définitivement tranché. L'examen de la pratique du Secrétaire général comme dépositaire, à laquelle renvoie la décision du Bureau du Procureur du 3 avril 2012, ne permet pas de soutenir avec une totale certitude en effet que l'octroi d'un statut d'État observateur *non-membre* suffit à considérer une entité comme un État aux fins de sa participation à un traité au titre de la formule « tous les États » (19). Le fait que la Palestine soit un État membre d'une institution spécialisée (l'UNESCO) devrait en principe il est vrai suffire au Secrétaire général, sur le fondement de sa pratique habituelle (20), pour considérer que la Palestine est un État aux fins du droit des traités et donc à l'égard du Statut de la Cour pénale internationale. Le Bureau du Procureur n'a toutefois pas semblé retenir cette interprétation puisqu'alors même que la Palestine est devenue membre de l'UNESCO en octobre 2011, le Bureau du Procureur ne s'est pas estimé en mesure, en avril 2012, dans sa décision précitée, de constater que la Palestine était d'ores et déjà un État.

La décision du Bureau du Procureur peine au demeurant à convaincre dans sa motivation. Elle conduit à considérer en effet que la Cour pénale internationale ne serait pas habilitée à trancher un « point de droit » relatif à sa compétence en dépit du principe de la compétence de la compétence. Le renvoi à la décision d'organes politiques aurait pu paraître légitime si la question posée avait été considérée comme une question de pur fait ; s'il s'agit en revanche d'une question juridique (un « point de droit ») comme le soutient

(17) Décision en ligne à l'adresse indiquée *supra*, note 8. V. également le 8e rapport de la Cour pénale internationale sur ses activités en 2011/2012, A/67/308, 14 août 2012, pars. 71 et 81-83.

(18) V. http://www.guardian.co.uk/world/2012/nov/27/uk-ready-to-back-palestine-statehood (consulté le 30 novembre 2012).

(19) V. *Précis de la pratique du Secrétaire général en tant que dépositaire de traités multilatéraux*, ST/LG/7/Rev.1, 1999, pars. 73-100.

(20) *Id.*

le Bureau du Procureur, on comprend mal ce qui fonde l'incapacité de la Cour à la trancher elle-même. La pratique du Secrétaire général des Nations Unies paraît plus claire à cet égard : si celui-ci estime ne pas pouvoir prendre position sur la nature étatique contestée d'une entité, c'est parce qu'il s'agit selon lui d'une « question politique (...) brûlante et controversée » (21). Cette pratique du Secrétaire général tend à renforcer l'idée selon laquelle l'existence de l'État serait avant tout une question de fait.

Il reste que le Bureau du Procureur semble s'être en partie lié les mains en précisant, dans sa décision d'avril 2012, que

> « 7. Le Bureau prend acte du fait que la Palestine a été reconnue comme un État dans le cadre de relations bilatérales par plus de 130 gouvernements et par certaines organisations internationales dont des organes onusiens. Il n'en reste pas moins que le statut qui lui est actuellement conféré par l'Assemblée générale des Nations Unies est celui d'« observateur » et non pas d'« État non-membre ». Le Bureau croit comprendre que, le 23 septembre 2011, la Palestine a demandé à devenir membre des Nations Unies en qualité d'État en vertu de l'article 4 2) de la Charte des Nations Unies, mais que le Conseil de sécurité ne s'est pas encore prononcé sur ce point. Cette procédure ne se rapporte pas directement à la déclaration déposée par la Palestine, mais elle nous éclaire sur le statut juridique actuel de cette dernière aux fins d'interprétation et d'application de l'article 12 ».

La résolution de l'Assemblée générale des Nations Unies du 29 novembre 2012 octroyant à la Palestine le statut d'État observateur non-membre devrait désormais « éclairer » à suffisance le Bureau du Procureur quant au statut juridique actuel de la Palestine « aux fins d'interprétation et d'application de l'article 12 ».

Afin d'apprécier la mesure dans laquelle l'initiative de la Palestine auprès de la Cour pénale internationale pourra effectivement trouver cette issue favorable compte tenu des développements les plus récents (III), il importe de se poser au préalable deux séries de questions, qui sont étroitement dépendantes l'une de l'autre. Il convient d'abord de se demander si l'existence de l'État est véritablement régie par le droit international et est susceptible, en cette qualité, de faire l'objet d'un examen judiciaire (I). Il faut ensuite déterminer s'il est vraiment nécessaire d'être un État au sens du droit international pour se voir reconnaître un statut particulier réservé aux États auprès d'une organisation internationale, en l'espèce la Cour pénale internationale (II).

I. — Le rapport du droit international à l'État

Le droit international public a-t-il quelque rôle à jouer dans l'apparition à la vie des États ? La question, bien qu'ancienne, pourrait paraître provo-

(21) *Ibid.*, par. 81, cité au demeurant dans la décision du Bureau du Procureur.

cante pour un public estudiantin à qui la coutume est d'enseigner qu'en droit international, il existe pour certains peuples un droit à l'autodétermination externe qui se manifeste par un droit de se constituer en État, qu'il existe par ailleurs des règles fondamentales dont la violation est susceptible d'entraîner l'obligation de ne pas reconnaître comme étatique l'entité qui en résulte (22), enfin que l'État se définit en droit international par trois éléments constitutifs que sont le territoire, la population et le gouvernement.

En l'occurrence, il n'est pas discuté que le peuple palestinien a le droit de se constituer en État. Ce droit à l'autodétermination externe a été régulièrement rappelé par l'Assemblée générale des Nations Unies (23) et a été consacré également par le Conseil de sécurité (24). Il ne semble pas davantage contesté que la naissance d'un État palestinien n'est pas le fruit aujourd'hui de la violation d'une norme impérative du droit international général (25).

Ce droit et cette absence de violation concernent exclusivement cependant le titre ou le droit à se constituer en État et à revendiquer la qualité étatique. Ils n'apportent aucune réponse en revanche à la question de savoir, d'une part, s'il *existe* aujourd'hui un État palestinien, d'autre part, si le droit international public contient quelque norme juridique permettant de répondre à cette interrogation existentielle (26).

En ce qui concerne ce dernier point, il est loin d'être évident que la 'règle' des trois éléments constitutifs (territoire, population, gouvernement) constituerait une véritable norme juridique — au sens où elle serait porteuse d'un ensemble de critères juridiques dont l'effet serait de conditionner l'octroi d'un statut. Elle peut tout aussi bien être conçue comme une description scientifique, fondée sur un examen sociologique, de ce qu'est l'État sur la scène internationale. Ce ne serait pas, dans ce cas, le respect de certaines conditions qui déclencherait l'existence étatique mais, à l'inverse, l'existence

(22) V. notamment sur ce point Th. Christakis, « L'État en tant que 'fait primaire' : réflexions sur la portée du principe d'effectivité », *in* M. Kohen (ed.), *Secession: International Law Perspectives*, Cambridge University Press, 2006, pp. 138-170.

(23) V. sa dernière résolution en date, qui réaffirme ce droit : A/RES/66/146, Le droit du peuple palestinien à l'autodétermination, 19 décembre 2011.

(24) V. en particulier la résolution 1515 (2003) envisageant « deux États », l'un israélien, l'autre palestinien, dans la région. V. également la résolution A/RES/66/17 du 30 novembre 2011, Règlement pacifique de la question de Palestine, par. 1.

(25) La question a été soulevée de savoir si la Palestine était interdite de se constituer en État dès lors qu'elle aurait accepté de geler une telle revendication dans l'accord intérimaire de 1995. Quelle que soit la réponse à apporter à cette question, cet accord ne relève assurément pas d'une norme impérative du droit international et ne paraît donc pas de nature à empêcher la naissance d'un État palestinien — à commencer par le fait qu'en tant qu'accord bilatéral, il ne saurait lier la Cour pénale internationale et l'ensemble de la communauté internationale.

(26) Dans un article consacré à l'État selon le droit international, nous avions tenu à souligner que l'État peut tout à fait être considéré comme un fait s'imposant au droit international s'agissant de sa naissance tout en étant conçu par ailleurs comme une personne juridique dans l'ordre juridique international. Il n'y a pas d'antinomie selon nous entre ces deux propositions qui jouent sur des plans distincts. V. « L'État selon le droit international : une figure à géométrie variable ? », *R.G.D.I.P.*, 2007, pp. 739-740, points (1) et (2).

même des États dont l'observation de ce qu'ils sont permettrait d'en déduire leurs traits caractéristiques.

Les deux précédents (l'un jurisprudentiel, l'autre conventionnel) classiquement évoqués au soutien de la 'règle' des trois éléments constitutifs ne permettent pas de dissiper cette incertitude.

La sentence du 1er août 1929 du Tribunal arbitral mixte germano-polonais dans l'affaire *Deutsche Continental Gas-Gesellschaft c. État polonais* inverse significativement tout d'abord l'ordre habituellement suivi dans la présentation de la relation entre l'attribution de la qualité étatique et les conditions d'accès à cette qualité lorsqu'elle décide que

> «[...] les principales Puissances alliées et associées signaient avec la Pologne, à la date du Traité de paix, le Traité dit des minorités, traité qui, par son importance, impliquait forcément la reconnaissance officielle et complète de l'État avec lequel il était conclu. Or, un État n'existe qu'à la condition de posséder un territoire, une collectivité d'hommes habitant ce territoire, une puissance publique s'exerçant sur cette collectivité et ce territoire. Ces conditions sont reconnues indispensables et l'on ne peut concevoir un État sans elles. Il est donc impossible d'admettre que les Puissances qui, en 1919, reconnaissaient l'existence de l'État polonais et signaient avec lui des traités de l'importance de ceux qui sont ici mentionnés, aient considéré que cet État polonais n'avait pas de territoire» (27).

Dans le raisonnement du Tribunal, la reconnaissance d'une entité comme étatique semble impliquer que celle-ci dispose des attributs correspondants là où une démarche normative eût supposé que le Tribunal s'interrogeât d'abord sur la qualité étatique de l'entité polonaise en vérifiant qu'elle possédait bien, en particulier, un territoire en vue de déterminer si les principales Puissances alliées et associées avaient eu *raison en droit* de considérer la Pologne comme un État. Le Tribunal semble plutôt considérer que la décision prise par ces Puissances s'imposait à lui et qu'il lui revenait uniquement d'en tirer les conséquences en décidant que la Pologne devait être *réputée* avoir un territoire.

La convention de Montevideo du 26 décembre 1933 sur les droits et devoirs des États contient une ambiguïté similaire lorsqu'elle dispose en son article 1er que

> «[l]'État comme personne de droit international doit réunir [la version anglaise, également authentique, utilise de son côté le conditionnel : «should possess»] les conditions suivantes : I. Population permanente. II. Territoire déterminé. III. Gouvernement. IV. Capacité d'entrer en relations avec les autres États» (28).

L'utilisation du conditionnel dans la version anglaise laisse entendre qu'un État pourrait très bien ne pas remplir l'une de ces quatre «qualifications». Dans tous les cas, même l'usage du «doit» dans la version française n'est pas nécessairement à portée prescriptive. Les quatre critères énoncés peuvent

(27) *Recueil des décisions des tribunaux arbitraux mixtes*, vol. IX, p. 343.
(28) *Recueil des traités de la SdN*, 1936, vol. CLXV, n° 3802, p. 20.

se comprendre en effet moins comme des conditions juridiques posées à la naissance de l'État que comme des attributs que tout État est censé posséder — de la même manière que l'on considère que «les États jouissent de l'égalité souveraine» comme un droit et non comme une condition posée à leur naissance (29).

La majeure partie de la doctrine n'en considère pas moins qu'il existerait de nos jours une norme internationale qui «définit le fait juridique étatique» (30). En déplaçant le débat du plan de l'octroi d'un statut à celui de la qualification d'un «fait juridique», ces auteurs entendent réconcilier leur approche normative de la naissance de l'État avec l'affirmation selon laquelle «l'existence ou la disparition de l'État est une question de fait» (31) : si la qualité étatique n'est pas un statut qui s'octroie en conséquence du respect d'un certain nombre de conditions, à tout le moins constituerait-elle un fait qualifié par le droit et, dans cette mesure, un fait orienté et encadré par celui-ci — au moins parce que le droit consacrerait l'effectivité comme condition d'accès à la qualité étatique (32).

Ce contournement de la difficulté n'en rencontre pas moins certaines limites.

En premier lieu, tout fait n'est pas nécessairement un fait juridique et rien n'interdit par conséquent de penser que l'existence de l'État serait un fait à l'état pur que le droit international ne viendrait même pas qualifier et dont il se contenterait de prendre acte de l'existence en se limitant à le *désigner* comme constituant un État (il ne s'agirait pas de qualifier une entité pour la faire rentrer dans une catégorie, mais d'utiliser un qualificatif pour nommer une réalité factuelle qui s'imposerait à tout organe d'application du droit international). En ce sens, Joe Verhoeven défend l'idée selon laquelle

> «[l]a "naissance" de l'État soulève en soi une question d'existence ("effectivité") et non de légalité. Cette dernière met en cause des actes ou des comportements : peuvent-ils ou non produire les effets recherchés (validité/nullité), sont-ils ou non conformes aux obligations qui pèsent sur leurs auteurs (licéité/illicéité) ? C'est d'une effectivité seule que dépend en revanche l'existence de l'État, du moins jusqu'à ce jour (...)» (33).

En second lieu, l'idée que l'existence de l'État relèverait tout de même de la catégorie des faits juridiques emporte avec elle un certain nombre de

(29) Cette formule est celle de la résolution 2625 (XXV) de l'Assemblée générale des Nations Unies.

(30) V. en particulier sur ce point A. Beaudouin, Uti possidetis *et sécession*, Dalloz, Paris, 2011, pp. 23-36.

(31) Selon les termes de l'avis n° 1 de la Commission d'arbitrage pour l'ex-Yougoslavie (texte disponible *in* P.-M. Dupuy, Y. Kerbrat, *Les grands textes de droit international public,* Paris, Dalloz, 2010).

(32) L'ensemble de la thèse d'Anouche Beaudouin précitée repose sur cette volonté de réconcilier, en les entrelaçant, normativité et effectivité.

(33) «Considérations sur ce qui est commun. Cours général de droit international public (2002)», *R.C.A.D.I.*, 2008, tome 334, p. 46

conséquences pratiques et soulève plusieurs difficultés techniques dont le traitement, judiciaire en particulier, n'a rien d'évident et qu'il convient de ne pas sous-estimer dans le présent débat. Trois d'entre elles sont particulièrement décisives ici.

Tout d'abord, tout fait juridique suppose au préalable, avant d'être qualifié au regard du droit, d'être prouvé selon les voies du droit. Conviendrait-il alors de considérer que le droit commun de la preuve s'appliquerait à la question de l'existence de l'État ? Dans de telles circonstances, sur qui pèserait la charge de la preuve, quel serait le degré de preuve requis, quels éléments seraient probants (comment prouver par exemple l'existence d'une « effectivité gouvernementale » et comment en fixer le seuil ?), conviendrait-il d'appliquer à cette question le régime du fait notoire ? Sur toutes ces questions, le droit international contemporain reste silencieux. Le critère de l'effectivité gouvernementale est certainement le plus délicat à manier à cet égard, sauf à s'en remettre au seul jeu des reconnaissances dont l'effet serait alors très clairement de nature constitutive (34).

L'Assemblée générale s'en est ainsi remise très largement aux *constats* opérés par d'autres qu'elle, dans un contexte au demeurant technique ou diplomatique, pour aboutir à la conclusion que la Palestine méritait de se voir octroyer le statut d'État observateur non-membre. L'Assemblée s'est fondée sur les trois éléments suivants : les « commentaires positifs concernant l'état d'avancement de la création de l'État [palestinien] faits par la Banque mondiale, l'Organisation des Nations Unies et le Fonds monétaire international qui correspondent aux conclusions formulées en avril 2011 par le Président du Comité spécial de liaison et à celles qu'il a formulées ultérieurement, à savoir que l'Autorité palestinienne a dépassé le seuil auquel un État devient opérationnel dans les principaux secteurs étudiés » ; le fait que la Palestine soit « membre de plein droit » de l'UNESCO et d'autres organes ou organisations de nature régionale ; le fait que « 132 États membres de l'ONU ont reconnu l'État de Palestine » (35). Il est douteux que le premier motif (le critère du « seuil auquel un État devient opérationnel », lequel se limite d'ailleurs ici aux « secteurs étudiés ») soit précisément articulé en droit (36). Il est douteux

(34) La déclaration devant l'Assemblée générale des Nations Unies, lors du vote de la résolution octroyant à la Palestine le statut d'État observateur non-membre, du Président de l'Autorité palestinienne est allée dans ce sens à certains égards lorsqu'il a affirmé que « [a]ujourd'hui, l'Assemblée générale est appelée à établir le certificat de naissance de la réalité de l'État palestinien » (v. ONU, communiqué de presse AG/11317, 29 novembre 2012).

(35) V. la résolution A/RES/67/19, préambule, alinéas 21 à 23.

(36) Il est à noter à ce titre que l'un des États auteurs de la proposition de résolution, l'Afrique du Sud, qui a affirmé d'ailleurs avoir souhaité que la Palestine soit admise comme État membre de l'ONU à part entière, a indiqué que « [l]e vote d'aujourd'hui marque une grande réalisation *en direction* de l'établissement d'un État palestinien viable. L'Afrique du Sud est certaine que les Palestiniens *parviendront* à édifier un État » (ONU, communiqué de presse AG/11317, 29 novembre 2012 — italiques ajoutés ; la version anglaise du communiqué de presse, sans doute plus fidèle aux propos effectivement tenus, dit : « while his Government supported full membership of Palestine, it was satisfying that the

également qu'il puisse faire l'objet d'un constat judiciaire — sauf à accepter qu'il puisse revenir au droit international et à ceux qui en sont les organes d'application de déterminer si un État atteint ou non un tel seuil, constat qui pourrait s'avérer lourd de conséquences pour les États qui, bien qu'États bien établis, ne sont plus, ou toujours pas, « opérationnels ». Un tel jugement porté sur l'État relève-t-il vraiment du droit ?

Ensuite, et en lien direct avec ce qui précède, le traitement judiciaire d'une telle question aboutirait précisément à l'effet que les tenants d'une approche normative de l'existence de l'État cherchent à prévenir : dès lors qu'un fait juridique, en tant qu'il est d'abord un fait, relève du jeu de la preuve et du constat judiciaire, cela ouvre la voie à des constatations qui pourraient être potentiellement divergentes : selon que la preuve aura été apportée ici et pas là, selon que les *fora* saisis se feront une opinion différente de l'existence ou non de l'État, selon la nature des parties liées par l'arrêt de la juridiction internationale dont l'autorité est en principe relative (et il est difficile d'envisager une affaire portée devant une juridiction internationale à laquelle tous les sujets du droit international seraient partie et conséquemment liés par l'arrêt de la juridiction), la qualité étatique pourra être à géométrie variable (37). Notons qu'il n'y a pas lieu d'ailleurs d'en être particulièrement choqué dans un ordre juridique dans lequel « rien (...) ou peu s'en faut, n'existe en soi » et dans lequel « chaque élément du système existe pour certains et non pour les autres » (38).

C'est une démarche que semble-t-il la Cour internationale de Justice a elle-même fait sienne en rejetant l'argument de la légitime défense invoqué par Israël dans l'affaire des *Conséquences de l'édification d'un mur en territoire palestinien occupé*. La Haute Juridiction a rejeté en effet cette cause justificative au motif, non pas qu'il n'existait pas « en soi » d'État palestinien qui

United Nations had cemented that « Palestine is indeed a State ». He was certain that Palestinians would prevail in the quest for a viable State of their own and he urged the international community to avoid retributive actions that could stifle the existence of such a State »). De telles déclarations, ambigües, peuvent laisser penser que le seuil d'effectivité étatique n'est pas nécessairement rempli.

(37) De même qu'elle l'est déjà en pratique lorsque la position des autorités exécutives sur la scène internationale diffère de celle du juge national aux fins de l'application du droit interne. C'est ainsi que le 30 mars 2011, la Cour d'appel de Paris a estimé qu'alors même que la République de Chine (Taïwan) n'était pas reconnue *de jure* par la France, il « serait illogique de lui refuser [la qualité étatique] alors qu'il [cet « État »] est jugé apte à se défendre devant un juge ; (...) la République de Chine, non reconnue par la République française, constitue en fait un État souverain et indépendant auquel la courtoisie internationale impose qu'il ne soit pas porté atteinte » devant le juge interne (Pôle 1, chambre 2, n° 10/18825, *Strategic Technologies c. Procurement Bureau of the Republic of China Ministry of National Defence*). C'est là toutefois un précédent exceptionnel. Le juge interne français suit en effet en principe les qualifications politiques adoptées par ses autorités diplomatiques (v. à cet égard la note très éclairante — en particulier pour le cas palestinien — de Laurent Trigeaud sous Cour de cassation, chambre criminelle, 14 février 2012, *M. Candado Salinas*, n° 11-87679, *in R.G.D.I.P.*, 2012, pp. 434-443 ; celui-ci relève en particulier — à la date à laquelle sa note a été écrite — que « les territoires autonomes palestiniens ne forment pas un État aux yeux du Gouvernement français » (p. 440)).

(38) J. Combacau, « Le droit international : bric-à-brac ou système ? », *Archives de philosophie du droit*, 1986, p. 98.

aurait pu être considéré comme auteur d'une agression autorisant l'usage de la légitime défense qui, du point de vue de la Cour, n'est invocable que dans les relations entre deux États, mais plus restrictivement, et de manière parfaitement relative, au motif que « Israël *ne prétend pas* que les violences dont il est victime soient imputables à un État étranger » (39). Loin de prendre objectivement parti sur la qualité étatique de la Palestine, la Cour se limite ici à opposer à Israël sa propre position unilatérale — laquelle, bien entendu, n'aurait pu faire droit en revanche au détriment de la Palestine. Cette position pouvait faire droit ici dès lors qu'elle permettait de rejeter la prétention (l'existence d'un cas de légitime défense) invoquée par Israël à son seul profit.

Enfin, en réduisant l'État à la simple qualification juridique d'un fait (40), l'approche qui précède n'interdit nullement mais autorise au contraire que plusieurs qualifications soient apposées sur une même réalité factuelle, à des fins différentes. On songe en particulier ici aux diverses qualifications accolées à l'État dans le droit international contemporain, celles d'« État partie à un traité », d'« État membre des Nations Unies », d'« État non coopératif dans le domaine fiscal » ou encore d'« État habilité à invoquer la responsabilité ». Il est vrai que dans ces différentes occurrences, le droit international pourrait être interprété comme ne prenant parti que sur la qualification accolée à l'État, non sur l'État lui-même. Il pourrait s'en déduire que le premier type de qualifications serait nécessairement dépendant du second (seul un État au sens du droit international pourrait être un « État partie à un traité » par exemple). Dans l'univers juridique, rien n'interdit cependant que chaque qualification soit autonome vis-à-vis des autres et que l'État au sens du droit international général ne soit pas nécessairement la même chose que l'« État » dans la qualification d'« État membre des Nations Unies » par exemple. L'article 1er, paragraphe 2, de la convention des Nations Unies sur le droit de la mer du 10 décembre 1982 prévoit par exemple que le terme « États parties » à la convention englobe non seulement les États parties, mais également les organisations internationales qui peuvent adhérer à la convention (41).

De l'entrelacement de ces deux phénomènes (il est douteux que le droit international octroie la qualité étatique selon une démarche normative ; dans le même temps, le droit international accole diverses qualifications à l'État),

(39) Avis consultatif du 9 juillet 2004, *CIJ Recueil 2004*, p. 194, par. 139 (italiques ajoutés).

(40) V. J. Combacau, S. Sur, *Droit international public*, Montchrestien, Paris, 2012, p. 267 : « L''État' n'étant que la qualification d'un être naturel, une qualité légale qui lui est reconnue (...) » ; le droit international « ne crée pas la collectivité, il tire seulement des conséquences de droit de son existence de fait, exactement comme le fait le droit civil en voyant dans un individu une 'personne physique' ».

(41) *Recueil des traités des Nations Unies*, vol. 1834, n° 31363, p. 3. De même, dans son avis relatif aux Conditions d'admission d'un État comme membre des Nations Unies de 1948, la Cour internationale de Justice a estimé, d'un côté, que l'une des conditions requises pour devenir un État membre des Nations Unies était d'« être un État », d'un autre côté, que ces conditions relevaient d'une question d'interprétation de la Charte et qu'elles étaient « soumises au jugement de l'Organisation » (« Le jugement de l'Organisation signifie le jugement des deux organes mentionnés dans le paragraphe 2 de l'article 4, et, en dernière analyse, celui de ses Membres ») (avis consulatif du 28 mai 1948, *CIJ Recueil 1948,* p. 62).

résulte précisément la difficulté que fait naître la demande de la Palestine et qui peut se formuler ainsi : pour se voir reconnaître le statut d'« État non partie au statut de la Cour pénale internationale », est-il nécessaire d'établir préalablement que l'on est bien en présence d'un État au regard du droit international général (42) ?

Dès lors que l'attribution de la qualité étatique n'a rien d'objectif dans l'ordre international contemporain, soit parce qu'elle n'épouse pas le régime de l'octroi d'un statut, soit parce qu'elle est éminemment relative dans son établissement, soit encore parce qu'elle dépend de la position de chaque autre État, il est douteux que le bénéfice des statuts multiples réservés aux États au sein des organisations internationales dépende entièrement de l'attribution préalable du statut d'État dans l'ordre juridique international général, sauf à paralyser le fonctionnement de ces statuts. L'analyse de la pratique tend bien plutôt à montrer que le bénéfice de ces statuts est accordé sans préjudice de la réponse définitive, et opposable *erga omnes*, qui pourrait être apportée à la question de savoir si l'entité en cause est ou non, et en quelque sorte « en soi », un État — ce qui, en retour, vient confirmer la nature essentiellement relative de la qualité étatique dans l'ordre international. Pour le formuler différemment, les qualifications en jeu ne sont pas nécessairement dépendantes les unes des autres.

II. — Qualité étatique au regard du droit international et statut d'État au sein d'une organisation internationale

L'analyse de la pratique suivie au sein des organisations internationales révèle en effet que l'octroi à une entité du bénéfice d'un statut réservé en apparence uniquement aux États ne suppose pas nécessairement d'établir une fois pour toutes que cette entité est *incontestablement, objectivement* et *absolument* un État au sens du droit international. Dès lors qu'une prétention, à tout le moins plausible, à la qualité étatique s'est manifestée (43) et a reçu quelques soutiens par le biais de reconnaissances dont l'effet concret est d'activer la qualité étatique sur la scène internationale (au moins dans les seules relations entre l'entité en cause et l'État l'ayant reconnue comme État), il semble que ladite entité puisse valablement être considérée comme un État aux seules fins du statut particulier dont elle réclame le bénéfice au

(42) Cette question tient d'ailleurs pour acquis qu'il existerait quelque chose comme « le droit international général », ce qui mériterait une ample discussion. Existe-t-il réellement une dimension dans laquelle les catégories juridiques utilisées en droit international bénéficieraient d'un statut objectif ? Y a-t-il des « États » en soi dans l'ordre international général, indépendamment des solutions consacrées dans les relations particulières entre les membres de la société internationale et au contraire s'imposant à celles-ci ?

(43) Il semble à tout le moins difficile en effet d'accorder à une entité le bénéfice d'un statut réservé aux États si celle-ci ne revendique pas elle-même la qualité étatique.

sein de l'organisation internationale, quand bien même cette qualité étatique ne lui serait pas universellement reconnue dans l'ordre international.

Il est vrai qu'au sein du Comité des admissions saisi en 2011 de la demande d'admission de la Palestine aux Nations Unies, certains ont soutenu que l'examen de la suite à donner à cette demande supposait de vérifier que la Palestine était un État au sens du droit international et en particulier qu'elle remplissait les trois éléments constitutifs du territoire, de la population et du gouvernement (44). Cette exigence, qui n'a pas fait l'unanimité semble-t-il au sein du Comité, ne correspond toutefois pas à la pratique.

La démarche inverse a par exemple été suivie par la Cour européenne des droits de l'homme dans l'affaire *Loizidou c. Turquie* dans l'arrêt sur les exceptions préliminaires du 23 mars 1995. En réponse à l'objection de la Turquie selon laquelle elle ne considérait pas que le gouvernement cypriote représentait la population de Chypre (ce qui, en creux, posait la question de savoir si la République turque de Chypre Nord autoproclamée État au nord de l'île était l'État souverain sur ce territoire), la Cour a fait valoir deux moyens de droit, et non un seul. Au titre du premier, la Cour a noté,

> « en s'appuyant notamment sur la pratique constante du Conseil de l'Europe et les décisions de la Commission dans les affaires interétatiques *Chypre c. Turquie*, que la communauté internationale reconnaît le gouvernement requérant comme le gouvernement de la République de Chypre (voir, à ce propos, la décision du 26 mai 1975 sur la recevabilité des requêtes n°s 6780/74 et 6950/75, *Chypre c. Turquie*, *Décisions et rapports* (D. R.) 2, pp. 148-149, et la décision du 10 juillet 1978 sur la recevabilité de la requête n° 8007/77, *D. R.* 13, pp. 219-221). Son *locus standi* de gouvernement d'une Haute Partie contractante à la Convention ne prête donc à aucun doute. En outre, il n'est pas contesté que la requérante est ressortissante de la République de Chypre » (45).

La Cour a tenu à ajouter toutefois à ce premier argument que

> « *[q]uoi qu'il en soit*, la reconnaissance d'un gouvernement requérant par un gouvernement défendeur n'est le préalable ni à l'engagement d'une instance en vertu de l'article 24 (art. 24) de la Convention ni à la saisine de la Cour en vertu de l'article 48 (art. 48) (voir la décision susmentionnée sur la requête n° 8007/77, *loc. cit.*, pp. 220-221). Sinon, le système de garantie collective, élément essentiel du mécanisme de la Convention, se verrait en pratique neutralisé par le jeu de la reconnaissance réciproque entre les différents gouvernements et États » (46).

Il en découle deux conclusions. La première est que la Cour n'a pas estimé nécessaire de trancher sur le fond l'exception du défendeur — autrement dit, l'exercice de sa compétence ne suppose pas de vérifier que chaque « État membre » dispose bien d'une qualité étatique opposable à tous. Sur ce dernier point, la Cour laisse se déployer librement le mécanisme de la reconnaissance

(44) V. les paragraphes 9 à 14 du rapport du Comité des admissions (S/2011/705, 11 novembre 2011).

(45) Cour eur. D.H., *Loizidou c. Turquie* (exceptions préliminaires), req. n°15318/89, arrêt du 23 mars 1995, par. 40.

(46) *Ibid.*, par. 41 (italiques ajoutés).

en lui déniant tout effet à son égard. La seconde est que la Cour a choisi de faire primer l'effet utile dans l'opération d'interprétation de la notion d'« État partie » à la CEDH en distinguant cette opération de celle consistant à s'interroger sur la qualité étatique au plan du droit international de l'entité en cause. Il est vrai qu'en l'espèce, il s'agissait moins de déterminer s'il existait un État cypriote que de trancher la question de savoir si le gouvernement requérant le représentait valablement (47).

Lorsqu'il s'agit de l'existence même de l'État, la conclusion n'est néanmoins pas différente comme le montre l'admission récente du Kosovo au Fonds monétaire international le 29 juin 2009, laquelle admission en a fait un « État membre » de cette organisation avec les droits et les devoirs correspondants alors même que chacun des 186 autres États membres du FMI ne l'ont pas tous reconnu comme tel, à commencer par la Serbie, et que la qualité étatique du Kosovo fait toujours débat.

La réciproque est tout aussi vraie comme le montre l'exemple de Taïwan. Depuis l'adoption de la résolution 2758 (XXVI) de l'Assemblée générale de l'ONU, en date du 25 octobre 1971, les Nations Unies, en tant qu'organisation, considèrent que Taïwan est une province de la Chine sans statut distinct. En conséquence de cette décision, tout document des Nations Unies se référant à Taïwan doit indiquer « Taïwan, province de la Chine » (48). Cela n'autorise pas pour autant le Secrétariat de l'ONU à modifier un document communiqué à l'Organisation par un État membre de l'ONU qui se réfèrerait, lui, à « Taïwan » ou « l'État taïwanais ». C'est ce qu'a rappelé le bureau des affaires juridiques des Nations Unies dans un mémorandum du 27 octobre 2010 : l'ONU n'est pas en droit de changer le contenu d'un document déposé par un État membre « as this would be tantamount to interfering in the official/national position of a Member State » ; aussi, « the use of this [practice] is without prejudice to the position of any Member State on 'Taiwan' » (49).

L'autonomie des décisions prises au sein des Nations Unies relativement au statut d'une entité par rapport aux positions étatiques sur la question, telles qu'elles se manifestent par le biais de l'instrument de la reconnaissance, a été réaffirmée par le même bureau des affaires juridiques dans un mémorandum du 24 novembre 2010 relatif au Kosovo (50). En un certain sens, c'est la même

(47) Dans l'affaire *Géorgie c. Russie*, la Cour a indiqué que si la Russie a reconnu l'indépendance de l'Ossétie du sud et de l'Abkhazie, cette reconnaissance, selon la Cour, « n'a pas été suivie par la communauté internationale » (décision du 13 décembre 2011, n° 38263/08, par. 20). Elle a toutefois joint au fond les exceptions relatives à l'incompatibilité *ratione loci* et *ratione materiae* de la requête. Il faut donc attendre l'arrêt au fond pour connaître sa position quant à l'effet juridique sur l'applicabilité de la CEDH de l'absence d'une reconnaissance généralisée d'une déclaration d'indépendance.

(48) Ce qui a notamment donné lieu à une passe d'armes entre le membre chinois et certains autres membres de la Commission du droit international lors de sa 63e session : v. A/CN.4/SR.3123 (10 août 2011) et A/CN.4/SR. 3125 (11 août 2011) [http://untreaty.un.org/ilc/sessions/63/63docs.htm].

(49) *United Nations Juridical Yearbook*, 2010, pp. 516-517.

(50) *Ibid.*, pp. 517-518, en particulier par. 4 : « The recognition of States is a matter for States only and not for the Secretariat. The fact that a number of States, not only European, have recognized

distinction que l'on retrouve à l'article 1er de la résolution 3314 (XXIX) définissant l'agression lorsque celui-ci, dans un seul et même mouvement, définit l'agression comme le recours à la force armée d'un État contre un autre État et précise que « [d]ans la présente Définition, le terme 'État' (...) est employé sans préjuger la question de la reconnaissance ou le point de savoir si un État est Membre de l'Organisation des Nations Unies ». L'État au sens de la résolution ne serait donc pas nécessairement un État en vertu du jeu des reconnaissances ou du régime d'adhésion aux Nations Unies.

Cette autonomie se manifeste encore dans le fait, par exemple, que la qualité étatique 'internationale' n'est pas nécessairement requise pour accéder au statut d'« État membre » d'une organisation internationale. Il est ainsi connu que l'Ukraine et la Biélorussie sont devenues « États membres » des Nations Unies à une époque où elles étaient des entités fédérées d'un autre État membre (51). Comme cela a pu être rappelé par ailleurs,

> « [...] la Charte ne donne aucune définition de l'État. A la Conférence de San Francisco, certaines délégations (Venezuela, Brésil, Bolivie) avaient demandé que l'on précisât la notion d'État et que l'on décidât si l'ONU serait ouverte aux seuls États souverains. On pensait sans doute aux « Dominions et Colonies » dont parlait le Pacte de la SDN, mais on savait aussi que l'Inde, l'Ukraine et la Biélorussie seraient admises comme Membres originaires alors que leur qualité d'États souverains prêtait à discussion » (52).

L'idée qu'une distinction eût pu être introduite entre les « États », d'une part, les « États souverains », d'autre part, aux fins d'élargir au-delà des seconds le cercle des États membres des Nations Unies témoigne de la divergence qui peut s'instaurer entre la notion d'État au sens où l'entendrait le droit international général (qui la limiterait à la seule sous-catégorie des États souverains) et l'État au sens du droit d'une organisation internationale.

C'est également, en filigrane, l'interprétation que l'on peut retenir d'un (bref) avis récent du secrétariat des Nations Unies rédigé en ces termes :

> « 1. I refer to your e-mail of 14 October 2011 requesting me to confirm your understanding of article 3 (a) of the Constitution of UNIDO concerning the procedures to become a member of UNIDO. [...]
>
> 2. Article 3 of the Constitution of UNIDO reads :
>
> 'Membership in the Organization is open to all States which associate themselves with the objectives and principles of the Organization :
>
> (a) States Members of the United Nations or of a specialized agency or of the International Atomic Energy Agency may become Members of the Organi-

Kosovo as a State is not determinative for the Organization. The Organization will be guided by the decisions of its Principal Organs, the General Assembly and Security Council. In this regard, I note that to date neither Organ has pronounced itself on the status of Kosovo, following the [unilateral declaration of independence] ».

(51) V. J.-P. Jacqué, « Article 3 », *in* J.-P. Cot, A. Pellet, M. Forteau (éd.), *La Charte des Nations Unies, commentaire article par article*, Economica, Paris, 2005, p. 512.

(52) G. Feuer, avec la collaboration de A. Ouraga, « Article 4 », *ibid.*, p. 521.

zation by becoming parties to this Constitution in accordance with article 24 and paragraph 2 of article 25 ;

(b) States other than those referred to in subparagraph (a) may become Members of the Organization by becoming parties to this Constitution in accordance with paragraph 3 of article 24 and subparagraph 2 (c) of article 25, after their membership has been approved by the Conference, by a two-thirds majority of the Members present and voting, upon the recommendation of the Board'.

3. The Member States of UNIDO are free to raise any question about the status of [State 1] as a State, and the Secretariat cannot prevent them from raising their questions. However, as can be seen from the above, article 3 does not establish the criteria of statehood under international law. If a State is already a member of the United Nations or a specialized agency, it could become a member of UNIDO by depositing an instrument with the depositary in accordance with procedures set out in article 24 and paragraph 2 of article 25 of the Constitution of UNIDO. However, if a State is not a member of the United Nations or a specialized agency, it should comply with the procedures set out in articles 24 and 25 after their membership has been approved by the General Conference of UNIDO. In terms of UNIDO's practice, I recall that [State 2] — represented by the United Nations Council for [State 2] — became a member of UNIDO in accordance with article 3(a) of the Constitution when it did not have all the attributes of a sovereign State. By the end of the General Conference of [United Nations specialized agency] in [date] we will know if [State 1]'s possible membership application of UNIDO would fall under article 3 (a) or 3 (b) » (53).

Alors que seuls des États peuvent devenir membres de l'ONUDI, il semble découler de cet avis que la condition requise pour accéder à la qualité de membre n'est pas dépendante de critères juridiques définissant l'État mais de la décision politique que prendront soit les organes compétents des Nations Unies, soit les organes compétents de l'ONUDI.

C'est la thèse que soutint subsidiairement la Palestine dès 1989 dans sa première demande d'admission à l'UNESCO :

« [...] recognition is regarded by some as evidence for statehood which militates in favour of admission. This holds good of the State of Palestine, which has now been recognized by 98 States. Others even draw a distinction between the concept of a State peculiar to International Law and another concept of a State peculiar to international organizations. With regard to the implications of the decision to grant membership, in (...) *La reconnaissance internationale dans la pratique contemporaine* (p. 509), Verhoeven states that 'in principle, any decision of an Organization is effective only within the 'internal' order peculiar to it, within which it is binding, in principle, only on the Member States'. The decision to grant membership cannot therefore be interpreted as recognition by those who have opposed it, outside the context of that 'internal' order of the Organization » (54).

(53) « Internal email message to the Director, Policymaking Organs Secretariat regarding procedures to be followed to become a member of UNIDO », *United Nations Juridical Yearbook*, 2011, pp. 556-557.

(54) Request for the admission of the State of Palestine to UNESCO as a Member State, 12 mai 1989, 131 EX/43, Point IV.

On comprend alors que la distinction et l'indépendance des qualifications peut s'avérer doublement avantageuse : elle est de nature à donner son effet utile au droit de l'organisation en y soumettant une entité au statut contesté ; dans le même temps, l'octroi d'un statut à l'intérieur de l'organisation est sans préjudice de la qualité de l'entité dans l'ordre international et laisse ainsi intact le pouvoir de reconnaissance, et surtout de non-reconnaissance, dont disposent les États (55).

Si l'on accepte cette idée, que la pratique semble corroborer, que la qualification retenue au sein de l'organisation internationale n'est pas nécessairement dépendante de la qualification d'État au sens du droit international général, le sens à donner à la notion d'État au sein de l'organisation doit alors être configurée en tenant compte de l'objet et du but de cette qualification selon ce que d'aucuns ont pu appeler une approche fonctionnelle de la notion d'État et qui, en réalité, se rattache à une démarche proprement normative de l'État — mais alors dans un sens différent de celui rencontré plus haut (56). Dès lors qu'il y aurait autant de définitions possibles de l'État qu'il y aurait de qualifications juridiques faisant usage du mot, toute la question se résumerait à un problème d'interprétation visant à définir le sens à apporter au terme État dans chacune des qualifications qui y renvoient (57). La norme, en quelque sorte, l'emporterait sur l'institution qu'elle configurerait à sa guise.

Cela n'implique pas, il importe de le préciser, que toute qualification utilisant le terme État doit s'interpréter comme s'écartant nécessairement de la qualité étatique au regard du droit international général. Cela signifie que rien *n'interdit* un tel écart et que seule l'interprétation de la qualification, à

(55) Il convient de relever à cet égard que 138 États ont voté pour la résolution de l'Assemblée générale octroyant à la Palestine le statut d'État observateur non-membre, alors que 132 seulement ont reconnu la Palestine comme État. Cela signifie que certains États ont voté pour la résolution sans avoir émis une telle reconnaissance. V. ainsi l'explication de vote de la Belgique : « Pour la Belgique, la résolution adoptée aujourd'hui ne constitue pas encore une reconnaissance d'État au sens complet du terme » ; du Danemark : « Le vote favorable du Danemark est la suite naturelle de la proposition liée à la solution à deux États et à une solution négociée. Il ne s'agit pas de la reconnaissance unilatérale d'un État » ; de la Finlande : « (...) la Palestine dispose à présent d'institutions nécessaires à tout État. Le vote de la Finlande (...) ne signifie pas la reconnaissance d'un État palestinien souverain. Cela est une question distincte (...) » ; de la Jamaïque : « (...) le nouveau statut de la Palestine est identique à celui du Saint-Siège. Il ne s'agit donc pas de reconnaître l'existence d'un État palestinien en tant que tel » (ONU, communiqué de presse AG/11317, 29 novembre 2012).

(56) V. *supra*, I. C'est ici non plus l'accès au *statut* d'État, mais la *notion* d'État, qui serait un produit normatif.

(57) C'est en définitive la démarche suivie par Y. Ronen dans une étude qui pourtant estime que l'application de l'article 12 du Statut de la Cour pénale internationale supposerait d'être en présence d'un État au regard du droit international général : v. « ICC Jurisdiction over Acts Committed in the Gaza Strip », *E.J.I.L.*, 2010, p. 18 : après avoir admis que « (...) it is not unthinkable that the meaning of the term 'state' for the purposes of the Article 12(3) be different than its meaning for the purposes of customary international law », l'auteur renvoie à l'application des règles d'interprétation : « the ICC Statute should be interpreted in good faith in accordance with the ordinary meaning to be given to its terms in their context and in the light of its object and purpose ».

l'aide des règles d'interprétation applicables aux traités, permet de déterminer si un tel écart doit être constaté ou non (58).

III. — La capacité de la Palestine à sa prévaloir de l'article 12, paragraphe 3, du Statut de la Cour pénale internationale

À la lumière de ces différentes précisions, qu'en est-il du statut de la Palestine au regard de l'article 12, paragraphe 3, du Statut de la Cour pénale internationale ? De prime abord, deux remarques doivent être faites.

En premier lieu, il est incontestable désormais qu'il existe une prétention à voir constater l'existence d'un État palestinien. Cette prétention pouvait encore être discutée au moment où s'est tenu le colloque dont le présent ouvrage est tiré, sur la base de nombreux arguments et tout particulièrement le fait que les dirigeants palestiniens envisageaient encore à cette époque l'État palestinien au futur, à commencer dans leur exposé soumis à la Cour internationale de Justice en 2004 dans l'affaire relative au *Mur en territoire palestinien occupé* (59). Cette position résonne dans l'avis lui-même dans lequel la Cour appelle l'attention de l'Assemblée générale « sur la nécessité d'encourager ces efforts en vue d'aboutir le plus tôt possible, sur la base du droit international, à une solution négociée des problèmes pendants et à la *constitution* d'un État palestinien vivant côte à côte avec Israël et ses autres voisins » (60). Cette perspective d'un État à venir est également celle retenue par les opinions favorables à la Palestine soumises au Procureur de la Cour pénale internationale en 2009 et 2010 (61). Elle correspond par ailleurs à la politique suivie par le Conseil de sécurité depuis l'approbation de la Feuille de route qui n'envisage la création d'un État palestinien que comme un projet à réaliser (62). Depuis, cependant, la demande d'admission de « l'État de Palestine » à l'ONU, à plus forte raison son admission comme État membre à l'UNESCO et l'octroi d'un statut d'État observateur non-membre auprès de

(58) En gardant à l'esprit que « l'application des règles du droit international en matière d'interprétation des traités à des dispositions identiques ou similaires de différents traités peut ne pas aboutir à des résultats identiques, compte tenu, notamment, des différences entre leurs contextes, objets et buts respectifs, de la pratique ultérieure des parties et des travaux préparatoires » (Tribunal international du droit de la mer, affaire de l'*Usine Mox*, ordonnance en indication de mesures conservatoires du 3 décembre 2001, [www.itlos.org], par. 51).

(59) V. l'exposé écrit soumis par la Palestine le 30 janvier 2004 [www.icj-cij.org], pars. 580-581.

(60) Avis consultatif précité du 9 juillet 2004, *CIJ Recueil 2004,* p. 201, par. 162. V. également Y. Ronen, « ICC Jurisdiction over Acts Committed in the Gaza Strip », *E.J.I.L.*, 2010, pp. 11-16, en particulier pp. 13-14. V. aussi, parmi les opinions soumises au Procureur de la Cour pénale internationale (*supra*, note 9), D. Benoltiel, R. Perry, « Israël, Palestine and the ICC », pp. 26 et s.

(61) V. *supra*, note 8.

(62) V. S/RES/1515 (2003) et S/2003/529.

l'ONU, il n'est plus discutable qu'une prétention à l'étaticité a été clairement formulée sur la scène internationale (63).

En second lieu, il est tout aussi incontestable qu'un désaccord demeure tout de même au sein de la communauté internationale quant à l'existence, aujourd'hui, d'un État palestinien (de même qu'un tel désaccord demeure pour le Kosovo). Ainsi le représentant d'Israël a-t-il fermement déclaré devant l'Assemblée générale le 29 novembre 2012 que la résolution octroyant à la Palestine le statut d'État observateur non-membre « ne confèrera pas le statut d'État à l'Autorité palestinienne (...). Elle ne lui permettra pas d'être partie aux traités internationaux, aux organisations ou aux conférences en tant qu'État » (64). Il n'est pas possible, sauf à forcer la main des États en les obligeant à reconnaître comme étatique une entité à laquelle ils dénient cette qualité, de trancher *dans l'absolu* ce désaccord. De ce point de vue, la Cour pénale internationale est confrontée à deux options : elle peut soit estimer que l'article 12 du Statut lui confère tout de même, par voie d'exception, le pouvoir de trancher *en soi* la question de l'existence d'un État palestinien, mais elle empiètera alors sur le pouvoir de reconnaissance des États parties au Statut ; elle peut tout aussi bien estimer que la détermination de sa compétence au regard de l'article 12 du Statut implique seulement qu'elle détermine si la Palestine peut être assimilée à un État *aux fins de son Statut*, sans préjudice de sa qualité étatique en droit international général. Stratégiquement et pratiquement, il est bien clair que cette seconde option, qui nous paraît davantage conforme à la pratique contemporaine (65), est beaucoup plus attractive que la première. Elle contourne le différend politique tout en permettant à la Cour d'exercer pleinement la compétence de sa compétence.

Comme on le sait, le Bureau du Procureur a retenu quant à lui, dans sa décision du 3 avril 2012, une tierce solution, boiteuse à bien des égards, consistant à contourner le principe de la compétence de la compétence en estimant que quand bien même il s'agit d'un « point de droit » que de savoir si la Palestine est un État au sens de l'article 12 du Statut, sa résolution ne relève pas de la compétence de la Cour mais des organes politiques des Nations Unies ou de l'Assemblée des États parties à la Cour pénale internationale (66). Cela étant dit, par cette décision, le Bureau du Procureur admet tout de même que, quel que soit l'organe habilité à trancher cette question, celle-ci est de nature juridique en tant qu'elle suppose de délivrer une interprétation de l'article 12 du Statut. Selon lui en effet, « la question qui se pose » est bel et bien

(63) Sur la nécessité, selon nous, d'une telle prétention, v. *supra*, introduction du II. Cette nouvelle situation relativise l'argument parfois avancé contre la demande palestinienne selon lequel la Palestine a toujours été invitée comme entité, pas comme État, à la Cour pénale internationale, y compris en 2010 lors de la conférence de Kampala (v. sur ce point l'opinion additionnelle de M. Shaw du 18 octobre 2010, déposée auprès du Bureau du Procureur (*supra*, note 8), par. 41).

(64) ONU, communiqué de presse AG/11317 du 29 novembre 2012.

(65) V. *supra*, II.

(66) V. *supra*, introduction.

de « définir ce qu'est un 'État' aux fins de l'article 12 du Statut ». Par ailleurs, son raisonnement ne remet pas en cause les conclusions qui précèdent. Il ne fait que les redoubler en quelque sorte, en conditionnant la qualité d'État au sens du Statut à la qualité d'État au sens des Nations Unies — cette dernière qualité étant octroyée sans préjudice du jeu des reconnaissances étatiques dans l'ordre international général.

Pour déterminer quel sens il convient de donner à l'article 12 du Statut de la Cour pénale internationale, plusieurs paramètres devront donc entrer en ligne de compte. Il convient de les présenter succinctement en guise de conclusion, dans l'attente de la décision finale de l'autorité compétente sur la question, laquelle, on l'a souligné en introduction, devrait en principe trouver une issue favorable compte tenu de l'admission de la Palestine à l'UNESCO et de son statut d'État observateur non-membre auprès de l'ONU.

Le premier paramètre a trait au texte de l'article 12, à ce qu'il dit et à ce qu'il ne dit pas. Alors qu'il emploie le terme, l'article 12 ne définit pas lui-même ce qu'il faut entendre par « État » et aucune autre disposition du Statut ne le fait non plus, à la différence de ce que peuvent faire d'autres conventions internationales (67). Il convient de relever par ailleurs que l'exigence d'interprétation restrictive formulée à l'article 22, paragraphe 2, du Statut n'est posée qu'en relation avec la définition des crimes internationaux. *A contrario*, il s'agit là d'une contrainte qui ne vaut pas pour les autres dispositions du Statut. De même, l'examen des travaux préparatoires tend à montrer que la version finale de l'article 12 n'a satisfait ni les universalistes, ni les souverainistes, ce qui suggère que cette disposition s'offre aujourd'hui à une large marge d'interprétation (68).

Le silence du texte de l'article 12 pouvant s'interpréter de manières différentes, dans un sens restrictif comme extensif, il est utile de se référer à l'objet et au but du Statut à titre complémentaire. L'objet particulier de l'accord créant la Cour pénale internationale, qui ressortit à la catégorie des conventions protectrices de la personne humaine et au droit international

(67) V. par exemple la convention des Nations Unies sur les immunités des États et de leurs biens (annexe à la résolution 59/38 du 2 décembre 2004 de l'Assemblée générale des Nations Unies, article 2). Il est intéressant de relever sur ce point que certaines juridictions israéliennes ont estimé que la Palestine était un État aux fins particulières du droit des immunités (v. Y. Ronen, « ICC Jurisdiction over Acts Committed in the Gaza Strip », *E.J.I.L.*, 2010, pp. 23-24 ; v. également *ibid.*, note 112, rappelant que des entités se sont vues reconnaître dans l'ordre international la qualité d'État à certains égards et pas à d'autres — cas par exemple des territoires sous mandat A qui ont été considérés comme des États pour les besoins de la nationalité). V. également, appliquant cette même démarche relative, l'arrêt précité de la Cour de cassation française du 14 février 2012 (*supra*, note 37) : « la région administrative spéciale de Hong-Kong de la République populaire de Chine ne constitue pas un État souverain *au sens des articles susvisés* » (c'est-à-dire, en l'espèce, ceux applicables en France en matière d'extradition).

(68) V. en ce sens l'opinion déposée auprès du Bureau du Procureur par D. Davenport, K. Anderson, S. Estreicher, E. Kontorovich, J. G. Ku et A. D. Sofaer, *The Palestinian Declaration and the ICC jurisdiction*, du 19 novembre 2009 (*supra*, note 8), pp. 3-4 de l'opinion. V. *contra* l'opinion additionnelle de M. Shaw du 18 octobre 2010, par. 40 *in fine* (*id.*).

pénal, comme la nécessité de donner aux termes des traités leur effet utile, peut conduire à ce titre à assouplir la notion d'État au sens du Statut — le principe de l'effet utile pouvant tout à fait déployer ses effets à l'égard de clauses fixant la compétence des juridictions internationales. La Cour internationale de Justice a eu l'occasion de rappeler récemment que

> « Dans l'affaire des *Zones franches de la Haute-Savoie et du Pays de Gex*, la Cour permanente de Justice internationale a eu l'occasion d'appliquer le principe bien établi d'interprétation des traités selon lequel il faut conférer aux mots un effet utile. Elle a ainsi indiqué que : 'dans le doute, les clauses d'un compromis par lequel la Cour est saisie d'un différend doivent, si cela n'est pas faire violence à leurs termes, être interprétées d'une manière permettant à ces clauses de déployer leurs effets utiles' (*Zones franches de la Haute-Savoie et du Pays de Gex, ordonnance du 19 août 1929, C.P.J.I. série A n. 22*, p. 13) » (69).

Il a été démontré par ailleurs qu'en raison de leur nature particulière — il s'agit de juridictions « d'une nature différente » de celle de la CIJ, a indiqué celle-ci (70), les juridictions pénales internationales emploient des techniques interprétatives orientées vers la « notion d'intérêts de la justice [qui] est fortement propice à l'interprétation téléologique » (71).

En complément de cet élément, il faut sans doute tenir compte aussi du fait qu'aux fins du Statut de la Cour pénale internationale, l'« État partie » vaut avant tout pour les fonctions étatiques se développant dans le champ du droit international pénal. Sans en revenir nécessairement à une conception purement fonctionnelle de l'État suivant laquelle l'indépendance ne serait rien d'autre que le « droit d'exercer les fonctions étatiques » (72), il demeure que la réponse à la question de savoir si une entité donnée peut être considérée comme un État au sens du Statut doit être avant tout résolue en s'interrogeant sur l'impact qu'une réponse négative ou positive aurait sur l'exercice de la compétence de répression pénale internationale.

C'est une telle démarche « fonctionnelle » qu'a semblé épouser la CIJ dans l'avis consultatif de 2004 sur le *Mur*. Comme un commentateur l'a relevé, dans le traitement de la Palestine tout au long de la procédure devant la Cour et surtout dans l'analyse des règles du *jus in bello* applicables, la Cour

(69) C.I.J., « Application de la convention internationale sur l'élimination de toutes les formes de discrimination raciale (*Géorgie c. Fédération de Russie*) », arrêt du 1er avril 2011 (exceptions préliminaires), [www.icj-cij.org], par. 133.

(70) C.I.J., « Activités armées sur le territoire du Congo (Nouvelle requête : 2002) (*RDC c. Rwanda*) », ordonnance en mesures conservatoires du 10 juillet 2002, *CIJ Recueil 2002*, p. 246, par. 72.

(71) V. M. Ubéda-Saillard, « Les techniques interprétatives des tribunaux pénaux internationaux », *R.G.D.I.P.*, 2011, p. 432.

(72) V. le célèbre *dictum* de la CPA dans l'affaire de l'*Ile de Palmes* : « Sovereignty in the relations between States signifies independence. Independence in regard to a portion of the globe is the right to exercise therein, to the exclusion of any other State, the functions of a State » (sentence du 4 avril 1928, *R.S.A.*, vol. II, p. 838).

a semblé considérer « Palestine as the functional equivalent as a State » (73). En l'espèce, cet élément fonctionnel donne lieu à des solutions contrastées. D'un côté, il pourrait être considéré qu'un refus de donner suite à la déclaration de compétence de la Palestine conduirait à ce que les crimes commis en territoires palestiniens occupés risquent d'échapper à toute compétence pénale internationale en raison du fait que ces territoires échapperaient à toute emprise étatique (Israël n'ayant aucun droit de souveraineté sur ces territoires en tant que l'occupation n'est pas translative de souveraineté, la Palestine n'étant pas considérée comme un « État partie »). De l'autre, il faut bien voir que la compétence pénale actuelle de l'Autorité palestinienne reste limitée en vertu des accords internationaux applicables et que la Palestine ne saurait transférer à la Cour pénale internationale une compétence qu'elle ne détient pas (74). L'argument fonctionnel est donc à double tranchant.

Tout cela confirme quoi qu'il en soit que l'article 12 est ouvert à plusieurs interprétations — et suppose donc qu'une décision soit prise. L'existence de celles-ci (au pluriel) découle du caractère relatif de la qualité étatique en droit international — au sens où celle-ci se décide à la suite d'un travail d'interprétation de l'instrument applicable au lieu de s'imposer comme une vérité juridique absolue.

(73) S. MURPHY, « Self-Defense and the Israeli Wall », *A.J.I.L.*, 2005, p. 63.

(74) Sur tous ces éléments, voir notamment Y. RONEN, « ICC Jurisdiction over Acts Committed in the Gaza Strip », *E.J.I.L.*, 2010, pp. 17-20.

II. LA GUERRE

REVUE BELGE DE DROIT INTERNATIONAL
2012/1 – Éditions BRUYLANT, Bruxelles

L'APPLICABILITÉ PROBLÉMATIQUE DU DROIT DE LÉGITIME DÉFENSE AU SENS DE L'ARTICLE 51 DE LA CHARTE DES NATIONS UNIES AUX RELATIONS ENTRE LA PALESTINE ET ISRAËL

PAR

Olivier CORTEN*

Résumé

Le caractère «inhérent» du droit reconnu aux États membres de l'ONU à l'article 51 de la Charte témoigne d'un lien inextricable entre la qualité d'État et le droit de légitime défense. Dans cette perspective, la logique qui préside à l'invocation de cette notion dans le contexte des relations israélo-palestiniennes est relativement simple. Soit on estime, à l'instar des autorités d'Israël, que la Palestine n'est toujours pas un État, et la légitime défense au sens de l'article 51 de la Charte ne peut être invoquée ni par l'une ni par l'autre des parties au conflit. Soit on considère que la Palestine, comme Israël, constitue désormais un État, et l'interdiction du recours à la force comme la légitime défense s'appliquent dans les relations entre les deux parties. En revanche, on ne peut échapper à cette alternative en invoquant la légitime défense à l'encontre de la Palestine tout en lui déniant la qualité d'État.

La «légitime défense» est une notion susceptible de recouvrir de multiples situations dans le contexte du conflit israélo-palestinien (1). Elle pourrait être invoquée par un manifestant palestinien visé par des forces de sécurité israélienne, par des civils israéliens victimes d'une action «terroriste», par l'État israélien pour affirmer son droit à préserver sa sécurité, ou par la Palestine pour mettre fin à l'occupation israélienne. Dans le cadre de la présente contribution, on limitera l'analyse à l'article 51 de la Charte des Nations Unies, lequel énonce un «droit naturel de légitime défense, individuelle ou collective, dans le cas où un Membre des Nations Unies est l'objet d'une agression armée». Ce droit est-il applicable aux relations entre l'État d'Israël, d'une part, et la «Palestine» — sans préjudice, à ce stade, de la qualification de cette entité —, d'autre part ? Telle est la question qui sera au centre de

* Professeur ordinaire à l'Université Libre de Bruxelles, Centre de droit international et de sociologie appliquée au droit international.

(1) Sur les différentes conceptions de la notion, v. p. ex. R. Kherad (dir.), *Légitimes défenses*, Paris, L.G.D.J., 2007.

l'analyse, laquelle sera donc confinée au *jus contra bellum* au sens du droit international public général. Ne seront, en revanche, pas abordés les autres aspects de la légitime défense entendue au sens large, en particulier dans la mesure où cette notion s'appliquerait aux relations entre individus (2).

Classiquement, on considérait que le *jus contra bellum*, c'est-à-dire l'interdiction du recours à la force ainsi que ses deux exceptions (légitime défense et action de sécurité collective décidée par le Conseil de sécurité), constituait un régime strictement interétatique (3). Depuis plusieurs années, un débat doctrinal a ressurgi : celui de l'extension éventuelle de ce régime aux relations entre un État et un groupe terroriste (4). Ce débat, qui a été ravivé par les attentats du 11 septembre 2001 et leurs suites, vise généralement une situation triangulaire, dans laquelle un État victime d'un groupe terroriste prétend exercer sa légitime défense contre un autre État qui aurait soutenu, abrité ou toléré un tel groupe (5). La question a été posée dans le cas du Moyen-Orient, Israël ayant notamment invoqué l'article 51 de la Charte pour attaquer le Liban en 2006 (6), parce que cet État aurait été complice de groupes «terroristes» (7). Certains auteurs ont cru y voir des précédents plaidant pour une évolution de la règle (8), tandis que d'autres, relevant que l'argument israélien est loin d'avoir convaincu la communauté internationale des États dans son ensemble, ont défendu la position inverse (9). Dans

(2) Ces relations sont régies par le droit pénal applicable, qu'il s'agisse d'un droit national ou d'éléments issus du droit international pénal, avec des conditions spécifiques et propres à l'ordre juridique considéré ; v. p. ex. O. DE FROUVILLE, *Droit international pénal*, Paris, Pedone, 2012, pp. 442-445.

(3) V. p. ex. A. RANDELZHOFER, «Article 2(4)», *in* B. SIMMA (ed.), *The Charter of the United Nations. A Commentary*, 2nd ed., Oxford, O.U.P., 2002, p. 121 («only States are eligible to become members of the UN. Thus the prohibition of the use of force indisputably only protects and is only addressed to States») ; L.A. SICILIANOS, «L'invocation de la légitime défense face aux activités d'entités non étatiques», *Hague Y.I.L.*, 1989, pp. 147-168.

(4) Ch. GREENWOOD, «Self-Defence», *E.P.I.L.*, vol. IX, 2012, pp. 107-108 ; v. déjà M. REISMAN, «International Legal Responses to Terrorism», *Houston Journal of International Law*, 1999, p. 57 ; R. WEDGWOOD, «Responding to Terrorism : the Strikes Against bin Laden», *The Yale Journal of International Law*, 1999, p. 564.

(5) L. CONDORELLI, «The imputability to States of acts of international terrorism», *Israeli Yearbook on Human Rights*, 1989, pp. 233 et ss. ; A. NOLLKAEMPER, «Attribution of Forcible Acts to States : Connections Between the Law on the Use of Force and the Law of State Responsibility», *in* N. BLOKKER et N. SCHRIJVER (ed), *The Security Council and the Use of Force. A Need for Change ?*, Leiden/Boston, Martinus Nijhoff, 2005, pp. 133-171.

(6) S/PV.5489, 14 juillet 2006, p. 6 ; Letter dated 12 July 2006 addressed to the Secretary General ; http://www.israel-un.org/.

(7) V. F. DUBUISSON, «La guerre du Liban de l'été 2006 et le droit de la légitime défense», cette *Revue*, 2006, pp. 529-564.

(8) Ch. TAMS, «The Use of Force against Terrorists», *E.J.I.L.*, 2009, p. 381 ; T. RUYS, *Armed Attack and Article 51 of the UN Charter*, Cambridge, C.U.P., 2010, pp. 449-457 ; v. aussi, plus indirectement et implicitement, E. CANNIZZARO, «Entités non étatiques et régime international de l'emploi de la force. Une étude sur le cas de la réaction israélienne du Liban», *R.G.D.I.P.*, 2007, pp. 333-354.

(9) O. CORTEN, *Le droit contre la guerre*, Paris, Pedone, 2008, pp. 249-250 ; F. DUBUISSON, «La guerre du Liban de l'été 2006 et le droit de la légitime défense», *loc. cit.*, pp. 545-553 ; P. KLEIN, «Le droit international à l'épreuve du terrorisme», *R.C.A.D.I.*, 2006, tome 321, pp. 406-407.

le cadre de la présente contribution, on se concentrera sur un autre volet du débat, puisqu'on limitera le propos aux relations entre les deux principaux protagonistes du conflit, Israël et la Palestine, sans prendre en compte le rôle des États tiers.

Ainsi limitée, la question du droit de légitime défense représente un enjeu considérable, que l'on peut présenter à partir de l'alternative suivante. Soit on appréhende le conflit sous le seul angle de l'autodétermination, et on est amené à appliquer les principes suivants, conformément à la résolution 2625 (XXV) de l'Assemblée générale des Nations Unies :

> « tout État a le devoir de s'abstenir de recourir à toute mesure de coercition qui priverait les peuples mentionnés ci-dessus dans la formulation du présent principe de leur droit à disposer d'eux-mêmes, de leur liberté et de leur indépendance. Lorsqu'ils réagissent et résistent à une telle mesure de coercition dans l'exercice de leur droit à disposer d'eux-mêmes, ces peuples ont le droit de chercher et de recevoir un appui conforme aux buts et principes de la Charte » (10).

Si l'on applique ce schéma au cas qui nous occupe, Israël ne peut adopter de mesures de coercition privant le peuple palestinien de son droit d'accéder à l'indépendance. Ce dernier aurait en revanche le droit de « résister », et de « recevoir » à cette fin « un appui » conformément à la Charte des Nations Unies (11). Rien n'indique toutefois que ce droit s'étende à l'adoption de mesures armées, et encore moins que l'appui dont il est question puisse prendre la force d'une action militaire destinée à libérer la Palestine. À moins, et c'est la deuxième branche de l'alternative, que l'on estime que le *jus contra bellum* s'applique à cette situation. Israël, en poursuivant son occupation, devient alors un État agresseur au sens de la définition retenue dans l'annexe de la résolution 3314 (XXIX) de l'Assemblée générale des Nations Unies (12). La Palestine dispose alors du droit de légitime défense, individuelle (ce qui ouvre la voie à une éventuelle riposte armée), mais aussi collective (avec pour conséquence la possibilité d'une intervention militaire d'un État tiers visant à soutenir la lutte du peuple palestinien). Bien entendu, si l'on se place dans ce deuxième cas de figure, une autre option est d'estimer qu'Israël n'est plus une puissance occupante, ce qui lui permettrait d'invoquer valablement la légitime défense en cas d'attaque palestinienne, y compris dans sa dimension collective (des États tiers pouvant se prévaloir de l'article 51 de la Charte

(10) Résolution 2625 (XXV), principe du droit des peuples à disposer d'eux-mêmes, § 5. Un autre paragraphe, placé cette fois sous le principe du non-recours à la force, prévoit que « Tout État a le devoir de s'abstenir de toute mesure de coercition qui priverait de leur droit à l'autodétermination, à la liberté et à l'indépendance les peuples mentionnés dans la formulation du principe de l'égalité des droits et de leur droit à disposer d'eux-mêmes » (§ 6).

(11) F. Dubuisson, « L'applicabilité du droit de légitime défense dans les rapports entre Israël et le Territoire palestinien occupé », *in* J.-P. Kot (ed.), *Palestine and International Law, New Approaches*, Birzeit University Press, 2011, pp. 89-110.

(12) Selon l'article 3, a) de la définition, est considérée comme une agression « [l]'invasion ou l'attaque du territoire d'un Etat par les forces armées d'un autre État, *ou toute occupation militaire, même temporaire, résultant d'une telle invasion ou d'une telle attaque* » (nous soulignons).

pour aider Israël). Comme on le constate, on est devant un apparent paradoxe, l'applicabilité du *jus contra bellum* ouvrant de plus amples possibilités de recourir à la force, d'un côté comme de l'autre.

On peut cependant se demander si la question est encore d'actualité depuis que, le 19 novembre 2012, l'Assemblée générale, après avoir réaffirmé le droit du peuple palestinien à l'autodétermination, a accordé à la Palestine le statut d'« État non-membre observateur auprès de l'ONU » (13). Ce texte peut être interprété de différentes manières. Une première possibilité est de considérer que cette résolution, qui a obtenu 138 votes favorables, confirme définitivement que la Palestine, qui remplit tous les éléments constitutifs requis par le droit international, constitue un État (14). Si l'on suit cette interprétation, il ne fait aucun doute que le *jus contra bellum*, et notamment l'article 51 de la Charte, s'applique pleinement aux relations entre la Palestine et Israël (15). Cela ne signifie pas, pour autant, que la réflexion qui fait l'objet de la présente contribution serait devenue sans intérêt. On peut en effet alors s'interroger sur l'ampleur des évolutions juridiques générées par le changement de statut de la Palestine, ce qui justifie un examen de la situation qui a prévalu avant que sa qualité d'État soit établie. Si, en revanche, on considère que cette résolution de l'Assemblée générale ne règle pas définitivement le statut de la Palestine (16), celle-ci n'étant pas encore un État au sens du droit international général, la question de l'applicabilité des règles constituant le *jus contra bellum* reste entière. Il se justifie alors d'autant plus d'analyser la situation juridique à cet égard entre l'État d'Israël et l'« autorité palestinienne » comme représentante exerçant le droit à l'autodétermination du peuple palestinien.

Certes, on pourrait rétorquer que cette distinction entre deux régimes juridiques — *jus contra bellum* ou droit des peuples à disposer d'eux-mêmes — perd de sa pertinence en raison des nombreuses résolutions adoptées par le Conseil de sécurité pour régir cette situation (17). Le Conseil s'est en effet prononcé, à de nombreuses reprises, contre l'utilisation de toute violence par les parties au conflit, sans moduler ses exigences en fonction de l'applicabilité de telle ou telle règle (18). Le conflit a par ailleurs pour particularité d'avoir donné lieu à plusieurs accords de paix, adoptés depuis 1993, accords qui

(13) A/RES/67/19, 29 novembre 2012 ; texte reproduit en annexe de la contribution de Jean SALMON, ci-dessus.

(14) Voy. en ce sens la contribution de Jean Salmon au sein du présent dossier.

(15) En ce sens, certains hauts responsables palestiniens ont, aux lendemains de l'adoption de cette résolution, dénoncé la poursuite de la colonisation israélienne comme une « agression contre un État souverain » ; v. les propos de Hanane Achraoui, membre du comité exécutif de l'O.L.P., rapportés par Laurent ZECCHINI, « Israël relance la colonisation après le vote de l'ONU sur la Palestine », *Le Monde*, 1er décembre 2012.

(16) Voy. en ce sens la contribution de Mathias Forteau au sein du présent dossier.

(17) V. la liste complète ainsi que le texte de l'ensemble des résolutions sur http://unispal.un.org/unispal.nsf/vCouncilRes ? OpenView

(18) V. p. ex. la résolution 1397 (2002) du 12 mars 2002.

prescrivent le recours à la négociation pour le règlement du conflit (19). Ni Israël ni la Palestine ne peuvent donc, à l'heure actuelle, invoquer une sorte de droit structurel de recourir à la force (tiré d'un hypothétique droit à la légitime défense dans le premier cas, d'un droit des peuples à disposer d'eux-mêmes dans le second) pour justifier l'utilisation de moyens non pacifiques pour parvenir à leurs fins. Cependant, si l'article 51 est applicable en l'espèce, l'une des parties pourrait l'invoquer pour riposter à une éventuelle violation des résolutions du Conseil de sécurité, voire des accords de paix, de la part de l'autre partie. Si elle ne peut en tout état de cause être invoquée sur le plan structurel, la légitime défense pourrait l'être sur un plan conjoncturel. La question de l'applicabilité du *jus contra bellum* reste donc pertinente, même en la présence de résolutions du Conseil de sécurité qui en limitent drastiquement les conditions d'exercice.

En tout état de cause, l'objet de la présente contribution est de démontrer que c'est plutôt la première branche de l'alternative présentée ci-dessus qui doit être privilégiée, en tout cas avant que la Palestine ne puisse être considérée comme un État. Dans cette hypothèse, on doit en effet considérer que le conflit était — ou est, si l'on estime que la qualité étatique de la Palestine est douteuse — essentiellement régi par le droit des peuples à disposer d'eux-mêmes, et non par le *jus contra bellum*, lequel reste un régime juridique essentiellement interétatique. Dans cette perspective, ni la Palestine (I) ni Israël n'étaient — ou ne sont — en mesure d'invoquer utilement la légitime défense au sens de l'article 51 de la Charte (II).

I. — Tant que la Palestine n'était / n'est pas un État, elle ne pouvait/peut valablement invoquer l'article 51 de la Charte

Si, donc, on se fonde sur l'hypothèse d'un statut non (ou para-)étatique de la Palestine, deux questions se posent sur le plan du *jus contra bellum* : celle-ci peut-elle revendiquer le droit de légitime défense en se prévalant de sa qualité de mouvement de libération nationale représentant un peuple bénéficiant du droit à disposer de lui-même ? Peut-elle par ailleurs l'invoquer en tant qu'entité « assimilable à un État » ? Dans les deux cas, la réponse nous semble également négative.

(19) G. Watson, *The Oslo Accords : International Law and the Israeli-Palestinian Peace Agreements*, Oxford, O.U.P., 2000, 429 p. ; « Forum : Towards Peace in the Middle East ? », *E.J.I.L.*, 1993, pp. 542 et ss. ; B. Rubin, « Israel, Occupied Territories », *E.P.I.L.*, vol. VI, 2012, pp. 416-422.

1. — *L'inapplicabilité de l'article 51 à la Palestine en tant que mouvement de libération nationale représentant un peuple bénéficiant du droit à disposer de lui-même*

Le peuple palestinien dispose incontestablement du droit à disposer de lui-même, comme l'Assemblée générale l'a affirmé à de nombreuses reprises (20) et comme la Cour internationale de Justice l'a rappelé dans son avis du 9 juillet 2004 (21). Comme on l'a déjà indiqué, il en découle qu'Israël ne peut utiliser la coercition pour l'empêcher d'accéder à l'indépendance, et que, si tel est le cas, le peuple palestinien a le droit de résister et de recevoir un appui à cette fin. Peut-on considérer qu'il s'agit là d'une application particulière du droit de légitime défense tel qu'il est énoncé à l'article 51 de la Charte, l'alternative présentée plus haut entre droit à l'autodétermination et *jus contra bellum* devant être dépassée ?

C'est en ce sens que de très nombreux États, appartenant essentiellement au mouvement des non alignés ainsi qu'au «bloc socialiste», se sont prononcés dans les années 1960 et 1970, au sein des Nations Unies (22). On a ainsi affirmé que «[l]a guerre de libération est un cas de légitime défense et le maintien du colonialisme est une agression caractérisée» (23), avec

(20) V. p. ex. les résolutions 3236 (XXIX) du 22 novembre 1974, 53/136 du 1er mars 1999, 57/198 du 20 février 2002 ou 58/163 du 22 décembre 2003.

(21) C.I.J., *Recueil 2004*, p. 183, § 118.

(22) V. à ce sujet T. Ruys, *Armed Attack and Article 51 of the UN Charter*, *op. cit.*, pp. 369 et ss.

(23) Selon les termes du représentant de l'Algérie (A/C.6/S.R.761, 16 novembre 1962, p. 149, § 19; v. aussi A/C.6/S.R.805, 5 novembre 1963, p. 131, § 13; A/AC.125/SR.23, 24 mars 1966, p. 7, § 13; A/AC.125/SR.26, 25 mars 1966, pp. 11-12, § 27; A/C.6/S.R.1096, 13 décembre 1968, p. 4, § 29). On peut relever des déclarations similaires dans le chef des délégations de Cuba (A/C.6/S.R.820, 27 novembre 1963, p. 228, § 23; v. aussi A/C.6/S.R.1091, 10 décembre 1968, p. 7, § 41; A/C.6/S.R.1162, 28 novembre 1969, p. 344, § 35), de la Tunisie (A/C.6/S.R.822, 29 novembre 1963, p. 241, § 21), de l'Ukraine (A/C.6/S.R.875, 15 novembre 1965, p. 218, § 19; v. aussi A/C.6/S.R.999, 16 novembre 1967, p. 250, § 42-43), de la R.A.U. (A/C.6/S.R.875, 15 novembre 1965, p. 221, § 38; v. aussi A/AC.125/SR.19, 21 mars 1966, p. 7, § 8; A/AC.125/SR.25, 25 mars 1966, p. 12, § 24-25; A/C.6/S.R.1091, 10 décembre 1968, p. 3, § 16; A/AC.119/SR.8, 2 septembre 1964, pp. 8-9; A/AC.119/SR.17, 9 septembre 1964, p. 16), de l'U.R.S.S. (A/C.6/S.R.883, 26 novembre 1965, p. 268, § 5; v. aussi A/AC.119/SR.5, 1er septembre 1964, p. 8; A/AC.119/SR.14, 8 septembre 1964, p. 11; A/AC.119/SR.43, 2 octobre 1964, p. 12; A/AC.125/SR.26, 25 mars 1966, pp. 22-23, § 59; A/AC.125/SR.101, 22 août 1969, p. 27; A/AC.125/SR.106, 4 septembre 1969, p. 63), de la Syrie (A/C.6/S.R.884, 29 novembre 1965, p. 281, § 50; v. aussi A/AC.125/SR.24, 24 mars 1966, p. 6, § 9; A/AC.125/SR.65, 31 juillet 1967, pp. 11-12; A/AC.125/SR.96, 30 septembre 1968, p. 170; A/C.6/S.R.1094, 12 décembre 1968, p. 5, § 28; A/AC.125/SR.106, 4 septembre 1969, p. 81; A/C.6/S.R.1160, 26 novembre 1969, p. 333, § 47; A/AC.134/SR.73, 6 August 1970 *in* A/AC.134/SR.67-78, p. 96), de la Haute-Volta (A/C.6/S.R.888, 2 décembre 1965, p. 309, § 16), de la Libye (A/C.6/S.R.889, 3 décembre 1965, p. 319, § 23; v. aussi A/C.6/S.R.935, 22 novembre 1966, p. 225, § 20; A/C.6/S.R.1090, 9 décembre 1968, p. 2, § 14), du Népal (A/C.6/S.R.1092, 11 décembre 1968, pp. 1-2, § 6), de la Bulgarie (A/C.6/S.R.891, 6 décembre 1965, p. 329, § 7), de la Mongolie (A/C.6/S.R.935, 22 novembre 1966, p. 226, § 25), de la Pologne (A/C.6/S.R.997, 14 novembre 1967, p. 233, § 17; v. aussi A/C.6/S.R.1092, 11 décembre 1968, p. 7, § 40; A/AC.125/SR.88, 16 septembre 1968, p. 71), du Congo-Brazzaville (A/C.6/S.R.998, 15 novembre 1967, p. 238, § 6), de la Hongrie (A/C.6/S.R.999, 16 novembre 1967, p. 246, § 8; v. aussi A/C.6/S.R.1158, 24 novembre 1969, p. 323, § 15), de la Somalie (A/C.6/S.R.1003, 20 novembre 1967, p. 289, § 47), du Cameroun (A/C.6/S.R.1086, 4 décembre 1968, p. 3, § 19 et 22; v. aussi A/

pour conséquence l'applicabilité de l'article 51 de la Charte(24), y compris dans sa dimension collective(25). Un des arguments avancés était que cet article ne limite pas expressément sa portée aux relations entre États(26). Cette position, pour être majoritaire, n'a cependant jamais été partagée par la communauté internationale des États dans son ensemble. Un groupe

AC.125/SR.64, 28 juillet 1967, p. 6; A/AC.125/SR.106, 4 septembre 1969, p. 71; A/C.6/S.R.1160, 26 novembre 1969, pp. 328-329, § 16-17), de la Tchécoslovaquie (A/C.6/S.R.1086, 4 décembre 1968, p. 5, § 31; v. aussi A/AC.119/SR.4, 31 août 1964, p. 6; A/AC.119/SR.8, 2 septembre 1964, pp. 6-7; A/AC.125/SR.18, 21 mars 1966, p. 14, § 40; A/AC.125/SR.26, 25 mars 1966, p. 20, § 50), du Ghana (A/C.6/S.R.1094, 12 décembre 1968, p. 3, § 14; v. aussi A/AC.119/SR.10, 3 septembre 1964, p. 14; A/AC.125/SR.26, 25 mars 1966, p. 5, § 4; A/AC.125/SR.64, 28 juillet 1967, pp. 14-15), du Kenya (A/C.6/S.R.1094, 12 décembre 1968, p. 5, § 33; v. aussi A/AC.125/SR.65, 31 juillet 1967, pp. 17-18), du Koweït (A/C.6/S.R.1094, 12 décembre 1968, p. 6, § 38, A/C.6/S.R.1162, 28 novembre 1969, p. 341, § 3-4), de Chypre (A/C.6/S.R.1096, 13 décembre 1968, p. 5, § 41), du Soudan (A/C.6/S.R.1162, 28 novembre 1969, p. 348, § 65-66), de l'Irak (A/C.6/S.R.1180, 24 septembre 1970, p. 18, § 7), de la Yougoslavie (A/AC.119/SR.9, 3 septembre 1964, p. 22; v. aussi A/AC.125/SR.22, 23 mars 1966, p. 11-12, § 27-29; A/AC.125/SR.26, 25 mars 1966, p. 16, § 38; A/AC.125/SR.65, 31 juillet 1967, p. 14), de la Roumanie (A/AC.119/SR.16, 9 septembre 1964, p. 5; v. aussi A/AC.125/SR.66, 1er août 1967, p. 9; A/AC.125/SR.102, 25 août 1969, p. 39), de l'Inde (A/AC.125/SR.64, 28 juillet 1967, p. 5; v. aussi A/AC.125/SR.88, 16 septembre 1968, p. 63), et de Madagascar (A/AC.125/SR.106, 4 septembre 1969, p. 59). V. enfin le projet déposé en 1964 par le Ghana, la Yougoslavie et l'Inde (A/AC.119/L.15, 9 septembre 1964, § 2), ainsi que le projet déposé en 1967 par l'Algérie, le Cameroun, le Ghana, l'Inde, le Kenya, Madagascar, le Nigeria, la Syrie, la R.A.U., la Yougoslavie (A/AC.125/L.48, 27 juillet 1967). Le lien entre autodétermination et légitime défense est encore établi dans les travaux ayant précédé l'adoption de la résolution 42/22, par la Tunisie (A/C.6/31/SR.54, 25 novembre 1976, p. 3, § 10), le Sénégal (position transmise au Secrétaire général, 19 août 1977, reproduit dans Rapport du Secrétaire général, 12 septembre 1977, A/32/181, p. 34), la Roumanie (A/C.6/33/SR.59, 30 novembre 1978, p. 10, § 29), Cuba (position transmise au Secrétaire général, 23 mai 1979, reproduit dans Rapport du Secrétaire général, 31 août 1979, A/34/410, p. 3, § 10-11), la Mongolie (Rapport du Comité spécial pour le renforcement de l'efficacité du principe du non-recours à la force dans les relations internationales, A.G., 35e sess., Suppl. N°. 41 (A/35/41), 23 juin 1980, pp. 8-9, § 30), et l'Algérie (A/C.6/37/SR.34, 3 novembre 1982, p. 11, § 36).

(24) V. l'U.R.S.S. (A/AC.134/SR.39, 21 mars 1969 *in* A/AC.134/SR.25-51, p. 122), la Roumanie (A/C.6/SR.1164, 1er décembre 1969, p. 368, § 11; A/AC.134/SR.59, 22 juillet 1970 *in* A/AC.134/SR.52-66, p. 64), la Guyane (A/AC.134/SR.95, 1 March 1972 *in* A/AC.134/SR.79-91, p. 37), la Syrie (A/C.6/SR.1204, 21 octobre 1970, p. 165, § 5), la Biélorussie (A/C.6/SR.1206, 26 octobre 1970, p. 177, § 16; A/C.6/SR.1441, 19 novembre 1973, p. 245, § 6), l'Afghanistan (A/C.6/SR.1206, 26 octobre 1970, p. 180, § 50; A/C.6/SR.1352, 6 novembre 1972, p. 243, § 22), la Tchécoslovaquie (A/C.6/SR.1206, 26 octobre 1970, p. 181, § 62), Madagascar (A/C.6/SR.1206, 26 octobre 1970, p. 183, § 75), le Togo (A/C.6/SR.1208, 27 octobre 1970, p. 195, § 19), la Zambie (A/C.6/SR.1276, 4 novembre 1971, p. 178, § 28; A/C.6/SR.1351, 6 novembre 1972, p. 234, § 8), l'Ukraine (A/C.6/SR.1348, 2 novembre 1972, p. 213, § 4), l'Irak (A/C.6/SR.1348, 2 novembre 1972, p. 214, § 12; A/C.6/SR.1440, 16 novembre 1973, p. 243, § 55), le Kenya (A/C.6/SR.1350, 3 novembre 1972, p. 231, § 33; A/C.6/SR.1442, 20 novembre 1973, p. 255, § 24), la R.D.A. (A/C.6/SR.1441, 19 novembre 1973, p. 246, § 17), la Chine (A/C.6/SR.1442, 20 novembre 1973, p. 260, § 75), Haïti (A/C.6/SR.1443, 20 novembre 1973, p. 263, § 17). V. encore, de manière plus implicite mais claire, le Sri Lanka (A/C.6/SR.1349, 3 novembre 1972, p. 225, § 76), le Sénégal (A/C.6/SR.1444, 21 novembre 1973, p. 273, § 18), et le Soudan (A/C.6/SR.1444, 21 novembre 1973, p. 274, § 28).

(25) Selon les termes du représentant de la Zambie (A/C.6/S.R.1178, 23 septembre 1970, p. 7, § 13); v. aussi les propos du représentant du Kenya (A/C.6/SR.1350, 3 novembre 1972, p. 231, § 33).

(26) V. les positions de l'Irak (Rapport du Comité spécial de 1956 pour la question de la définition de l'agression, 8 octobre-9 novembre 1956, A.G., Doc. Off.: 12e sess., Suppl. N°. 16 (A/3574), New York, 1957, p. 24, § 185)), de la R.A.U. (A/AC.134/SR.22, 5 July 1968 *in* A/AC.134/SR.1-24, p. 248) et de la Roumanie (A/C.6/SR.1349, 3 novembre 1972, p. 222, § 51).

minoritaire — mais significatif — d'États, principalement occidentaux, a maintenu une objection vigoureuse et constante à cette position. Sur le plan des textes applicables, ces États ont relevé que l'article 2, § 4 (27), de même que la notion d'agression (28), n'étaient manifestement applicables qu'aux relations entre États. La situation d'un mouvement de libération nationale ne pouvait donc justifier un recours à la force, *a fortiori* dans le chef d'États tiers au titre de la légitime défense collective. Raisonner autrement reviendrait non seulement à contourner la lettre mais aussi l'esprit de la règle, en tentant d'y réintroduire le concept de «guerre juste» que la Charte des Nations Unies avait précisément entendu écarter (29). Une telle proposition serait donc totalement inacceptable au vu des dangers de conflit qu'elle générerait dans les relations internationales, contrairement à l'objet et au but de la prohibition (30). Cette objection occidentale explique que les textes classiques relatifs au *jus contra bellum*, comme les résolutions 2625 (XXV), 3314 (XXIX) ou 42/22 de l'Assemblée générale des Nations Unies, ne consacrent aucun droit de légitime défense au profit d'entités autres que les États (31).

Dans la pratique, aucun précédent n'a par ailleurs consacré une interprétation extensive du droit de légitime défense en semblable situation. Il est intéressant à cet égard de relever que même les États qui ont soutenu activement le peuple palestinien dans l'exercice de son droit à l'autodétermination n'ont

(27) Dans le rapport du Comité spécial de 1986, on mentionne l'avis de certaines délégations selon lequel «le paragraphe 4 de l'Article 2 concernait les États Membres et non les mouvements de libération nationale, [...] il reflétait un engagement des États et non une interdiction à caractère général et absolu [...]» (Rapport du Comité spécial pour le renforcement de l'efficacité du principe de non-recours à la force dans les relations internationales, A.G., 41e sess., Suppl. N°. 41 (A/41/41), 13 mars 1986, p. 20, § 67).

(28) Pour le représentant britannique, «the aggression which the Committee was attempting to define was a notion which concerned relations between States» (A/AC.134/SR.73, 6 août 1970 *in* A/AC.134/SR.67-78, p. 93). De même, le représentant de l'Italie «recalled that a common denominator of the three drafts was that they defined aggression as an act directed by one State against another; for that reason, the use of force by dependent peoples in the exercice of their right of self-determination did not come within the range of the definition, since no action by one State against another was involved» (A/AC.134/SR.73, 6 août 1970 *in* A/AC.134/SR.67-78, p. 94). Dans le même sens encore, le représentant de l'Australie «believed that aggression concerned relations between States or between political entities whose statehood was challenged» (A/AC.134/SR.73, 6 août 1970 *in* A/AC.134/SR.67-78, p. 95).

(29) La délégation suédoise déclare ainsi qu'elle «[...] n'est pas en faveur de propositions qui cherchent à donner aux États le droit de recourir à la force dans leurs relations internationales lorsque, à leur avis, le droit à l'autodétermination est en jeu. Une telle disposition pourrait provoquer de dangereuses interventions [...]. Le droit de se rebeller doit être accepté, mais la prétention de puissances extérieures de décider quelles sont les 'guerres saintes' et d'apporter une assistance armée à la partie qui se rebelle est un sujet d'inquiétude» (A/C.6/S.R.886, 1er décembre 1965, p. 291, § 16; v. aussi A/AC.125/SR.86, 13 septembre 1968, p. 42). Le Guatemala s'y oppose car «[it] would be to move backward towards the traditional concept of just war» (A/AC.119/SR.14, 8 septembre 1964, p. 7). Le Nigeria se prononce aussi contre la prise en compte de cette «exception», qui relèverait plus du politique que du juridique (A/AC.119/SR.7, 2 septembre 1964, p. 22).

(30) V. en ce sens les propos du représentant des Pays-Bas (A/AC.119/SR.7, 2 septembre 1964, p. 12).

(31) V. les développements dans Olivier CORTEN, *Le droit contre la guerre*, *op. cit.*, pp. 186-205.

pas fait appel à l'institution de la légitime défense collective pour justifier leur conduite et ainsi assumer un appui militaire. Au contraire, ce dernier a été minimisé voire nié, ce qui cadre mal avec la conviction qu'il aurait existé un droit d'aider le peuple palestinien à mettre fin à une agression armée israélienne. Dès les années 1970, le Liban a ainsi nié soutenir militairement le mouvement palestinien, en affirmant que, «[...] bien qu'il n'assume pas la responsabilité du maintien de l'ordre dans les territoires occupés par Israël, [il] a fait tout ce qui était en son pouvoir pour assurer l'ordre le long de sa frontière»(32). De même, en réponse au raid israélien mené en 1985 sur son territoire, la Tunisie a affirmé n'abriter que la direction politique de l'O.L.P., et n'être impliquée dans aucun acte de type militaire(33). Plus récemment, en 2003, la Syrie a nié apporter un appui militaire à la résistance palestinienne(34). À l'inverse, nous n'avons pas connaissance d'une déclaration, ancienne ou récente, par laquelle l'article 51 aurait été invoqué pour justifier un soutien militaire au peuple palestinien. En 2009, de nombreux États ont certes dénoncé l'«agression» ou l'«usage de la force» dont Israël se serait rendu responsable à l'occasion de l'opération «plomb durci» dans la bande de Gaza. Outre certaines prises de positions individuelles(35), on peut citer en ce sens plusieurs déclarations de la Ligue arabe(36), de l'Organisation de la Conférence islamique(37), de l'Union africaine(38) et du mouvement des non alignés(39). Le terme «agression» semble cependant utilisé ici dans un

(32) S/PV.1643, 26 février 1972, p. 3, § 21 et 24.

(33) Ainsi, «il est exact que la direction palestinienne bénéficie de l'hospitalité de la Tunisie. Tout le monde le sait. Je dirai même que nul n'y a formulé d'objection, bien au contraire. *Mais j'ajoute qu'il s'agit de la direction politique,* de la représentation légitime du peuple palestinien, de l'interlocuteur valable avec lequel il faudra bien discuter si l'on a la volonté réelle d'aboutir à un règlement viable au Moyen-Orient. *La Tunisie n'est pas devenue pour autant une base militaire, a fortiori une base terroriste. Aucun acte de terrorisme n'a été perpétré à partir de son territoire. Aucun ressortissant tunisien n'a été impliqué*»; nous soulignons; S/PV. 2615, 4 octobre 1985, p. 19, § 184.

(34) S/PV.4836, 5 octobre 2003, p. 28.

(35) V. les positions de la Russie, de la Chine, du Brésil, de l'Indonésie, du Nicaragua, de la Bolivie, (S/PV.6060, 31 décembre 2008 et S/PV.6061, Res. 1, 7 janvier 2009).

(36) S/PV.6061, 6 janvier 2009.

(37) Resolutions of the 36th Session of the Council of Foreign Ministers, Res. 1/36-PAL OIC/ CFM-36/2009/PAL/RES/FINAL, 23-25 May 2009, http://www.oic-oci.org/36cfm/w/en/documents.htm

(38) Declaration on Palestine ('The Executive Council meeting in its 14 Ordinary Session in Addis Ababa, Ethiopia, deeply dismayed and shocked by the recent air, ground and sea aggression launched by the Israeli forces on the Palestinian territory of Gaza [...] [c]onsidering that such an aggression has created new tension in the region which has undermined the efforts deployed by the international community in a bid to find a peaceful solution to the Israeli-Palestinian conflict; 1. CONDEMNS in no uncertain terms the Israeli aggression [...]' (EX.CL/Decl.1(XIV), 55, Executive Council, Fourteenth Ordinary Session, 26 — 30 January 2009; http://www.africa-union.org/root/au/conferences/2009/january/summit/12thsummit.html

(39) http://www.cubanoal.cu/ingles/index.html (see statements dated 29 December 2008, 5 and 13 January 2009); see also S/PV.6061 (Res.1), 7 January 2009, at 4. See also 'Declaration on Palestine', Official Documents of the XV Summit of Heads of State and Government of the Non-Aligned Movement, 11-16 July 2009, http://www.namegypt.org/en/RelevantDocuments/Pages/default.aspx

sens général, qui peut renvoyer sur le plan juridique à la situation énoncée à l'article 39 de la Charte conférant compétence au Conseil de sécurité pour agir en vertu du chapitre VII. Rien n'indique, pour autant, que ces États aient estimé que l'opération « plomb durci » doive être qualifiée d'« agression armée » au sens de l'article 51, disposition qui n'a pas été évoquée, pas plus qu'un droit de légitime défense de la Palestine susceptible de justifier une riposte militaire, y compris avec l'appui d'États tiers. Le même constat ressort de la lecture des résolutions (40) et déclarations (41) adoptées par le Conseil de sécurité ou par l'Assemblée générale pour régir cette situation. Les violations du cessez-le-feu y sont régulièrement dénoncées, mais aucune violation de l'article 2, § 4, de la Charte, ni *a fortiori* aucune « agression armée » au sens de son article 51, n'y est établie. Ces dispositions ne semblent d'ailleurs pas davantage avoir été invoquées par les représentants palestiniens eux-mêmes, aucune lettre n'ayant à notre connaissance été transmise au Conseil de sécurité conformément à la lettre de l'article 51.

La même conclusion s'impose à la lecture des débats ayant entouré l'avis rendu en 2004 par la Cour internationale de Justice dans l'affaire du *Mur*. Comme on le sait, la Cour a affirmé à cette occasion que « [l]'article 51 de la Charte reconnaît [...] l'existence d'un droit naturel de légitime défense en cas d'agression armée par un État contre un autre État » et que, par conséquent, « l'article 51 de la Charte est sans pertinence au cas particulier » (42). Elle n'a donc appliqué le *jus contra bellum* que dans les relations entre Israël et certains États tiers, comme lorsqu'elle a estimé que le franchissement de la « ligne verte » par Israël constituait une violation de la convention d'armistice conclue en 1948 avec la Jordanie (43). Ni la Palestine, ni ses alliés, ni *a fortiori* les autres États, n'ont estimé que l'occupation continue des territoires palestiniens était assimilable à une « agression armée » donnant lieu au droit de légitime défense au sens de la Charte. En ce sens, l'affaire du *Mur* constitue un précédent à la fois jurisprudentiel mais aussi qui confirme l'*opinio juris* de l'ensemble des États, qui se refusent à étendre le *jus contra bellum* à des violations du droit des peuples à disposer d'eux-mêmes. Il est intéressant de constater également que, toujours dans le cadre de cette importante affaire, personne ne semble avoir voulu appliquer ce régime juridique à la Palestine par le biais d'une qualification de cette entité comme « quasi-étatique », ce qui nous mène à l'étape suivante de notre raisonnement.

(40) Résolution 1860 (2009).

(41) SC/9559, 28 décembre 2008.

(42) C.I.J., *Recueil 2004*, p. 194, § 139. Cet extrait sera à nouveau commenté ci-dessous lorsque nous envisagerons la question de l'extension de l'interdiction du recours à la force entre États aux groupes privés, sous le point B.

(43) C.I.J., *Recueil 2004*, pp. 16 et ss., §§ 72 et ss.

2. — L'inapplicabilité de l'article 51 à la Palestine en tant qu'entité assimilable à un État

Comme on l'a rappelé d'emblée, si la Palestine est un État au sens de la Charte des Nations Unies, le droit de légitime défense est nécessairement applicable dans ses relations avec Israël. Ne peut-on cependant considérer que, même si la Palestine n'est pas un État au plein sens du terme, elle constitue une entité assimilable à un État ? Dans cette hypothèse, ne devrait-on pas également conclure à l'applicabilité des règles classiques du *jus contra bellum* ? À notre sens, il est difficile de donner suite à ce raisonnement. Trois éléments méritent d'être mentionnés à ce stade.

Tout d'abord, il est important de souligner que la large reconnaissance (plus de 120 États) dont bénéficie la Palestine comme État ne peut avoir aucune influence, en tant que telle, sur l'applicabilité des règles de la Charte relatives à l'interdiction du recours à la force. L'article 1er de la définition de l'agression, définition reconnue comme reflétant le droit coutumier par la Cour internationale de Justice (44), est très clair à cet égard :

> « L'agression est l'emploi de la force armée *par un* État contre la souveraineté, l'intégrité territoriale ou l'indépendance politique *d'un autre* État, ou de toute autre manière incompatible avec la Charte des Nations Unies, ainsi qu'il ressort de la présente définition.
>
> *Note explicative. Dans la présente définition, le terme 'État' : a) est employé sans préjuger la question de la reconnaissance ou le point de savoir si un* État *est membre de l'Organisation des Nations Unies* [...] » (45).

Les États se sont donc, à tout le moins pour ce qui concerne le domaine du *jus contra bellum*, prononcés pour une conception clairement déclarative de la reconnaissance. Cela semble parfaitement logique, si l'on admet que l'on est là devant une règle de droit impératif (46). On imagine mal, en effet, que l'applicabilité de l'article 2, § 4 et de l'article 51 dépende d'actes de reconnaissance répondant à des demandes des entités concernées, c'est-à-dire d'accords singuliers. Surtout, il paraît inconcevable, conformément à une théorie constitutive et donc relativiste de la reconnaissance, que ces règles ne s'appliquent qu'entre les États qui reconnaissent l'entité concernée ou entre celle-ci et ceux-là, alors que ces mêmes règles resteraient inopposables aux États qui ne procèdent pas à la reconnaissance. C'est précisément en pensant à un cas comme celui d'Israël, soit une entité qui n'est pas universellement reconnue comme État, que l'on a énoncé cette note explicative (47). Ainsi, si on tire les conséquences de cette clause, on devrait considérer :

(44) V. C.I.J., Affaire des *Activités militaires et paramilitaires au Nicaragua et contre celui*, *Recueil 1986*, p. 103, § 195 ; Affaire des *Activités armées sur le territoire du Congo*, *Recueil 2005*, p. 223, § 146.

(45) Nous soulignons.

(46) O. CORTEN, *Le droit contre la guerre*, *op. cit.*, pp. 295-316.

(47) V. L'exposé des travaux préparatoires de cette disposition dans *ibid.*, pp. 209-210.

— d'une part, que le *jus contra bellum* s'applique aux relations entre Israël et l'ensemble des États, même ceux qui ne la reconnaissent pas;
— et, d'autre part et parallèlement, que ce régime juridique ne s'applique pas aux relations entre la Palestine et les autres États, même ceux qui la reconnaissent.

Un tel raisonnement suppose cependant qu'Israël réponde à la définition de l'État au sens du droit international général, ce qui ne serait pas le cas de la Palestine. Si, en revanche, on estime que la Palestine est aujourd'hui un État remplissant les éléments constitutifs reconnus par le droit international, l'interdiction du recours à la force au sens de la Charte s'applique, y compris dans les relations entre la Palestine et les États qui ne la reconnaissent pas comme État.

En deuxième lieu, il faut se demander si l'applicabilité du *jus contra bellum* ne pourrait pas découler du principe suivant, énoncé à la résolution 2625 (XXV) de l'Assemblée générale des Nations Unies:

> «tout État a le devoir de s'abstenir de recourir à la menace ou à l'emploi de la force pour violer les lignes internationales de démarcation, telles que les lignes d'armistice, établies par un accord international auquel cet État est partie ou qu'il est tenu de respecter pour d'autres raisons, conformément à cet accord» (48).

Dans la mesure où la «ligne verte» est reconnue comme une ligne internationale de démarcation qu'Israël est «tenu[e] de respecter» en vertu du droit international (49), ne pourrait-on pas qualifier le franchissement de cette ligne par la force de violation de l'article 2, § 4, de la Charte, et le cas échéant d'agression armée au sens de l'article 51 ? Une réponse affirmative pourrait *a priori* s'appuyer sur les déclarations de certains États occidentaux émises préalablement à l'adoption de la définition de l'agression (50). Les États-Unis

(48) Résolution 2625 (XXV), principe du non-recours à la force, 5e paragraphe. Le paragraphe comprend une seconde phrase, selon laquelle «La disposition précédente ne sera pas interprétée comme portant atteinte à la position des parties intéressées à l'égard du statut et des effets de ces lignes tels qu'ils sont définis dans les régimes spéciaux qui leur son applicables, ni comme affectant leur caractère provisoire».

(49) C.I.J., Affaire du *Mur*, *Recueil 2004*, p. 166, § 72.

(50) V. aussi les positions de l'Italie (A/AC.134/SR.65, 28 juillet 1970 *in* A/AC.134/SR.52-66, p. 159), du Libéria (A/C.6/SR.1203, 20 octobre 1970, p. 162, § 40), du Japon (A/AC.134/SR.34, 13 mars 1969 *in* A/AC.134/SR.25-51, p. 63; v. aussi A/AC.134/SR.57, 20 juillet 1970 *in* A/AC.134/SR.52-66, pp. 41-42), du Canada (A/AC.134/SR.11, 18 juin 1968 *in* A/AC.134/SR.1-24, p. 131; v. aussi A/C.6/SR.1079, 25 novembre 1968, p. 4, § 24; A/AC.134/SR.45, 26 mars 1969 *in* A/AC.134/SR.25-51, p. 174; A/AC.134/SR.56, 17 juillet 1970 *in* A/AC.134/SR.52-66, p. 28; A/AC.134/SR.11, 18 juin 1968 *in* A/AC.134/SR.1-24, p. 131; v. aussi A/AC.134/SR.17, 28 juin 1968 *in* A/AC.134/SR.1-24, p. 167), de l'Australie (A/AC.134/SR.18, 1 juillet 1968 *in* A/AC.134/SR.1-24, p. 178; v. aussi A/AC.134/SR.21, 4 juillet 1968 *in* A/AC.134/SR.1-24, p. 230), de l'Autriche (A/C.6/SR.1208, 27 octobre 1970, p. 198, § 51), ou du Royaume-Uni (A/AC.134/SR.18, 1 juillet 1968 *in* A/AC.134/SR.1-24, p. 182). V. encore la position de la République démocratique du Congo (A/AC.134/SR.65, 28 juillet 1970 *in* A/AC.134/SR.52-66, p. 154) et de l'Uruguay (A/AC.134/SR.19, 2 juillet 1968 *in* A/AC.134/SR.1-24, p. 204).

ont ainsi souhaité rendre la notion d'agression «expressément applicable à certaines entités politiques qui ne sont pas reconnues en tant qu'États ou dont le statut en droit international peut être contesté d'une autre manière mais qui sont tenues de respecter les obligations fondamentales imposées par le droit international en ce qui concerne l'emploi de la force»(51), alors que le Royaume-Uni a affirmé qu'«[a]n adequate definition should take full account of the existence of political entities whose claims to statehood might not be universally recognized, or which might not even make an unqualified claim to that status, but to which the fundamental obligations of the Charter respecting the use of force nevertheless applied»(52). Ces propositions n'ont cependant pas été suivies d'effets, en raison de l'opposition de nombreux États. L'U.R.S.S. a ainsi averti que: «a definition which was made to apply to political entities without statehood would be unacceptable to the Soviet Union also, for reason of principle»(53). La position soviétique a été relayée par d'autres pays socialistes(54), par des États non alignés(55), ainsi que

(51) A/C.6/SR.1080, 25 novembre 1968, p. 12, § 76; v. aussi A/C.6/SR.1169, 3 décembre 1969, p. 393, § 23.

(52) A/AC.134/SR.19, 2 July 1968 *in* A/AC.134/SR.1-24, p. 199; v. aussi (A/AC.134/SR.20, 3 July 1968 *in* A/AC.134/SR.1-24, p. 222; A/AC.134/SR.31, 7 March 1969 *in Special Committee on the Question of Defining Aggression*, Second Session, A/AC.134/SR.25-51, p. 35, ainsi que A/C.6/S.R.808, 11 novembre 1963, p. 153, § 18).

(53) A/AC.134/SR.65, 28 July 1970 *in* A/AC.134/SR.52-66, p. 148. Toujours selon le représentant soviétique, le concept de «political entities» ne se retrouve pas dans la Charte, et le Comité n'a donc pas à s'y référer; A/AC.134/SR.65, 28 July 1970 *in* A/AC.134/SR.52-66, p. 148; en ce sens, v. encore les propos du représentant de la Roumanie, A/AC.134/SR.65, 28 July 1970 *in* A/AC.134/SR.52-66, p. 157.

(54) V. p. ex. les représentants de l'Ukraine (A/C.6/SR.1207, 27 octobre 1970, p. 189, § 42; A/C.6/SR.1274, 3 novembre 1971, p. 165, § 26), de la Biélorussie (A/C.6/SR.1270, 28 octobre 1971, p. 141, § 44), de la Tchécoslovaquie (A/C.6/SR.1273, 2 novembre 1971, p. 160, § 43), de la Pologne (A/C.6/SR.1275, 3 novembre 1971, p. 170, § 7), de la Roumanie (A/C.6/SR.1207, 27 octobre 1970, p. 188, § 25; A/AC.134/SR.86, 10 February 1971 *in* A/AC.134/SR.79-91, p. 67), et de la Bulgarie (A/AC.134/SR.86, 10 February 1971 *in* A/AC.134/SR.79-91, p. 57).

(55) À la sixième commission, le représentant de l'Irak relève que «l'expression 'entité politique' n'a de sens précis ni en science politique ni en droit international» (A/C.6/SR.1202, 16 octobre 1970, p. 154, § 16). V. aussi les positions de la Yougoslavie (A/AC.134/SR.58, 21 July 1970 *in* A/AC.134/SR.52-66, p. 61), Chypre (A/AC.134/SR.60, 22 July 1970 *in* A/AC.134/SR.52-66, p. 90; A/C.6/SR.1209, 28 octobre 1970, p. 204, § 29), l'Ouganda (A/C.6/SR.1203, 20 octobre 1970, p. 158, § 10), le Mexique (A/C.6/SR.1203, 20 octobre 1970, p. 159, § 16), Haïti (A/C.6/SR.1203, 20 octobre 1970, p. 161, § 38), l'Iran (A/C.6/SR.1203, 20 octobre 1970, p. 162, § 44), l'Algérie (A/C.6/SR.1205, 22 octobre 1970, p. 172, § 42), Cuba (A/C.6/SR.1206, 26 octobre 1970, p. 182, § 68; v. aussi A/C.6/SR.1167, 3 décembre 1969, p. 384, § 45; A/C.6/SR.1273, 2 novembre 1971, p. 159, § 31), la République centrafricaine (A/C.6/SR.1208, 27 octobre 1970, p. 194, § 16), le Ghana (A/C.6/SR.1269, 27 octobre 1971, p. 137, § 5; A/AC.134/SR.65, 28 July 1970 in A/AC.134/SR.52-66, p. 154), l'Irak (A/C.6/SR.1271, 1er novembre 1971, p. 145, § 17), la Syrie (A/C.6/SR.1272, 2 novembre 1971, p. 151, § 15 et 17), la Zambie (A/C.6/SR.1276, 4 novembre 1971, pp. 177-178, § 25). V. enfin le Cameroun (A/C.6/SR.1206, 26 octobre 1970, p. 178, § 31), le Gabon, (A/C.6/SR.1205, 22 octobre 1970, p. 171, § 34), Madagascar (A/C.6/SR.1206, 26 octobre 1970, p. 182, § 72), le Soudan (A/C.6/SR.1272, 2 novembre 1971, p. 154, § 52), l'Afghanistan (A/C.6/SR.1275, 3 novembre 1971, p. 170, § 13).

par certains États occidentaux (56). Le compromis a consisté à reproduire dans la définition la note explicative relative à la reconnaissance commentée ci-dessous. Ainsi, les lignes internationales évoquées dans la résolution 2625 (XXV) doivent, conformément à la résolution 3314 (XXIX), être considérées comme séparant deux États, et non un État et une entité au statut étatique contesté. L'obligation de respecter l'intégrité territoriale de la Palestine découle du droit du peuple palestinien à disposer de lui-même, ainsi que des résolutions pertinentes adoptées par le Conseil de sécurité, et non du *jus contra bellum* qui a été considéré comme ne s'appliquant qu'entre les États, au plein sens du terme.

Finalement, si le droit de résistance à l'occupation israélienne peut être déduit du droit du peuple palestinien à l'autodétermination, celui-ci ne doit pas être confondu avec la légitime défense au sens de l'article 51 de la Charte. Même lorsqu'Israël viole un cessez-le-feu énoncé dans des résolutions du Conseil de sécurité, aucun État tiers n'a donc le droit d'intervenir militairement pour soutenir le peuple palestinien. Seul un appui pacifique, d'une part, ou l'obtention d'une résolution du Conseil de sécurité sanctionnant Israël, d'autre part, semble cadrer avec le droit international existant. Le *jus contra bellum* ne peut donc être invoqué pour défendre la Palestine. Reste à se demander si, par ailleurs, il pourrait l'être pour défendre Israël dans l'hypothèse d'une violation du cessez-le-feu par la partie palestinienne.

II. — Tant que la Palestine n'était/n'est pas un État, Israël ne pouvait/peut valablement invoquer l'article 51 de la Charte à son encontre

Contrairement à leurs homologues palestiniennes, les autorités israéliennes ont régulièrement invoqué l'article 51 de la Charte pour justifier leurs actions

(56) Pour la France, «The provisions of Article 2(4) of the Charter and of Chapter VII governed only the use of force by one State against another [...]» (A/AC.134/SR.17, 28 June 1968 *in* A/AC.134/SR.1-24, p. 162). De même, «il doit être établi clairement qu'il n'y a agression que s'il s'agit d'une activité imputable à un État — faute de quoi on ne serait pas dans le cadre d'une définition de l'agression [...]» (A/C.6/SR.1441, 19 novembre 1973, p. 250, § 46). Selon le représentant des Pays-Bas, «L'article 51 concerne uniquement l'agression armée d'un État contre un autre État» (Rapport du Comité spécial de 1956 pour la question de la définition de l'agression, 8 octobre-9 novembre 1956, A.G., Doc. Off. : 12e sess., Suppl. N°. 16 (A/3574), New York, 1957, p. 27, § 207) ; les Pays-Bas semblent cependant avoir ensuite modifié leur position (A/C.6/SR.1269, 27 octobre 1971, p. 139, § 13). V. aussi les propos des représentants de la Grèce (A/C.6/SR.1270, 28 octobre 1971, p. 140, § 19 ; A/C.6/SR.1348, 2 novembre 1972, p. 216, § 27), du Chili (A/C.6/SR.1271, 1er novembre 1971, p. 147, § 33 ; v. aussi A/C.6/SR.1167, 3 décembre 1969, p. 380, § 9), d'El Salvador (A/C.6/SR.1272, 2 novembre 1971, p. 152, § 28), du Costa Rica (A/C.6/SR.1276, 4 novembre 1971, p. 175, § 3), du Pérou (A/C.6/SR.1274, 3 novembre 1971, p. 164, § 18), de la Colombie (A/C.6/SR.1272, 2 novembre 1971, p. 153, § 43), de la Guyane (A/AC.134/SR.33, 12 March 1969 *in* A/AC.134/SR.25-51, p. 54 ; v. aussi A/AC.134/SR.56, 17 July 1970 *in* A/AC.134/SR.52-66, p. 29).

militaires en Palestine (57). Pour autant, Israël se refuse toujours à reconnaître la Palestine comme État, et par répercussion son droit à la légitime défense. Avant d'analyser la position israélienne plus avant, on ne peut d'emblée que relever une forme de paradoxe, dans la mesure où le *jus contra bellum* semble à la fois inapplicable (au profit de la Palestine) et applicable (au profit d'Israël). Une telle conséquence semble se heurter au caractère fondamentalement réciproque de l'ensemble du *jus contra bellum*. Il apparaît donc difficile de donner suite à la thèse israélienne, tant celle-ci se heurte à la fois aux textes (1) et à la pratique des États (2), y compris ces dernières années.

1. — *L'absence de reconnaissance d'un droit d'un État à la légitime défense contre une entité non étatique dans les textes*

On a déjà évoqué plus haut nombre de textes qui n'envisagent le recours à la force prohibé dans la Charte — ainsi, par répercussion, ses exceptions — que dans les relations entre États. L'article 2, § 4, de la Charte, la résolution 2625 (XXV), la résolution 3314 (XXIX) ainsi que la résolution 42/22, constituent autant d'exemples en ce sens. Comme on l'aura constaté, ces textes ont été adoptés à la suite de débats au cours desquels certaines revendications en faveur de l'extension du régime aux relations entre États et entités non étatiques ont été avancées, sans jamais réussir à convaincre la communauté internationale des États dans son ensemble. Dans le cas des mouvements de libération nationale, cette extension était certes envisagée en faveur — et non à l'encontre — d'une partie dont on reconnaissait, par ailleurs, la lutte comme conforme au droit international. Le refus d'accorder à cette partie un droit de légitime défense semble cependant, *a fortiori*, devoir s'appliquer à l'égard de l'autre partie, qui prive un peuple de son droit à l'autodétermination en violation de la Charte. En ce sens, on imagine mal que les États admettent une légitime défense au profit d'Israël tout en la déniant par principe au peuple palestinien. On revient à l'impératif de symétrie qui irrigue l'ensemble du *jus contra bellum*, et qui ne peut mener qu'à une seule conclusion : soit la légitime défense est applicable à toutes les parties, soit elle ne peut être invoquée par aucune d'entre elles. Puisqu'on a clairement rejeté son invocation au bénéfice du peuple occupé, on doit logiquement faire de même en ce qui concerne l'État occupant.

Pour compléter notre raisonnement, il faut à ce stade mentionner l'adoption, à l'occasion du 60e anniversaire de l'ONU, d'une résolution de l'Assemblée générale adoptée par consensus et visant à interpréter les dispositions de

(57) V. not. S/2008/816, 27 décembre 2008, ainsi que Barry FEINSTEIN, « Self-Defence and Israel in International Law : A Reappraisal », *Israel Law Review*, 1976, pp. 542-547 et François DUBUISSON, « L'applicabilité du droit de légitime défense dans les rapports entre Israël et le Territoire palestinien occupé », *loc. cit.*

la Charte dans le contexte du XXIe siècle. Alors que l'on aurait pu s'attendre à ce que certains États insistent sur la nécessité d'étendre le champ d'application du *jus contra bellum* tel qu'il avait été conçu en 1945 en tenant compte des nouvelles menaces caractéristiques du tournant du millénaire, il n'en a rien été. Ainsi, dans ce *Document final du Sommet mondial 2005*, les chefs d'État et de gouvernement des États membres ont «réaffirm[é] l'obligation faite à tous les États *membres de s'abstenir dans leurs relations internationales* de recourir à la menace ou à l'emploi de la force d'une manière incompatible avec la Charte des Nations Unies» (58). Aucune exception ni réserve n'est mentionnée concernant les relations entre États et entités non étatiques (59). À notre connaissance, contrairement à ce qu'on a pu constater dans les années 1960 et 1970, aucune revendication significative n'a d'ailleurs été avancée en ce sens, que ce soit par Israël ou un autre État. Dans un autre passage du document, les États affirment plutôt que «les dispositions pertinentes de la Charte sont suffisantes pour faire face à l'ensemble des menaces contre la paix et la sécurité internationales» (60). Aucun passage ne laisse donc entendre que l'article 51 puisse voir sa portée étendue ou modifiée, la majorité des États ayant au contraire tenu à insister sur son caractère «restrictif» (61).

Plus significatif encore est l'épisode de l'adoption, lors de la Conférence des États parties au Statut de la Cour pénale internationale qui a eu lieu à Kampala en mai/juin 2010, d'une définition de l'agression au sens du statut de cette juridiction. Aux termes du nouvel article 8*bis*, adopté par consensus,

(58) Nous soulignons; résolution A/60/1, § 77.

(59) Par exemple, selon les termes du rapport des personnalités de haut niveau, «La Charte des Nations Unies, au paragraphe 4 de son Article 2, interdit expressément aux États membres de recourir à la menace ou à l'emploi de la force contre tout État» (version anglaise dans *A more secure world: Our shared responsibility*, Report of the Secretary-General's High-level Panel on Threats, Challenges and Change, U.N., 2004, A/59/565, p. 58, § 185). Les membres de ce groupe précisent ensuite qu'ils ne sont «pas partisans d'une révision ou d'une nouvelle interprétation de l'Article 51» (*ibid.*, p. 59, § 192).

(60) *Ibidem*, § 79.

(61) Comments of the Non-Aligned Movement on the Observations and Recommandations contained in the Report of the High-Level Panel on Threats, Challenges and Change (A/59/565 and A/59/565CORR.1), New York, 28 February 2005, para 23-24; http://www.un.int/malaysia/NAM/; see also Statement by H.E. Ambassador Rastam Mohd Isa, Permanent Representative of Malaysia to the United Nations, in his capacity as Chairman of the Coordinating Bureau of the Non-Aligned Movement, on behalf of the NAM, at the Informal Thematic Consultations of the GA on the Report of the Secretary-General entitled 'In larger freedom: towards development, security and human rights for all' (A/59/2005) on Cluster II: Freedom from fear, New York, Thurday, 21 April 2005, paras 15-16; Permanent Mission of Malaysia to the United Nations; Special Meeting of the Ministers of Foreign Affairs of the NAM, Doha, Qatar, 13 June 2005, Declaration, NAM/2005/SFMM/05, 13 June 2005, para 16-17, http://www.un.int/malaysia/NAM/; Statement by Chairman of the Coordinating Bureau of the NAM on behalf of the NAM at the Informal Meeting of the Plenary of the GA concerning the Draft Outcome Document of the High-Level Plenary Meeting of the GA delivered by H.E. Ambassador Radzi Rahman Chargé d'affaires A.I. of the Permanent Mission of Malaysia to the UN, 21 June 2005; http://www.un.int/malaysia/NAM/; 14th Summit Conference of Heads of State or Government of the NAM, Havana, Cuba, 11th to 16th September 2006, 2006/Doc.1/Rev.3, para 20.2.

« 1. Aux fins du présent Statut, on entend par 'crime d'agression' la planification, la préparation, le lancement ou l'exécution par une personne effectivement en mesure de contrôler ou de diriger l'action politique ou militaire d'un État, d'un acte d'agression qui, par sa nature, sa gravité et son ampleur, constitue une violation manifeste de la Charte des Nations Unies.

2. Aux fins du paragraphe 1, on entend par 'acte d'agression' l'emploi par un État de la force armée contre la souveraineté, l'intégrité territoriale ou l'indépendance politique d'un autre État, ou de toute autre manière incompatible avec la Charte des Nations Unies. Qu'il y ait ou non déclaration de guerre, les actes suivants sont des actes d'agression au regard de la résolution 3314 (XXIX) de l'Assemblée générale des Nations Unies en date du 14 décembre 1974 [...] » (62).

Cette disposition n'est, au regard de la procédure prévue pour sa mise en œuvre, pas prête de donner lieu à des poursuites (63). Sur le principe, il ne faut cependant pas sous-estimer sa portée pour le problème qui nous occupe. On constate en effet que le caractère interétatique de la notion d'agression a été explicitement réaffirmé à plusieurs reprises, et ce sans aucune limite ni réserve. Comme on le sait, les délégations se sont longtemps opposées sur les conditions d'exercice de la compétence de la Cour, spécialement quant à ses relations avec le Conseil de sécurité, qui dispose d'un pouvoir de qualification spécial en matière d'agression, aux termes de l'article 39 de la Charte (64). En revanche, aucun État ne semble avoir souhaité l'extension de la notion d'agression à des actes accomplis par des personnes contrôlant ou dirigeant l'action politique ou militaire d'une entité non étatique (65). Ce cas de figure est donc exclu de l'article 8 finalement adopté. La conséquence est loin d'être négligeable, si l'on compare le crime d'agression avec les autres crimes qui relèvent de la compétence de la Cour. Dans le cas d'un crime de guerre, d'un crime contre l'humanité ou d'un crime de génocide, le dirigeant d'un mouvement rebelle, qu'il s'agisse ou non du représentant d'un peuple disposant du droit à disposer de lui-même, peut faire l'objet de poursuites ou de condamnation de la même manière qu'un dirigeant de la partie étatique. Il n'existe donc aucune différence en fonction du statut de la partie dont relève l'individu concerné. Dans le cas de l'agression, en revanche, seule l'action armée d'un État contre un autre État peut déclencher la compétence de la Cour ; tel n'est pas le cas si l'on est devant une attaque menée par un État contre un groupe non étatique, ou d'une attaque menée par celui-ci contre celui-là. L'argument de la légitime défense, au sens de l'article 51 de la Charte, ne sera donc pas susceptible d'être invoqué dans cette dernière hypothèse. Le droit

(62) Suit une énumération des actes mentionnés à l'article 3 de la définition de l'agression adoptée en 1974 ; v. Résolution RC/Res.6, http://www.icc-cpi.int/Menus/ASP/ReviewConference/Crime+of+Aggression.htm

(63) O. de Frouville, *Droit international pénal*, *op. cit.*, pp. 325-326.

(64) V. not. M. Falkowska, « L'interaction entre la Cour pénale internationale et le Conseil de sécurité en matière d'agression à l'issue de la Conférence de révision du Statut de Rome », cette *Revue*, 2010, pp. 572-600.

(65) Rapport du Groupe de travail sur le crime d'agression, Conférence de révision du Statut de Rome, RC/5, 10 juin 2010.

international traditionnel, tel qu'on l'a décrit plus haut, a donc été confirmé de manière très claire et décisive à la mi-2010.

Enfin, on doit brièvement mentionner l'avis rendu par la Cour internationale de Justice le 10 juillet 2010 dans l'affaire de la *Déclaration unilatérale d'indépendance relative au Kosovo*. Le contexte était certes très différent de celui de la Palestine, dans la mesure où le droit à l'autodétermination est applicable dans ce dernier cas, mais ne l'est certainement pas dans le premier (66). La Cour a cependant été amenée à se prononcer sur les relations entre un État (en l'occurrence la Yougoslavie, puis la Serbie) et une entité politique souhaitant s'en détacher (en l'occurrence le Kosovo). À cet égard, la Cour a expressément rappelé :

> « que le principe de l'intégrité territoriale constitue un élément important de l'ordre juridique international et qu'il est consacré par la Charte des Nations Unies, en particulier au paragraphe 4 de l'article 2, ainsi libellé : [...]. Dans sa résolution 2625 (XXV) [...], l'Assemblée générale a réaffirmé '[l]e principe que les États s'abstiennent, dans leurs relations internationales, de recourir à la menace ou à l'emploi de la force ... contre l'intégrité territoriale ou l'indépendance politique de tout État'. Cette résolution met ensuite à la charge des États différentes obligations leur imposant de ne pas violer l'intégrité territoriale d'autres États souverains [...]. La portée du principe de l'intégrité territoriale est donc limitée à la sphère des relations interétatiques » (67).

Ainsi, le caractère strictement interétatique de l'article 2, § 4, tel qu'interprété par la résolution 2625 (XXV), est vigoureusement réaffirmé (68). Si on applique ce principe au cas qui nous occupe, Israël ne peut invoquer son intégrité territoriale pour dénoncer une violation de l'interdiction du recours à la force de la part de la Palestine, l'inverse étant également vrai.

Au vu de ces éléments, l'invocation par Israël de la légitime défense au sens de la Charte pour riposter à d'éventuelles attaques palestiniennes paraît manifestement contraire aux textes, anciens comme les plus récents. Israël a bien évidemment le droit d'assurer sa sécurité et, en ce sens, de se « défendre ». Mais ce droit, qui ne justifie par ailleurs aucunement l'occupation persistante des territoires palestiniens, découle non de l'article 51 de la Charte mais du droit souverain dont dispose tout État pour garantir ou rétablir l'ordre sur son propre territoire. C'est également en ce sens qu'il faut envisager la pratique, depuis la création de l'État d'Israël jusqu'à nos jours.

(66) T. Christakis, « The ICJ Advisory Opinion on Kosovo : Has International Law Something to Say about Secession ? », *L.J.I.L.*, 2011, pp. 76-78.

(67) Nous soulignons ; C.I.J., *Recueil 2010*, § 80.

(68) O. Corten, « Territorial integrity narrowly interpreted : Reasserting the Classical Inter-State Paradigm of International Law », *L.J.I.L.*, 2011, vol. 24, pp. 87-94.

2. — *L'absence de reconnaissance d'un droit d'Israël à la légitime défense contre une entité non étatique dans la pratique*

On connaît plusieurs précédents à l'occasion desquels Israël a invoqué la légitime défense pour justifier une intervention militaire en territoire palestinien (69). On n'en connaît, en revanche, aucun dans lequel cet argument aurait accepté par la communauté internationale des États dans son ensemble. Cela ne doit guère étonner, si l'on se rappelle que les États n'ont pas souhaité reconnaître un droit de légitime défense au peuple palestinien, ce qui devait, en toute logique, les mener à adopter une position similaire dans le cas d'Israël. Dans le cadre limité de la présente contribution, on se limitera à deux exemples récents, qui semblent particulièrement significatifs. On ne reviendra donc pas sur tous les nombreux épisodes du conflit israélo-palestinien, sinon pour rappeler une chose. À la lecture des résolutions ou déclarations adoptées par le Conseil de sécurité pour gérer le problème du Moyen-Orient, une différence très nette apparaît entre :

— les relations entre Israël (une fois reconnue comme État) et les États voisins (Egypte, Liban, Syrie, Jordanie, Irak), qui donnent occasionnellement lieu à des références aux articles 2 et 51 de la Charte des Nations Unies, à la souveraineté ou à l'intégrité territoriale d'un État (70) ;

— les relations entre Israël et le peuple palestinien, qui ne sont envisagées qu'au regard du droit de ce peuple à disposer de lui-même ainsi que des cessez-le-feu consacrés dans de précédentes résolutions, sans référence à la protection de la souveraineté ou de l'intégrité territoriale de l'État ou des dispositions de la Charte relatives au *jus contra bellum* (71).

(69) V. spécialement les cas des opérations «rempart» et «plomb durci»; Fr. DUBUISSON, «L'applicabilité du droit de légitime défense dans les rapports entre Israël et le Territoire palestinien occupé», *loc. cit.*, pp. 99-105.

(70) V. p. ex. les résolutions 242 (1967) du 22 novembre 1967, 332 (1973) du 21 avril 1973, 487 (1981) du 19 juin 1981, 490 (1981) du 21 juillet 1981, 497 (1981) du 17 décembre 1981, 498 (1981) du 18 décembre 1981, 648 (1990) du 31 janvier 1990, 684 (1991) du 30 janvier 1991, 701 (1991) du 31 juillet 1991, 734 (1992) du 29 janvier 1992, 768 (1992) du 30 juillet 1992, 803 (1993) du 28 janvier 1993, 895 (1994) du 28 janvier 1994, 974 (1995) du 30 janvier 1995, 1006 (1995) du 28 juillet 1995, 1039 (1996) du 26 janvier 1996, 1068 (1996) du 30 juillet 1996, 1095 (1997) du 28 janvier 1997, 1122 (1997) du 29 juillet 1997, 1151 (1998) du 30 janvier 1998, 1188 (1998) du 30 juillet 1998, 1223 (1999) du 28 janvier 1999, 1254 (1999) du 30 juillet 1999, 1288 (2000), 31 janvier 2000, 1310 (2000) du 27 juillet 2000, 1337 (2001) du 30 janvier 2001, 1365 (2001) du 31 juillet 2001, 1391 (2002) du 28 janvier 2002, 1428 (2002) du 30 juillet 2002, 1461 (2003) du 20 janvier 2003, 1525 (2004) du 30 janvier 2004, 1559 (2004) du 2 septembre 2004, 1614 (2005) du 29 juillet 2005, 1655 (2006) du 31 janvier 2006, 1701 (2006) du 11 août 2006, 1773 (2007) du 24 août 2007.

(71) V. p. ex. les résolutions 43 (1948) du 1er avril 1948, 672 (1990) du 12 octobre 1990, 1322 (2000), 7 octobre 2000, 1397 (2002) du 12 mars 2002, 1402 (2002) du 30 mars 2002, 1435 (2002), 24 septembre 2002, 1515 (2003), 19 novembre 2003, 1860 (2009) du 8 janvier 2009. V. aussi not. les déclarations du président : S/PRST/2005/6 du 16 février 2005, SP/PRST/2005/12 du 9 mars 2005.

Ainsi, conformément à tous les textes qui ont été évoqués plus haut, le *jus contra bellum* au sens de la Charte n'est pas utilisé pour gérer les relations entre un État et un groupe non étatique.

De manière peut-être quelque peu inattendue, Israël a pourtant invoqué l'article 51 de la Charte dans le cadre de l'avis demandé à la Cour internationale de Justice au sujet de l'édification d'un mur en territoire palestinien occupé (72). Dans ce cas précis, la légitime défense n'était en effet pas invoquée pour justifier une action militaire, mais plutôt des travaux de construction d'un mur ou, selon la terminologie utilisée par les autorités israéliennes, d'une « barrière de sécurité ». Il est vrai que cette construction, effectuée à l'encontre de la volonté des autorités palestiniennes, en territoire palestinien et sous la protection des forces de sécurité israéliennes, pourrait être apparentée à un acte de force au sens général du terme. Quoi qu'il en soit, et comme on l'a rappelé plus haut, la Cour a fermement écarté l'argument israélien, en énonçant dans un *obiter dictum* retentissant que « l'article 51 de la Charte est sans pertinence au cas particulier » (73). Ce passage de l'avis a été critiqué par certains juges (74), auteurs (75) et par quelques rares États (76). Deux remarques doivent cependant être formulées à cet égard. D'une part, et contrairement à ce qui a parfois été suggéré (77), la Cour ne dénie pas à Israël le droit de prendre des mesures visant à assurer sa sécurité (78). Simplement, elle estime, conformément au droit international positif, que ce droit ne prend pas sa source dans l'article 51 de la Charte et ne doit pas être perçu comme un élément relevant du *jus contra bellum*.

D'autre part, il faut relever que, lors des débats qui ont eu lieu au sein de l'Assemblée générale au sujet de l'avis de la Cour, seuls quelques États ont

(72) Assemblée générale, Session extraordinaire d'urgence, 20 octobre 2003, A/ES-10/PV.21, p. 6.; C.I.J., *Recueil 2004*, p. 194, § 138.

(73) *Ibidem*, § 139. Voy. les commentaires de François DUBUISSON, « La jurisprudence de la Cour internationale de Justice et l'évolution du droit de légitime défense », *in* F. FADEL et C. EID (dir.), *Justice internationale et/ou maintien de la paix et de la sécurité internationales ?*, Beyrouth, éditions de l'Université Antonine, 2011, pp. 134 et ss.

(74) Opinion individuelle de la juge HIGGINS, § 33 et ss.; opinion individuelle du juge KOOJMANS, § 35 et ss.; déclaration du juge BUERGENTHAL, § 5 et ss.

(75) V. R. RIVIER, « Conséquences juridiques de l'édification d'un mur dans le territoire palestinien occupé, Cour internationale de Justice, Avis consultatif du 9 juillet 2004 », *A.F.D.I.*, 2004, pp. 334-336; R. WEDGWOOD, « The ICJ Advisory Opinion on the Israeli Security Fence and the Limits of Self-Defence », *A.J.I.L.*, 2005, pp. 57 et ss.; S. D. MURPHY, « Self-Defence and the Israeli *Wall* Advisory Opinion: An *Ipse Dixit* From the ICJ ? », *A.J.I.L.*, 2005, pp. 62-76; Ch. TAMS, "Swimming with the Tide or Seeking to Stem It ? Recent ICJ Rulings on the Law on Self-Defence », *R.Q.D.I.*, 2005, pp. 275-290.

(76) V. spécialement la position des États-Unis; A/ES-10/PV.25, 16 juillet 2004, p. 2; v. aussi A/ES-10/PV.27, 20 juillet 2004, p. 4.

(77) V. l'arrêt de la Cour suprême israélienne; High Court of Justice, *Zaharan Yunis Muhammad Mara'abe* v. *The Prime Minister of Israel*, HCJ 7957/04, 15 september 2005, § 23.

(78) V. not. les § 135 à 137 de l'avis, la Cour critiquant non pas les préoccupations de sécurité dans leur principe, mais remettant en cause la nécessité, au nom de ces préoccupations, de la construction du mur telle qu'elle a été réalisée par les autorités israéliennes.

critiqué la partie de l'avis relative au caractère interétatique de l'article 51. La plupart d'entre eux semblent au contraire avoir admis la position de la Cour à ce sujet. Ainsi, dans une résolution adoptée le 2 août 2004 par 150 voix contre 6 et 10 abstentions (79), l'Assemblée générale a pris acte de l'avis rendu par la Cour et a exigé qu'Israël s'acquitte de ses obligations juridiques telles qu'elles sont énoncées dans l'avis consultatif (80). Une grande majorité des États semble donc avoir admis l'interprétation restrictive de l'article 51 de la Charte exposée par la Cour (81). On ne s'étonnera dès lors pas que la Cour ait, sur ce point, confirmé sa jurisprudence dans deux décisions ultérieures, l'une en matière contentieuse (affaire des *Activités armées (R.D.C. c. Ouganda)* (82), l'autre, déjà évoquée, en matière consultative (affaire de la *Déclaration unilatérale d'indépendance relative au Kosovo*) (83).

Un autre précédent intéressant est celui de l'opération «plomb durci», menée par l'armée israélienne dans la bande de Gaza à la fin de l'année 2008 et au début de l'année 2009 (84). Israël s'est en effet explicitement appuyé sur l'article 51 de la Charte, dans une lettre envoyée au président du Conseil de sécurité au moment du déclenchement de l'opération (85). L'élément mérite d'être souligné puisque, quelques années plus tôt, l'État israélien n'avait pas explicitement invoqué cette disposition lors de l'opération «rempart» menée contre l'Autorité palestinienne (86). Quoi qu'il en soit, on ne peut pas affirmer que cette référence à la légitime défense ait été admise par un nombre significatif d'États. Le Conseil de sécurité a rapidement appelé à un cessez-le-feu et à un retrait des forces israéliennes de la bande de Gaza, sans mentionner ni l'article 2, § 4 ni l'article 51 de la Charte (87). Ces dispositions n'ont pas non plus été citées par la majorité d'États qui, comme on l'a signalé, ont fustigé de manière générale l'«agression» israélienne. Elles ne l'ont pas été davantage par les États sensibles aux préoccupations sécuritaires d'Israël qui se sont exprimés au sein du Conseil de sécurité (88), même si quelques rares

(79) A/ES-10/PV.27, p. 6. Les États ayant voté contre sont l'Australie, les États-Unis, les Iles Marshall, Israël, la Micronésie et Palaos. Les États qui se sont abstenus sont le Cameroun, le Canada, El Salvador, les Iles Salomon, Nauru, l'Ouganda, la Papouasie-Nouvelle-Guinée, Tonga, l'Uruguay et Vanuatu.

(80) A/RES/ES-10/15, 2 août 2004.

(81) Le représentant de la Jordanie a ainsi affirmé que la légitime défense «doit être exercée en réponse à une attaque d'un autre pays et non pas contre un peuple entier qui subit une occupation militaire depuis des décennies» (A/ES-10/PV.17, 7 mai 2002, p. 17).

(82) C.I.J., *Recueil 2005*, pp. 222-223, § 146.

(83) C.I.J., *Recueil 2010*, p. 437, § 80 (v. l'extrait et les commentaires ci-dessus).

(84) V. F. Dubuisson, «L'applicabilité du droit de légitime défense dans les rapports entre Israël et le Territoire palestinien occupé», *loc. cit.*, pp. 102-105.

(85) Identical letters dated 27 December 2008 from the Permanent Representative of Israel to the United Nations addressed to the Secretary-General and to the President of the Security Council, S/2008/816, 27 décembre 2008 ; v. aussi S/PV.6060, 31 décembre 2008, p. 8.

(86) S/2002/337, 1er avril 2002.

(87) V. not. résolution 1860 (2009) du 23 janvier 2009.

(88) S/PV.6060, 31 décembre 2008; S/PV.6061, 6 janvier 2009; S/PV.6061 (Res.1), 7 janvier 2009

États ont évoqué une « légitime défense », sans faire formellement le lien avec l'article 51 de la Charte (89).

Finalement, on constate que personne ne conteste le droit d'Israël de se « défendre », au sens général du terme. En revanche, une très grande majorité d'États refuse pour autant de rendre l'article 51 de la Charte des Nations Unies applicable à Israël à l'égard de la Palestine. Comme on l'a souligné d'emblée, une telle application pourrait avoir pour conséquence la possibilité d'intervenir militairement en territoire palestinien, y compris avec l'appui d'États tiers (90). Suivant en cela l'ensemble des textes à vocation universelle adoptés par les États, et restant dans la ligne d'une pratique constante, la Cour internationale de Justice s'est prononcée en sens inverse, en rappelant l'illicéité de l'occupation persistante des territoires palestiniens ainsi que l'obligation pour les États tiers de prendre toutes les mesures tendant à mettre fin à cette occupation (91). Le droit à la sécurité d'Israël peut certes s'exercer par ailleurs, conformément au droit des peuples à disposer d'eux-mêmes et, bien entendu, au droit international humanitaire. Parallèlement, il va de soi que le droit à l'autodétermination du peuple palestinien ne justifie aucun acte violant les droits de l'homme, que ce soit en Israël même ou en territoire occupé. Sur ce plan, comme sur celui du *jus contra bellum*, une certaine symétrie caractérise les relations entre les deux parties au conflit.

Conclusion

Au-delà de la lettre des textes généraux pertinents et des discours développés par des États à l'occasion de précédents spécifiques, cet impératif de symétrie doit être souligné lorsqu'on aborde la question de la légitime défense. Lorsque l'article 51 évoque un droit « inhérent » (« inherent right », dans la version anglaise), le caractère « inhérent » dont il s'agit témoigne d'un lien inextricable entre la qualité d'État et le droit de légitime défense. Dans ce contexte, la logique qui préside à la question est, en définitive, relativement simple. Soit on estime, à l'instar des autorités d'Israël, que la Palestine n'est toujours pas un État, et la légitime défense au sens de l'article 51 de la Charte ne peut être invoquée ni par l'une ni par l'autre des parties au conflit. Soit on considère que la Palestine, comme Israël, constitue un État, et l'interdiction du recours à la force comme la légitime défense s'appliquent dans les relations entre les deux parties. L'accession de la Palestine à la qualité d'État aurait donc eu pour effet le passage d'un régime juridique fondamentalement asymétrique (un peuple victime d'une violation de son droit à

(89) V. l'Italie (S/PV.6060, 31 décembre 2008, p. 13), le Costa Rica (*ibid.*, p. 17) et l'Afrique du sud (*id.*, p. 9).

(90) *Supra*, première partie de la présente étude.

(91) C.I.J., *Recueil 2004*, pp. 201-202, § 163.

disposer de lui-même par une puissance occupante), à une relation juridique formellement symétrique et égalitaire (deux États ayant chacun le droit de ne pas être l'objet d'un recours à la force et, le cas échéant, bénéficiant du même droit de légitime défense conformément à la Charte).

REVUE BELGE DE DROIT INTERNATIONAL
2012/1 – Éditions BRUYLANT, Bruxelles

APPRÉCIATION DE L'APPLICATION DE CERTAINES RÈGLES DU DROIT INTERNATIONAL HUMANITAIRE DANS LES RAPPORTS PORTANT SUR L'INTERCEPTION DE LA FLOTTILLE NAVIGUANT VERS GAZA*

PAR

Vaios KOUTROULIS**

Résumé

Le présent article analyse les rapports issus du Conseil des droits de l'homme, des commissions établies par les gouvernements turc et israélien ainsi que du panel d'inspection mis en place par le Secrétaire général des Nations Unies portant sur l'interception de la flottille naviguant vers Gaza, afin d'examiner comment ils interprètent certaines règles du droit international humanitaire relatives à la licéité du blocus israélien. En premier lieu, nous nous attardons sur le droit applicable au blocus. Sur ce point, les rapports confirment le caractère coutumier des règles énoncées dans le manuel de San Remo et précisent les relations de ces règles avec le droit de la mer ainsi qu'avec les autres règles générales du droit international humanitaire (DIH). En deuxième lieu, on analyse de plus près comment les rapports interprètent certaines règles du DIH, à savoir l'interdiction d'affamer la population civile, le principe de proportionnalité et l'interdiction d'infliger des peines collectives à la population civile. L'analyse identifie tant les interprétations qui sont conformes aux règles appliquées que celles qui s'écartent de ces règles.

Abstract

The present article analyses the reports handed down by the Human Rights Council, the commissions established by the governments of Turkey and Israel, as well as by the inspection panel established by the UN Secretary General on the interception of the flotilla directed towards Gaza, in order to examine how they interpret some of the rules of international humanitarian law (IHL) relating to the legality of the naval blockade imposed by Israel on Gaza. The article starts

* Les documents des Nations Unies cités dans le présent article sont disponibles sur <http://www.un.org/>. Sauf indication contraire, les références aux sites internet étaient accessibles le 10 janvier 2013.

** Maître d'enseignement, Université Libre de Bruxelles, Centre de droit international, chargé de cours, Faculté Libre de droit de Lille.

by examining the law applicable to the Israeli blockade. On this point, the reports confirm the customary nature of rules of the San Remo manual and offer some insight on the relations between these rules and the law of the sea as well as other general IHL rules. Furthermore, the article explores how the reports interpret particular IHL rules, such as the prohibition of starvation of civilian population, the principle of proportionality and the prohibition of collective punishment. This analysis evaluates the conformity, or lack thereof, of the interpretations proposed by the reports with the applicable rules.

À l'aube du 31 mai 2010, les forces armées israéliennes ont intercepté une flottille transportant de l'aide humanitaire à Gaza (1). La flottille était composée de six navires privés, immatriculés dans plusieurs États (2). Les navires transportaient approximativement 10.000 tonnes d'aide humanitaire (3) à destination des habitants de Gaza, dont la situation humanitaire ne cessait de s'aggraver du fait des restrictions imposées par Israël (4) à la suite de l'accession du Hamas au pouvoir en 2007 (5). Le 6 janvier 2009, le ministère du Transport israélien a proclamé un blocus naval sur les côtes de Gaza (6). Se prévalant de ce blocus naval et étant donné que la flottille transportait entre autres des articles (notamment du matériel de construction) dont l'entrée à Gaza était interdite, Israël a demandé à la flottille de décharger sa cargaison dans le port israélien d'Ashdod. Ne s'étant pas conformée à cette demande, la flottille fut interceptée par les forces armées israéliennes à 64 milles marins

(1) «Palestine — Israeli attack on aid flotilla», *Keesing's Record of World Events*, vol. 56, 2010, p. 49865.

(2) Comores, Kiribati, la Turquie, le Togo, la Grèce et les États-Unis, Conseil des droits de l'homme, Rapport de la mission internationale d'établissement des faits chargée d'enquêter sur les violations du droit international, notamment du droit international humanitaire et du droit des droits de l'homme, auxquelles ont donné lieu les attaques israéliennes contre la flottille d'aide humanitaire (ci-après: Rapport du Conseil des droits de l'homme), Doc NU A/HCR/15/21, 27 septembre 2010, pp. 20-21, paras. 76-83.

(3) «Palestine — Israeli attack on aid flotilla», *Keesing's Record of World Events*, vol. 56, 2010, p. 49865.

(4) Voy., à titre indicatif, Conseil de sécurité, Doc. NU S/RES/1860, 8 janvier 2009, considérants 5, 6; Conseil des droits de l'homme, La situation des droits de l'homme en Palestine et dans les autres territoires arabes occupés, Rapport de la Mission d'établissement des faits de l'Organisation des Nations Unies sur le conflit de Gaza (ci-après: Rapport Goldstone), Doc. NU A/HCR/12/48, 25 septembre 2009, pp. 252 et suiv., paras. 1217 et suiv; C.I.C.R., Gaza: 1,5 million de personnes en proie au désespoir, 29 juin 2009, communiqué de presse; C.I.C.R., Gaza: un an après la guerre, toujours aucune perspective de vie décente, 23 décembre 2009, point sur les activités; C.I.C.R., Israël et les territoires occupés: la violence fait de nouvelles victimes tandis que le blocus continue d'asphyxier Gaza, 3 mai 2010, point sur les activités; disponibles sur: <http://www.icrc.org>.

(5) Voy., *e.g.*, Israël, Ministère des Affaires étrangères, Security Cabinet declares Gaza hostile territory, 19 septembre 2007, disponible sur: <http://www.mfa.gov.il/MFA/Government/Communiques/2007/Security + Cabinet + declares + Gaza + hostile + territory + 19-Sep-2007.htm>. Pour une description des sanctions imposées, voy. Rapport du Conseil des droits de l'homme, *op. cit.*, *supra* note 2, pp. 6-8, paras. 26-32.

(6) Israël, Ministère du Transport, Blockade of Gaza Strip, Notice to Mariners No. 1/2009, disponible sur: <http://en.mot.gov.il/index.php?option = com_content&view = article&*id.* = 124: no12009&catid = 17: noticetomariners&Itemid = 12>. La notice précise aussi les coordonnées géographiques du blocus.

de la limite extérieure de la zone sous blocus (7). L'opération d'interception s'est soldée par 9 morts et de nombreux blessés (8).

Cet événement a suscité des condamnations de la part de nombreux États (9) ainsi que des critiques du Conseil de sécurité des Nations Unies (10) et d'organisations non gouvernementales (11). Pour sa part, Israël a justifié l'opération comme une mesure « visant à contrer la violation illégale du blocus », en affirmant qu'il était en droit d'imposer le respect du blocus en haute mer (12). Selon un document des forces de défense israéliennes :

> « the State of Israel has been engaged in an ongoing armed conflict with terrorist organizations operating in the Gaza Strip. [...] According to the Laws of Armed Conflict, a State party to an armed conflict has the right to establish a naval blockade on its enemy's coast for security reasons.
>
> [...]
>
> Passage of a vessel through a blockaded area or entrance into it without special entry or exit authorization from the State imposing the blockade is considered a breach of the blockade. According to the Law of Armed Conflict at Sea, if there are reasonable grounds to believe it has breached a Naval Blockade, the State imposing the blockade is authorized to capture the vessel, and if it resists capture and refuses to stop, after prior warning, it may be attacked » (13).

(7) Turkish National Commission of Inquiry, Report on the Israeli Attack on the Humanitarian Aid and Convoy to Gaza on 31 May 2010, february 2011, Ankara, p. 17, disponible sur : <http://www.mfa.gov.tr/data/Turkish%20Report%20Final%20-%20UN%20Copy.pdf> (Rapport de la commission turque) ; Secrétaire général des NU, Report of the Secretary-General's Panel of Inquiry on the 31 May 2010 Flotilla Incident, september 2011, p. 52, para. 110, disponible sur : <http://www.un.org/News/dh/infocus/middle_east/ Gaza_Flotilla_Panel_Report.pdf> (rapport Palmer).

(8) « Palestine — Israeli attack on aid flotilla », *Keesing's Record of World Events*, vol. 56, 2010, p. 49865. Pour une description détaillée des évènements, présentant quelques disparités selon la source, *cf.* The Public Commission to Examine the Maritime Incident of 31 May 2010 — The Turkel Commission, Report, Part One, janvier 2011, pp. 138-193, paras. 122-157, disponible sur : <http://www.turkel-committee.gov.il/files/wordocs/ 8707200211english.pdf> (Rapport de la commission israélienne) ; Rapport du Conseil des droits de l'homme, *op. cit.*, *supra* note 2, pp. 25-38, paras. 107-161 ; Rapport de la Commission turque, *op. cit.*, *supra* note 7, pp. 17-35. Les navires furent arraisonnés et déroutés vers le port d'Ashdod.

(9) Voy., *e.g.*, les prises de position des États au sein du Conseil de sécurité dans S/PV.6325, 6325e séance, 31 mai 2010 ; S/PV.6363, 6363e séance, 21 juillet 2010 ; S/PV.6363 (Reprise 1), 6363e séance, 21 juillet 2010.

(10) Conseil de sécurité des NU, Déclaration du Président du Conseil de sécurité, Doc. NU S/PRST/2010/9, 1 juin 2010, para. 1. Voy. aussi Secrétaire général des NU, Opening remarks to the media at ICC Review Conference, 31 mai 2010, disponible sur : <http://www.un.org/apps/news/infocus/sgspeeches/search_full.asp?statID = 828>.

(11) Amnesty International, Israeli killings of Gaza ship activists must be investigated, 31 mai 2010, disponible sur : <http://www.amnesty.org/en/news-and-updates/israeli-killings-gaza-ship-activists-must-be-investigated-2010-05-31> ; Human Rights Watch, Statement to the Urgent Debate on the Raid on the Flotilla, 2 juin 2010, disponible sur : <http://www.hrw.org/news/2010/06/02/statement-flotilla-attack>.

(12) S/PV.6325, *op. cit.*, *supra* note 9, pp. 15-16.

(13) Voy. *Operation 'Sea Breeze' — Legal Aspects*, Israel Defense Forces, The Military Strategic Information Section, International Military Cooperation Department, Strategic Division, pp. 1, 3, disponible sur : <http://www.theisraelproject.org/atf/cf/%7B84dc5887-741e-4056-8d91-a389164bc94e%7D/OPERATION_ SEA_BREEZE_-_LEGAL_ASPECTS.PDF>.

L'interception de la flottille par les forces armées israéliennes soulève des questions quant à sa légalité au regard de plusieurs corps de règles du droit international. À part les règles du droit international humanitaire (ci-après: DIH ou droit des conflits armés), il s'agit notamment des règles relatives à la protection des droits de l'homme(14), ainsi que, dans une moindre mesure, le droit de la mer(15) et les règles relatives à l'interdiction du recours à la force dans les relations internationales (*jus contra bellum*)(16). Comme on vient de le voir, Israël s'est fondé sur le DIH, plus particulièrement sur l'imposition du respect de son blocus, pour justifier l'interception(17). À cet égard, il ne doit pas être perdu de vue que le blocus s'inscrit dans le contexte de l'occupation de la bande de Gaza(18), constituant une des mesures qui consolident le contrôle

(14) Sur l'emploi de la force par l'armée israélienne à l'égard des passagers de la flottille, voy. R. Buchan, «The International Law of Naval Blockade and Israel's Interception of the *Mavi Marmara*», *N.I.L.R.*, vol. LVIII, 2011, pp. 237-240; D. Guilfoyle, «The *Mavi Marmara* Incident and Blockade in Armed Conflict», *B.Y.I.L.*, vol. 81, 2010, pp. 208-215; A. Sanger, «The Contemporary Law of Blockade and the Gaza Freedom Flotilla», *Y.I.H.L.*, vol. 13, 2010, pp. 440-441; J. Kraska, «Rule Selection in the Case of Israel's Naval Blockade of Gaza: Law of naval Warfare or Law of the Sea?», *Y.I.H.L.*, vol. 13, 2010, pp. 383-386; J. J. Piernas Lopez, «El abordaje de la Flotilla de la Liberación por parte de Israel: algunas luces y muchas sombras tras siete investigaciones», *Anuario Español de Derecho Internacional*, vol. 27, 2011, pp. 546-552.

(15) Le droit de la mer est invoqué par la Ligue des États arabes (Haut Commissariat des Nations Unies aux droits de l'homme, le Conseil des droits de l'homme conclut le débat sur l'intervention israélienne contre un convoi maritime d'aide humanitaire pour Gaza, 2 juin 2010, disponible sur: <http://www.ohchr.org/en/NewsEvents/Pages/DisplayNews.aspx?NewsID=10093&LangID=F>), la Turquie (S/PV.6325, *op. cit.*, *supra* note 9, p. 5), le Mexique (*ibid.*, p. 7), la Bosnie Herzégovine (*ibid.*, p. 12), le Liban (*ibid.*, p. 13) ainsi que par le Sous-secrétaire général aux affaires politiques (*ibid.*, p. 4). La Russie semble aussi renvoyer au droit de la mer quand elle affirme que «l'arraisonnement injustifié d'un navire en haute mer [est une] grav[e] violatio[n] des normes du droit international» (*ibid.*, p. 10). Dans le même ordre d'idées, le rapport de la commission turque affirme que l'interception est contraire au droit de la mer, voy. *infra* notes 36-38 et le texte y relatif.

(16) Le Liban est le seul État à invoquer le *jus contra bellum* au sein du Conseil de sécurité, faisant référence à l'article 2, para. 4 de la Charte des Nations Unies; S/PV.6325, *op. cit.*, *supra* note 9, p. 13. La Turquie a parlé à plusieurs reprises d'«agression», sans pour autant invoquer ni la Charte des Nations Unies ni son droit de légitime défense face à une telle agression; voy. *ibid.*, pp. 4-6. Voy. aussi les interventions de la Bosnie-Herzégovine (*ibid.*, p. 12), la Syrie (S/PV.6363 (Reprise 1), *op. cit.*, *supra* note 9, p. 3) et la Jordanie (*ibid.*, p. 8). Le rapport du Conseil de droits de l'homme (*op. cit.*, *supra* note 2, p. 14, para. 58) rejette l'application de l'article 51 de la Charte des Nations Unies à l'incident du 31 mai 2010. Pour une appréciation de l'interception au regard du *jus contra bellum*, voy. la contribution du professeur Olivier Corten dans ce numéro de la *R.B.D.I.*

(17) Voy. *supra* note 13 et le texte y relatif.

(18) En faveur de la qualification de Gaza de territoire occupé, voy. V. Koutroulis, *Le début et la fin de l'application du droit de l'occupation*, Paris, Pedone, 2010, pp. 181-189; V. Koutroulis, «Of Occupation, *Jus ad Bellum* and *Jus in Bello*: A Reply to Solon Solomon's "The Great Oxymoron: *Jus In Bello* Violations as Legitimate non-Forcible Measures of Self-Defense: The Post-Disengagement Israeli Measures towards Gaza as a Case Study"», *Chinese J.I.L.*, vol. 10, 2011, pp. 900-906; S. Darcy et J. Reynolds, «An Enduring Occupation: The Status of the Gaza Strip from the Perspective of International Humanitarian Law», *J.C.S.L.*, vol. 15, 2010, pp. 223-242; Y. Dinstein, *The International Law of Belligerent Occupation*, Cambridge, CUP, 2009, pp. 276-279; A. Bockel, «Le retrait israélien de Gaza et ses conséquences sur le droit international», *A.F.D.I.*, vol. 15, 2005, pp. 21-23; M. Mari, «The Israeli disengagement from the Gaza Strip: an end of the occupation?», *Y.I.H.L.*, vol. 8, 2005, pp. 356-368. *Contra*, R. Kolb et S. Vite, *Le droit de l'occupation militaire: perspectives historiques et enjeux juridiques actuels*, Bruxelles, Bruylant, 2009, pp. 177-182;

exercé sur Gaza par Israël. Si l'occupation est considérée comme étant illicite au regard du droit international général, y compris du droit à l'autodétermination (19), le blocus sera également entâché d'illicéité. Ainsi, la question du respect du DIH est sans préjudice de celle du respect d'autres corps de règles pertinents du droit international. Il reste que, eu égard aux arguments avancés par Israël, ce sont les règles du DIH qui se sont trouvées au cœur du débat sur la licéité des actions israéliennes. À ce titre, le présent article se focalisera sur ces règles.

Quatre commissions d'experts se sont penchées sur l'interception réalisée le 31 mai 2010 afin d'établir les faits et de déterminer les violations éventuelles des règles du droit international : le Conseil des droits de l'homme des Nations Unies a mis en place une mission d'établissement des faits qui a publié son rapport le 27 septembre 2010 (20) ; les gouvernements israélien et turc ont établi chacun leur propre commission d'enquête, dont les rapports ont été publiés en janvier 2011 (21) ; enfin, le Secrétaire général des Nations Unies a mis en place un panel d'inspection qui a produit son rapport en septembre 2011 (ci-après : rapport Palmer) (22).

Ces commissions ont examiné la licéité aussi bien du blocus en tant que tel que de l'usage de la force par Israël pour arraisonner les navires de la flottille. Sans surprise, les experts ont abouti à des conclusions différentes. Les rapports du Conseil des droits de l'homme (23) et de la commission d'enquête turque (24) ont conclu à l'illicéité tant de l'imposition du blocus en tant que telle que de l'interception des navires de la flottille et de l'emploi de la force par les soldats israéliens. Dans le sens inverse, pour la commission israélienne, aucune violation n'a été commise dans le cadre de l'incident du 31 mai 2010 (25). Enfin, le rapport Palmer a adopté une position médiane : il s'est prononcé en faveur de la licéité du blocus, tout en critiquant l'emploi de la force par les forces israéliennes à l'égard des passagers de la flottille (26).

La question de la licéité tant du blocus en tant que tel que de l'interception de la flottille par l'armée israélienne a déjà fait l'objet de plusieurs

Y. Shany, « Faraway, So Close : The Legal Status of Gaza after Israel's Disengagement », *Y.I.H.L.*, vol. 8, 2005, pp. 369-383.

(19) Voy. à titre indicatif, O. Ben-Naftali, A. M. Gross et M. Keren, « Illegal Occupation : Framing the Occupied Territory », *Berkeley J.I.L.*, vol. 23, 2005, pp. 651-614.

(20) Rapport du Conseil des droits de l'homme, *op. cit.*, *supra* note 2.

(21) Rapport de la commission israélienne, *op. cit.*, *supra* note 8, pp. 15-16, para. 3 et pp. 205-206, para. 164 (pour la composition de la commission, voy. pp. 16-18) ; Rapport de la commission turque, *op. cit.*, *supra* note 7 (pour sa composition, voy. p. 10).

(22) Rapport Palmer, *op. cit.*, *supra* note 7, pp. 4-5.

(23) Rapport du Conseil des droits de l'homme, *op. cit.*, *supra* note 2, pp. 57-58, paras. 260-266.

(24) Rapport de la commission turque, *op. cit.*, *supra* note 7, pp. 113-116.

(25) Rapport de la commission israélienne, *op. cit.*, *supra* note 8, p. 280.

(26) Rapport Palmer, *op. cit.*, *supra* note 7, pp. 4-5.

analyses doctrinales (27), qui ont abordé la majorité des questions liées au droit applicable à l'incident du 31 mai 2010. Par contre, cet incident présente la particularité d'avoir été à l'origine de quatre rapports, issus de groupes d'experts différents, portant sur les mêmes faits et analysant, au moins en partie, les mêmes règles de droit. Sur le plan du DIH, ce précédent est d'autant plus intéressant que les règles pertinentes relèvent du droit des conflits armés sur mer, qui ne se trouve pas souvent sous le feu de projecteurs (28). Cela a donné l'occasion aux experts de s'exprimer tant sur des dispositions spécifiques au droit des conflits armés sur mer, à savoir notamment sur les règles spécifiques régissant les blocus maritimes, que sur des dispositions générales du DIH applicables aux hostilités sur mer, telle l'interdiction des peines collectives. À cet égard, les quatre rapports constituent un matériau qui mérite d'être analysé de plus près. Cette analyse sera entreprise dans le présent article, qui se penchera sur ces rapports afin d'examiner comment ils interprètent certaines règles du DIH et si leur interprétation est conforme à celle qui est majoritairement acceptée comme reflétant la pratique étatique en la matière (donc, en ce sens, conforme à l'interprétation « classique » des règles visées) (29).

Les limites inhérentes au présent article empêchent de réaliser une étude exhaustive de toutes les règles analysées dans les rapports. Nous avons choisi de nous focaliser sur la licéité du blocus en tant que tel. À cet égard, le manuel de San Remo de 1994 sur le droit applicable aux conflits armés en mer (ci-après : manuel de San Remo) (30) constitue l'instrument principal qui sous-tend l'analyse juridique tant d'Israël que des quatre rapports précités.

(27) Voy. D. Guilfoyle, *op. cit.*, *supra* note 14, pp. 171-223 ; J. Kraska, *op. cit.*, *supra* note 14, pp. 367-395 ; A. Sanger, *op. cit.*, *supra* note 14, pp. 397-446 ; R. Buchan, « The International Law of Naval Blockade and Israel's Interception of the *Mavi Marmara* », *op. cit.*, *supra* note 14, pp. 209-241 ; R. Buchan, « The Palmer Report and the Legality of Israel's Naval Blockade of Gaza », *I.C.L.Q.*, vol. 61, 2012, pp. 264-273 ; J. J. Piernas Lopez, *op. cit.*, *supra* note 14, pp. 523-553 ; A. Dershowitz, « Israel obeyed international law : Legally, the Gaza flotilla conflict is an open-and-shut case », *Daily News*, 2 juin 2010, disponible sur : <http://articles.nydailynews.com/2010-06-02/news/29438207_1_gaza-flotilla-blockade-gaza-strip>; R. Lapidoth, « The Legal Basis of Israel's Naval Blockade of Gaza », *Jerusalem Issue Briefs*, vol. 10, no. 4, 18 juillet 2010, Jerusalem Centre for Human Rights, disponible sur : < http://jcpa.org/article/the-legal-basis-of-israel%E2%80%99s-naval-blockade-of-gaza/>; E. Posner, « The Gaza Blockade and International Law », *The Wall Street Journal*, 4 juin 2010, disponible sur : <http://online.wsj.com/article/ SB10001424052748704025304575284210429984110.html>; M. Kohen interviewé par S. Malo, « Legal expert : Israel flouted international law with flotilla raid », The Daily Star, 5 juin 2010, disponible sur : <http://www.dailystar.com.lb/News/Local-News/Jun/05/Legal-expert-Israel-flouted-international-law-with-flotilla-raid.ashx#axzz28g2RoNst>.

(28) Un autre exemple à cet égard est le conflit armé entre le Royaume-Uni et l'Argentine sur les Malouines / Falklands en 1982, voy. *Keesing's Contemporary Archives*, vol. XXVIII, 1982, pp. 31525, 31527-31528 et 31709-31716.

(29) Il reste que la détermination de cette interprétation « classique » est conditionnée par notre propre appréciation subjective quant à la pratique étatique analysée.

(30) L. Doswald-Beck (s.l.d.), *San Remo Manual on International Law Applicable to Armed Conflicts at Sea*, International Institute of Humanitarian Law, Cambridge, CUP, 1995 (ci-après : *Manuel de San Remo*).

Il est dès lors intéressant d'identifier si les rapports s'alignent sur le contenu du manuel de San Remo ou pas. Notre analyse sera articulée autour de deux axes. Le premier consiste dans les enseignements qui peuvent être tirés des rapports quant au droit applicable aux blocus maritimes. Il sera notamment montré que les rapports confirment le caractère coutumier des règles énoncées dans le manuel de San Remo et précisent les relations de ces règles avec le droit de la mer ainsi qu'avec les autres règles du DIH qui ne concernent pas spécifiquement les blocus maritimes (I). Le deuxième axe porte sur l'interprétation de certaines règles particulières du DIH, dans leurs rapports avec les principes énoncés dans le manuel de San Remo. Nous nous sommes limités essentiellement à l'étude des règles qui se sont trouvées au cœur des débats sur la licéité des actions israéliennes et qui sont abordées par les quatre rapports (31), ce qui permet la confrontation des différentes analyses proposées. Les règles visées sont l'interdiction d'affamer la population civile, le principe de proportionnalité et l'interdiction des peines collectives (32) (II).

I. — Le droit applicable aux blocus maritimes :

Comme on l'a déjà exposé, l'interception de la flottille a eu lieu en haute mer et a visé des navires immatriculés dans des États tiers au conflit armé qui sert de toile de fond au blocus (33). Se pose dès lors la question de savoir si le DIH invoqué par Israël pour justifier son intervention contre la flottille (34) constitue la seule grille d'analyse juridique possible de l'interception ou si cette dernière doit être évaluée aussi au regard des règles du droit de la mer (A). En outre, le DIH régissant les hostilités sur mer est essentiellement énoncé dans des textes non contraignants. Il s'agit de la Déclaration relative au droit de la guerre maritime, adoptée à Londres en 1909 (ci-après : Déclaration de Londres de 1909) (35) et du manuel de San Remo. Selon Israël, les règles invoquées pour fonder la licéité de son blocus font partie du droit international coutumier (36). Il importe de voir si cette affirmation est confirmée par les rapports du Conseil des droits de l'homme, des commissions turque et israélienne et du panel d'ins-

(31) Même si, dans certains cas, les références aux dispositions pertinentes sont succinctes.

(32) La liste des règles n'est certainement pas exhaustive. Le choix des règles analysées, imposé entre autres par les limites inhérentes à tout article, n'échappe évidemment pas — comme tout choix — à une certaine subjectivité.

(33) Voy. *supra* notes 2, 7 et le texte y afférent.

(34) Voy. *supra* note 13 et le texte y afférent.

(35) Déclaration relative au droit de la guerre maritime, Londres, 26 février 1909, disponible sur : <http://www.icrc.org/dih.nsf/FULL/255?OpenDocument>. Suite à son rejet par la Chambre des Lords britannique, la Déclaration n'a été ratifiée par aucun des États signataires.

(36) Voy. la déposition devant la commission Turkel du Procureur général de l'armée israélienne, Avichai Mandelblit, The Public Commission to Examine the Maritime Incident of 31 May 2010 (Commission Turkel), Chief Military Advocate General Protocol, session no. 4, 26 août 2010, p. 43, disponible sur : <http://www.turkel-committee.com/content-49.html> (ci-après : déposition Mandelblit).

pection du Secrétaire général des Nations Unies et d'identifier la position des rapports quant au DIH applicable au blocus israélien (B).

A. — *Les limites des éclaircissements fournis par les quatre rapports sur les relations entre le droit international humanitaire applicable aux blocus maritimes et le droit de la mer.*

L'interception en haute mer de la flottille a donné l'occasion aux rapports de se prononcer sur les relations entre, d'une part, les règles du DIH applicables aux blocus maritimes, notamment le droit d'intercepter un navire qui tente de forcer un blocus et, d'autre part, les règles du droit de la mer, notamment la liberté de navigation en haute mer, la juridiction exclusive en haute mer de l'État du pavillon et l'affectation de la haute mer à des fins pacifiques (37).

Ces derniers principes sont invoqués dans le rapport de la commission turque, le seul à soutenir que l'interception de la flottille en direction de Gaza viole le droit de la mer. La commission envisage les exceptions au principe de la liberté de navigation en haute mer (38). Le DIH ne figure pas parmi les exceptions énumérées par la commission. L'applicablité des règles énoncées dans le manuel de San Remo est envisagée par la suite, dans un chapitre distinct. Sur ce point, la commission turque soutient, dans un premier temps, que le manuel n'est pas applicable au blocus israélien parce que les règles relatives aux blocus s'appliquent uniquement dans le cadre d'un conflit armé international (39). La commission semble suggérer que cette condition n'est pas remplie en l'espèce. En lien avec cet argument et dans un deuxième temps, la commisison invoque l'*estoppel* pour soutenir que la position incohérente d'Israël quant à la qualification du conflit à Gaza l'empêche d'invoquer les règles applicables aux blocus maritimes (40). Ainsi, la commission turque ne

(37) Convention des Nations Unies sur le droit de la mer, conclue à Montego Bay, 10 décembre 1982, entrée en vigueur le 16 novembre 1994, *R.T.N.U.*, vol. 1834, n° 31363, pp. 3 et suiv., articles 87 (1) (a), 88 et 92 (1), pp. 39, 40 (ci-après : convention de Montego Bay).

(38) Rapport de la commission turque, *op. cit.*, *supra* note 7, pp. 51-57. Étant donné qu'Israël n'est pas partie à la Convention de Montego Bay, la commission invoque le caractère coutumier des principes ainsi que les articles pertinents de la convention de Genève sur la haute mer de 1958 à laquelle Israël est partie (Convention sur la haute mer, conclue à Genève, 29 avril 1958, entrée en vigueur le 30 septembre 1962, *R.T.N.U.*, vol. 450, pp. 83 et suiv., ratifiée par Israël le 6 septembre 1961).

(39) *Ibid.*, pp. 61-62.

(40) *Ibid.*, pp. 60, 62-63. La position incohérente d'Israël est présentée comme suit par le rapport de la Commission turque (pp. 62-63) :

> « The State of Israel has denied recognition of statehood to Palestine and does not accept the characterization of its armed conflict with Hamas and other groups in Gaza as international. On the other hand, Israel asserts international law applicable to international armed conflicts to justify its naval blockade on the Gaza Strip, and its ensuing acts of high seas interception. These two variant positions are legally irreconcilable. Israel cannot deny rights to the Palestinians based on the argument that international law does not apply, while at the same time claim belligerent rights under the law of international armed conflict ».

précise pas les relations des règles du DIH, notamment des règles énoncées au manuel de San Remo, avec le droit de la mer.

De manière explicite, les autres rapports affirment tous que les règles du DIH applicables aux conflits armés sur mer constituent une *lex specialis* par rapport au droit de la mer (41) : les actes autorisés par le DIH constituent une exception à la liberté de navigation et la compétence exclusive de l'État du pavillon en haute mer (42). Dans chacun de ces rapports, l'argument selon lequel l'affectation de la haute mer à des fins pacifiques aurait bani les actes de guerre navale en haute mer est examiné et rejeté. Ce rejet est entre autres fondé sur les prises de position des États lors des travaux préparatoires de la Convention des Nations Unies sur le droit de la mer (ci-après: convention de Montego Bay) (43), sur l'inclusion des dispositions relatives au droit de la guerre sur mer et au blocus naval dans les manuels militaires de certains États (44), sur l'interdiction spécifique des activités militaires lors du passage inoffensif dans la mer territoriale — qui indique que quand les États ont voulu interdire les activités militaires, ils l'ont fait explicitement (45) —, ainsi que sur un rapport du Secrétaire général des Nations Unies sur le désarmement (46). Sont également invoqués, d'une part, le préambule de la convention de Montego Bay selon lequel « les questions qui ne sont pas réglementées par la Convention continueront d'être régies par les règles et principes du droit international général » (47) et, d'autre part, l'article 87 (1) de la convention, qui stipule que « [l]a liberté de la haute mer s'exerce dans les conditions prévues par les dispositions de la Convention *et les autres règles du droit international* » (48). Les références aux « autres règles du droit international » sont interprétées comme confirmant la pertinence continue du DIH.

Il est donc clair que trois des quatre rapports, à l'exception de celui de la commission turque, acceptent que le DIH constitue une *lex specialis* par rapport aux règles du droit de la mer. Les auteurs qui se sont penchés sur la licéité de l'interception de la flottille au regard du droit international ont également tous confirmé la pertinence continue des règles du DIH et leur validité en tant

(41) Rapport de la commission israélienne, *op. cit.*, *supra* note 8, p. 41, para. 31 ; Rapport du Conseil des droits de l'homme, *op. cit.*, *supra* note 2, pp. 12-13, paras. 49-50 ; Rapport Palmer, *op. cit.*, *supra* note 7, p. 80, para. 15. Le rapport de la commision israélienne et le rapport Palmer utilisant explicitement les termes « *lex specialis* ».

(42) Rapport du Conseil des droits de l'homme, *op. cit.*, *supra* note 2, p. 13, para. 49.

(43) *Ibid.*, p. 13, para. 50 ; Rapport de la commission israélienne, *op. cit.*, *supra* note 8, p. 41, para. 31 ; Rapport Palmer, *op. cit.*, *supra* note 7, pp. 78, para. 9.

(44) Rapport du Conseil des droits de l'homme, *op. cit.*, *supra* note 2, p. 13, para. 49 ; Rapport Palmer, *op. cit.*, *supra* note 7, pp. 79, para. 13.

(45) Rapport Palmer, *op. cit.*, *supra* note 7, pp. 78-79, para. 11.

(46) Rapport du Conseil des droits de l'homme, *op. cit.*, *supra* note 2, p. 13, para. 50.

(47) Rapport de la commission israélienne, *op. cit.*, *supra* note 8, p. 41, para. 31 ; Convention de Montego Bay, *op. cit.*, *supra* note 37, p. 5.

(48) Rapport Palmer, *op. cit.*, *supra* note 7, p. 77, para. 6 (souligné dans le rapport) ; Convention de Montego Bay, *op. cit.*, *supra* note 37, p. 39.

que base juridique des droits à l'égard des navires des États neutres (49). Toutefois, cette approche n'est pas exempte de controverse. En effet, admettre que la convention de Montego Bay n'interdit pas toute activité militaire en haute mer est une chose. Déterminer quelles sont les activités militaires autorisées en haute mer et quelle est la base juridique en vertu de laquelle ces activités peuvent entraver la liberté de navigation et l'exercice de la compétence exclusive de l'État du pavillon en est une autre. Les rapports démontrent, de manière convaincante (50), le premier point; ils ne se soucient cependant pas d'en faire autant pour le second. À titre d'exemple, la référence aux «autres règles de droit international» contenue dans le préambule de la convention de Montego Bay ainsi que dans son article 87 (1) (51), si elle confirme la pertinence du DIH, ne précise pas si ce dernier peut constituer une base juridique autonome pour les activités militaires menées en haute mer. On touche ici au cœur de la controverse. Pour que les activités militaires soient permises en haute mer, doivent-elles respecter l'ensemble des règles pertinentes du droit international (droit à l'autodétermination, *jus contra bellum, jus in bello*, etc.) ou le respect de l'un de ces corps de règles suffit ? Seulement deux rapports, celui du Conseil des droits de l'homme et celui de la commission israélienne répondent explicitement à la question : pour ces rapports la convention de Montego Bay n'a pas d'incidence sur les actes qui sont justifiés *soit* par le *jus contra bellum*, *soit* par le *jus in bello* (52). Cette position permet de faire abstraction de la question de la licéité du blocus au regard des autres règles du droit international général, y compris le *jus contra bellum* invoqué par Israël, et d'axer la discussion uniquement sur le *jus in bello*. La position adoptée par les rapports est-elle conforme au droit internationnal ?

La réponse à cette question est loin d'être évidente. D'une part, il existe des éléments qui peuvent être cités à l'appui de la position selon laquelle le respect d'un des corps de règles pertinents (à savoir, dans ce cas, le DIH) suffit pour écarter l'application du droit de la mer. Ainsi, un auteur affirme que «[w]hile there was from time to time some suggestion that the UN Charter

(49) D. Guilfoyle, *op. cit.*, *supra* note 14, pp. 176-177 ; A. Sanger, *op. cit.*, *supra* note 14, pp. 406-407 ; J. Kraska, *op. cit.*, *supra* note 14, p. 373 ; R. Buchan, «The International Law of Naval Blockade and Israel's Interception of the *Mavi Marmara*», *op. cit.*, *supra* note 14, p. 213.

(50) Voy. les arguments avancés dans les rapports concernant l'affectation de la haute mer à des fins pacifiques, *supra* notes 43-45 et le texte y relatif.

(51) Voy. *supra* notes 47-48.

(52) Voy. Rapport du Conseil des droits de l'homme, *op. cit.*, *supra* note 2, p. 13, para. 49. Le rapport du panel d'inspection du Secrétaire général des Nations Unies se distingue à cet égard. Il affirme que le DIH est une *lex specialis* par rapport au droit de la mer, sans autre qualification, s'alignant sur la vision adoptée par les autres rapports. Néanmoins, dans l'analyse des rapports entre le DIH et le droit de la mer, il met l'accent sur le respect du droit à la légitime défense (étant donné sa position selon laquelle le *jus contra bellum* s'applique aux faits en cause et que le blocus peut être justifié dans le cadre de l'exercice par Israël de son droit de légitime défense) ; voy. Rapport Palmer, *op. cit.*, *supra* note 7, p. 80, para. 14 (sur le respect du droit à la légitime défense par Israël, *ibid.*, pp. 39-41, paras. 71-72). Cela indique que le panel d'inspection ne considère pas le DIH comme une base juridique autonome pour les activités militaires menées en haute mer.

had effectively abolished the laws of naval warfare, this position was never accepted by major naval powers during UNCLOS negotiations» (53). Ceci semble plaider en faveur de l'autonomie du DIH en tant que base juridique justifiant des actions militaires en haute mer. Cette position est reflétée également dans une déclaration du gouvernement suédois lors de la signature de la convention du Montego Bay. Selon cette déclaration « aucune disposition de la Convention n'affecte les droits et devoirs d'un État neutre stipulés par la Convention concernant les droits et les devoirs des puissances neutres en cas de guerre maritime (Convention no XIII), adoptée à La Haye le 18 octobre 1907 » (54). Dans le même ordre d'idées, les manuels militaires de certains États, y compris des États parties à la convention de Montego Bay, continuent à énoncer les règles du DIH relatives au blocus (55).

D'autre part, il existe des éléments allant dans le sens inverse. Les références de la convention de Montego Bay aux « autres règles de droit international » peuvent être interprétées comme exigeant le respect de l'ensemble des règles pertinentes du droit international. Rien dans le texte de la Convention de Montego Bay n'exclut une telle interprétation. Concernant plus précisément les liens entre le *jus contra bellum* et le *jus in bello* (et sans suggérer que le *jus contra bellum* constitue un corps de règles pertinent à l'interception de la flottille), ces références peuvent être interprétées comme renvoyant à l'articulation classique entre ces deux corps de règles. Selon cette articu-

(53) D. GUILFOYLE, *op. cit.*, *supra* note 14, pp. 176-177.

(54) Voy. la liste des déclarations et réserves à la convention de Montego Bay sur le site internet de la Collection des traités des Nations Unies, <http://treaties.un.org/Pages/ViewDetailsIII.aspx?&src=UNTSONLINE&mtdsg_no=XXI~6&chapter=21&Temp=mtdsg3&lang=fr#EndDec>; dans le même sens, *Official Records of the Third United Nations Conference on the Law of the Sea*, vol. XVII (Plenary Meetings, Summary Records and Verbatim Records, as well as Documents of the Conference, Resumed Eleventh Session and Final Part Eleventh Session and Conclusion), 187th Plenary meeting, A/CONF.62/SR.187, p. 54.

(55) États parties : Australian Defence Force, *Law of Armed Conflict*, Executive Series, ADDP 06.4, 11 mai 2006, pp. 6-18 — 6-20, disponible sur : <http://www.defence.gov.au/adfwc/Documents/DoctrineLibrary/ADDP06.4-LawofArmedConflict.pdf> (ci-après : *Manuel de l'Australie*) ; Royaume-Uni, Ministère de la Défense, *The Manual of the Law of Armed Conflict*, Oxford, OUP, 2004, pp. 363-364 ; Canada, Défense nationale, *Le droit des conflits armés aux niveaux opérationnel et tactique*, B-GJ-005-104/FP-021, Cabinet du Juge-avocat général, 13 septembre 2001, pp. 8-12 — 8-13, disponible sur : <http://www.forces.gc.ca/jag/publications/oplaw-loiop/loac-ddca-2004-fra.pdf> (ci-après : *Manuel du Canada*) (il doit être noté que le Canada a ratifié la convention de Montego Bay le 7 novembre 2003 ; étant donné que la version anglaise du manuel cité ici date de 2004, le Canada est repris dans la liste des États parties à la convention).

États non parties : Pérou, Ministerio de Defensa, *Manual para las Fuerzas Armadas — Derechos humanos — Derecho internacional humanitario*, Dirección general de educación y doctrina, 21 mai 2010, Lima, pp. 317-318, disponible sur : <http://www.mindef.gob.pe/informacion/documentos/ manual_ddhh_ffaa_2010.pdf> (ci-après : *Manuel du Pérou*) ; U.S. Department of the Navy, *The Commander's Handbook on the Law of Naval Operations*, éd. juillet 2007, U.S. Navy — NWP 1-14M / U.S. Marine Guards — MCWP 5-12.1 / U.S. Coast Guard — COMDTPUB P5800.7A, pp. 7-9 — 7-11 (ci-après : *U.S. Commander's Handbook*) ; République fédérale d'Allemagne, Ministère de la Défense, *Humanitarian law in Armed Conflicts — Manual*, VR II 3, août 1992, paras. 1051-1053 (ci-après : *Manuel de l'Allemagne*) (l'Allemagne a adhéré à la convention de Montego Bay le 14 octobre 1994 ; étant donné que le manuel date de 1992, elle est reprise dans la liste des États non parties à la convention).

lation, le *jus contra bellum* et le *jus in bello* s'appliquent parallèlement aux opérations militaires. En d'autres termes, pour qu'une action militaire soit licite, elle doit se conformer aussi bien au *jus contra bellum* qu'au *jus in bello* (56). La violation de l'une des deux branches suffit pour que l'action militaire (en l'occurrence le blocus naval) soit considérée comme illicite. Le fait que la convention de Montego Bay elle-même renvoie au respect du *jus contra bellum* dans son article 301 (57) peut être invoqué comme confirmant la pertinence continue de l'application de ce corps de règles aux activités qui sont licites au regard du *jus in bello*. La pertinence du *jus contra bellum* est même confirmée par des sources citées à l'appui de la thèse adverse. C'est le cas du rapport du Secrétaire général des Nations Unies sur le désarmement. Ce rapport est invoqué par le Conseil des droits de l'homme comme confirmant la thèse selon laquelle «[l]es dispositions de la Convention [de Montago Bay] n'[ont] pas d'incidence sur les actes qui [sont] justifiés par le principe de légitime défense consacré par l'Article 51 de la Charte des Nations Unies (le *jus ad bellum*) ou par le droit des conflits armés, lorsque le conflit armé a commencé (le *jus in bello*)» (58). Or, le paragraphe du rapport du Secrétaire général des Nations Unies sur le désarmement auquel renvoie le Conseil des droits de l'homme fait référence uniquement au *jus contra bellum*, ignorant complètement le *jus in bello* (59). Ainsi, le rapport sur le désarmement ne peut pas être invoqué à l'appui de la thèse selon laquelle la convention de Montego Bay n'a pas d'incidence sur les actes qui sont conformes *soit* avec le *jus contra bellum soit* avec le *jus in bello*. Il est surprenant qu'il ait été cité comme confirmant que le DIH peut être une source autonome d'exceptions aux principes énoncés à la convention de Montego Bay.

Il ressort de ce qui précède qu'il existe des éléments en faveur de chacune des thèses exposées ci-avant. En outre, la pratique pertinente semble être contradictoire (60). Au vu de tous ces éléments la question mériterait de faire

(56) Voy., V. Koutroulis, «And Yet it Exists: In Defence of the 'Equality of Belligerents' Principle», *L.J.I.L.*, vol. 26, 2013, (à paraître).

(57) Convention de Montego Bay, *op. cit.*, *supra* note 37, p. 119. Voy. aussi M. H. Nordquist, *United Nations Convention on the Law of the Sea 1982 — A Commentary*, vol. I, Dordrecht / Boston / Lancaster, Martinus Nijhoff, 1985, pp. 465-466 (préambule) et vol. III (publié en 1995), pp. 90-91 (article 88).

(58) Rapport du Conseil des droits de l'homme, *op. cit.*, *supra* note 2, p. 13, para. 50.

(59) Le paragraphe auquel renvoie le rapport du Conseil des droits de l'homme se lit comme suit:

«The Convention declares that "the high seas shall be reserved for peaceful purposes", but it does not contain a definition of "peaceful purposes". The Convention may however have provided the answer when, under the heading of peaceful uses of the seas (art. 301), it declares that

[...] [l'article 301 est cité]»

Thus, military activities which are consistent with the principles of international law embodied in the Charter of the United Nations, in particular with Article 2, paragraph 4, and Article 51, are not prohibited by the Convention on the Law of the Sea.»

The Naval Arms Race, Department for Disarmament Affairs, Report of the Secretary-General, Doc. NU A/40/535, New York, 1986, pp. 47-48, para. 188.

(60) Un exemple indicatif des difficultés que soulèvent les relations entre le droit de la mer et les règles du droit de la guerre sur mer et du droit de la neutralité est donné par le professeur Vaughan

l'objet d'une étude en soi. Pour revenir à l'incident du 31 mai 2010, il ne constitue pas un précédent susceptible d'éclaircir davantage la controverse exposée ci-avant. En effet, certains États ont condamné l'interception de la flottille par Israël sur la base, entre autres, des règles relatives au droit de la mer(61). Toutefois, aucun de ces États n'a expliqué davantage sa position. Ainsi, l'invocation du droit de la mer peut être interprétée de différentes manières. Il se peut que les États ayant invoqué le droit de la mer rejettent le DIH en tant que *lex specialis* du droit de la mer (s'alignant à cet égard plutôt sur la position de la commission turque). Toutefois, il se peut aussi que ces États souscrivent à l'approche du rapport de la commission israélienne et de celui du Conseil des droits de l'homme : ils acceptent que le DIH constitue une base juridique autonome des exceptions au droit de la mer. En d'autres termes, ils acceptent qu'il suffit que le blocus soit licite à la lumière du *jus in bello* pour que les principes du droit de la mer soient mises à l'écart. Dans ce cas, l'invocation du droit de la mer s'explique par le fait que ces États considèrent que le blocus est illicite au regard du DIH(62). Du fait de cette illicéité, Israël ne peut pas justifier son intervention sur la base du DIH (*lex specialis*). L'interception de la flottille s'apprécie alors à la lumière du droit de la mer qui constitue la *lex generalis* et c'est à ce titre-là que ce corps de règles est invoqué par les États. De même, il est également possible que les États rejettent la position adoptée par les rapports de la commission israélienne et du Conseil des droits de l'homme et se rallient à la thèse selon laquelle les activités militaires en haute mer sont permises que si elles sont conformes à l'ensemble des règles pertinentes du droit international. Dans ce cas, la référence des États au droit de la mer s'explique par le fait que, de l'avis de ces États, Israël n'a pas respecté une ou plusieurs de ces règles. En tout cas, ces prises de position étatiques ne sont pas examinées dans les rapports, peut être précisément à cause de leur caractère ambigu. Quoi qu'il en soit, les rapports reflètent la controverse entourant la question des relations entre le

Lowe et concerne l'interception en janvier 1986 d'un navire marchand britannique par l'Iran lors de la guerre entre Iran et l'Irak dans les années 80 (l'incident du *Barber Perseus*) :

> «That was a case where a British merchant vessel was stopped in the Gulf, off Oman, by the Iranian navy. The British Foreign Secretary happened to be out of the country at the time and when questioned, replied that we all have an interest in the continued freedom of navigation in international waters [...]. The implication might have been understood to be that he was inclined to think that the Iranians had no justification for intercepting the ship. Within 24 hours, the British Foreign Office convened a press conference in London and issued a rather fuller statement, stating that this is something of a grey area of international law and, within certain circumstances, belligerents may have a right to intercept and search foreign ships on the high seas as part of their rights as parties to an armed conflict. [...] Subsequently an even fuller statement was made, tying the legality of visit and search on the high seas to the right of self-defense» ;

V. LOWE, «The Impact of the Law of the Sea on Naval Warfare — Commentary», *Syracuse Journal of International Law and Commerce*, vol. 14, 1987-1988, p. 679.

(61) Voy. les États cités *supra* à la note 15.

(62) Par exemple, soit parce que le blocus est considéré comme infligeant une peine collective, soit parce que l'État qui s'exprime qualifie le conflit armé à Gaza de non international et considère qu'un blocus maritime ne peut être imposé que dans le cadre des conflits armés internationaux.

droit de la mer et le DIH. La majorité des rapports, à l'exception de celui de la commission turque, envisage le DIH comme une *lex specialis* par rapport au droit de la mer. Par contre, seulement deux des quatre rapports (celui du Conseil des droits de l'homme et celui de la commission israélienne) traitent les règles du DIH relatives au blocus comme une base juridique autonome susceptible à justifier les actions israéliennes.

B. — *Les précisions significatives apportées par les rapports quant aux règles du droit international humanitaire applicables au blocus maritime*

L'identification des règles du DIH applicables au blocus se heurte à deux obstacles. Le premier a déjà été identifié. Il a trait au caractère non conventionnel des textes énonçant la majorité des règles régissant les conflits armés sur mer, y compris le blocus (63) (1). Le deuxième obstacle consiste en la question de savoir si, comme il a été soutenu (64), les règles specifiques au blocus excluent l'application des règles générales du DIH, comme l'interdiction des peines collectives (2).

1. *La confirmation du caractère coutumier des règles applicables spécifiquement au blocus maritime*

Le caractère coutumier des règles régissant le blocus maritime a été reconnu par l'ensemble des quatre rapports analysés dans le cadre de cet article. Ce constat concerne principalement les règles du manuel de San Remo. Le rapport Palmer, dans un appendice élaboré par le Président et le Vice-président du panel sur les « principes juridiques » applicables à l'incident du 31 mai 2010 (65), précise que le manuel de San Remo « provid[es] a reliable restatement of the law [of naval warfare] » (66). Le rapport de la commission israélienne ainsi que celui de la commission turque sont sur la même longueur d'onde, tout en précisant que certaines des règles reprises dans le manuel rélèvent plutôt du développement progressif du droit des conflits armés sur mer (67). Le rapport du Conseil des droits de l'homme a été plus prudent à

(63) Voy. *supra* note 35 et le texte y relatif.

(64) Voy. *infra* note 79.

(65) Rapport Palmer, Appendix I : The Applicable International Legal Principles, *op. cit.*, *supra* note 7, pp. 76 et suiv. Le texte du rapport lui-même ne contient pas de référence aux fondements juridiques des règles invoquées en lien avec la licéité de blocus et se réfère seulement aux interprétations avancées dans les rapports turc et israélien (*ibid.*, pp. 41-44). Toutefois, il précise que les conclusions du rapport « have been reached against the backdrop of the exposition of the principles of public international law set out in the Appendix prepared by the Chair and the Vice-Chair » (*ibid.*, p. 38, para. 67).

(66) *Ibid.*, Rapport Palmer, *op. cit.*, *supra* note 7, p. 81 (les références sont omises).

(67) Rapport de la commission israélienne, *op. cit.*, *supra* note 8, p. 43 ; Rapport de la commission turque, *op. cit.*, *supra* note 7, p. 61. Le rapport de la commission turque reconnaît par la suite que toutes les règles relatives au blocus font partie du droit coutumier ; celui de la commission israélienne

ce sujet : «s'il [*i.e.* le manuel de San Remo] ne fait pas autorité, ce travail de codification a eu une grande influence lors de l'élaboration des manuels militaires et Israël s'y est explicitement référé»(68). Il reste que le rapport cite par la suite les paragraphes du manuel de San Remo en tant que source des règles invoquées pour déterminer le caractère licite ou illicite du blocus (à savoir, les conditions de notification, d'effectivité et d'impartialité du blocus, ainsi que l'interdiction des blocus visant à affamer la population civile ou causant des dommages civils disproportionnés). Par ailleurs, les rapports de la commission israélienne et du panel d'inspection se réfèrent également à la Déclaration de Londres de 1909, le premier en tant que fondement du droit coutumier applicable aux blocus(69) et le deuxième en tant que «authoritative statement on the law of blockade»(70).

La position des quatre rapports sur cette question interpelle, dans la mesure où aucun d'entre eux ne se soucie de démontrer le caractère coutumier des règles en cause. Les manuels militaires de quatre États seulement, à savoir les États-Unis, le Royaume-Uni, le Canada et l'Allemagne, sont cités comme éléments de pratique étatique(71). Si l'importance accordée à certains manuels, notamment à celui des États-Unis, a été justifiée sur la base de leur influence(72), une simple recherche sur internet révèle l'existence d'au moins trois autres manuels qui traitent des blocus maritimes(73). Si ces manuels reprennent essentiellement les règles énoncées dans le manuel de San Remo, ils s'écartent sur certains points de ces règles et auraient pu être pris en considération par les rapports dans l'analyse des règles pertinentes. Le caractère pour le moins succinct de la démonstration du caractère coutumier des règles énoncées dans le manuel de San Remo est d'autant plus étonnant que les commentaires des paragraphes pertinents du manuel (paragraphes 93 à 104) n'offrent guère d'indices à ce sujet(74). En effet, aucun des commentaires des douze règles de la section du manuel consacrée au blocus ne cite de précédent, de manuel militaire ou un quelconque autre élément de pratique confirmant le caractère coutumier de la règle visée(75). Seul le rapport du

exprime des doutes quant au caractère coutumier de l'obligation de préciser la durée du blocus (pp. 63-64).

(68) Rapport du Conseil des droits de l'homme, *op. cit.*, *supra* note 2, p. 13.

(69) Rapport de la commission israélienne, *op. cit.*, *supra* note 8, pp. 41-42, para. 32.

(70) Rapport Palmer, *op. cit.*, *supra* note 7, p. 82, para. 18.

(71) *Ibidem* ; Rapport de la commission israélienne, *op. cit.*, *supra* note 8, p. 43, para. 34.

(72) Rapport de la commission israélienne, *op. cit.*, *supra* note 8, p. 43, para. 34.

(73) *Manuel du Pérou*, *op. cit.*, *supra* note 55, p. 317 ; *Manuel de l'Australie*, *op. cit.*, *supra* note 55, pp. 6-19, para. 6-61 ; France, Ministère de la Défense, *Manuel de droit des conflits armés*, Direction des Affaires juridiques, Sous-direction du droit international et du droit européen, Bureau du droit des conflits armés, non-daté, p. 28, disponible sur : <http://www.defense.gouv.fr/content/download/77498/693317/file/Manuel_de_droit_des_ conflits_armes.pdf> (ci-après : *Manuel de la France*).

(74) *Manuel de San Remo*, *op. cit.*, *supra* note 30, pp. 176-180.

(75) Contrairement, par exemple, au volume impressionnant de pratique compilée dans l'étude sur le DIH coutumier élaborée par les juristes du Comité international de la Croix-Rouge,

Comité des droits de l'homme se distingue à cet égard. Il note qu'Israël s'est référé aux règles énoncées dans le manuel de San Remo, ce qui semble renvoyer à une acceptation des règles par l'État concerné, sans, pour autant, que ces règles soient présentées comme exprimant une coutume générale (76).

Ces faiblesses s'expliquent peut-être par le besoin d'identifier un document de référence moderne portant sur le DIH applicable aux conflits armés sur mer. Quoi qu'il en soit, l'approche suivie par les rapports semble se voir confirmée par les interventions des États tant au sein du Conseil de sécurité (77), qu'au sein du Conseil des droits de l'homme (78). La divergence de vues entre les États qui se sont prononcés sur les règles du DIH applicables au blocus porte non pas sur la pertinence de ces règles, mais sur le respect ou non par Israël des conditions qu'elles énoncent. Il en découle que le précédent de l'interception de la flottille le 31 mai 2010 consolide le caractère coutumier des règles énoncées dans le manuel de San Remo, sous réserve de certains points particuliers, dont certains seront discutés ci-dessous.

2. *La confirmation du caractère non exclusif des règles régissant spécifiquement le blocus : l'applicabilité des règles générales du droit international humanitaire*

Les règles coutumières régissant les blocus et énoncées dans le manuel de San Remo excluent-elles l'application des règles générales du DIH ? Le professeur Heintshel Von Heinnegg semble avoir avancé une telle thèse :

> « The collective punishment argument is likewise critiqued by other academics. Von Heinegg, for example, contends that it "has no basis in the law" because the only limits set for blockades are in San Remo. To be illegal, the Israeli blockade would have had to be instituted — not to stop the importation of rockets — but just to starve Gazans. Or, if, intentions aside, the blockade were to kill hundreds of innocent Palestinians. Neither is the case, he explains » (79).

Il s'agit donc de déterminer si les règles régissant le blocus constituent une *lex specialis* au sein même des règles du DIH. En réalité, aucun des quatre rapports ne suit cette thèse. Dans son analyse de l'interdiction d'infliger des peines collectives à la population civile, le rapport de la commission israélienne semble souscrire à l'idée selon laquelle les règles du blocus constituent un régime particulier qui ne prévoit pas l'application de cette

voy. J.-M. Henckaerts et L. Doswald-Beck, *Droit international humanitaire coutumier*, Vol. II : Pratique, Bruxelles / Genève, Bruylant / C.I.C.R., 2006.

(76) *Cf.* C.I.J., affaire relative au *projet Gabc'ikovo-Nagymaros*, arrêt, 27 septembre 1997, *C.I.J. Recueil 1997*, p. 66, para. 109.

(77) S/PV.6325, *op. cit.*, *supra* note 9.

(78) Débat sur l'intervention israélienne, 2 juin 2010, *op. cit.*, *supra* note 15.

(79) E. Schechter, « Legal Scholars Weigh in on Gaza Blockade, Flotilla Deaths », 28 juin 2010, disponible sur : <http://users.ox.ac.uk/~sann2029/Carnegie%20Council%20Report_0055.pdf>.

interdiction (80). Toutefois, le rapport examine la portée et les conditions d'application matérielle de la prohibition des peines collectives. De même, la conclusion du rapport est que cette prohibition n'a pas été violée, et non qu'elle n'est pas applicable (81). Quant aux autres rapports, ils se réfèrent à l'interdiction des peines collectives énoncée dans l'article 33 de la quatrième convention de Genève (82) sans se poser la moindre question sur l'applicabilité au blocus israélien de cette interdiction, qui ne figure pas dans le manuel de San Remo (83). Le rapport Palmer confirme l'applicabilité des règles générales du DIH au blocus de manière on ne peut plus claire :

> « *it would also appear that a blockade is illegal if its imposition runs counter to other fundamental rules of international humanitarian law.* Of importance in this regard is the prohibition of collective punishments, provided in the Fourth Geneva Convention, as well as Additional Protocols I and II, and by now an accepted part of customary international law » (84).

Ceci est confirmé par bon nombre d'États (85), par les Nations Unies (86) ainsi que par le C.I.C.R. (87). L'ensemble de ces acteurs affirment que le

(80) Rapport de la commission israélienne, *op. cit.*, *supra* note 8, p. 108, para. 107 : « As for the naval blockade itself, within the framework of the rules that govern the imposition and enforcement of such a blockade, there is no basis for an allegation of 'collective punishment' ».

(81) *Ibid.*, pp. 104-109, paras. 101-107.

(82) Convention de Genève relative à la protection des personnes civiles en temps de guerre, 21 août 1949, *R.T.NU.*, n° 973, pp. 309 (ci-après : IVe convention de Genève). L'interdiction est déjà mentionnée dans le Règlement de La Haye de 1907 (article 50) ; Règlement concernant les lois et coutumes de la guerre sur terre, Annexe à la Convention IV concernant les lois et coutumes de la guerre sur terre, article 42, disponible sur : <http://www.cicr.org/dih.nsf/48f761e1a61e194b4125673c0045870f/73bf1431f064aec0c1256417004a0be0?OpenDocument>. Elle est réitérée dans le premier et le deuxième protocoles additionnels. Enfin, elle est de nature coutumière et s'applique aux conflits armés tant internationaux que non internationaux ; voy. J.-M. HENCKAERTS et L. DOSWALD-BECK, *op. cit.*, *supra* note 75, vol. I : Règles, pp. 496 et suiv.

(83) Rapport du Conseil des droits de l'homme, *op. cit.*, *supra* note 2, p. 14, para. 54 ; Rapport de la commission turque, *op. cit.*, *supra* note 7, pp. 78-81.

(84) Rapport Palmer, *op. cit.*, *supra* note 7, p. 89 (nous soulignons).

(85) Voy., e.g., Mouvement des pays non-alignés, S/PV. 6757, 23 avril 2012, pp. 35-36 et Document Final, 16e Conférence ministérielle et Réunion commémorative du Mouvement des pays non alignés, Bali — Indonésie, 23-27 mai 2011, annexe au Doc. NU A/65/896 — S/2011/407, *op. cit.*, *supra* note 160, p. 191, para. 2 ; Iran, S/PV. 6171 (Reprise 1), 27 juillet 2009, p. 22 ; A/64/PV.37, 4 novembre 2009, Maroc (p. 3), Liban (p. 5), Oman (p. 7), Indonésie (p. 12), Cuba (p. 15), Qatar (p. 18), Koweit (p. 27) ; Organisation de la conférence islamique, S/PV.6298, 14 avril 2010, p. 33 ; Malaisie, S/PV.6298 (Reprise 1), 14 avril 2010, p. 10 ; Venezuéla, A/C.4/65/SR.20, 25 janvier 2011, p. 6 ; A/65/PV.55, 30 novembre 2010, Bahrein (p. 9), Turquie (p. 15). Voy. aussi, *Manuel du Royaume-Uni*, *op. cit.*, *supra* note 55, p. 348, para. 13.2 : « several of the principles stated in treaties on land warfare constitute rules of customary law which are also applicable in naval warfare ».

(86) Secrétaire générale adjointe aux affaires humanitaires, Valérie Amos demande la levée du blocus de Gaza, qui entre dans sa sixième année, 13 juin 2012, Centre d'actualités de l'ONU, disponible sur : <http://www.un.org/apps/newsFr/storyF.asp?NewsID=28363&Cr=Palestine&Cr1=&Kw1=gaza&Kw2=&Kw3=#.UIj9IY6GMUs>. Voy. aussi, rapport Goldstone, *op. cit.*, *supra* note 4, p. 276, paras. 1329-1331 ; Conseil des droits de l'homme, Rapport du Rapporteur spécial sur la situation des droits de l'homme dans les territoires palestiniens occupés depuis 1967, Richard Falk, A/HRC/13/53/Rev.1, 7 juin 2010, pp. 16-17, paras. 31-32.

(87) C.I.C.R., Blocus de Gaza : pas une année de plus, 14 juin 2010, communiqué de presse 10/103, disponible sur : <http://www.icrc.org/fre/resources/documents/update/palestine-update-140610.htm>.

blocus israélien est illicite parce qu'il contrevient à l'interdiction des peines collectives (en l'occurrence à l'égard de la population civile de Gaza), reconnaissant ainsi l'applicabilité de cette interdiction au blocus.

Mis à part leur manque de rigueur quant à la démonstration du caractère coutumier des règles énoncées dans le manuel de San Remo, les quatre rapports examinés ont unanimement adopté et confirmé l'approche majoritairement admise concernant le droit applicable aux blocus maritimes. Nous verrons par la suite qu'il n'en va pas nécessairement de même pour les interprétations avancées dans le cadre de l'analyse des règles spécifiques régissant les blocus.

II. — Application des règles spécifiques du droit international humanitaire régissant les blocus maritimes

L'appréciation de la conformité de l'interception de la flottille avec le DIH a donné l'occasion aux experts du Conseil des droits de l'homme, d'Israël, de la Turquie et du Secrétaire général des Nations Unies de se pencher, avec plus ou moins de rigueur, sur l'interprétation des règles spécifiques du DIH applicables aux blocus. Cette seconde partie de notre étude examinera l'application par les quatre rapports de certaines de ces règles. Il s'agit de l'interdiction d'affamer la population civile et de la priver de biens essentiels à sa survie (A), du principe de proportionnalité (B) et, enfin, de l'interdiction des peines collectives (C).

A. — *L'interdiction d'affamer la population civile et de la priver de biens essentiels à sa survie*

L'interdiction d'affamer la population civile et de la priver de biens essentiels à sa survie est énoncée dans le paragraphe 102, alinéa (a) du manuel de San Remo, selon lequel

> « La déclaration ou la mise en place d'un blocus est interdite si :
> (a) il a pour unique objectif d'affamer la population civile ou de lui interdire l'accès aux autres biens essentiels à sa survie » (88).

La source de l'interdiction est l'article 54 du premier protocole additionnel aux conventions de Genève, adopté le 8 juin 1977 (89). Selon l'étude des juristes du Comité international de la Croix-Rouge (ci-après : C.I.C.R.) sur

(88) *Manuel de San Remo*, *op. cit.*, *supra* note 30, p. 179.

(89) Protocole additionnel aux Conventions de Genève du 12 août 1949 relatif à la protection des victimes des conflits armés internationaux (Protocole I), Genève, 8 juin 1977, *R.T.N.U.*, vol. 1125, 1979, p. 297 (ci-après : premier protocole additionnel).

le DIH coutumier, l'interdiction est de nature coutumière et s'applique également à l'égard d'Israël (90).

Il a été soutenu par une partie de la doctrine que le blocus israélien contrevient à l'interdiction d'affamer la population civile et de la priver de biens essentiels à sa survie (91). La question a divisé les rapports qui y ont apporté des réponses différentes. Le rapport de la commission turque cite l'interdiction d'affamer la population civile parmi les arguments invoqués pour fonder l'illicéité du blocus israélien sur Gaza (92). Le rapport Palmer ainsi que celui de la commission israélienne adoptent la position inverse (93).

Pour qu'un blocus contrevienne à l'interdiction énoncée au paragraphe 102 (a) du manuel de San Remo, le fait d'affamer la population civile ou de la priver de biens essentiels à sa survie doit être l'*unique* objectif du blocus. Il s'agit d'une condition qui n'existe pas dans la règle coutumière énoncée à l'article 54 du premier protocole additionnel (94) et qui a pour effet de restreindre substantiellement la portée de l'interdiction. Au vu de cette divergence, il est important d'examiner comment les rapports ont interprété la condition de l'« unique objectif » (2). À cet égard, nous nous attardons en premier lieu sur les relations entre l'article 102 (a) du manuel de San Remo et la règle coutumière énoncée à l'article 54 du premier protocole additionnel (1).

(90) J.-M. Henckaerts et L. Doswald-Beck, *op. cit.*, *supra* note 75, vol. I : Règles, pp. 248, 252 (règles 53 (interdiction de la famine) et 54 (interdiction de priver la population civile de biens essentiels à sa survie)). Pour les éléments de pratique israélienne, voy. *ibid.*, p. 249, notes 5, 7 et 8 (interdiction de la famine) et 253, notes 30 et 31 (interdiction de priver la population civile de biens essentiels à sa survie). Le caractère coutumier de la règle énoncée dans l'article 54 du premier protocole additionnel est reconnu tant par le rapport de la commission israélienne que par le rapport Palmer ; Rapport de la commission israélienne, *op. cit.*, *supra* note 8, p. 82, para. 75 ; Rapport Palmer, *op. cit.*, *supra* note 7, pp. 87-88, para. 33. Pour plus de précisions sur la portée de l'interdiction, voy. *e.a.*, E. David, *Principes de droit des conflits armés*, 4e éd., Bruxelles, Bruylant, 2008, pp. 334 et suiv.

(91) D. Guilfoyle, *op. cit.*, *supra* note 14, pp. 200-201 ; R. Buchan, « The International Law of Naval Blockade and Israel's Interception of the *Mavi Marmara* », *op. cit.*, *supra* note 14, pp. 233-235 et les sources citées par ces auteurs.

(92) Rapport de la commission turque, *op. cit.*, *supra* note 7, p. 68.

(93) Rapport de la commission israélienne, *op. cit.*, *supra* note 8, pp. 82-86, paras. 75-80 ; Rapport Palmer, *op. cit.*, *supra* note 7, p. 42, para. 77 et p. 87-88, paras. 33-34. Le rapport du Conseil des droits de l'homme n'envisage la famine que dans le cadre de l'appréciation des dommages « collatéraux » aux fins de l'application du principe de proportionnalité ; Rapport du Conseil des droits de l'homme, *op. cit.*, *supra* note 2, p. 13, para. 52.

(94) Premier protocole additionnel, *op. cit.*, *supra* note 89, p. 297 : « Il est interdit d'utiliser contre les civils la famine comme méthode de guerre » ; la règle 53 de l'étude sur le DIH coutumier est formulée de manière presque identique : « Il est interdit d'utiliser la famine comme méthode de guerre contre la population civile », J.-M. Henckaerts et L. Doswald-Beck, *op. cit.*, *supra* note 75, vol. I : Règles, p. 248.

1. *La tentative de restreindre la portée de l'interdiction d'affamer la population civile : les relations entre la règle énoncée au paragraphe 102 (a) du manuel de San Remo et celle énoncée à l'article 54 du premier protocole additionnel*

Seuls deux des quatre rapports analysés dans le présent article se réfèrent à l'interaction entre le paragraphe 102 (a) du manuel de San Remo et la règle coutumière interdisant d'affamer la population civile ou de la priver de biens essentiels à sa survie : il s'agit du rapport Palmer et du rapport de la commission israélienne. Concernant le rapport Palmer, l'appendice établi par le Président et le Vice-Président du panel d'inspection évite le problème et semble ignorer la divergence quant à la portée des deux interdictions : il affirme que le paragraphe 102 (a) du manuel de San Remo « is in line with the general prohibition of Article 54(1) of Additional Protocol I » (95). L'appendice retient par la suite comme critère pertinent celui de l'« unique objectif » (96). Au contraire, le rapport de la commission israélienne traite de la question et estime que la règle énoncée au paragraphe 102 (a) du manuel de San Remo prime sur celle énoncée dans l'article 54 du premier protocole additionnel :

> « in respect of starvation, the wording in Rule 102 (a) is more limited in scope than the general prohibition of starvation reflected in article 54(1). *Prima facie*, one might conclude that as long as starvation is the consequence of a naval blockade but not its sole purpose, then it is not prohibited pursuant to international humanitarian law. However, insofar as a civilian population is actually starved as a result of a naval blockade, the party imposing the blockade is required to consider this result in the proportionality analysis required by article 102(b) of then San Remo Manual » (97).

Le rapport de la commission israélienne ne fournit pas de sources démontrant la primauté de la règle énoncée au manuel de San Remo. Or, cette primauté n'est pas aussi évidente que la commission israélienne le laisse entendre. En effet, malgré les doutes qui ont pu être exprimés (98), l'article 54 du premier protocole additionnel est applicable au blocus naval en vertu de l'article 49, paragraphe 3 du même protocole (99). Cela est confirmé

(95) Rapport Palmer, *op. cit.*, *supra* note 7, p. 87, para. 33.

(96) *Ibid.*, p. 88, para. 34.

(97) Rapport de la commission israélienne, *op. cit.*, *supra* note 8, p. 82, para. 75.

(98) Voy., Y. Sandoz, C. Zwinarski et B. Zimmermann (s.l.d.), *Commentaire des Protocoles additionnels du 8 juin 1977 aux Conventions de Genève du 12 août 1949*, Genève, C.I.C.R. / Martinus Nijhoff Publishers, 1986, p. 671, para. 2092 (ci-après : *Commentaire PA C.I.C.R.*) ; Y. Dinstein, *The Conduct of Hostilities under the Law of International Armed Conflict*, 2nd éd., Cambridge, CUP, 2010, p. 225.

(99) Premier protocole additionnel, *op. cit.*, *supra* note 89, p. 295 :

> « Les dispositions de la présente section s'appliquent à toute opération terrestre, aérienne ou navale pouvant affecter, sur terre, la population civile, les personnes civiles et les biens de caractère civil. Elles s'appliquent en outre à toutes les attaques navales ou aériennes dirigées contre des objectifs sur terre, mais n'affectent pas autrement les règles du droit international applicable dans les conflits armés sur mer ou dans les airs ».

Voy. aussi C. Espaliu Berdud, « L'impact de l'interdiction d'utiliser la famine comme méthode de combat contre la population civile dans le cadre du droit applicable aux conflits armés en mer », par le fait que certains manuels militaires s'y réfèrent explicitement dans les paragraphes qu'ils consacrent au blocus(100). Il en va de même pour la règle coutumière équivalente, dont l'impact sur le blocus naval est expliqué comme suit :

> «l'interdiction de la famine comme méthode de guerre n'interdit pas d'imposer un blocus naval, à condition qu'il soit destiné à atteindre un objectif militaire et non à affamer une population civile»(101).

À accepter que la règle énoncée dans l'article 54 du premier protocole additionnel s'applique au blocus maritime ouvrent la voie à l'une des deux options suivantes : soit la règle énoncée au paragraphe 102 du manuel de San Remo doit être interprétée à la lumière de celle énoncée à l'article 54 (la portée de la première devant être coordonnée avec celle de la deuxième) ; soit la règle énoncée à l'article 54 du premier protocole additionnel s'applique au blocus de manière indépendante(102). Dans les deux cas, le résultat est le même : un blocus est illicite en soi s'il contrevient à l'interdiction d'affamer la population civile ou de la priver de biens essentiels à sa survie, sans qu'il soit nécessaire de démontrer que la famine constitue l'objectif *unique* du blocus. En effet, rien dans le commentaire du manuel de San Remo n'indique que la condition d'«unique objectif» traduit une pratique étatique bien établie concernant les blocus maritimes. Ainsi, il est difficile de limiter la portée d'une règle qui possède une autorité claire, à titre tant conventionnel que coutumier, en lui imposant une condition dont la valeur juridique est, pour le moins, ambiguë. Il doit cependant être souligné que, *in concreto*, la portée de la règle énoncée dans le manuel de San Remo a été interprétée de manière moins restrictive que sa formulation l'aurait permis. En effet, comme on le verra maintenant, les rapports n'ont pas insisté sur la condition d'«unique objectif», rapprochant ainsi la portée de la règle énoncée au manuel de San Remo de celle de la règle énoncée dans le premier protocole additionnel.

2. *Le retour à une interprétation de l'interdiction d'affamer la population civile conforme au droit international humanitaire : le rejet de la condition de l'« unique objectif »*

Seul l'appendice établi par le Président et le Vice-président du panel d'inspection du Secrétaire général des Nations Unies insiste sur la condition d'«unique

in M. J. Matheson et D. Momtaz (s.l.d.), *Les règles et institutions du droit international humanitaire à l'épreuve des conflits armés récents*, Dordrecht / Boston / London, Martinus Nijhoff Publishers, 2010, pp. 546-555 ; W. Heintschell von Heinegg, «The Law of Armed Conflict at Sea», *in* D. Fleck (s.l.d.), *The Handbook of International Humanitarian Law*, 2e éd., Oxford, OUP, 2009, pp. 554-555 ; M. Bothe, «1977 Geneva Protocol I — Commentary», *in* N. Ronzitti (s.l.d.), *The Law of Naval Warfare*, Dordrecht / Boston / London, Martinus Nijhoff Publishers, 1988, pp. 761-762, 764.

(100) *Manuel de l'Allemagne*, *op. cit.*, *supra* note 55, para. 1051 ; *Manuel du Royaume-Uni*, *op. cit.*, *supra* note 55, p. 364, para. 13.74.

(101) J.-M. Henckaerts et L. Doswald-Beck, *op. cit.*, *supra* note 75, vol. I : Règles, p. 252.

(102) À l'instar de ce qui se passe avec l'article 33 de la 4e convention de Genève, voy. *infra* sous (C).

objectif» dans son analyse de l'interdiction d'affamer la population civile(103). Toutefois, le texte du rapport Palmer ne reprend pas cette condition; le rapport se réfère à l'intention d'affamer la population civile sans exiger que cette intention soit l'unique objectif du blocus(104). Les rapports des commissions israélienne et turque vont dans le même sens. Tout en niant la qualification de la situation dans la bande de Gaza de «famine», la commission israélienne précise que l'imposition du blocus par Israël n'avait pas comme objectif d'affamer la population de Gaza(105). Ici aussi le caractère «unique» de l'objectif n'est pas invoqué. De son côté, la commission turque soutient que le blocus israélien viole la règle énoncée au paragraphe 102 (a) du manuel de San Remo. Afin de fonder l'existence de cette violation, la commission affirme qu'Israël avait l'intention d'affamer la population civile de Gaza, sans se soucier de démontrer qu'il s'agissait de l'unique objectif poursuivi par Israël(106).

Sur ce point, les rapports confirment une interprétation déjà avancée dans la pratique étatique(107). En effet, le manuel militaire du Royaume-Uni ne reprend pas le qualificatif «unique» dans l'énoncé des limites à l'imposition des blocus(108). D'autres manuels n'exigent même pas une intention d'affamer la population civile de la part de l'État imposant un blocus. Ainsi, le manuel de la France prévoit que «[l]'imposition du blocus ne doit pas avoir pour effet de priver la population locale des vivres et des médicaments nécessaires à sa survie»(109). De même, le manuel de l'Allemagne se réfère tout simplement à l'interdiction de la famine comme méthode de guerre, renvoyant à l'article 54 du premier protocole additionnel(110). Dans son commentaire, le professeur Heintschell von Heinegg, un des experts ayant élaboré le manuel de San Remo et conseiller spécial à la commission Turkel, ne mentionne pas non plus l'élément de l'objectif unique. Il se limite à affirmer que «[i]f a blockade has the effect of starving the civilian population it becomes illegal according to Article 49, para. 3, and Article 54, para. 1, AP I»(111). Ainsi, ces manuels semblent mettre l'accent plutôt sur les conséquences d'un blocus que sur l'intention qui a motivé son imposition. Enfin, de manière encore plus significative, le *Chief Military Advocate General* d'Israël souscrit à cette interprétation:

(103) Rapport Palmer, *op. cit.*, *supra* note 7, pp. 87-88, paras. 33-34.

(104) *Ibid.*, p. 42, para. 77.

(105) Rapport de la commission israélienne, *op. cit.*, *supra* note 8, pp. 82-83, para. 76.

(106) Rapport de la commission turque, *op. cit.*, *supra* note 7, p. 68.

(107) Notons que le commentaire du paragraphe pertinent du manuel de San Remo ne cite aucune source à l'appui de la condition de l'«unique objectif», *Manuel de San Remo*, *op. cit.*, *supra* note 30, p. 179, para. 102.4.

(108) *Manuel du Royaume-Uni*, *op. cit.*, *supra* note 55, p. 364, para. 13.74. D'autres cependant reproduisent textuellement les termes du paragraphe 102 (a) du Manuel de San Remo, y compris la référence à l'objectif unique.

(109) *Manuel de la France*, *op. cit.*, *supra* note 73, p. 28.

(110) *Manuel de l'Allemagne*, *op. cit.*, *supra* note 55, para. 1051.

(111) W. Heintschell von Heinegg, «The Law of Armed Conflict at Sea», *in* D. Fleck (s.l.d.), *op. cit.*, *supra* note 99, p. 554.

> «if there existed a situation where we would heaven forbid prevent any baby food from arriving in the Gaza Strip at all, then that would have been excessive, but it would not only be excessive, but we would then have violated the prohibition of the objective, the prohibition to starve the populace»(112).

Cette affirmation montre que, de l'avis du *Chief Military Advocate General*, l'interdiction d'affamer la population civile serait violée par l'action d'empêcher l'arrivée des vivres dans la bande de Gaza, sans qu'il soit nécessaire d'établir de manière distincte une intention particulière, encore moins une intention «unique» de la part d'Israël.

Pour appuyer l'introduction du qualificatif «unique» dans le paragraphe 102 (a) du manuel de San Remo, et en absence d'autres sources qui corroboreraient cette condition, le commentaire du manuel explique que:

> «the word 'sole' was retained because if a blockade has both the unlawful purpose of starvation together with a lawful military purpose, the provision in (b) is applicable thereby rendering the blockade unlawful if the effect on the civilian population is excessive in relation to the lawful military purpose»(113).

Le rapport de la commission israélienne semble aller dans ce sens(114). L'approche est problématique au regard du DIH. En effet, l'interdiction coutumière de la famine n'est pas soumise en tant que telle aux exceptions issues de la nécessité militaire ni à l'application du principe de proportionnalité (115). Ceci signifie qu'un blocus motivé par plusieurs objectifs, dont l'imposition de la famine, est contraire à la règle coutumière interdisant l'emploi de la famine comme méthode de guerre. Envisager la licéité d'un tel blocus sous le prisme du principe de proportionnalité implique que, dans les situations où l'avantage militaire concret et direct attendu du blocus est très important, il est possible que le blocus puisse être considéré comme licite, même s'il crée une famine. Ainsi, l'interprétation proposée par le commentaire du manuel de San Remo finit par justifier des violations des règles du DIH en réintroduisant des considérations de nécessité militaire là où les États ont choisi de les exclure(116). Le rejet implicite mais clair par les rapports de la condition d'«unique objectif» empêche qu'un tel résultat fâcheux puisse se produire.

(112) Commission israélienne, déposition Mandelblit, *op. cit.*, *supra* note 36, p. 73.

(113) *Ibid.*, p. 179, para. 102.4.

(114) Voy. *supra* note 97 et le texte y afférent.

(115) *Cf.* la formulation de l'article 54 du premier protocole additionnel et de la règle coutumière 53, *supra* note 94. Voy. aussi K. J. RIORDAN, «Shelling, Sniping and Starvation: The Law of Armed Conflict and the Lessons of the Siege of Sarajevo», *Victoria U. Wellington L. Rev.*, vol. 41, 2010, p. 23 (qualifiant l'interdiction d'«absolue»); Y. SANDOZ *et al.*, *Commentaire PA C.I.C.R.*, *op. cit.*, *supra* note 98, p. 1478, para. 4795.

(116) Contrairement au fait qu'il est bien établi qu'il est impossible d'invoquer la nécessité militaire comme justification des violations des règles humanitaires, étant donné que cette nécessité est déjà prise en compte lors de l'élaboration des règles du DIH; voy. *Manuel du Royaume-Uni*, *op. cit.*, *supra* note 55, p. 23, para. 2.3; *U.S. Commander's Handbook*, *op. cit.*, *supra* note 55, p. 5-2, para. 5.3.1; *Manuel du Canada*, *op. cit.*, *supra* note 55, p. 2-1, paras. 4 et 5.

B. — *Le principe de proportionnalité*

Le point de départ de l'analyse du principe de proportionnalité applicable aux blocus sur mer est le paragraphe 102 (b) du manuel de San Remo :

> «La déclaration ou la mise en place d'un blocus est interdite si :
>
> [...]
>
> (b) les dommages causés à la population civile sont, ou si on peut prévoir qu'ils seront, excessifs par rapport à l'avantage militaire concret et direct attendu» (117).

L'évaluation du respect du principe de proportionnalité a divisé les auteurs des rapports portant sur l'interception de la flottille en direction de Gaza : le rapport du Conseil des droits de l'homme et le rapport de la commission turque ont conclu à la violation du principe de proportionnalité par le blocus (118) ; le rapport de la commission israélienne et le rapport Palmer sont arrivés à la conclusion inverse (119). L'interdiction des blocus disproportionnés repose sur la comparaison entre deux éléments «opposés» : d'une part, «l'avantage militaire concret et direct attendu» du blocus en cause (1) et, d'autre part, les «dommages causés à la population civile» (2). Au vu des conclusions divergentes des rapports, il importe d'examiner de plus près comment les rapports interprètent chacun de ces éléments. En outre, on s'attardera sur d'autres critères qui ont été avancés comme étant pertinents pour l'appréciation de la violation du principe de proportionnalité (3).

1. *Les interprétations indûment excessives de la notion d'avantage militaire concret et direct attendu du blocus*

Par rapport à l'avantage militaire, Israël affirme qu'il s'agit de «prevent the military strengthening of Hamas by stopping the entry of terrorist elements and the smuggling of weapons into the Gaza Strip» (120). Le rapport Palmer, quant à lui, se réfère au besoin de préserver la sécurité d'Israël, indiquant que «[s]topping the importation of rockets and other weapons to Gaza by sea helps alleviate Israel's situation as it finds itself the target of countless attacks» (121). Le rapport de la commission israélienne est le plus élaboré dans l'examen de la notion d'avantage militaire : cet avantage consiste à restreindre la capacité du Hamas à attaquer Israël, en l'empêchant

(117) *Manuel de San Remo*, *op. cit.*, *supra* note 30, p. 179. Voy. aussi, Premier protocole additionnel, article 51, paragraphe 5, alinéa (b), *op. cit.*, *supra* note 89, p. 296. Sur la portée du principe, voy. *e.a.*, E. David, *op. cit.*, *supra* note 90, pp. 288 et s.

(118) Rapport du Conseil des droits de l'homme, *op. cit.*, *supra* note 2, p. 13, paras. 52-53 ; Rapport de la commission turque, *op. cit.*, *supra* note 7, pp. 70-74.

(119) Rapport de la commission israélienne, *op. cit.*, *supra* note 8, pp. 90-102, paras. 87-97 ; Rapport Palmer, *op. cit.*, *supra* note 7, p. 43, paras. 78-79.

(120) *Operation 'Sea Breeze' — Legal Aspects*, *op. cit.*, *supra* note 13, p. 2.

(121) Rapport Palmer, *op. cit.*, *supra* note 7, p. 43, para. 78.

de s'approvisionner en armes, de se financer ainsi que de développer la capacité de mener des attaques contre Israël par la mer (122). Selon le rapport, cet objectif constitue « the combined purpose of the naval blockade and the land crossings policy » (123). Les rapports du Conseil des droits de l'homme et de la commission turque, qui affirment le caractère disproportionné du blocus israélien, n'entreprennent pas, quant à eux, une analyse de l'avantage militaire attendu du blocus (124).

Le fait d'empêcher la partie adverse de s'approvisionner en armes ou de développer sa capacité de mener des opérations hostiles fait partie de la notion d'avantage militaire. Toutefois, il est plus difficile de suivre le rapport Palmer (125) et d'accepter que le besoin pour Israël de « préserver sa sécurité » constitue un avantage militaire suffisament « concret et direct » pour être pris en compte dans l'évaluation du principe de proportionnalité.

Les objectifs politiques et économiques du blocus entrent-ils dans la notion d'avantage militaire ? Selon Tzipi Livni, ministre des Affaires étrangères d'Israël au moment de l'imposition du blocus,

> « the imposition of the naval blockade, even though it was not done in order to disrupt the commercial relations of the Gaza Strip, was done in a wider context, as part of Israel's comprehensive strategy [...] of delegitimizing Hamas on the one hand and strengthening the status of the Palestinian Authority vis-à-vis the Gaza Strip on the other » (126).

De même, le rapport de la commission israélienne note que :

> « [t]he purpose of the economic warfare in the Gaza Strip is to weaken the economy in order to undermine the Hamas' ability to attack Israel and its citizens. The non security related restrictions on the passage of goods — such as the restrictions upon certain food products — are a part of this strategy » (127).

Les critères mentionnés renvoient aux avantages politiques attendus du blocus et des restrictions imposées à Gaza ainsi qu'aux activités menées en soutien à la guerre ('war-sustaining' activities) (128). Il est douteux que ces activités fassent partie de la notion d'avantage militaire. Le seul manuel militaire allant dans ce sens est le *U.S. Commander's Handbook* (129). Les

(122) Rapport de la commission israélienne, *op. cit.*, *supra* note 8, pp. 91-93, para. 89.

(123) *Ibid.*, pp. 92-93, para. 89.

(124) Voy. *supra* note 118.

(125) Voy. *supra* note 121.

(126) Rapport de la commission israélienne, *op. cit.*, *supra* note 8, pp. 56-57, para. 50.

(127) *Ibid.*, p. 94, para. 91.

(128) Pour une définition des activités menées en soutien à la guerre, voy. N. MELZER, *Guide interprétatif sur la notion de participation directe aux hostilités en droit international humanitaire*, Genève, C.I.C.R., 2010, pp. 53-54 : « activités politiques, économiques ou médiatiques soutenant l'effort de guerre général (propagande politique, transactions financières, production de denrées agricoles ou de biens industriels non militaires, par exemple) ».

(129) Voy. les précisions du *Annotated Supplement to the Commander's Handbook on the Law of Naval Operations*, Newport, RI, 1997, p. 8-3, para. 8.1.1 :

autres manuels restent muets sur la question, à l'exception du manuel des forces aériennes de l'Australie qui précise que : « a mere contribution to a country's economic output is unlikely to be sufficient to meet the criteria required for a military objective » (130). La position avancée par le *U.S. Commander's Handbook* est rejettée par la majorité de la doctrine. Aux dires de Yoram Dinstein :

> « An American attempt (reflected in the US Commander's Handbook on the Law of Naval Operations) to substitute the words 'military action' by the idiom 'war-fighting or war-sustaining capability' goes too far. [...] the 'war-sustaining' portion is untenable. [...] For an object to qualify as a military objective, there must exist a proximate nexus to 'war-fighting' » (131).

Dans le même ordre d'idées, le manuel de San Remo indique que la notion d'avantage militaire doit être interprétée de manière stricte : la possibilité d'y inclure les activités menées en soutien à la guerre a été examinée et rejetée lors de l'élaboration des règles du manuel (132).

Il n'est pas surprennant que les deux rapports ayant conclu au rejet du caractère disproportionné du blocus adoptent des interprétations larges de la notion d'« avantage militaire concret et direct attendu ». À cet égard, il est regrettable que les rapports ayant conclu à la violation du principe de proportionnalité par le blocus israélien n'aient pas pris le temps d'expliciter leur interprétation de la notion précitée. Cela aurait permis une confrontation plus directe entre différentes appréciations juridiques et aurait éclairé davantage la notion d'avantage militaire aux fins de l'application du principe de proportionnalité.

> « Proper economic targets for naval attack include enemy lines of communication, rail yards, bridges, rolling stock, barges, lighters, industrial installations producing war-fighting products, and power generation plants. Economic targets of the enemy that indirectly but effectively support and sustain the enemy's war-fighting capability may also be attacked ».

(130) Australie, Royal Australian Air Force, *Operations Law for RAAF Commanders*, AAP 1003, mai 2004, pp. 64-65, para. 8.6.

(131) Y. Dinstein, *The Conduct of Hostilities under the Law of International Armed Conflict*, *op. cit.*, *supra* note 98, pp. 95-96. Dans le même sens, S. Oeter, « Methods and Means of Combat », *in* Fleck (s.l.d.), *op. cit.*, *supra* note 99, pp. 179-180 ; M. N. Schmitt, « Fault Lines in the Law of Attack », *in* S. C. Breau et A. Jachen-Neale (s.l.d.), *Testing the Boundaries of International Humanitarian Law*, London, British Institute of International and Comparative Law, 2006, p. 281 ; W. Heintschell von Heinegg, « Blockade », *in* R. Wolfrum (s.l.d.), *Max Planck Encyclopedia of Public International Law*, 3e éd., Oxford, OUP, 2012, p. 971 ; M. Sassoli, Legitimate Targets of Attacks under International Humanitarian Law, Background Paper prepared for the Informal High-level Expert meeting on the Reaffirmation and Development of International Humanitarian Law, Cambridge, January 27-29, 2003, Program on Humanitarian Policy and Conflict Research, Harvard University, p. 6, disponible sur : <http://www.hpcrresearch.org/sites/default/files/publications/ Session1.pdf> ; M. N. Schmitt, C. H. B. Garraway et Y. Dinstein, *The Manual on the Law of Non-International Armed Conflict With Commentary*, International Institute of Humanitarian Law, San Remo, 2006, p. 7.

(132) *Manuel de San Remo*, *op. cit.*, *supra* note 30, p. 150.

2. *L'unanimité des rapports quant à l'interprétation large de la notion de dommages à la population civile*

Concernant le deuxième élément de la proportionalité, à savoir les dommages subis par la population civile, les rapports en prônent une interprétation large. Le rapport Palmer note laconiquement que tout dommage à la population civile sera pris en compte (133). Dans le même sens mais de manière plus explicite, les trois autres rapports sont unanimes à considérer les dommages à long terme à l'économie civile comme faisant partie des dommages qui doivent être pris en compte dans l'évaluation du principe de proporitonnalité (134). Ainsi, les rapports confirment que la notion de dommages civils aux fins de l'application du principe de proportionnalité doit être entendue dans un sens large (135).

Une dernière remarque s'impose à cet égard. Le rapport Palmer ainsi qu'une partie de la doctrine dissocient le blocus naval des restrictions terrestes (136). Cette dissociation a un impact important sur l'analyse du respect du principe de proportionnalité étant donné qu'il est difficile de déterminer lesquels des dommages civils sont le résultat des restrictions terrestres et lesquels le résultat du blocus en tant que tel (137). Cette approche n'a pas été suivie par les trois autres rapports (138). En outre, elle a été à juste titre critiquée par la doctrine (139). En effet, le lien entre les restrictions

(133) Rapport Palmer, *op. cit.*, *supra* note 7, p. 43, paras. 78 et 89, para. 36.

(134) Rapport de la commission israélienne, *op. cit.*, *supra* note 8, pp. 94-95, para. 91 ; Rapport du Conseil des droits de l'homme, *op. cit.*, *supra* note 2, p. 14, para. 52 ; Rapport de la commission turque, *op. cit.*, *supra* note 7, p. 71.

(135) Final Report to the Prosecutor by the Committee Established to Review the NATO Bombing Campaign Against the Federal Republic of Yugoslavia, juin 2000, para. 18, disponible sur : <http://www.icty.org/x/file/Press/nato061300.pdf> :

> « Even when targeting admittedly legitimate military objectives, there is a need to avoid excessive long-term damage to the economic infrastructure and natural environment with a consequential adverse effect on the civilian population ».

Voy. aussi P. Benvenuti, « The ICTY Prosecutor and the Review of the NATO Bombing Campaign against the Federal Republic of Yugoslavia », *E.J.I.L.*, vol. 12, 2001, p. 510. Le lien entre les dommages et les souffrances causés à la population civile et les considérations économiques est confirmé par le premier paragraphe du préambule de la convention sur les mines antipersonnel, Convention sur l'interdiction de l'emploi, du stockage, de la production et du transfert des mines antipersonnel et sur leur destruction, Oslo, 18 septembre 1997, *R.T.N.U.*, vol. 2056, 2002, p. 253.

(136) Rapport Palmer, *op. cit.*, *supra* note 7, p. 39, para. 70. Voy. aussi J. J. Piernas Lopez, *op. cit.*, *supra* note 14, p. 546 ; Y. Shany, « Know Your Rights ! The Flotilla Report and International Law Governing Naval Blockades », *E.J.I.L. : Talk !*, 12 octobre 2010, disponible sur : <http://www.ejiltalk.org/know-your-rights-the-flotilla-report-and-international-law-governing-naval-blockades/>.

(137) Rapport Palmer, *op. cit.*, *supra* note 7, p. 43, para. 78.

(138) Rapport de la commission israélienne, *op. cit.*, *supra* note 8, pp. 94-95, para. 91 ; Rapport du Conseil des droits de l'homme, *op. cit.*, *supra* note 2, p. 14, paras. 52-53 ; Rapport de la commission turque, *op. cit.*, *supra* note 7, pp. 70-72.

(139) T. Feldman, « A Tale of Two Closures : Comments on the Palmer Report Concerning the May 2010 Flotilla Incident », *E.J.I.L. : Talk !*, 20 septembre 2011, disponible sur : < http://www.ejiltalk.org/a-tale-of-two-closures-comments-on-the-palmer-report-concerning-the-may-2010-flotilla-incident/>.

terrestres et le blocus naval est tellement étroit qu'il est artificiel de dissocier les deux (140). En outre, la dissociation du blocus naval et des restrictions terrestres dénature l'application du principe de proportionnalité et peut faire l'objet d'utilisations abusives : il suffira de coupler un blocus naval avec une autre action militaire terrestre, ou aérienne, pour rendre l'application du principe de proportionnalité complètement illusoire. Ceci vaut d'autant plus que le type de dommage dont il est question (crise humanitaire, destruction de l'économie locale etc.) ne résulte pas forcement d'une seule attaque armée.

3. *L'appréciation du caractère excessif des dommages civils par rapport à l'avantage militaire concret et direct attendu : tentatives d'intégrer des éléments externes*

L'appréciation du caractère excessif des dommages civils par rapport à l'avantage militaire concret et direct attendu constitue le cœur de l'application du principe de proportionnalité. À l'exception du rapport de la commission israélienne, les autres rapports n'offrent guère de précisions sur la méthode d'appréciation de cet équilibre. Quant au rapport de la commission israélienne, deux éléments problématiques méritent d'être soulignés.

En premier lieu, parmi les éléments que la commission a évalués dans le cadre de l'analyse du caractère proportionné du blocus, figurent l'assouplissement en juin 2010 des restrictions imposées à Gaza ainsi que la future approbation par le gouvernement israélien d'un « plan graduel » pour permettre des exportations de certains biens de la bande de Gaza (décision prise en décembre 2010) (141). Il est évident que ces éléments étant postérieurs à l'interception de la flottille le 31 mai 2010, ils ne peuvent pas entrer en ligne de compte pour apprécier si le blocus était proportionné le 31 mai 2010 et s'il constituait, à ce titre, une base juridique valide des droits invoqués et exercés par Israël à cette date. De même, en deuxième lieu, la commission israélienne insiste sur le contrôle exercé par les tribunaux israéliens sur les actions des autorités du pays (142). Il est à nouveau difficile de voir la pertinence de cet élément pour l'évaluation du principe de proportionnalité. Le fait que les actions du gouvernement israélien sont soumises au contrôle des tribunaux

(140) Ce lien est analysé dans le rapport de la commission israélienne, *op. cit.*, *supra* note 8, pp. 65-68, paras. 62-63. Voy. aussi les critiques de T. Feldman, *op. cit.*, *supra* note 139.

(141) Rapport de la commission israélienne, *op. cit.*, *supra* note 8, p. 101, para. 97. Cet élément est explicitement mentionné comme ayant particulièrement influencé la conclusion en faveur du respect du principe de proportionnalité (p. 102, para. 97).

(142) *Ibid.*, p. 100, para. 96 :

> « Israeli authorities operate with the knowledge that the policy they introduce and implement has been examined and will be examined by an independent court in a democratic state where many human rights organizations are active in bringing these issues before the court. Indeed it is regrettable that much of the criticism levelled at Israeli policy with regard to the Gaza Strip does not take into account the essential and direct role that the Israeli legal system plays in ensuring that operations carried out by the Israeli Government satisfy the requirements of the rule of law ».

indépendants ne relève ni de la notion d'avantage militaire ni de celle des dommages à la population civile. Le respect du principe de proportionnalité ne s'apprécie pas différemment en fonction du degré d'indépendance des juridictions internes des États. Et l'examen entrepris ici montre à quel point la doctrine est parfois amenée à formuler des évidences qui devraient normalement aller de soi.

C. — *L'interdiction des peines collectives*

Mises à part les causes d'illicéité indiquées ci-avant, le blocus israélien a été dénoncé comme constituant une violation de l'interdiction d'infliger des peines collectives à la population civile. Cette interdiction est stipulée, entre autres, à l'article 33 (1) de la IVe convention de Genève : «[l]es peines collectives, de même que toute mesure d'intimidation ou de terrorisme, sont interdites» (143). L'interdiction des peines collectives figure sur la liste des règles coutumières du DIH dressée par les juristes du C.I.C.R. (144). Ainsi, la règle s'applique à l'égard d'Israël aussi bien à titre conventionnel (145) qu'à titre coutumier. L'applicabilité de l'article 33 au blocus israélien est reconnue par tous les rapports examinés (146).

Selon le commentaire du C.I.C.R., les termes «peine collective» doivent «s'entendre au sens le plus large : elle[s] ne couvre[nt] pas seulement les condamnations judicaires, mais les sanctions et brimades de tous ordres, administratives, policières ou autres» (147). Le rapport du Conseil des droits de l'homme (148) ainsi que le rapport de la commission turque (149) considèrent que le blocus constitue une telle peine collective, imposée par Israël

(143) IVe convention de Genève, *op. cit.*, *supra* note 82, p. 309. L'interdiction des peines collectives est déjà mentionnée dans le Règlement de La Haye de 1907 (article 50), *op. cit.*, *supra* note 82 ; elle est réitérée dans le premier protocole additionnel, *op. cit.*, *supra* note 89, pp. 307-308 (article 75, para. 2 (a) (d)).

(144) J.-M. HENCKAERTS — L. DOSWALD-BECK, *op. cit.*, *supra* note 75, vol. I : Règles, pp. 496-498 (règle 103) (la règle figure dans le manuel militaire israélien, *ibid.*, p. 497, note 499).

(145) Israël est partie à la convention depuis le 6 juillet 1951, voy. la liste des États parties aux conventions principales du DIH établie par le C.I.C.R., disponible sur : <http://www.icrc.org/IHL.nsf/(SPF)/party_main_treaties/$File/IHL_and_other_related_Treaties.pdf>.

(146) Rapport du Conseil des droits de l'homme, *op. cit.*, *supra* note 2, p. 14, para. 54 ; Rapport de la commission turque, *op. cit.*, *supra* note 7, p. 78 ; Rapport Palmer, *op. cit.*, *supra* note 7, p. 89, para. 37 ; Rapport de la commission israélienne, *op. cit.*, *supra* note 8, p. 105, para. 102.

(147) Y. SANDOZ *et al.*, *Commentaire PA C.I.C.R.*, *op. cit.*, *supra* note 98, p. 898, para. 3055. Dans le même sens, J. S. PICTET (s.l.d.), *Commentaire — La Convention de Genève relative à la protection des personnes civiles en temps de guerre*, Genève, C.I.C.R., 1956, p. 243 (ci-après : *Commentaire Pictet IVe convention*) ; J.-M. HENCKAERTS et L. DOSWALD-BECK, *op. cit.*, *supra* note 75, vol. I : Règles, p. 496 ; Cour spéciale de Sierra Léone (C.S.S.L.), *Le Procureur c. Fofana et Kondewa* (affaire CDF), jugement, Chambre de première instance, 2 août 2007, affaire n° SCSL-04-14-J, p. 55, para. 181 ; C.S.S.L., *Le Procureur c. Brima, Kamara et Kanu*, jugement, Chambre de première instance II, 20 juin 2007, affaire no. SCSL-04-16-T, p. 209, para. 681 ; (les deux jugements sont disponibles sur : <http://www.sc-sl.org>).

(148) Rapport du Conseil des droits de l'homme, *op. cit.*, *supra* note 2, p. 14, para. 54.

(149) Rapport de la commission turque, *op. cit.*, *supra* note 7, pp. 78-81.

pour punir les habitants de Gaza d'avoir élu le Hamas. Le rapport de la commission turque cite des déclarations du Vice Premier ministre israélien et d'un conseiller au Premier ministre israélien pour démontrer l'intention d'Israël à cet égard (150). Le rapport Palmer ainsi que celui de la commission israélienne s'opposent à cette conclusion (151). Le premier insiste sur la distinction entre le blocus maritime et les restrictions terrestres imposées à Gaza et souligne que « the stated *primary objective* of the naval blockade was for security » (152). Le deuxième affirme que « [t]here is nothing in the evidence [...] that suggest that Israel is *intentionally* placing restrictions on goods *for the sole or primary purpose* of denying them to the population of Gaza » (153).

Malgré les affirmations de la commission israélienne et du panel d'inspection du Secrétaire général des Nations Unies, rien dans le texte des articles qui énoncent l'interdiction d'infliger des peines collectives à la population civile ou dans la jurisprudence y relative n'exige que l'intention d'infliger de telles peines soit l'objectif unique ou principal ('sole or primary purpose') de la part de l'État en cause. Le rapport de la commission israélienne cite deux sources à l'appui de son affirmation. La première est l'article 51 (2) du premier protocole additionnel qui interdit « les actes ou menaces de violence dont le *but principal* est de répandre la terreur parmi la population civile » (154). Il est évident que cette règle ne concerne pas les peines collectives mais les actes ayant pour but de répandre la terreur parmi la population civile. Il s'agit d'une interdiction distincte de celle des peines collectives.

La deuxième source citée par le rapport de la commission israélienne est le jugement de la chambre de première instance de la Cour spéciale du Sierra Leone (C.S.S.L.) dans l'affaire *Brima, Kamara et Kanu*. Ce jugement inclut parmi les éléments du crime de guerre relatif aux peines collectives « the intent on the part of the perpetrator to indiscriminately and collectively punish the persons for acts which form the subject of the punishment » (155). Ici aussi, rien n'indique que l'intention doit être unique ou principale pour que les éléments du crime en cause soient réunis (156). Au contraire, la jurisprudence

(150) *Ibid.*, p. 79.

(151) Rapport Palmer, *op. cit.*, *supra* note 7, pp. 42-43, para. 77 ; Rapport de la commission israélienne, *op. cit.*, *supra* note 8, p. 104-109, paras. 101-107.

(152) Rapport Palmer, *op. cit.*, *supra* note 7, p. 42, para. 77 (nous soulignons)

(153) Rapport de la commission israélienne, *op. cit.*, *supra* note 8, p. 108, para. 106 (le terme « intentionally » est souligné dans l'original ; les autres termes sont soulignés par nous).

(154) Premier protocole additionnel, *op. cit.*, *supra* note 89, p. 295 ; voy. Rapport de la commission israélienne, *op. cit.*, *supra* note 8, p. 108, para. 105.

(155) C.S.S.L., jugement *Brima, Kamara et Kanu*, *op. cit.*, *supra* note 147, p. 208, para. 676 ; voy. Rapport de la commission israélienne, *op. cit.*, *supra* note 8, pp. 107-108, para. 105.

(156) Voy. aussi la jurisprudence ultérieure de la Cour spéciale : C.S.S.L., jugement *Fofana et Kondewa*, *op. cit.*, *supra* note 147, p. 55, para. 180 ; C.S.S.L., *Le Procureur c. Fofana et Kondewa*, arrêt, Chambre d'appel, 28 mai 2008, affaire n° SCSL-04-14-A, p. 77, paras. 224-225 ; C.S.S.L., *Le Procureur c. Sesay, Kallon et Gbao*, jugement, Chambre de première instance I, 2 mars 2009, affaire

de la Cour spéciale du Sierra Leone indique que cela n'est pas le cas : dans l'affaire *Sesay, Kallon et Gbao*, la chambre de première instance de la Cour spéciale a condamné les accusés pour les mêmes actes (entre autres, meurtres, mauvais traitements des civils, destruction de maisons) aussi bien sous le chef d'actes terroristes que sous le chef de châtiments collectifs (157). Vu que les éléments de crime des deux chefs d'accusation nécessitent la démonstration d'une intention, ces intentions peuvent co-exister. De même, la Cour spéciale se contente d'établir que les accusés avaient l'intention d'infliger une peine collective par leur comportement, sans se sentir obligée de démontrer que cette intention était leur intention *principale*.

Si toute intention suffit pour qu'un comportement soit qualifié de peine collective, la question se pose par rapport à la preuve de cette intention. À cet égard, le rapport Turkel affirme que l'hypothèse dans laquelle « an authority punishes a guilty individual, but in doing so, unintentionally or unavoidably causes a harmful effect upon innocent third parties » ne constitue pas une peine collective (158). L'affirmation est peut-être exacte quant au dommage infligé « *unintentionally* » ; elle n'est pas exacte quant au dommage infligé « *unavoidably* ». Pour se référer à nouveau à la Cour spéciale du Sierra Léone, l'accusé doit avoir « intended to punish collectively persons for [...] omissions or acts *or acted in reasonable knowledge that this would likely occur* » (159). L'admission que les dommages à la population civile de Gaza étaient *inévitables* (« *unavoidable* ») signifie qu'Israël a agi « *in reasonable knowledge* » que ces dommages adviendraient.

En outre, il ne faut pas perdre de vue que l'analyse de l'intention exposée ci-dessus est effectuée dans le cadre du droit international pénal, afin de déterminer la responsabilité pénale individuelle d'une personne. Or, ici, le contexte est différent : il s'agit de déterminer la conformité du blocus israélien avec les règles du DIH aux fins de la responsabilité internationale d'un État pour fait internationalement illicite. Il n'est ni certain ni nécessaire que les règles du droit de la responsabilité internationale soient soumises aux mêmes exigences quant à (la démonstration de) l'intention que les règles du droit de la responsabilité pénale individuelle (160). Il est significatif à

n° SCSL-04-15-T, p. 43, para. 126 ; C.S.S.L., *Le Procureur c. Sesay, Kallon et Gbao*, arrêt, Chambre d'appel, 26 octobre 2009, affaire n° SCSL-04-15-A, p. 430, para. 1198 ; disponibles sur : <http://www.sc-sl.org>.

(157) Voy., *e.g.*, C.S.S.L., jugement *Sesay, Kallon et Gbao*, *op. cit.*, *supra* note 156, p. 445, paras. 1491-1492 (ainsi que pp. 344-348, 407-412). Cette partie du jugement n'a pas été contestée en appel.

(158) Rapport de la commission israélienne, *op. cit.*, *supra* note 8, p. 107, para. 105.

(159) C.S.S.L., jugement *Fofana et Kondewa*, *op. cit.*, *supra* note 147, p. 55, para. 180 (nous soulignons).

(160) La référence du rapport de la commission israélienne à l'article 30 du Statut de la Cour pénale internationale relative à la *mens rea* nécessaire pour la commission d'un crime de guerre (Rapport de la commission israélienne, *op. cit.*, *supra* note 8, p. 107, note 385) n'est pas pertinente aux fins d'établir la responsabilité étatique d'Israël pour violation des règles du DIH.

cet égard que le ministère de la Défense des États-Unis, dans un rapport concernant la conduite de l'intervention contre l'Irak en 1991, ait dénoncé des peines collectives infligées par l'Irak contre la population koweitienne dans les termes suivants :

> « Iraqi policy provided for the collective punishment of the family of any individual who served in or was suspected of assisting the Kuwaiti resistance. This punishment routinely took the form of destruction of the family home and execution of all family members. Collective punishment is prohibited expressly by Article 33, GC » (161).

Les États-Unis affirment que les pratiques irakiennes constituent des peines collectives sans se soucier de démontrer explicitement l'intention dans le chef de l'Irak d'infliger de telles peines. Il ressort de l'extrait précité qu'aux yeux des États-Unis cette intention découle de la nature et du caractère répété des actions en cause.

Il ressort de ce qui précède que les interprétations avancées par le panel d'inspection du Secrétaire général des Nations Unies et par la commission israélienne sont trop restrictives par rapport à la portée de l'interdiction d'infliger des peines collectives à la population civile.

Conclusion

L'analyse de l'interprétation des règles du DIH applicables au blocus israélien sur les côtes de Gaza par les rapports du Conseil des droits de l'homme, des commissions turque et israélienne et du panel d'inspection mis en place par le Secrétaire général des Nations Unies conduit à un bilan mitigé. Dans certains cas, ces rapports ont prôné des interprétations conformes à la portée des règles appliquées, confirmant et renforçant le contenu normatif de ces dernières. C'est le cas, notamment, de l'interprétation de la notion de dommages civils aux fins de l'application du principe de proportionnalité, ou encore du rejet de la condition de l'« objectif unique » que le manuel de San Remo a arbitrairement imposée à l'interdiction de la famine en tant que méthode de guerre. Il en va également ainsi pour la détermination du droit applicable aux blocus maritimes. Dans d'autres cas, certains des rapports analysés ont introduit, dans les règles appliquées, des éléments novateurs qui se sont avérés comme étant en porte-à-faux avec la portée de ces règles, telle qu'elle est interprétée à la lumière de la pratique et de la jurisprudence pertinente. La tentative de limiter l'interdiction des peines collectives uniquement aux hypothèses où le fait d'infliger une telle peine constitue l'unique ou

(161) « United States : Department of Defense Report to Congress on the Conduct of the Persian Gulf War — Appendix on the Role of the Law of War », *I.L.M.*, vol. 31, 1992, p. 620. Voy. dans le même sens, C.I.J., *Conséquences juridiques de l'édification d'un mur dans le territoire palestinien occupé*, procédure écrite, Arabie saoudite, Exposé écrit, 30 janvier 2004, p. 8, para. 22, disponible sur : <http://www.icj-cij.org/docket/files/131/1542.pdf>.

principal objectif de l'État belligérant, ou encore l'introduction des activités menées en soutien à la guerre dans la notion d'avantage militaire concret et direct attendu du blocus constituent des exemples à cet égard.

Ce bilan mitigé impose la prudence dans l'invocation des interprétations avancées dans ces rapports. Comme il a été souligné dans l'introduction, l'incident du 31 mai 2010 présente la particularité d'avoir été examiné par quatre groupes d'experts, ce qui met en évidence les divergences dans l'interprétation des règles pertinentes. Ces divergences peuvent être indicatives de ce que certains ont appelé « lawfare » (162). Si, hormis les hostilités et opérations militaires (« warfare »), il existe parallèlement un champ de bataille pour des hostilités juridiques (« lawfare »), les rapports d'établissement des faits et leurs conclusions juridiques fournissent des munitions à l'une ou l'autre partie au conflit et doivent être utilisés avec précaution.

(162) John Bolton, ancien ambassadeur des États-Unis aux Nations Unies, dans un article au *Washington Times*, a qualifié de « lawfare » la « propagande » palestinienne qui cherche à « délégitimer » Israël « by attacking Israel as racist, by accusing it of aggression and war crimes, and other means », John Bolton, « Bolton : Israel's increasing vulnerability », *The Washington Times*, 3 mai 2011, disponible sur : <http://www.washingtontimes.com/news/2011/may/3/israels-increasing-vulnerability/>. De manière similaire, un éditorial du *Jerusalem Post* qualifiait le rapport Goldstone sur l'opération militaire israélienne de 2008-2009 contre Gaza de « lawfare » ; « The 'Goldstoning' of Israel », *Jerusalem Post*, editorial, 2 février 2010, disponible sur : <http://www.jpost.com/Opinion/Editorials/Article.aspx ? *id.* = 167530>. Il n'existe évidemment pas de définition arrêtée du concept. La définition large du concept dénote « a strategy of using — or misusing — law as a substitute for traditional military means to achieve an operational objective », C. J. Dunlap, « Lawfare Today : A Perspective », *Yale Journal of International Affairs*, vol. 3, 2008, p. 146 ; voy. aussi P. R. Williams, « Lawfare : A War Worth Fighting », *Case Western Reserve Journal of International Law*, vol. 43, 2010-2011, p. 145.

REVUE BELGE DE DROIT INTERNATIONAL
2012/1 – Éditions BRUYLANT, Bruxelles

LA RESPONSABILITÉ DES ENTREPRISES PRIVÉES QUI AIDENT ISRAËL À VIOLER LE DROIT INTERNATIONAL*

PAR

Eric DAVID**

Résumé

Israël a violé gravement le droit international humanitaire tant lors du conflit de Gaza, qu'en implantant et en maintenant des colonies dans les territoires palestiniens occupés, ainsi qu'en édifiant et en maintenant un mur de séparation, ce qui s'apparente à des formes de persécution contre la population palestinienne. Dans la mesure où des entreprises privées ont aidé Israël à commettre ces violations, ces entreprises peuvent être accusées de complicité de crimes de guerre ou de crimes contre l'humanité. Sur cette base, il est possible d'engager la responsabilité pénale et civile des personnes morales concernées, ainsi que de certains dirigeants de ces sociétés. Des poursuites sont donc possibles, soit devant la Cour pénale internationale qui pourrait exercer sa compétence dans le cadre du conflit de Gaza à l'égard de personnes physiques, soit, plus généralement, devant les tribunaux internes des États.

Selon diverses sources d'informations (1) qui n'ont, à notre connaissance, jamais été contestées ou démenties, plusieurs entreprises privées ont été impliquées dans des actions israéliennes généralement considérées comme contraires au droit international. Tout d'abord, des entreprises ont livré à Israël des matériels et des équipements militaires qui ont été utilisés pendant le conflit de Gaza, à l'occasion de l'opération «plomb durci». Ainsi, il

* Une partie substantielle de la présente contribution provient d'un avis de droit rédigé par le soussigné à la demande du Tribunal Russell sur la Palestine (texte des conclusions de ce Tribunal sur http://www.russelltribunalonpalestine.com/en/). L'auteur remercie par ailleurs le professeur Pierre Klein pour la relecture de ce texte et ses judicieuses observations. Pour des raisons de politique éditoriale, les responsables du présent dossier ont légèrement modifié des parties du texte original de cet article; l'auteur désapprouvant ces modifications de fond et de forme, il enverra avec plaisir au lecteur qui le lui demanderait la version originale du texte (edavid@ulb.ac.be)

** Professeur émérite de droit international à l'Université Libre de Bruxelles, Centre de droit international.

(1) Voy. notamment les informations publiées par l'ONG Whoprofits, qui recueille des données concernant l'implication des entreprises commerciales dans des activités liées à l'occupation et la colonisation du territoire palestinien : http://whoprofits.org/ Ces informations ont été très largement reprises dans le Rapport du Rapporteur spécial des Nations Unies sur la situation des droits de l'homme dans les territoires palestiniens occupés depuis 1967, 19 septembre 2012, A/67/379.Voy. également www.interfaithpeaceinitiative.com/profiting.pdf

semble que *Caterpillar* ait fourni à Israël des bulldozers sans pilote D9 (*Black Thunder* et *Front Runner*) qui ont été utilisés notamment pour la guérilla urbaine et pour ouvrir la voie à l'infanterie israélienne, que *ITT Corporation* ait fourni aux forces armées israéliennes (*IDF — Israel Defence Forces*) des lunettes de vision nocturne utilisées notamment par les pilotes d'avion et d'hélicoptères pendant le conflit, ou encore que *Lockheed Martin*, *Raytheon* ou *Boeing* aient fourni à Israël des avions, des hélicoptères ou des missiles largement utilisés pendant le conflit de Gaza. Par ailleurs, et toujours si l'on en croit certaines sources, plusieurs entreprises privées assistent Israël dans l'établissement et le maintien de colonies de peuplement des territoires occupés. On mentionnera entre autres *Alstom*, qui aurait fabriqué 48 rames pour la nouvelle ligne de tram qui passe par des quartiers de Jérusalem-Est annexés par Israël et reliera Jérusalem-Ouest à des colonies de peuplement israéliennes, ou Dexia, qui aurait financé des colonies israéliennes de peuplement en Cisjordanie via sa filiale *Dexia Israel Public Finance Ltd.* Enfin, certaines sources font état d'une contribution d'entreprises privées, comme *Caterpillar* ou *Cement Roadstone Holdings*, à la construction du mur de séparation en territoire palestinien occupé (2).

Si toutes ces informations s'avèrent exactes, le comportement de ces entreprises privées poserait incontestablement un problème juridique, en ce qu'il consiste essentiellement à aider Israël à commettre diverses violations du droit international. Ces violations ont été dénoncées à de nombreuses occasions, et il n'entre pas dans notre intention de revenir sur ce point spécifique. Ainsi, et à titre purement exemplatif, à la suite de l'opération «plomb durci» menée par l'armée israélienne à Gaza, le rapport rendu par la Mission d'enquête établie par le Conseil des Droits de l'Homme des Nations Unies (ci-après, le «rapport Goldstone») a «[...] constaté de nombreux cas d'attaques délibérées contre des personnes civiles et des biens de caractère civil (individus, familles entières, habitations, mosquées) qui ont causé des pertes en vies humaines et des blessures et violé le principe fondamental du droit international humanitaire qu'est le principe de distinction» (3). Quant à la Cour internationale de Justice, elle a affirmé au sujet de la construction du mur que celle-ci «[...] a entraîné la destruction ou la réquisition de propriétés dans des conditions contraires aux prescriptions des articles 46 et 52 du règlement de La Haye de 1907 et de l'article 53 de la quatrième convention de Genève» (4), et que

> «la construction du mur et le régime qui lui est associé entravent la liberté de circulation des habitants du territoire palestinien occupé (à l'exception des ressortissants israéliens et assimilés) telle que garantie par le paragraphe 1 de l'article 12

(2) www.interfaithpeaceinitiative.com/profiting.pdf

(3) Rapport de la Mission internationale indépendante d'établissement des faits sur le conflit à Gaza, 15 septembre 2009, A/HRC/12/48, § 1921 ; v. aussi les §§ 1922-1923.

(4) C.I.J., «Conséquences juridiques de l'édification d'un mur dans le Territoire palestinien occupé», Avis consultatif du 9 juillet 2004, *Recueil 2004*, p. 189, § 132.

du pacte international relatif aux droits civils et politiques. Ils entravent également l'exercice par les intéressés des droits au travail, à la santé, à l'éducation et à un niveau de vie suffisant tels que proclamés par le pacte international relatif aux droits économiques, sociaux et culturels et la convention des Nations Unies relative aux droits de l'enfant» (5).

La Cour conclut ainsi que «[l]a construction d'un tel mur constitue dès lors une violation par Israël de diverses obligations qui lui incombent en vertu des instruments applicables de droit international humanitaire et des droits de l'homme» (6). Dans la mesure où les Palestiniens vivant dans les territoires ceinturés ou traversés par le mur constituent un groupe «ciblé» comme tel (7) et où ces faits font «partie d'une campagne généralisée ou systématique dirigée contre une population civile» (8) — *in casu* la population palestinienne —, on peut même considérer que l'on se trouve devant un crime contre l'humanité. Certes, pour être qualifiée de crime contre l'humanité, la persécution doit avoir été commise «dans le cadre d'une attaque généralisée ou systématique lancée contre toute population civile et en connaissance de cette attaque» (9). Mais les *Éléments des crimes* conçoivent ce critère de manière assez large, puisque :

> «[l]es actes ne doivent pas nécessairement constituer une attaque militaire. Il est entendu que pour qu'il y ait 'politique ayant pour but une telle attaque', il faut que l'État ou l'organisation favorise ou encourage activement une telle attaque contre une population civile» (10).

In casu, si l'édification du mur n'a pas exactement le caractère d'une offensive militaire avec hostilités ouvertes et usage d'armes à feu, son caractère défensif lui confère néanmoins un caractère militaire. Ce dernier résulte d'ailleurs directement de la logique de l'argumentation de l'État d'Israël qui, on s'en souviendra, a été jusqu'à invoquer la légitime défense au sens de l'article 51 de la Charte pour justifier cette édification (11). En tout état de cause, en application des *Éléments des crimes*, le terme «attaque» a un sens plus large que son sens usuel et ordinaire. On peut donc estimer que l'édification du mur en territoire palestinien occupé s'apparente à «une attaque généralisée ou systématique» lancée contre la population palestinienne de ces territoires et constitue donc bien un crime contre l'humanité.

Dans la mesure où l'opération «plomb durci» a donné lieu à des crimes de guerre, où l'implantation des colonies de peuplement peut être considérée comme un crime de guerre et l'édification du mur comme une forme de crime contre l'humanité, toute contribution à ces crimes tombe sous le coup de

(5) *Ibid.*, pp. 191-192, § 134.
(6) *Ibid.*, pp. 192-193, § 137.
(7) Cour pénale internationale, *Éléments des crimes*, art. 7, § 1, h, persécution, § 2.
(8) *Éléments des crimes*, art. 7, 1), h, persécution, § 5.
(9) Statut de la Cour pénale internationale, art. 7, § 1, p. 5.
(10) *Éléments des crimes*, art. 7, § 3, p. 5.
(11) C.I.J., Avis consultatif du 9 juillet 2004, *Recueil 2004*, p. 193, §§ 138 et 139.

diverses qualifications pénales qui, selon les cas, sont des formes de complicité au regard du droit international (I). Il en découle diverses conséquences juridiques, qui seront exposées dans un deuxième temps (II).

I. — L'établissement de la complicité des entreprises privées

On distinguera la complicité des entreprises privées selon les trois catégories de violations du droit international suivantes : la conduite des hostilités pendant la guerre de Gaza (A) ; l'implantation de colonies de peuplement (B) et la construction du mur en territoire palestinien occupé (C).

A. — *L'appui d'entreprises privées à la conduite des hostilités pendant la guerre de Gaza*

Dès lors que les violations du droit international humanitaire commises par Israël lors des attaques contre la Bande de Gaza en décembre 2008/janvier 2009 sont constitutives de crimes de guerre et que ces crimes ont été commis à l'aide d'armes, de matériels et d'équipements fournis par certaines entreprises privées, ces livraisons apparaissent comme des moyens de concourir à ces crimes, donc, comme des actes de complicité à l'égard de ceux-ci (12). L'article 25, § 3, du Statut de la Cour pénale internationale dispose :

> « Aux termes du présent Statut, une personne est pénalement responsable et peut être punie pour un crime relevant de la compétence de la Cour si : [...] c) En vue de faciliter la commission d'un tel crime, elle apporte *son aide, son concours ou toute autre forme d'assistance* à la commission ou à la tentative de commission de ce crime, *y compris en fournissant les moyens de cette commission* » (13).

Ainsi, le procureur du Tribunal spécial pour la Sierra Leone poursuit pénalement l'ex-président du Liberia, Charles Taylor, entre autres, pour l'appui fourni aux rebelles de Sierra Leone sous forme d'armes et d'autres équipements militaires entre novembre 1996 et janvier 2002. Dans le « Case summary accompanying the Amended Indictment » du 16 mars 2005, le Procureur fonde la responsabilité pénale de l'accusé sur son rôle de planificateur, d'instigateur, de commandant, d'exécutant et de complice sous les chefs d'accusation suivants : « planning », « instigating », « ordering », « committing », « aiding and abetting ». À propos de cette dernière qualification, le Procureur dit :

> « Between about 30 November 1996 and about 18 January 2002, the Accused assisted in the commission of the alleged crimes by providing various forms of

(12) Pour un exemple de complicité par fourniture d'une arme à l'auteur du fait principal, Cass. fr. crim., 17 mai 1962, *D.*, 1962, 473.

(13) Nous soulignons.

support. Such support included the provision of: [...] arms and associated material such as ammunition; communication equipment including satellite phones; and other supplies such as food, uniforms and petrol. To ensure the timely and safe delivery of this support to the RUF, AFRC, AFRC/RUF Junta or alliance and to the Liberian fighters in Sierra Leone, the Accused also provided Liberian escorts and vehicles »(14).

Ce texte montre que la fourniture d'armes et de matériels connexes à l'auteur d'un crime revient à aider et encourager (« aiding and abetting ») la perpétration du crime, donc à engager la responsabilité du fournisseur en tant que complice. Dans son arrêt du 26 avril 2011, la Chambre de première instance du Tribunal spécial pour la Sierra Leone a donné raison à l'accusation. Elle a jugé qu'en fournissant des armes et du matériel à deux mouvements insurgés qui avaient commis d'innombrables violations du droit international humanitaire en Sierra Leone, Charles Taylor avait « aidé et encouragé » à « exécuter » les crimes de ces deux organisations (15).

La fourniture de moyens facilitant le crime est l'élément matériel de la complicité : l'*actus reus*. Il ne suffit cependant pas à constituer la complicité s'il ne s'accompagne pas de l'élément moral ou psychologique de la complicité, c'est-à-dire, la *mens rea* ou l'intention et la connaissance de l'infraction. Sur ce point, l'art. 30 du Statut de la Cour pénale internationale dispose :

« 1. Sauf disposition contraire, nul n'est pénalement responsable et ne peut être puni à raison d'un crime relevant de la compétence de la Cour que si l'élément matériel du crime est commis avec intention et connaissance.

2. Il y a intention au sens du présent article lorsque :

a) Relativement à un comportement, une personne entend adopter ce comportement ;

b) Relativement à une conséquence, une personne entend causer cette conséquence *ou est consciente que celle-ci adviendra dans le cours normal des événements*.

3. Il y a connaissance, au sens du présent article, *lorsqu'une personne est consciente qu'une circonstance existe ou qu'une conséquence adviendra dans le cours normal des événements. 'Connaître' et 'en connaissance de cause' s'interprètent en conséquence* » (16).

Ces dispositions ne lient formellement que les États parties au Statut mais, en tant que règles exprimant une coutume générale (17), on peut considérer qu'elles lient tous les États.

Si l'élément matériel de la complicité se dégage clairement des faits en cause, l'élément moral doit encore être mis en évidence. Il faut donc démon-

(14) Aff. SCSL-03-01-I, 16 mars 2006, § 40, sur www.sc-sl.org/.

(15) Aff. SCSL-03-01-T, 26 avril 2011, Judgement summary, *Taylor*, § 149.

(16) Nous soulignons.

(17) Sur le caractère coutumier des éléments constitutifs de l'infraction pénale, E. DAVID, *Éléments de droit pénal international et européen*, Bruxelles, Bruylant, 2009, pp. 714 et ss., §§ 12.2.14 ss.

trer que les entreprises privées ont assisté Israël en pleine connaissance de cause. À supposer qu'elle nient toute intention d'aider Israël à commettre des crimes de guerre, il faut vérifier si le moyen est admissible compte tenu du fait qu'elles ont fourni des équipements militaires à Israël avant ou pendant le conflit de Gaza.

À cet égard, il faut noter que la proportion des victimes civiles palestiniennes par rapport au nombre total de victimes est, selon différentes sources citées dans le Rapport Goldstone, de l'ordre de 55 à 65 % (18). Un tel pourcentage de victimes civiles apparaît comme l'expression de «dommages excessifs par rapport à l'avantage militaire concret et direct attendu»(19). Pareils dommages résultent nécessairement d'attaques indiscriminées, lesquelles sont constitutives de crimes de guerre(20). Ces informations factuelles étant publiques et notoires, les entreprises privées qui auraient livré des équipements militaires à Israël pendant le conflit de Gaza étaient ou devaient être au courant du fait que ces équipements aidaient Israël à commettre des crimes de guerre. Le critère de connaissance requis pour établir la responsabilité pénale d'une entreprise du chef de complicité était donc satisfait.

Il en va de même du critère de l'intention au sens de l'art. 30, § 2, b, précité dès lors que l'intention suppose que le complice est «conscient» qu'une conséquence de son comportement «adviendra dans le cours normal des événements». Même si les entreprises privées n'avaient pas l'intention d'aider Israël à commettre des crimes de guerre, elles étaient en mesure de constater qu'Israël commettait de tels crimes et elles devaient donc s'abstenir d'y contribuer en lui livrant du matériel militaire.

Si les équipements militaires ont été livrés *avant* le conflit de Gaza, les entreprises privées n'en restent pas moins complices des crimes de guerre commis *pendant* ce conflit par Israël car l'histoire des affrontements entre Israël et les Palestiniens montre qu'il existait un risque manifeste que ces équipements fussent utilisés à des fins criminelles. Quelques exemples tirés du passé militaire d'Israël en témoignent :

— les bombardements de Beyrouth par Israël lors de son intervention au Liban durant l'été 1982 ont causé la mort de milliers de civils(21) ;

(18) Rapport de la Mission internationale indépendante d'établissement des faits sur le conflit à Gaza, précité, §§ 350-361.

(19) 1er Protocole de 1977 aux Conventions de Genève de 1949 (ci-après 1er PA), art. 85, § 3, b). Voy. Rapport de la Mission internationale indépendante d'établissement des faits sur le conflit à Gaza, 15 septembre 2009, précité, §§ 692 et ss.

(20) 1er PA, art. 85, § 3, b). Rapport de la Mission internationale indépendante d'établissement des faits sur le conflit à Gaza, 15 septembre 2009, précité, §§ 651 et ss.

(21) B. Labaki et K. Abou Rjeily, *Bilan des guerres du Liban : 1975-1990*, Paris, L'harmattan, 1993, pp. 35-38.

— le bombardement du village de Cana, au Liban, le 18 avril 1996, avait causé la mort de 102 civils réfugiés dans un camp de la FINUL (22) ; selon le rapport du conseiller militaire du Secrétaire général des Nations Unies, « il est peu vraisemblable que le bombardement du camp de l'ONU ait été le résultat d'erreurs grossières d'ordre technique ou de procédure » (23);
— la deuxième *intifada* commencée en septembre 2000, dans les territoires palestiniens, a entraîné, au 7 mai 2002, la mort de 441 Israéliens et de 1539 Palestiniens (24), des civils pour la plupart, d'un côté comme de l'autre ;
— le tir d'un missile israélien à Gaza, le 22 juillet 2002, contre un immeuble à appartements où se trouvait un dirigeant du mouvement *Hamas*, a causé, outre la mort de ce dernier, celle de 14 autres Palestiniens dont 9 enfants, et a blessé gravement quelque 150 personnes (25) ;
— lors du conflit israélo-libanais de 2006, un avion israélien bombarde le village de Cana, le 30 juillet 2006, provoquant l'effondrement d'un bâtiment et la mort de 28 personnes dont des femmes et des enfants (26) ; à la suite de ce bombardement, le Conseil de sécurité a « déplor[é] vivement la perte de ces êtres innocents et la mort de civils dans le présent conflit » (27).

Pour terminer par une citation du Secrétaire général des Nations Unies :

> « L'attaque sur Cana doit être replacée dans le contexte plus large de ce qui, selon les renseignements préliminaires dont dispose l'Organisation des Nations Unies, y compris des récits de témoins oculaires, pourrait constituer une série de violations du droit international, notamment du droit international humanitaire et du droit international relatif aux droits de l'homme, commises au cours des hostilités actuelles » (28).

Ces précédents devaient naturellement conduire les entreprises privées à ne pas livrer des armes à un client aussi enclin à violer le droit international humanitaire, comme le prouvait sa conduite passée (29).

(22) Lettre datée du 7 mai 1996, adressée au Président du Conseil de sécurité par le Secrétaire général, S/1996/337.

(23) Rapport du 1er mai 1996 établi par le Conseiller militaire du Secrétaire général sur le bombardement du camp de l'ONU à Qana le 18 avril 1996, annexe à la Lettre datée du 7 mai 1996, adressée au Président du Conseil de sécurité par le Secrétaire général, S/1996/337, § 13.

(24) Rapport du Secrétaire général établi en application de la résolution ES-10/10 de l'Assemblée générale, 1er août 2002, § 14, A/ES-10/186.

(25) Voy. Rapport du Rapporteur spécial de la Commission des droits de l'homme sur la situation des droits de l'homme dans les territoires palestiniens occupés par Israël depuis 1967, 29 août 2002, A/57/366, §§ 5-6 et 24. Voy. également le communiqué du Secrétaire général des Nations Unies, 22 juillet 2002, SG/SM/8316.

(26) Source C.I.C.R., citée par le Secrétaire général des Nations Unies, Lettre du 7 août 2006 adressée au Président du Conseil de sécurité, S/2006/626, p. 4.

(27) S/PRST/2006/35.

(28) Lettre du Secrétaire général des Nations Unies du 7 août 2006 au Président du Conseil de sécurité, S/2006/626, p. 5.

(29) À titre de comparaison, voy. *mutatis mutandis*, le raisonnement du TPI de la CJUE *in* aff. T-348/07, *Al-Aqsa*, 9 sept. 2010, §§ 135-142.

Au plan pénal, la répétition de crimes de guerre par Israël conduit à y voir une infraction d'habitude, circonstance aggravante classique de toute infraction pénale. L'infraction d'habitude est souvent considérée comme établie dès la répétition d'un premier fait infractionnel (30). Pénalement, cela concerne les personnes physiques et morales qui en sont l'auteur, mais sans exclure la responsabilité classique de droit international de l'État dont ces personnes seraient des agents (31). Le caractère habituel des crimes de guerre commis par Israël entraînait une obligation accrue de prudence et de vigilance à charge des fournisseurs de matériel de guerre. Cette obligation s'imposait d'autant plus qu'on se trouvait dans le contexte très particulier d'un conflit armé. Étant donné qu'en pareille situation, des atteintes extrêmes sont portées aux droits humains les plus fondamentaux (droit à la vie, droit au respect de l'intégrité physique), le droit international humanitaire impose aux acteurs du conflit des obligations spécifiques de précaution dans la conduite des hostilités (32).

Si cette obligation particulière de précaution lie d'abord les belligérants en tant qu'acteurs directs du conflit, elle est à ce point ancrée au cœur même du droit international humanitaire qu'elle étend son emprise aux acteurs indirects du conflit armé, à savoir, les fournisseurs de matériel et d'équipements militaires, en raison de l'absolue nécessité de respecter le principe de distinction entre combattants et non-combattants, obligation cardinale du droit international humanitaire (33).

Dans plusieurs droits nationaux de la responsabilité civile, la contribution à la faute engage la responsabilité de son auteur. Ainsi, lorsqu'un cafetier sert de l'alcool à une personne ivre et que celle-ci meurt des suites d'une asphyxie provoquée par la régurgitation importante d'aliments résultant de son intoxication alcoolique, le cafetier a commis une faute et il encourt une part de responsabilité dans ce décès (34). *A fortiori* doit-il en aller de même pour la fourniture d'armes à un État qui viole le droit international humanitaire de manière récurrente : ce fait engage la responsabilité du fournisseur dans les violations du droit international humanitaire commises par l'État qui utilise ces armes. En ce sens, un auteur écrit :

(30) Cass.crim. 24 mars 1944, *Gaz.Pal.* 1944, I, 254 ; *id.*, 24 juillet 1967, *Bull.crim.* n° 23 p. 548 ; *id.*, 3 mars 1971, *Gaz.Pal.* 1971, I, 362 ;

(31) C.I.J., Affaire de l'*Application de la Convention pour la répression du crime de génocide (Bosnie-Herzégovine c. Serbie-et-Monténégro)*, Arrêt du 26 février 2007, *Recueil 2007*, pp. 113-114, §§ 166-167.

(32) 1er PA, art. 57 ; C.I.C.R., Liste des règles coutumières du droit international humanitaire, *R.I.C.R.*, 2005, règles 15 ss., pp. 316 et ss. ; Circulaire du Secrétaire général des Nations Unies sur le respect du droit international humanitaire par les forces des Nations Unies, Doc ST/SGB/1999/13, 6 août 1999, art. 5, § 3.

(33) Déclaration de St.-Pétersbourg de 1868, préambule, 2e al. ; 1er PA, art. 48 ; J.M. Henckaerts et L. Doswald-Beck, *Droit international humanitaire coutumier*, Bruxelles, Bruylant, C.I.C.R., 2006, règle 1, pp. 3 et ss.

(34) Cass. fr. civ., 20 juin 2002, *R.G.A.R.*, 2004, n° 13.882.

> «the diamond merchant who trades with armed groups engaged in notorious atrocities may be considered close enough to the offence for criminal responsibility to be engaged» (35).

Les raisons qui précèdent permettent de conclure que les entreprises privées qui auraient livré des armes à Israël pendant ou avant le conflit de Gaza sont complices des crimes de guerre commis par Israël durant ce conflit et doivent répondre, pénalement et civilement, de leur complicité.

B. — *L'implication d'entreprises privées dans l'implantation des colonies israéliennes de peuplement*

Étant donné le caractère criminel de l'installation des colonies israéliennes de peuplement, les relations économiques que certaines entreprises privées nouent avec ces colonies apparaissent comme une participation au maintien de celles-ci. Ces relations sont une forme de «concours ou [...] d'assistance»(36) au maintien de cette colonie. Le fait que cette participation soit postérieure au début d'exécution du crime n'exclut pas que cette participation soit qualifiée de «complicité» dès lors que la colonie de peuplement apparaît comme une infraction *continue*. En 1979, le Conseil de sécurité

> «considér[ait] que la politique et les pratiques israéliennes consistant à établir des colonies de peuplement dans les territoires palestiniens et autres territoires arabes occupés depuis 1967 n'[avaient] aucune validité en droit»(37)

et il

> «[d]emand[ait] une fois encore à Israël, en tant que Puissance occupante, de respecter scrupuleusement la [4e convention de Genève de 1949], de rapporter les mesures qui [avaient] déjà été prises et de s'abstenir de toute mesure qui modifierait le statut juridique et le caractère géographique des territoires arabes occupés depuis 1967 [...], et, en particulier, de ne pas transférer des éléments de sa propre population civile dans les territoires arabes occupés»(38).

Vu la nature permanente des colonies de peuplement et le refus obstiné d'Israël d'appliquer les décisions du Conseil de sécurité, le crime constitué par le maintien de ces colonies s'apparente bien à une infraction continue.

Le critère du «concert préalable» généralement requis pour que l'aide intentionnelle postérieure puisse être érigée en complicité(39) se réalise à

(35) W. SCHABAS, «International Criminal Law and the Business World», *in La responsabilité des entreprises multinationales en matière de droits de l'homme*, dir. par E. Decaux, Bruxelles, Nemesis et Bruylant, 2010, p. 244.

(36) Statut de la Cour pénale internationale, art. 25, § 3, c.

(37) Résolution 446 (1979) du 22 mars 1979, § 1.

(38) *Ibid.*, § 3.

(39) Cass. fr. crim., 23 juillet 1927, *S.*, 1929, 1, 73 ; résolution du 7e Congrès international de droit pénal, Athènes, 1958, *Rev. Intern. Dr. comp.*, 1957, p. 400. ; voy. aussi le commentaire de l'art. 2, § 3, d, du projet de la Commission de droit international de code des crimes contre la paix et la sécurité de l'humanité, *A.C.D.I.*, 1996, vol. II, 2e partie, p. 21, §§ 11-12.

travers une contribution même postérieure au début de la perpétration du crime. Celui-ci étant continu, toute assistance apportée au crime est concomitante à son exécution et remplit les conditions d'un concert préalable qui, du coup, devient une forme de fiction juridique.

Comme les activités des entreprises privées évoquées plus haut sont géographiquement liées aux colonies israéliennes de peuplement, ces entreprises ne peuvent prétendre ignorer que le déploiement d'activités économiques dans ces colonies profite et contribue à leur maintien. Le critère de connaissance requis pour la complicité est donc satisfait dans le chef des entreprises concernées. Tel est par exemple le cas d'activités comme la construction de bâtiments (AFI-GROUP), la fabrication, la vente et l'exportation de cosmétiques (AHAVA — *Dead Sea Laboratories Ltd* et *Shamrock Holdings of California*), l'exploitation de stations services et de commerces (*Alon Group*), le financement bancaire des colonies (Dexia), les crédits bancaires destinés à y acheter des biens immobiliers (Banques Leumi et Hapoalim), la construction et l'exploitation d'une ligne de tram à Jérusalem-Est (Alstom et *Veolia Transport*), la vente de meubles à ces colonies (Ikea). Tel est aussi le cas d'activités destinées à violer les droits de résidents palestiniens des territoires occupés : ces activités comprennent les livraisons de certains matériels tels que des engins de terrassement (Caterpillar) utilisés pour détruire des maisons ou dégrader des terrains appartenant à des Palestiniens, et pour construire des bâtiments israéliens. Dans cette mesure, ces activités sont constitutives de complicité avec les crimes de guerre consistant, non seulement, à créer et maintenir des colonies de peuplement, mais aussi à détruire ou s'approprier, arbitrairement et sur une grande échelle, des biens sans que cela soit militairement justifié (40).

Que ces activités puissent apparaître comme une complicité des crimes en cause trouve un précédent dans la qualification par l'Assemblée générale des Nations Unies des activités des intérêts étrangers en Afrique du Sud à la fin des années 1960, activités considérées alors comme un encouragement à l'*apartheid*. Ainsi, au § 5 de sa résolution 2307 (XXII) du 13 décembre 1967, l'Assemblée générale :

> « *[c]ondamne* l'action des États, notamment des principaux partenaires de l'Afrique du Sud, et les activités des intérêts étrangers, financiers et autres, qui tous, par leur collaboration politique, économique et militaire avec le Gouvernement sud-africain et contrairement aux résolutions pertinentes de l'Assemblée générale et du Conseil de sécurité, encouragent ce gouvernement à persister dans sa politique raciale » (41).

(40) Violation de l'art. 55 du Règlement de La Haye, et incrimination prévue par les articles 147 de la 4e convention de genève, 8, § 2, b, xiii du Statut de la C.P.I., et 20, a, iv, du projet précité de la Commission du droit international de code des crimes contre la paix et la sécurité de l'humanité.

(41) Dans le même sens, 2396 (XXIII), 2 décembre 1968, § 5 ; 2506 B (XXIV), 21 novembre 1969, §§ 5 et 8 ; 2671 F (XXV), 8 décembre 1970, § 5 ; etc ; antérieurement, voy. A/Rés. 2054 A (XX), 15 décembre 1965, §§ 1 et 7 ; 2202 A (XXI), 16 décembre 1966, §§ 1, 3, 5 b ; 2307 (XXII), 13 décembre 1967, §§ 1 et 5.

Si les activités d'« intérêts ... financiers et autres » en Afrique du Sud étaient qualifiées d'encouragement à la politique raciale de cet État, politique qualifiée de « crime contre l'humanité » (42), *mutatis mutandis*, les activités d'intérêts du même genre dans les colonies israéliennes de peuplement peuvent également être qualifiées d'encouragement au maintien de ces colonies, donc de complicité au crime de guerre que constituent ces colonies.

En conclusion, dès lors que les activités économiques menées par des entreprises privées dans les colonies israéliennes de peuplement contribuent à la pérennité de ces dernières, elles valent complicité de crime de guerre.

C. — *La contribution d'entreprises privées à l'édification du mur*

La construction du mur dans les territoires occupés soulève un double problème juridique : d'une part, en tant qu'enceinte de certaines colonies israéliennes de peuplement, cette construction apparaît comme une forme de complicité à l'installation de ces colonies ; la collaboration d'entreprises privées à la construction du mur est, donc, elle-même constitutive de complicité à l'établissement de ces colonies (1) ; d'autre part, le mur conduit à annexer *de facto* 16 % de la Cisjordanie (43), à modifier sa composition démographique et à restreindre les déplacements des Palestiniens (44) : l'ensemble de ces faits est une persécution érigée en crime contre l'humanité ; dans ces conditions, l'assistance des entreprises privées à la construction du mur vaut complicité de crime contre l'humanité (2).

1. *L'assistance des entreprises privées à l'édification du mur en tant que complicité à l'installation des colonies israéliennes de peuplement*

La majeure partie du mur est construite dans les territoires occupés (45) et entoure des parties de ces territoires où vivent « près de 320.000 colons israéliens » (46). Dans la mesure où le mur tend à pérenniser *de facto* l'existence de ces colonies et dans la mesure où l'établissement de ces colonies est un crime de guerre, toute assistance au maintien de ces colonies vaut complicité de crime de guerre.

Or, la livraison de ciment ou de dalles de béton à Israël à des fins de construction du mur, la livraison d'engins destinés à cette construction, ou la livraison de matériels électronique de détection et de surveillance du mur, sont des formes d'assistance matérielle concrète à l'édification du mur. Lorsque cette

(42) A/Rés. 2202 A (XXI), 16 décembre 1966, § 1 ; 2307 (XXII), 13 décembre 1967, § 1 ; 2396 (XXIII), 2 décembre 1968, § 1 ; etc.

(43) C.I.J., Avis du 9 juillet 2004, *Recueil 2004*, p. 184, §§ 121-122.

(44) *Ibid.*, pp. 189-191, § 133.

(45) *Ibid.*, p. 170, § 83.

(46) *Ibid.*, § 84.

assistance a lieu en pleine connaissance de cause, ces faits réunissent les critères classiques de la complicité à l'égard d'un fait criminel : *actus reus* et *mens rea*. Lorsqu'elles contribuent matériellement et consciemment à l'édification du mur, les entreprises privées se rendent complices du crime de guerre que constitue l'installation des colonies israéliennes de peuplement.

2. *L'assistance des entreprises privées à l'édification du mur en tant que complicité de persécutions*

Comme la Cour internationale de Justice l'a dit dans son avis de 2004, l'édification du mur en territoire palestinien occupé entraîne la violation de plusieurs droits humains de la population palestinienne. En provoquant « le départ de populations palestiniennes de certaines zones » (47) et en modifiant la composition démographique des territoires occupés (48), l'édification du mur aboutit à violer le droit à l'autodétermination du peuple palestinien (49). En empêchant les

> « Palestiniens qui habitent entre le mur et la ligne verte [...d'] accéder à leurs terres [...] à leur lieu de travail, aux écoles, aux hôpitaux et autres services sociaux », en en annexant « de fait la plus grande partie de la nappe phréatique occidentale (qui fournit 5I' %, des ressources en eau de la Cisjordanie) » (50),

l'édification du mur entrave l'exercice de différents droits humains des Palestiniens concernés, à savoir, « la liberté de circulation » (51), les « droits au travail, à la santé, à l'éducation et à un niveau de vie suffisant tels que proclamés par le pacte international relatif aux droits économiques, sociaux et culturels et la convention des Nations Unies relative aux droits de l'enfant » (52). Ces faits s'apparentent aussi à des « persécutions » et sont une catégorie de « crimes contre l'humanité » au sens de l'article 7, § 1, h, du Statut de la Cour pénale internationale dont on connaît le caractère coutumier. Les faits en cause réunissent, en effet, les éléments matériels, l'élément moral et le critère contextuel du crime contre l'humanité. En contribuant à la construction du mur dans les conditions évoquées plus haut, certaines entreprises peuvent donc être accusées de crimes contre l'humanité.

(47) *Ibid.*, p. 184, § 122.
(48) *Ibid.*
(49) *Ibid.*
(50) *Ibid.*, p. 99, § 133.
(51) Pacte relatif aux droits civils et politiques, art.12, § 1.
(52) C.I.J., Avis du 9 juillet 2004, *Recueil 2004*, p. 99, § 134.

II. — Les conséquences juridiques des relations illégales des entreprises privées avec Israël

Si les faits qui ressortent des diverses sources précitées étaient avérés, les relations de certaines entreprises privées avec Israël pourraient être qualifiées de complicité, selon les cas,

— de crimes de guerre pour les entreprises qui ont livré à Israël du matériel militaire qu'il a utilisé lors du conflit de Gaza et avec lequel il a commis des crimes de guerre ;

— de crimes de guerre pour les entreprises qui entretiennent des relations économiques avec les colonies israéliennes de peuplement implantées dans les territoires israéliens occupés dès lors que l'établissement de ces colonies est un crime de guerre et que ces relations apparaissent, en fait, comme un soutien objectif à ces colonies ;

— de crimes de guerre pour les entreprises qui livrent à Israël du matériel lui permettant de détruire des maisons palestiniennes ou de dégrader des terrains agricoles palestiniens ;

— de crimes de guerre pour les entreprises qui contribuent à l'édification du mur dès lors que le mur contribue au maintien des colonies de peuplement qui se trouvent entre le mur et la ligne verte ;

— de crimes contre l'humanité pour les entreprises qui contribuent à l'édification du mur dès lors que le mur aboutit à persécuter les Palestiniens résidant dans les territoires palestiniens ceinturés ou traversés par le mur.

Étant donné que la plupart des faits imputables aux entreprises privées sont des faits de complicité avec des crimes, les entreprises privées devraient en répondre pénalement et civilement devant les tribunaux de tous les États ou de certains d'entre eux. On va donc considérer le type de responsabilité des entreprises privées (A) et le type de compétence que les tribunaux doivent exercer à leur égard (B).

A. — *Le type de responsabilité des entreprises privées*

Dans la mesure où les faits qui peuvent être imputés aux entreprises privées constituent des infractions pénales, leur responsabilité pourrait être engagée sous l'angle du droit international (1) et du droit interne des États où elles se trouvent (2), sans préjudice de la responsabilité pénale et civile des dirigeants de l'entreprise (3).

1. *La responsabilité pénale des entreprises privées en droit international*

Les entreprises privées considérées sont des personnes morales privées. À ce titre, elles sont titulaires de droits et d'obligations. Le fait que la source de ces droits et obligations soit internationale n'exclut pas qu'une personne morale puisse en être titulaire à l'instar d'une personne physique, comme le montre la pratique, même si la doctrine se montre plus réservée à ce sujet (53). Ainsi, dans un avis rédigé à la demande du Congrès des syndicats britanniques (TUC), le professeur James Crawford écrit :

> « I do not see any basis on which it can be said as a matter of existing international law that the human rights and international humanitarian law treaties reach conduct by private corporations. It is true that corporations may be beneficiaries of human rights. But currently responsibility under human rights treaties, universal and regional, is exclusively the responsibility of the State, and does not extend to the private sector » (54).

Même une doctrine plutôt favorable à la responsabilité pénale des entreprises ne l'affirme que timidement. Dans son rapport sur les *Principes directeurs relatifs aux entreprises et aux droits de l'homme* (55), le représentant spécial du Secrétaire général, J. Ruggie, en énonçant les règles relatives à la responsabilité sociale des entreprises, utilise systématiquement le conditionnel. Par exemple, le principe 11 dispose : « Les entreprises devraient respecter les droits de l'homme » (56), un peu comme si on disait que les combattants « devraient » — et non « doivent » — respecter le droit international humanitaire, ou que les particuliers ne « devraient » pas commettre des crimes contre l'humanité ou des crimes de guerre ou d'autres crimes de droit international. C'est évidemment absurde. D'ailleurs, les *Principes directeurs*, eux-mêmes, sont parfois beaucoup plus fermes. Tel est le cas lorsqu'on lit dans leur commentaire :

> « Du point de vue juridique, la plupart des juridictions nationales interdisent que l'on soit complice de la commission d'un délit et plusieurs confèrent une responsabilité pénale à l'entreprise en pareil cas » (57).

De manière proche, le Pacte mondial lancé par le Secrétaire général des Nations Unies en juillet 2000 aux fins d'obtenir un engagement des entreprises privées à respecter certaines valeurs fondamentales tirées, entre autres, de la Déclaration universelle des droits de l'homme et de la Déclaration de l'O.I.T. sur les droits fondamentaux au travail, dispose, en son principe 2, que les entreprises « sont invitées [... à] veiller à ce que leurs propres compagnies ne se rendent pas complices de violations des droits de l'Homme » (58).

(53) Voy. dans le présent dossier la contribution d'Eric de Brabandère et Larissa van den Herik, « Les obligations des États tiers et des acteurs non étatiques envers les territoires palestiniens occupés en droit international général et en matière d'activités commerciales ».

(54) J. Crawford, *Opinion — Third Party Obligation with respect to Israeli Settlements in the Occupied Palestinian Territories*, July 2012, § 97 ; aussi, § 14 ; www.tuc.org.uk/legalopinion.

(55) Rapport du Représentant spécial du Secrétaire général chargé de la question des droits de l'homme et des sociétés transnationales et autres entreprises, John Ruggie, A/HRC/17/31, 21 mars 2011.

(56) *Ibid.*, p. 15. Nous soulignons.

(57) *Ibid.*, commentaire du principe 17, p. 20.

(58) http://www.unglobalcompact.org/Languages/french/dix_principes.html

Très explicitement, Richard Falk, le rapporteur spécial sur la situation des droits de l'homme dans les territoires palestiniens occupés depuis 1967 écrit dans son rapport de 2012 :

> «[l]es entreprises doivent respecter les normes du droit international humanitaire quand elles opèrent dans des situations de conflit armé» (59).

Le soussigné partage ce point de vue, qui ne constitue pas une nouveauté : une pratique internationale déjà ancienne montre que l'imputation des violations du droit international à des personnes morales privées est bien établie en droit international. À titre d'exemple, bien que les procès de criminels de guerre consécutifs à la Seconde Guerre mondiale aient été menés non contre des personnes morales (certaines sociétés allemandes) mais contre les personnes physiques qui les dirigeaient, il reste que certains extraits des jugements prononcés dans ces affaires évoquent des violations commises par les personnes morales elles-mêmes. Ainsi, il a été jugé que la saisie de certaines entreprises des États alliés *par des entreprises allemandes* violait le droit international ; dans l'affaire *I.G. Farben* où les accusés étaient 23 hauts responsables de la société I.G. Farben, le jugement les condamnant constate notamment que

> «offences against property [...] were committed *by Farben* [...] Farben proceeded permanently to acquire substantial or controlling interests in property contrary to the wishes of the owners. [...] The action of Farben and its representatives, under these circumstances, cannot be differentiated from acts of plunder and pillage committed by officers, soldiers, or public officials of the German Reich. [...] Such action on the part of Farben constituted a violation of the Hague Regulations» (60).

De même, dans l'affaire *Krupp*, où 12 dirigeants de la firme allemande Krupp ont été condamnés pour la mise au travail forcé d'ouvriers étrangers dans des conditions inhumaines, le tribunal affirme :

> «the confiscation of the Austin plant based upon German inspired anti-Jewish laws and its subsequent detention *by the Krupp firm* constitute a violation of Article 43 of the Hague Regulations [...] it is conclusively shown that throughout German industry in general, and the firm of Krupp and its subsidiaries in particular, prisoners of war of several nations including French, Belgian, Dutch, Polish, Yugoslav, Russian, and Italian military internees were employed in armament production in violation of the laws and customs of war» (61).

(59) Rapport du Rapporteur spécial des Nations Unies sur la situation des droits de l'homme dans les territoires palestiniens occupés depuis 1967, Rapport du Rapporteur spécial des Nations Unies sur la situation des droits de l'homme dans les territoires palestiniens occupés depuis 1967A/67/379, 19 septembre 2012, § 24 ; aussi, §§ 30, 34, 36, 63.

(60) U.S. Mil. Trib., Nuremberg, *Krauch et al.*, 29 July 1948, *Ann. Dig.*, 1948, pp. 675-676. Nous soulignons.

(61) *Id.*, *Krupp et al.*, 31 July 1948, www.mazal.org/archive/nmt/09/NMT09-T1327.htm, pp. 1353 et 1376. Nous soulignons.

Dans ces deux affaires, le tribunal militaire américain de Nuremberg a imputé des violations du droit international humanitaire à des personnes morales, alors même que ces dernières n'étaient pas mises en accusation. Ces imputations sont parfaitement cohérentes avec la définition juridique d'une personne morale, une entité juridique abstraite titulaire de droits et d'obligations qui, à l'instar d'une personne physique, doit répondre des faits illicites qu'elle commet.

La pratique contemporaine confirme que la norme internationale peut lier des personnes morales. Ainsi, la Cour européenne des droits de l'homme a reconnu qu'une personne morale pouvait demander réparation pour un dommage consécutif à une violation de la Convention européenne des droits de l'homme :

> «La Cour ne peut donc exclure, au vu de sa propre jurisprudence et à la lumière de cette pratique, qu'il puisse y avoir, pour une société commerciale, un dommage autre que matériel appelant une réparation pécuniaire. Il faut également réaffirmer que la Convention doit être interprétée et appliquée de manière à garantir des droits concrets et effectifs. Puisque la principale forme de réparation que la Cour peut octroyer est de nature pécuniaire, l'efficacité du droit garanti par l'art. 6 de la Convention exige qu'une réparation pécuniaire puisse être octroyée aussi pour dommage moral, y compris à une société commerciale»(62).

Elle a également admis qu'une société pouvait se prévaloir des droits reconnus «à toute personne» relevant de la juridiction d'un État partie à la Convention(63). Ainsi, à propos de l'article 8 de la Convention, la Cour :

> «[...] rappelle que la Convention est un instrument vivant à interpréter à la lumière des conditions de vie actuelles (voir, *mutatis mutandis*, arrêt *Cossey c. Royaume-Uni* du 27 septembre 1990, série A n° 184, p. 14, § 35 *in fine*). S'agissant des droits reconnus aux sociétés par la Convention, il y a lieu de souligner que la Cour a déjà, au titre de l'article 41, reconnu le droit à réparation du préjudice moral subi par une société sous l'angle de l'article 6 § 1 de la Convention (*Comingersoll c. Portugal* [GC], n° 35382/97, §§ 33-35, CEDH 2000-IV). Dans le prolongement de l'interprétation dynamique de la Convention, la Cour considère qu'il est temps de reconnaître, dans certaines circonstances, que les droits garantis sous l'angle de l'article 8 de la Convention peuvent être interprétés comme incluant pour une société le droit au respect de son siège social, son agence ou ses locaux professionnels [...]»(64).

Si le droit international admet qu'une personne morale est titulaire de droits, il serait incohérent qu'il n'admette pas aussi qu'elle peut être titulaire d'obligations.

En ce qui concerne plus spécifiquement la responsabilité pénale d'une personne morale en droit international, celle-ci apparaît déjà en 1957, en matière commerciale, avec l'incrimination des abus de position dominante et des

(62) Cour eur. D.H., Grde. Chbre, *Comingersoll S.A. c/ Portugal*, 6 avril 2000, § 35.

(63) Art. 1er de la Convention.

(64) Cour eur. D.H., *Sté. Colas Est et al. c/ France*, 16 avril 2002, § 41.

ententes destinées à fausser le jeu de la concurrence dans le Traité de Rome instituant la CEE (65). Depuis lors, d'autres instruments de droit international ont obligé les États à prévoir dans leur législation la responsabilité pénale des personnes morales : ainsi, la Convention des Nations Unies de 1999 pour la répression du financement du terrorisme (66), la Convention des Nations Unies de 2000 contre la criminalité transnationale organisée pour les infractions de participation à un groupe criminel, de blanchiment des produits du crime, de corruption, d'entrave au bon fonctionnement de la justice (67), la Convention européenne de 2001 sur la cybercriminalité (68).

L'incrimination des crimes de guerre et des crimes contre l'humanité prévue par les textes cités n'est nullement limitée aux personnes physiques. Il est vrai que la compétence des juridictions pénales internationales est limitée aux personnes physiques *stricto sensu* (69). Lors de la rédaction du Statut de la Cour pénale internationale, les États avaient rejeté une proposition française d'étendre la compétence pénale de la Cour aux personnes morales parce que certains États ne connaissaient pas le principe de la responsabilité pénale des personnes morales et qu'il fallait trouver un dénominateur commun à la plupart des États pour l'application du principe de complémentarité (70). L'incompétence de la Cour pénale internationale, comme des tribunaux pénaux internationaux à cet égard, n'implique cependant pas l'inexistence du principe. Cette incompétence ne concerne que la compétence judiciaire *ratione personae* de ces juridictions, non l'applicabilité du droit matériel porté par les statuts de ces juridictions. Soit ces statuts parlent de crimes commis par des « personnes » (71), soit les incriminations sont énoncées sur un mode impersonnel (72). D'autres textes tels que les conventions de Genève de 1949 (73) ou la Convention pour la répression du crime de génocide (74) parlent de « personnes » sans limiter le champ d'application de l'incrimination aux seules personnes physiques.

Pour les raisons qui précèdent, la Cour d'appel américaine du 2e Circuit se trompe lorsqu'elle affirme que le droit international coutumier ne reconnaît pas la responsabilité d'une personne morale pour l'application de l'*Alien*

(65) Art. 85-86, devenus 81-82 après le Traité d'Amsterdam de 1997, et 101-102 après le Traité de Lisbonne de 2007.

(66) Art. 5 ; *R.T.N U.*, vol. 2178, p. 197.

(67) Art. 5, 6, 8 et 23 ; *R.T.N U.*, vol. 2225, p. 209.

(68) S.T.C.E. n° 185, art. 12.

(69) Statuts du tribunal pénal international pour la Yougoslavie (T.P.I.Y.), art. 6, et du tribunal pénal international pour le Rwanda (T.P.I.R.), art. 5, Statut de la C.P.I., art. 25, § 1 ; *etc.*

(70) W. SCHABAS, *loc. cit.*, pp. 237 s.

(71) Statuts du T.P.I.Y., art. 3-5, T.P.I.R., art. 2-4.

(72) Ainsi, les art. 7-8 du Statut de la C.P.I., qui commencent par les mots : « on entend par crime contre l'humanité » ou « on entend par crime de guerre » ; ces mots sont suivis d'une liste de comportements sans préciser la qualité juridique de leur auteur — personne physique ou morale.

(73) Art. commun aux quatre Conventions de Genève de 1946, resp. art. 49, 50, 129 et 146.

(74) Art. IV – VI de la Convention.

Tort Statute (75) : cette décision isolée est contredite par la jurisprudence et la pratique qui viennent d'être rappelées, ainsi que par le texte et la logique des règles citées ci-dessus. Il n'est donc pas excessif de conclure que le droit international fonde la responsabilité pénale des entreprises privées qui,

— par leur assistance militaire à Israël durant le conflit de Gaza, ou

— par leur contribution au maintien des colonies israéliennes de peuplement, ou

— par leur collaboration à l'édification du mur en territoire palestinien occupé,

se rendent, ou se sont rendues, complices des crimes de guerre et des crimes contre l'humanité commis par Israël en Palestine. Les entreprises privées en question doivent donc répondre pénalement de leur complicité dans les faits en cause.

2. *La responsabilité pénale et civile des entreprises privées en droit interne*

La responsabilité pénale des entreprises au regard du droit international n'exclut pas leur responsabilité pénale en droit interne lorsque ce dernier prévoit la responsabilité pénale des personnes morales privées, comme en Belgique, en France ou aux Pays-Bas (76).

Par ailleurs, la faute pénale est une faute civile : c'est un principe juridique classique des pays de droit romano-germanique qu'une violation de la loi est constitutive de faute civile pour autant que cette violation ait été commise [illegible] (77). Il en résulte que la responsabilité pénale des [illegible] crimes de droit international ou [illegible] civile : les entre- [illegible] commises si [illegible] elle-même) [illegible] subi du fait de [illegible]

[illegible] responsabilité consécutive à des infractions [illegible] les entreprises encourent aussi une responsabilité civile classique pour faute, une faute qui résulte d'un comportement qui est non seulement délictueux mais qui, en outre, est contraire aux normes adoptées par diverses institutions internationales. Ces normes sont, notamment :

(75) 2nd U.S. Circuit Court of Appeals, *Kiobel v. Royal Dutch Shell*, 06-4800-cv, http://www.nylj.com/nylawyer/adgifs/decisions/092010cabranes.pdf. Voy. M. Hamblett, « 2nd Circuit Rejects Corporate Liability in Alien Tort Act Cases », *New York Law Journal*, 20 September 2010, http://www.law.com.

(76) Code pénal belge, art. 5 ; Code pénal français, art. 121-2 ; Code pénal néerlandais, art. 51.

(77) Cass., 3 octobre 1994, *J.T.*, 1995, p. 26.

— les principes directeurs adoptés par l'OCDE, le 27 juin 2000, à l'intention des entreprises multinationales, et mis à jour en mai 2011 (78) ;
— la déclaration de principes tripartite de l'OIT de novembre 2000 sur les entreprises multinationales et la politique sociale (79) ;
— le Pacte mondial des Nations Unies, lancé par le Secrétaire général le 26 juillet 2000 (80) ;
— les Principes directeurs déjà cités sur les entreprises et les droits humains (81) et approuvés par le Conseil des droits de l'homme (82).

Tous ces textes invitent les entreprises à promouvoir et respecter les droits humains. Même s'ils ne sont pas formellement contraignants, ils ont été adoptés par les États et définissent des normes de comportement à l'aune desquelles tout tribunal est à même d'apprécier l'existence d'un comportement fautif de nature à entraîner la responsabilité de son auteur — l'entreprise privée — et à fonder une obligation de réparation civile du dommage qu'elle a causé en ne respectant pas certains droits humains. C'est évidemment le cas de toute entreprise qui assiste, d'une manière ou d'une autre, un État qui, comme Israël, viole ouvertement les droits et libertés fondamentaux des Palestiniens.

3. *La responsabilité pénale et civile des dirigeants d'entreprises privées*

La responsabilité pénale et civile des personnes morales n'exclut pas la responsabilité pénale et civile des personnes physiques qui les dirigent ou qui ont pris une part réelle — par action ou omission — dans les crimes imputés aux entreprises (83).

B. — *Le type de compétence que les tribunaux peuvent exercer à l'égard des entreprises privées responsables des crimes précités*

Les tribunaux aptes à connaître des infractions imputables aux entreprises privées dont la responsabilité peut être mise en cause sont, d'un côté, mais sous certaines conditions, la Cour pénale internationale (1), de l'autre, les tribunaux internes (2).

(78) Principes directeurs de l'OCDE à l'intention des entreprises multinationales, édition 2011, http://www.oecd.org.

(79) Déclaration de principes tripartite sur les entreprises multinationales et la politique sociale, adoptée par le Conseil d'administration du Bureau international du Travail à sa 204e session (Genève, novembre 1977), telle qu'amendée par le Conseil à sa 279e session (Genève, novembre 2000) et à sa 295e session (mars 2006), http://www.ilo.org/empent/Publications/WCMS_124923/lang--fr/index.htm.

(80) Pacte mondial des Nations Unies, www.un.org/fr/globalcompact/principles.shtml.

(81) A/HRC/17/31.

(82) A/HRC/RES/17/4, § 1, 16 juin 2011 (consensus).

(83) Ainsi, Code pénal français, art. 121-2, 3e al. ; Code pénal belge, art. 5, 2e al. Pour un ex., App. Lyon, 5 mai 1999, *in* J.H. Robert, *Droit pénal général*, Paris, P.U.F., 1999, comm. n° 119.

1. *La Cour pénale internationale*

La Cour pénale internationale ne peut connaître de crimes de droit international humanitaire que si ces crimes ont été commis :

— sur le territoire ou par un national d'un État partie au Statut (84) ; ou
— dans le cadre d'une situation déférée au Procureur par le Conseil de sécurité agissant en vertu du Chapitre VII de la Charte des Nations Unies (85) ; ou
— sur le territoire ou par un national d'un État non partie au Statut ayant reconnu la compétence de la Cour (86).

Elle ne peut, par ailleurs, que poursuivre des individus, et non des personnes morales, avec pour conséquence que les poursuites évoquées ici ne pourraient être envisagées qu'à l'égard des dirigeants de ces sociétés.

À ce jour, ni Israël ni la Palestine ne sont parties au Statut (1re condition) ; le Conseil de sécurité n'a pas non plus déféré la situation palestinienne à la Cour (2e condition) ; en revanche, l'Autorité palestinienne a formellement reconnu la compétence de la Cour le 22 janvier 2009 pour les crimes commis en Palestine depuis le 1er juillet 2002 (87), mais il a fallu attendre deux ans et demi pour que le Procureur y donne suite, condition nécessaire pour que la Cour puisse connaître de l'affaire (88). Lorsque le Procureur s'est enfin décidé à prendre position, le 3 avril 2012, ce fut pour déclarer que la Palestine n'était pas encore un État car les Nations Unies ne l'avaient pas encore reconnu comme État (89).

On ne peut que regretter, d'abord, le silence observé par le Procureur, pendant deux ans et demi, ensuite, la conclusion négative à laquelle il a abouti au terme d'un raisonnement curieux à plus d'un égard (90). Il faut, en effet, se rappeler que :

— le Conseil national palestinien a proclamé l'indépendance d'un État de Palestine, le 15 novembre 1988 (91) ;

(84) Statut de la C.P.I., art. 12, § 2, a.

(85) Statut de la C.P.I., art. 13, b.

(86) Statut de la C.P.I., art. 12, § 3.

(87) Declaration recognizing the jurisdiction of the International Criminal Court, 21 janvier 2009, http://www.icc-cpi.int/NR/rdonlyres/74EEE201-0FED-4481-95D4-C8071087102C/279777/20090122PalestinianDeclaration2.pdf. Voy. aussi *Bulletin d'information hebdomadaire du Bureau du Procureur*, 23-29 septembre 2009, n° 6.

(88) Statut de la C.P.I., art. 13, c, et art. 15.

(89) Bureau du Procureur, « Situation en Palestine », 3 avril 2012, http://www.icc-cpi.int.

(90) Sur ce point J. Salmon et E. David, *Droit international public*, Bruxelles, Presses universitaires de Bruxelles, 2012-2013, n° 10.8.3, 29°, ainsi que la contribution de Jean Salmon au présent dossier.

(91) Déclaration d'indépendance de la Palestine, Annexe III à la Lettre datée du 18 novembre 1988 adressée au Secrétaire général par le Représentant permanent de la Jordanie auprès de l'ONU, A/43/827, S/20278.

— la Palestine a été reconnue comme État, sur un plan bilatéral, par près de 130 États (92), dont 35 sont parties au Statut de la Cour pénale internationale ;

— l'Assemblée générale des Nations Unies a, officiellement, entériné la proclamation de l'État palestinien, le 15 décembre 1988 dans sa résolution 43/177 adoptée par 104 voix contre 2 (Israël et État-Unis), avec 36 abstentions ;

— la Palestine est membre à part entière de la Ligue des États arabes depuis 1976 (93), de la Commission économique et sociale des Nations Unies pour l'Asie occidentale (CESAO) (94), et de l'UNESCO depuis le 31 octobre 2011 (l'admission ayant été votée par 107 voix pour, 14 contre et 52 abstentions) (95) ;

— la Commission Goldstone chargée par le Conseil des droits de l'homme d'enquêter sur les violations des droits de l'homme et du droit international humanitaire commises pendant le conflit de Gaza a dit dans ses recommandations finales, à propos de la reconnaissance de la compétence de la Cour pénale internationale par l'Autorité palestinienne :

> « With reference to the declaration under article 12 (3) received by the Office of the Prosecutor of the ICC from the Government of Palestine, the Mission considers that accountability for victims and the interests of peace and justice in the region require that the legal determination should be made by the Prosecutor as expeditiously as possible » (96).

Pour ces raisons, le Procureur de la Cour pénale internationale aurait dû donner plein effet à la reconnaissance de la compétence de la Cour par l'Autorité palestinienne, le 22 janvier 2009, et ouvrir une enquête sur le conflit de Gaza, y compris l'assistance apportée par certaines entreprises privées à Israël lors des crimes de droit international humanitaire commis lors de ce conflit. Comme on le sait, le 29 novembre 2012, l'Assemblée générale des Nations Unies a accordé « à la Palestine le statut d'État non-membre observateur auprès de l'[ONU] » (97). Grâce à ce nouveau statut de la Palestine, peut-être que l'esprit qui semblait manquer à M. Ocampo, viendra à l'actuelle Procureur de la Cour pénale internationale, F. Bensouda ...

(92) Bureau du Procureur, « Situation en Palestine », *loc. cit.*, § 7. Voy. aussi la liste détaillée des reconnaissances : http://fr.wikipedia.org/wiki/Liste_des_pays_reconnaissant_l%27%C3%89tat_de_Palestine.

(93) http://fr.wikipedia.org/wiki/Ligue_arabefr.wikipedia.org/wiki/Ligue_arabe, consulté le 9 novembre 2010.

(94) www.escwa.un.org/

(95) www.unesco.org/new/fr/media-services/single-view/news/general_conference_admits_palestine_as_unesco_member_state/

(96) *Report of the United Nations Fact Finding Mission on the Gaza Conflict*, A/HRC/12/48, 15 September 2009, p. 548, § 1767.

(97) A/RES/67/19.

2. *Les tribunaux internes*

Comme on l'a montré, à supposer que les faits dénoncés dans diverses sources soient établis, les relations des entreprises privées avec Israël peuvent être qualifiées de complicité de crimes de guerre et de complicité de crimes contre l'humanité. Il s'agit de deux incriminations de droit international. Or, tous les États doivent poursuivre pénalement les auteurs de crimes de droit international humanitaire : l'obligation découle du droit international humanitaire coutumier (98), et est énoncée par le Statut de la Cour pénale internationale (99), la résolution 3074 (XXVIII) de l'Assemblée générale des Nations Unies, le projet de la Commission du droit international de code des crimes contre la paix et la sécurité de l'humanité (100), les résolutions du Conseil de sécurité établissant les tribunaux pénaux internationaux (101) et de nombreuses autres résolutions du Conseil de sécurité appelant à lutter contre l'impunité (102). Dans la résolution 3074 (XXVIII), l'Assemblée générale a énoncé :

> « Les crimes de guerre et les crimes contre l'humanité, où qu'ils aient été commis et quel que soit le moment où ils ont été commis, doivent faire l'objet d'une enquête et les individus contre lesquels il existe des preuves établissant qu'ils ont commis de tels crimes doivent être recherchés, arrêtés, traduits en justice et, s'ils sont reconnus coupables, châtiés ».

Cette règle, expression de l'*opinio juris* des États (comme l'attestent les autres sources citées), oblige tout État à poursuivre pénalement une entreprise privée présente sur son territoire et complice de crimes de guerre ou de crimes contre l'humanité commis par Israël dans les territoires occupés. S'il n'y a pas, entre le crime en cause et l'État poursuivant, d'autres liens précis de rattachement que la présence de la personne morale concernée ou de ses dirigeants sur le territoire de l'État poursuivant, ce dernier n'en doit pas moins les poursuivre et exercer la compétence universelle (103).

Conclusion

Israël a violé gravement le droit international humanitaire lors du conflit de Gaza (décembre 2008/janvier 2009), en implantant et en maintenant des colonies en territoires palestiniens occupés et en édifiant et maintenant un

(98) Voy. C.I.C.R., Liste des règles coutumières du droit international humanitaire, *op. cit.*, règle 158.

(99) Préambule du Statut de Rome, al. 4-6.

(100) Article 9.

(101) TPIY, S/RES/827, préambule, 5e al ; TPIR, S/Rés. 955, préambule, 6e al.

(102) Voy. not. S/RES/1265, 17 septembre 1999, § 6 ; S/RES/1318, 7 septembre 2000, VI ; S/RES/1468, 20 mars 2003, §§ 6-7.

(103) E. David, *Éléments de droit pénal international*, *op. cit.*, pp. 240-253, §§ 3.3.18-3.3.33, pp. 261-265, §§ 3.3.42-3.3.47.

mur de séparation, ce qui s'apparente à des persécutions contre la population palestinienne. Dans la mesure où des entreprises privées ont aidé Israël à commettre ces violations, ces entreprises peuvent être accusées de complicité de crimes de guerre ou de crimes contre l'humanité. Sur cette base, il est possible d'engager la responsabilité pénale et civile des personnes morales concernée, ainsi que de certains dirigeants de ces sociétés. Des poursuites sont donc possibles, soit devant la Cour pénale internationale qui peut parfaitement exercer sa compétence dans le cadre de ce conflit, soit devant les tribunaux internes de certains États. Les règles obligeant les États à lutter contre l'impunité des auteurs de crimes de guerre et de crimes contre l'humanité obligent le ministère public de tout État à poursuivre les complices de ces crimes s'ils se trouvent sur le territoire de cet État, même pour des faits commis à l'étranger. Dans de nombreux cas, les cours et tribunaux saisis doivent donc exercer la compétence universelle.

On peut aussi se demander si, outre les incriminations précitées, on ne pourrait pas engager la responsabilité de certaines entreprises pour recel ou pour blanchiment d'argent, et ce au regard de certains droits nationaux. C'est en tout cas la piste de réflexion qui sera évoquée en guise de conclusion.

Quant au recel, défini dans le droit pénal interne de certains États (104) comme la possession ou la détention d'une chose que l'on sait avoir été obtenue par le crime ou le délit d'un tiers (105), il peut s'appliquer à la détention de biens acquis à la suite de l'établissement des colonies israéliennes de peuplement, puisque l'établissement de ces colonies est criminel, et que l'illégalité de ces colonies a été officiellement constatée par les Nations Unies. Ainsi, la récolte de produits agricoles des colonies de peuplement (oranges, olives, avocats, *etc.*, récoltés notamment par la société AGREXCO) ou l'acquisition de biens fabriqués dans ces colonies à partir de produits tirés des territoires palestiniens occupés (produits cosmétiques à base des boues de la mer Morte fabriqués par la société AHAVA) pourraient être considérées comme des formes de recel. En effet, ces produits résultent d'un double crime : d'une part, l'établissement de ces colonies, d'autre part, l'appropriation injustifiée, au plan militaire, des ressources naturelles du territoire occupé (106).

Quant au blanchiment, il consiste à donner une apparence licite à un bien d'origine illicite, qu'il soit corporel ou incorporel, par des opérations de transfert ou de conversion de ce bien auprès d'institutions financières ou de crédit dans le but de dissimuler l'origine illicite de ce bien (107). La simple

(104) Voy. not. Code pénal belge, art. 505, 1er al., § 1 ; Code pénal français, art. 321-1.

(105) Cass., 4 juin 1996, *Pas.*, 1996, I, n° 208 ; Cass., 4 mars 1997, *Pas.*, 1997, I, n° 118.

(106) Violation de l'art. 55 du Règlement de La Haye et incrimination prévue par les articles 147 de la 4e Convention de Genève, 8, § 2, b, xiii du Statut de la C.P.I., et 20, a, iv, du projet de la C.D.I. de code des crimes contre la paix et la sécurité de l'humanité.

(107) Voy. not. Convention du Conseil de l'Europe relative au blanchiment, au dépistage, à la saisie et à la confiscation des produits du crime, adoptée le 8 novembre 1990, S.T.C.E. n° 141, article 6 ; Convention du Conseil de l'Europe relative au blanchiment, au dépistage, à la saisie et

détention ou le dépôt sur un compte bancaire de fonds obtenus à la suite d'une infraction pénale constituent un blanchiment (108), sauf si le droit de l'État n'incrimine pas la possession de biens ou avoirs obtenus par l'auteur de l'infraction principale ; selon certaines législations, on ne commet pas deux infractions en volant et en blanchissant un bien. Cette hypothèse mise à part, on peut supposer que les institutions bancaires (telles que les banques Leumi, Hapoalim, Dexia), dans la mesure où elles reçoivent des fonds résultant d'activités économiques déployées dans les colonies de peuplement et où elles connaissent l'origine criminelle de ces fonds, se rendent coupables de blanchiment.

Dans les deux cas, on pourrait considérer que les exigences de la lutte contre l'impunité des auteurs de crimes de droit international humanitaire obligent les États à réprimer le recel de biens obtenus à la suite de tels crimes, ainsi que le blanchiment de l'argent qui en a résulté. Si l'on veut que le droit international ne soit pas une coquille vide, un droit fantôme, un mirage ou une simple utopie, il importe de l'appliquer conformément à ce qu'il prévoit. C'est moins compliqué que d'« interpréter le monde » ou de « le transformer » (109) : les textes sont clairs, il suffit de leur donner vie.

à la confiscation des produits du crime et au financement du terrorisme, adoptée le 16 mai 2005, S.T.C.E. n° 198, article 9.

(108) Conventions précitées, art. 6, § 1, c, et art. 9, § 1, c.

(109) On se réfère ici à l'expression attribuée à K. Marx, *Thèses sur Feuerbach*, *Œuvres*, Paris, Maximilien Rubel, éd. Gallimard, coll. Bibliothèque de la Pléiade, 1982, vol. III (Philosophie), p. 1033.

REVUE BELGE DE DROIT INTERNATIONAL
2012/1 – Éditions BRUYLANT, Bruxelles

LES OBLIGATIONS DES ÉTATS TIERS ET DES ACTEURS NON ÉTATIQUES RELATIVES AU COMMERCE DES PRODUITS EN PROVENANCE DU TERRITOIRE PALESTINIEN OCCUPÉ

PAR

Eric DE BRABANDERE*

ET

Larissa VAN DEN HERIK**

Résumé

La présente étude se penche sur les obligations générales des États tiers découlant de règles *erga omnes* identifiées par la Cour internationale de Justice dans son avis consultatif relatif à la construction du mur dans le Territoire palestinien occupé. Nous appuyant sur l'avis du juge Kooijmans selon lequel ces obligations étaient sans contenu réel, nous nous sommes demandés si les régimes spéciaux de droits de l'homme et du droit pénal international permettaient d'établir des obligations concrètes pour les États tiers de réglementer et de poursuivre les activités extraterritoriales des sociétés commerciales, spécialement dans le cadre des activités israéliennes dans le Territoire palestinien occupé. Sans aucun doute, ces régimes facilitent, voire encouragent, de telles actions, spécialement lorsqu'elles visent à réprimer des crimes internationaux. Cependant, il n'existe aucune obligation pour les États de le faire. L'avis de la Cour peut donc s'avérer pertinent pour encourager certaines initiatives de poursuites. La volonté des États d'utiliser effectivement ces mécanismes reste cependant, en l'absence d'une obligation juridique claire, soumise à des considérations morales et politiques plutôt que juridiques.

Le 9 juillet 2004, la Cour internationale de Justice (ci-après « la CIJ » ou « la Cour ») a rendu son avis dans l'affaire des *Conséquences juridiques de l'édification d'un mur dans le Territoire palestinien occupé* (1). Dans son avis, la Cour a jugé par 14 voix contre une (le juge Buergenthal ayant voté contre le disposi-

* Professeur associé de droit international public, Université de Leiden.
** Professeure de droit international public, Université de Leiden.

(1) C.I.J., « Conséquences juridiques de l'édification d'un mur dans le Territoire palestinien occupé », Avis consultatif, 9 juillet 2004, *Recueil* 2004, p. 136.

tif) qu'Israël avait violé diverses dispositions du droit international des droits de l'homme et du droit international humanitaire (2). Outre les conséquences juridiques pour Israël en tant qu'État directement responsable, la Cour a également accordé une attention particulière et explicite aux conséquences juridiques de l'illicéité de la construction du mur pour les États tiers. La Cour a jugé que les États tiers avaient trois obligations spécifiques, à savoir (i) l'obligation de ne pas reconnaître la situation illicite, (ii) l'obligation de ne pas prêter aide ou assistance au maintien de la situation et (iii) l'obligation, en vertu de la quatrième Convention de Genève, d'assurer le respect par Israël du droit international humanitaire. Dans son opinion individuelle, le juge Kooijmans a exprimé son désaccord à ce sujet. Il s'est demandé si les trois obligations dégagées par la Cour étaient de nature à entraîner des obligations positives spécifiques et clairement identifiables pour des États tiers. Le juge Kooijmans a donc critiqué la Cour pour avoir été trop vague et imprécise, en estimant qu'il était difficile de déterminer ce que les États devaient ou ne pouvaient pas faire en pratique (3). Le présent article prend comme point de départ cette critique et en développe certains aspects.

C'est donc dans cette perspective que nous analyserons les obligations des États tiers et des acteurs non étatiques — en particulier les sociétés commerciales —, en droit international général et en matière de commerce, avec le Territoire palestinien occupé. Dans la première partie, nous nous demanderons si les obligations pour les États tiers de ne pas reconnaître, de ne pas prêter aide ou assistance et d'assurer le respect du droit international humanitaire, telles qu'elles ont été développés dans l'avis de la CIJ, comprennent des obligations réelles et concrètes pour ces États, de manière générale, et analyserons plus particulièrement l'impact de telles obligations sur les activités commerciales avec le Territoire palestinien occupé. Dans la seconde partie, nous analyserons les obligations des sociétés commerciales, ainsi que les obligations étatiques relatives à la règlementation des activités extraterritoriales de sociétés commerciales avec le Territoire palestinien occupé et en particulier dans quelle mesure certains régimes spécifiques du droit international — les droits de l'homme et le droit pénal international — peuvent servir à concrétiser les obligations générales des États établies dans la première partie. Au-delà des droits de l'homme, le droit pénal international est particulièrement pertinent compte tenu de la nature des obligations violées par Israël. Plus précisément, nous examinerons si les États ont le devoir de poursuivre les sociétés commerciales qui aident à la commission de crimes internationaux. Cette obligation pourrait émaner soit de l'obligation générale examinée dans la première partie, soit du régime spécialisé du droit pénal international étudié dans la seconde partie, ou encore des deux régimes de façon combinée.

(2) *Ibid.*, pp. 193-194, § 137.

(3) *Ibid.*, opinion individuelle du Juge Kooijmans, *Recueil 2004*, p. 219, § 1.

I. — Les obligations étatiques de droit international général concernant le commerce avec le territoire palestinien occupé

L'avis de la Cour dans l'affaire des *Conséquences juridiques de l'édification d'un mur dans le Territoire palestinien occupé* n'est pas, rappelons-le, un arrêt dans une affaire contentieuse, et n'est donc pas, en cette qualité, obligatoire pour les États de manière générale, y compris Israël (4). Cependant, l'avis de la Cour peut sans aucune difficulté être considéré comme reflétant une interprétation objective du droit international applicable en la matière, comme le confirme notamment la large majorité des juges ayant voté en faveur de l'avis. Nous n'allons, dans le cadre de cet article, nous concentrer que sur les parties de l'avis de la Cour concernant les obligations de droit international des États tiers, à l'exclusion donc des obligations incombant à l'État israélien.

Après avoir conclu, notamment, que les colonies de peuplement installées par Israël dans le Territoire palestinien occupé constituaient une violation du droit international (5), en particulier du droit du peuple palestinien à l'autodétermination, la Cour s'est penchée sur les conséquences juridiques d'un tel constat. Outre les obligations pour l'État israélien (6), la Cour a spécifiquement clarifié les règles applicables aux obligations des États tiers envers cette situation, comme le demandait par ailleurs la question qui lui était posée. Après avoir constaté que les obligations violées par Israël constituaient des obligations *erga omnes* (7), la Cour a noté que

> «[v]u la nature et l'importance des droits et obligations en cause, la Cour est d'avis que tous les États sont dans l'obligation de ne pas reconnaître la situation illicite découlant de la construction du mur dans le territoire palestinien occupé, y compris à l'intérieur et sur le pourtour de Jérusalem-Est. Ils sont également dans l'obligation de ne pas prêter aide ou assistance au maintien de la situation créée par cette construction. II appartient par ailleurs à tous les États de veiller, dans le respect de la Charte des Nations Unies et du droit international, à ce qu'il soit mis fin aux entraves, résultant de la construction du mur, à l'exercice par le peuple palestinien de son droit à l'autodétermination. En outre, tous les États parties à la convention de Genève relative a la protection des personnes civiles en temps de guerre, du 12 août 1949, ont l'obligation, dans le respect de la Charte des Nations Unies et du droit international, de faire respecter par Israël le droit international humanitaire incorporé dans cette convention. La Cour est enfin d'avis que l'Organisation des Nations Unies, et spécialement l'Assemblée générale et le Conseil de sécurité, doivent, en tenant dûment compte du présent avis consultatif, examiner quelles nouvelles mesures doivent être prises afin de

(4) Notons par ailleurs que, en tout état de cause, un arrêt de la Cour dans une affaire contentieuse n'est, selon l'article 59 du Statut de la Cour, obligatoire que pour les États parties au litige.

(5) C.I.J., *Recueil 2004*, pp. 183-184, §§ 120-121.

(6) *Ibid.*, p. 196, § 145.

(7) *Ibid.*, pp. 199-200, §§ 155-158.

mettre un terme à la situation illicite découlant de la construction du mur et du régime qui lui est associé»(8).

Les obligations des États tiers peuvent donc être regroupées en trois catégories : celles qui relèvent de l'obligation de non-reconnaissance (A), celles qui relèvent de l'obligation de ne pas prêter aide ou assistance (B), et celles qui relèvent de l'article 1er de la quatrième convention de Genève, disposition commune aux quatre conventions de Genève de 1949, qui comporte pour les États parties à la convention l'engagement «[de] respecter et [...] faire respecter la présente Convention en toutes circonstances» (C). Avant de les aborder une à une, il convient de préciser que ces obligations sont des obligations *étatiques* qui ne s'adressent pas aux acteurs non étatiques, telles que les sociétés commerciales.

A. — *L'obligation de non-reconnaissance*

L'existence même de l'obligation de non-reconnaissance de certaines situations illicites, ainsi que de l'obligation de ne pas prêter aide ou assistance au maintien de telles situations est clairement établie en droit international contemporain. Cependant, le contenu d'une telle obligation ainsi que la mise en œuvre pratique de celle-ci le sont moins. La Cour a, dans son avis sur le *Mur*, confirmé l'application formelle de ce devoir, mais n'a pas défini *in concreto* ce que l'existence de ce devoir impliquait en pratique pour les États tiers. Avant d'ébaucher une application de cette règle au cas de la Palestine (2), il est donc nécessaire de préciser quelque peu quelles sont ses caractéristiques (1).

1. *Origines et caractéristiques de l'obligation de non-reconnaissance*

En soi, l'obligation de non-reconnaissance, en particulier lorsqu'il s'agit de situations acquises par l'emploi de la force armée, est bien établie en droit international. L'origine du principe se situe dans la «doctrine Stimson»(9), et a donné lieu à plusieurs applications depuis 1945, spécialement après l'inclusion dans la Charte des Nations Unies de l'interdiction de l'emploi de la force armée(10). Quant à la Cour internationale de Justice, le premier

(8) *Ibid.*, p. 200, §§ 159-160.

(9) Cette doctrine a été énoncée par l'ancien Secrétaire d'État des États-Unis, Henry Stimson, suite à l'invasion par le Japon de la Mandchourie et la tentative de la création d'un nouvel État indépendant, le Mandchoukouo, en 1932. Stimson avait déclaré à l'époque que les États-Unis ne reconnaîtraient aucune situation, traité ou accord qui serait la suite d'un fait contraire aux obligations du Pacte de Paris du 27 août 1928 (pacte Briand-Kellogg)

(10) Plusieurs résolutions du Conseil de sécurité ont notamment explicitement demandé aux États de ne pas reconnaître certaines situations territoriales, telles que l'indépendance de la Rhodésie, la sécession de Chypre du Nord, et l'annexion du Koweït par l'Iraq : Conseil de sécurité des Nations unies, Résolution 216 (1965) (demandant aux États de ne pas reconnaître l'indépendance de la Rhodésie), Résolution 541 (1983) (laquelle a déclaré non-valide la sécession de Chypre du nord), et Résolution 662 (1990) (déclarant l'annexion du Koweït par l'Iraq nulle et non avenue).

cas dans lequel elle a eu l'occasion d'appliquer ce principe a été la présence continue de l'Afrique du Sud en Namibie (Sud-Ouest africain) nonobstant la fin de son mandat sur le territoire. Dans son avis consultatif de 1971, la Cour a eu à analyser les conséquences juridiques pour les États tiers de la présence illégale de l'Afrique du Sud en Namibie. Elle a estimé que les États étaient dans « l'obligation de reconnaître l'illégalité et le défaut de validité du maintien de la présence sud-africaine en Namibie. Ils sont aussi tenus de n'accorder à l'Afrique du Sud, pour son occupation de la Namibie, aucune aide ou aucune assistance quelle qu'en soit la forme » (11). La Cour a demandé aux États non seulement de ne pas reconnaître une telle situation, mais aussi de reconnaître l'illégalité de cette situation. L'obligation de non-reconnaissance est ici liée à l'illicéité de la situation, une situation relativement semblable à celle qui a donné lieu à l'énonciation de la doctrine Stimson (12). Par ailleurs, l'application du principe n'était, dans ce cas, pas non plus limitée aux seules situations territoriales créées par l'emploi illicite de la force armée. Toutefois, les conclusions de la Cour reposaient principalement, d'un point de vue juridique, sur le fait que le Conseil de sécurité avait préalablement adopté une résolution demandant aux États de ne pas reconnaître l'illégalité de la situation (13). La Cour n'a donc pas prétendu que l'obligation de non-reconnaissance résultait d'une règle générale de droit coutumier (14).

Dans la doctrine contemporaine, le devoir de non-reconnaissance est lié à la violation des normes impératives du droit international (*jus cogens*) (15). Les normes généralement considérées aujourd'hui comme ayant un tel caractère sont notamment l'interdiction de l'agression, le droit des peuples à disposer d'eux-mêmes, l'interdiction de la torture, l'interdiction du génocide et l'interdiction de la discrimination raciale (16). La Commission du droit international a, dans ses projets d'articles sur la responsabilité des États pour fait internationalement illicite de 2001 (17), lié et étendu l'obligation de non-reconnaissance à toutes les violations des normes de *jus cogens*. L'article 41, § 2 du projet d'articles mentionne que « [a]ucun État ne doit reconnaître comme

(11) C.I.J., « Conséquences juridiques pour les États de la présence continue de l'Afrique du Sud en Namibie (Sud-ouest africain) nonobstant la résolution 276 (1970) du Conseil de sécurité », Avis consultatif, *Recueil 1971*, p. 54, § 119.

(12) E. Milano, *Unlawful Territorial Situations in International Law: Reconciling Effectiveness, Legality and Legitimacy,* Leiden, Martinus Nijhoff, 2006, p. 185.

(13) Voy. également l'opinion individuelle de la juge Higgins dans l'avis consultatif sur le *Mur*, C.I.J., *Recueil 2004*, p. 216, § 38.

(14) La Cour, en effet, au paragraphe 119 de son avis, dans lequel elle confirme l'obligation de non-reconnaissance, se réfère explicitement aux « raisons indiquées au paragraphe 115 », dans lequel la Cour confirme le caractère obligatoire des résolutions du Conseil de sécurité en la matière (C.I.J., *Recueil 2004*, p. 183).

(15) Voy. par exemple, J. Dugard, *Recognition and the United Nations*, Cambridge, Grotius, 1987, pp. 130-131.

(16) Commission du droit international, « Projet d'articles sur la responsabilité de l'État pour fait internationalement illicite », *A.C.D.I.*, 2001, vol. II (2), pp. 304 et s.

(17) *Ibid.*

licite une situation créée par une violation grave au sens de l'article 40, ni prêter aide ou assistance au maintien de cette situation». Il s'agit donc d'un devoir d'abstention qui comporte deux obligations distinctes : l'obligation de ne pas reconnaître comme licite une situation créée par une violation grave d'une norme de *jus cogens* et l'obligation de ne prêter ni aide ni assistance au maintien de cette situation. Ces obligations s'appliquent alors, selon le commentaire, «dans le cas des «situations» créées par ces violations, telles que, par exemple, la tentative d'acquisition de la souveraineté sur un territoire par le biais du déni du droit des peuples à disposer d'eux-mêmes. Elle vise non seulement la reconnaissance officielle de ces situations mais aussi l'interdiction de tous actes qui impliqueraient une telle reconnaissance» (18).

Il est généralement admis que l'obligation de ne pas reconnaître les acquisitions territoriales résultant de l'emploi de la force armée fait partie du droit international coutumier (19). Il est également clair que l'obligation de non-reconnaissance existe indépendamment de toute action du Conseil de sécurité ou autre décision institutionnelle à l'égard d'une telle situation, comme ce fut le cas en Namibie (20). Cependant, en dehors des situations d'acquisitions territoriales provoquées par l'emploi de la force armée, l'application de ce principe reste très limitée. Le commentaire de la CDI note néanmoins que «[l]'existence d'une obligation de non-reconnaissance face à des violations graves d'obligations découlant de normes impératives est étayée par la pratique internationale et la jurisprudence de la Cour internationale de Justice», et se réfère notamment à la pratique concernant l'acquisition territoriale par l'emploi illicite de la force armée (21), mais aussi à la pratique concernant des situations créées par le déni du droit des peuples à disposer d'eux-mêmes, comme c'était le cas de la Rhodésie et des bantoustans en Afrique du Sud (22).

2. *Application et contenu de l'obligation dans le contexte du Territoire palestinien occupé*

Dans son avis sur le *Mur*, la Cour a explicitement lié l'obligation de non-reconnaissance à «la nature et l'importance des droits et obligations en

(18) C.D.I., «Commentaire relatif à l'article 41 du projet d'articles sur la responsabilité de l'État pour fait internationalement illicite et commentaires y relatifs», *A.C.D.I.*, 2001, vol. II(2), p. 309.

(19) D. Turns, «The Stimson Doctrine of Non-Recognition : Its Historical Genesis and Influence on Contemporary International Law», *Chinese Jnal of Int. Law*, 2003, p. 107.

(20) I. Brownlie, *Principles of Public International Law*, 7th ed., Oxford, O.U.P., 2003, p. 491.

(21) Dans le cas de l'invasion du Koweït par l'Irak en 1990, le Conseil de sécurité avait en effet, après avoir considéré que l'annexion était sans «fondement juridique» et «nulle et non avenue», demandé à tous les États, organisations internationales et institutions spécialisées «de ne pas reconnaître cette annexion et de s'abstenir de toute mesure et de tout contact qui pourraient être interprétés comme une reconnaissance implicite de l'annexion» (Conseil de sécurité des Nations Unies, Résolution 662 (1990).

(22) C.D.I., «Commentaire relatif à l'article 41 du projet d'articles sur la responsabilité de l'État pour fait internationalement illicite et commentaires y relatifs», *A.C.D.I.*, 2001, vol. II (2).

cause» (23) ce que l'on peut interpréter comme une affirmation de l'obligation de non-reconnaissance comme conséquence de la violation de normes ayant le caractère de *jus cogens* (24). La Cour a conclu à l'application de l'obligation de non-reconnaissance principalement parce que «la construction du mur et le régime qui lui est associé créent sur le terrain un 'fait accompli' qui pourrait fort bien devenir permanent, auquel cas, et nonobstant la description officielle qu'Israël donne du mur, la construction de celui-ci équivaudrait à une annexion *de facto*» (25). Cette situation est donc incompatible avec certaines normes impératives du droit international, ce qui a pour effet de rendre applicable l'obligation de non-reconnaissance. La Cour a relevé des violations de plusieurs normes de *jus cogens* du fait de la construction du mur et des colonies de peuplement israéliennes, à savoir le droit des peuples à disposer d'eux-mêmes et certains principes fondamentaux de droit humanitaire. Les conclusions de la Cour constituent donc une application des principes énoncés à l'article 41 du projet d'articles sur la responsabilité des États. La question reste cependant de savoir comment ce devoir de non-reconnaissance peut se traduire en pratique.

L'obligation s'applique, selon le projet de la CDI, à des «situations» créées par ces violations (26). La conclusion de la Cour doit donc être interprétée comme une obligation de ne pas reconnaître la situation créée par la construction du mur, c'est-à-dire l'annexion *de facto* de certaines parties du Territoire palestinien occupé et plus généralement, toute tentative d'acquisition territoriale ou d'établissement d'un titre territorial en tant que conséquence de la construction du mur (27). Ces principes peuvent également être appliqués aux colonies de peuplement dans la mesure où elles sont équivalentes à une annexion *de facto*. Les États tiers ont donc une obligation de ne pas reconnaître toute revendication relative au territoire annexé *de facto*, dans la mesure où celle-ci résulte en une acquisition illicite d'un territoire par la violation de normes de *jus cogens*. De même, avant même l'avis de la CIJ, le

(23) Voy. également A. ORAKHELASHVILI, «Legal Consequences of the Construction of a Wall in the Occupied Palestinian Territory: Opinion and Reaction», *J.C.S.L.*, 2006, p. 134.

(24) Voy. cependant l'opinion individuelle de la juge Higgins, dans laquelle celle-ci critique le lien entre les obligations pour les États tiers, notamment l'obligation de non-reconnaissance et l'obligation de ne pas prêter aide ou assistance, et le concept d'obligation *erga omnes*. En effet, la juge Higgins estime que ces obligations découlent non de la caractérisation des normes violées en tant qu'obligations *erga omnes* mais bien de la simple constatation par la Cour de l'illégalité de la situation, relativement similaire à la déclaration d'illégalité de la situation en Namibie par le Conseil de sécurité (Opinion individuelle de la juge Higgins, C.I.J., *Recueil 2004*, pp. 216-217, §§ 36-39).

(25) Avis consultatif sur le *Mur*, C.I.J., *Recueil 2004*, p. 184, § 121.

(26) C.D.I., «Commentaire relatif à l'article 41 du projet d'articles sur la responsabilité de l'État pour fait internationalement illicite», *A.C.D.I.*, 2001, vol. II (2), p. 309.

(27) Voy. également S. TALMON, «The Duty Not to 'Recognize as Lawful' a situation Created by the Illegal Use of Force or Other Serious Breaches of a *Jus Cogens* Obligation: An Obligation Without Real Substance?», *in* J.-M. THOUVENIN et Ch. TOMUSCHAT (Eds.), *The Fundamental Rules of the International Legal Order: Jus Cogens and Obligations Erga Omnes*, Leiden, Martinus Nijhoff, 2006, p. 105.

Rapporteur spécial sur la situation des droits de l'homme dans le territoire palestinien occupé, John Dugard, avait noté que les conséquences internationales des violations identifiées sont «explicit non-recognition of the acquisition of territory by forcible means occasioned by the Wall and the condemnation of the violation of human rights and international humanitarian law that follow from this» (28).

Cependant, au-delà de l'obligation de ne pas reconnaître l'annexion *de facto* par Israël, en n'agissant pas de manière à reconnaître explicitement la souveraineté israélienne sur ces parties du territoire palestinien occupé, il est difficile de détailler davantage le contenu de cette obligation. Il s'agit essentiellement d'une «obligation négative» ou d'une «obligation d'abstention», à savoir une obligation de ne rien faire qui pourrait explicitement ou implicitement reconnaître la licéité de la «situation» (29). La résolution ES10/15 de l'Assemblée générale des Nations Unies, adoptée suite à l'avis de la Cour, n'apporte guère plus de précisions quant au contenu de l'obligation de non-reconnaissance, se limitant à «demande[r] à tous les États Membres de l'Organisation des Nations Unies de s'acquitter de leurs obligations juridiques telles qu'elles sont énoncées dans l'avis consultatif» (30). En outre, il est important de noter que la pratique des États, après l'avis consultatif de la Cour, ne montre aucun changement particulier dans les relations des États tiers avec Israël, qu'elles soient commerciales ou non (31), à l'exception de plusieurs déclarations officielles confirmant la non-reconnaissance de l'illicéité de l'annexion *de facto* par Israël (32). Si l'obligation de non-reconnaissance est donc clairement établie en droit international, son contenu et sa portée précise le sont beaucoup moins. Il est en effet impraticable d'établir *a priori* une liste de faits qui relèveraient de cette catégorie. L'absence de clarifications à ce sujet par la Cour est regrettable, même si l'on pourrait admettre qu'il ne lui appartient pas de détailler les conséquences pratiques des violations du droit international qu'elle a établies. Le juge Kooijmans,

(28) C.D.I., Rapporteur spécial sur la situation des droits de l'homme dans les territoires palestiniens occupés depuis 1967, E/CN.4/2004/6/Add.1 (27 février 2004), § 32.

(29) Fr. Dubuisson, «The Implementation of the Advisory Opinion of the International Court of Justice concerning the Legal Consequences of the Construction of a Wall in the Occupied Palestinian Territory», *Palestine Y.I.L. 2004-2005*, 2007, p. 39.

(30) Nations Unies, Assemblée générale, Avis consultatif de la Cour internationale de Justice sur les Conséquences juridiques de l'édification d'un, mur dans le territoire palestinien occupé, y compris à, l'intérieur et sur le pourtour de Jérusalem-Est, Résolution A/RES/ES-10/15, 2 août 2004.

(31) S. Talmon, 'The Duty Not to 'Recognize as Lawful', *op. cit.*, p. 106 et, plus généralement, J. Crawford, «Third Party Obligations with respect to Israeli Settlements in the Occupied Palestinian Territories», Trade Union Congress, 24 January 2012, http://www.tuc.org.uk/tucfiles/342/LegalOpinionIsraeliSettlements.pdf

(32) Voy. notamment Conseil de l'Union européenne, Conseil européen de Bruxelles (16 et 17 juin 2005), Conclusions de la présidence, 15 juillet 2005, *Doc.* N°. 10255/1/05, para. 11 et Non-Aligned Movement, XIVth Ministerial Conference of the Non-Aligned Movement, Durban (17-19 August 2004), Declaration on Palestine. Voy. pour un aperçu de la pratique : Fr. Dubuisson, «The Implementation of the Advisory Opinion», *op. cit.*, pp. 39 et s.

dans son opinion individuelle, a exprimé sa préoccupation à cet égard et a noté qu'il voyait mal

> «ce qu'implique l'obligation de ne pas reconnaître un fait illicite. Qu'est-ce que les différents destinataires de l'alinéa D) du point 3 sont-ils censés faire pour remplir cette obligation ? Cette question est d'autant plus pertinente que cent quarante-quatre États ont condamné sans équivoque l'édification du mur et l'ont déclarée illégale (résolution ES-10/13), tandis que les États qui se sont abstenus ou qui ont voté contre (à l'exception d'Israël) n'ont pas agi de la sorte parce qu'ils considéraient que la construction du mur était légale. Le devoir de non-reconnaissance est, dès lors, à mon sens, une obligation sans fondement réel» (33).

On pourrait déduire de la pratique internationale des États, généralement, que l'obligation de non-reconnaissance va bien au-delà de la simple obligation *formelle* d'abstention de ne pas reconnaître officiellement comme licite de telles situations, laquelle est clairement établie en droit international. Dans son commentaire sur l'obligation contenue dans le projet d'article 41, la Commission du droit international a également confirmé, sans toutefois offrir plus de précision quant à son contenu, que l'obligation de non-reconnaissance «vise non seulement la reconnaissance officielle de ces situations mais aussi l'interdiction de tous actes qui impliqueraient une telle reconnaissance» (34). Le devoir de non-reconnaissance contient donc une obligation de refuser tout effet juridique à la situation illégale, par des faits explicites ou implicites. Comme l'a noté également la Cour dans son avis consultatif sur la *Namibie*, l'obligation de ne pas reconnaître ne s'applique pas à tous actes, mais seulement à ceux qui peuvent impliquer la reconnaissance du caractère légal de la présence sud-africaine en Namibie (35). La Cour avait également indiqué que

> «[...] Les restrictions qu'implique la non-reconnaissance de la présence de l'Afrique du Sud en Namibie et les dispositions expresses du paragraphe 5 de la résolution 276 (1970) imposent aux États membres l'obligation de ne pas entretenir avec l'Afrique du Sud agissant au nom de la Namibie ou en ce qui la concerne des rapports ou des relations de caractère économique ou autre *qui seraient de nature à affermir l'autorité de l'Afrique du Sud dans le territoire* (36);
>
> [e]n particulier, alors que les mesures prises officiellement par le Gouvernement sud-africain au nom de la Namibie ou en ce qui la concerne après la cessation du mandat sont illégales ou nulles, cette nullité ne saurait s'étendre à des actes, comme l'inscription des naissances, mariages ou décès à l'état civil, dont on ne pourrait méconnaître les effets qu'au détriment des habitants du territoire» (37).

(33) C.I.J., *Recueil 2004*, p. 232, § 44.

(34) C.D.I., «Projet d'articles sur la responsabilité de l'État pour fait internationalement illicite», *A.C.D.I.*, 2001, vol. II (2), p. 309.

(35) C.I.J., «Conséquences juridiques pour les États de la présence continue de l'Afrique du Sud en Namibie (Sud-ouest africain) nonobstant la résolution 276 (1970) du Conseil de sécurité», Avis consultatif, *Recueil 1971*, p. 55, § 121.

(36) *Ibid.*, § 124. Nous soulignons.

(37) *Ibid.*, § 125.

Les conséquences pratiques de l'obligation de non-reconnaissance restent cependant sujettes à caution, en particulier lorsqu'il s'agit de savoir si l'obligation impose aux États tiers des obligations *positives*. Le lien entre l'obligation de non-reconnaissance et l'annexion *de facto*, comme en témoignent les conclusions de la Cour, impliquerait en tout état de cause une obligation de ne pas reconnaître la souveraineté israélienne sur le territoire annexé *de facto*. Il faut donc se référer aux attributs de la souveraineté étatique afin de définir la catégorie de faits qui impliqueraient la reconnaissance de la situation illégale. Les principaux droits inhérents au statut d'État sont le droit et la capacité d'exercer sa compétence sur un territoire et sur les personnes résidant dans ce territoire, ainsi que le droit à l'immunité (l'immunité de juridiction, l'immunité pour les chefs d'État, chefs de gouvernement, ministres des Affaires étrangères, et immunités diplomatiques) (38). La question de la compétence sera d'une importance particulière ici. Compte tenu de ce que la souveraineté israélienne sur le territoire annexé *de facto* ne peut être reconnue, les États tiers sont dans l'obligation de ne pas reconnaître l'exercice par Israël de sa compétence sur ces parties du territoire palestinien occupé, au-delà de l'exercice par Israël de ses compétences liées à l'exercice de ses obligations en vertu du droit de l'occupation (39). Aussi, suite à l'«exception namibienne» établie par la CIJ, et mentionnée ci-dessus, tout acte étatique qui revêt un caractère commercial, administratif, ou qui bénéficie à la population n'est pas en violation au devoir de non-reconnaissance, et ce si et dans la mesure où ces actes n'affermissent pas la souveraineté d'Israël sur le Territoire palestinien occupé (40).

L'obligation de non-reconnaissance implique donc que les États ne sont pas dans l'obligation de cesser toute activité commerciale avec l'État d'Israël ou le Territoire palestinien occupé. Ils ne le sont que dans la mesure où l'activité commerciale aboutirait à une reconnaissance explicite ou implicite de l'annexion *de facto* par Israël et donc de la souveraineté d'Israël sur le Territoire palestinien occupé. Du point de vue des relations commerciales entre les États tiers et le Territoire palestinien occupé, certains auteurs considèrent donc que l'existence de cette obligation implique par exemple que l'Accord d'association UE-Israël ne peut être appliqué à la partie du Territoire palestinien occupé annexés *de facto*, dans ce sens que les produits originaires de cette partie du territoire ne pourraient bénéficier du traitement préférentiel établi par l'Accord d'association UE-Israël. Plus généralement, on pourrait soutenir qu'en principe, le champ d'application territorial et personnel des traités en vigueur entre Israël et les États tiers ne peut être étendu à ce que la Cour a qualifié de territoire annexé *de facto* (41). En effet, une telle exten-

(38) Voy. généralement M. Evans (ed.), *International Law*, Oxford, O.U.P., 2006), pp. 335 et s.

(39) Voy. cependant S. Talmon, «The Duty Not to 'Recognize as Lawful», *op. cit.*, p. 117.

(40) J. Crawford, «Third Party Obligations with respect to Israeli Settlements in the Occupied Palestinian Territories», Trade Union Congress, 24 January 2012, §§ 50-51.

(41) *Ibid.*, p. 117.

sion pourrait clairement être interprétée comme une reconnaissance de la souveraineté israélienne sur ce territoire (42).

Les mêmes principes peuvent s'appliquer *mutatis mutandis* aux colonies de peuplement, jugées contraires au droit international par la Cour (43). L'obligation de non-reconnaissance pourrait alors aussi s'appliquer aux colonies de peuplement dans la mesure où elles peuvent aussi être considérées comme une annexion *de facto* de certaines parties du territoire palestinien occupé. Toutefois, là encore, les implications pratiques de cette obligation telle qu'elle pourrait être appliquée aux colonies de peuplement sont difficiles à déterminer. On peut néanmoins également conclure que l'application de l'Accord d'association UE-Israël ne peut être étendue aux colonies de peuplement et que le champ d'application territorial et personnel de traités en vigueur entre Israël et les États tiers ne peut être étendu aux colonies de peuplement.

B. — *L'obligation de ne pas prêter aide ou assistance au maintien d'une situation créée par une violation grave d'une norme de* jus cogens

L'obligation de ne pas prêter aide ou assistance au maintien d'une situation créée par une violation grave d'une norme de *jus cogens* est une application et une extension logique de l'obligation de non-reconnaissance. La différence entre cette dernière et l'obligation de ne pas prêter aide ou assistance réside essentiellement dans le fait que l'obligation de ne pas prêter aide ou assistance n'exige pas que l'acte en cause revienne à une reconnaissance explicite ou implicite de la situation illégale (44).

L'obligation est clairement établie par l'article 41, § 2, des projets d'articles sur la responsabilité des États pour fait internationalement illicite, qui dispose, qu'« [a]ucun État ne doit reconnaître comme licite une situation créée par une violation grave au sens de l'article 40, ni prêter aide ou assistance au maintien de cette situation ». Le commentaire de cet article n'offre pas d'explication de fond sur le contenu exact de cette obligation. Il indique simplement qu'une telle obligation est différente de la notion d'« aide ou assistance » dans la *commission* de l'acte, car elle vise à réglementer non pas la violation elle-même, mais la conséquence de la violation. En ce qui concerne le contenu exact de la notion d'« aide ou assistance », le commentaire renvoie au projet d'article 16 (aide ou assistance dans la commission de faits internationalement illicites). De cet article, l'on peut déduire que l'aide ou l'assistance, en tout cas, exige que « l'organe ou l'institution considéré de l'État qui assiste ait connaissance des circonstances qui rendent le comportement

(42) *Cf.* Cour de justice de l'Union européenne, *Firma Brita GmbH / Hauptzollamt Hamburg-Hafen*, Affaire C-386/08, 25 février 2010.

(43) C.I.J., Avis consultatif sur le mur, *Recueil 2004*, pp. 183-184, § 120.

(44) *Ibid.*

de l'État assisté internationalement illicite»(45). Les actes qui pourraient relever de cette obligation sont toutes les formes d'aide ou d'assistance par les États tiers notamment dans le maintien ou la construction du mur, en toute connaissance de cause(46).

Bien que les obligations étatiques en application de l'obligation de ne pas prêter aide ou assistance au maintien de cette situation soient plus faciles à déterminer, la pratique en la matière est assez rare. Il est cependant clair que toute activité commerciale étatique dans le maintien ou la construction du mur, ou toute autre violation de normes de *jus cogens*, est contraire au droit international, car en violation avec l'obligation de ne pas prêter aide ou assistance. Notons à cet égard que, notamment, la Norvège a décidé de retirer son investissement financier dans une société israélienne qui était impliquée dans la construction du mur(47). Il est cependant intéressant de noter que la Norvège, dans son communiqué de presse à ce sujet, n'invoque pas explicitement l'obligation de ne prêter aide ou assistance, se limitant à justifier son désinvestissement par des considérations éthiques, et le fait d'éviter une complicité à des violations du droit international humanitaire(48).

De manière plus générale, il a été considéré que tout achat par les États de produits agricoles originaires des colonies de peuplements, compte tenu de que ces produits nécessitent une large quantité d'eau et de ce fait violent la souveraineté du peuple palestinien sur ses ressources naturelles et certaines dispositions du Règlement de La Haye de 1907, constituerait une violation de l'obligation de ne pas prêter aide ou assistance(49). Il est clair cependant, qu'un État qui permet à des sociétés commerciales qui ont sa nationalité de développerer des relations commerciales avec Israël de manière générale ne viole pas nécessairement le droit international(50).

C. — *Les obligations résultant de l'article 1er de la quatrième convention de Genève*

Le même problème identifié ci-dessus par rapport au contenu de l'obligation de ne pas reconnaître ou de ne pas prêter aide ou assistance au maintien de la situation créée par la construction du mur et le régime qui lui est associé, existe à l'égard de l'obligation des États tiers en vertu de l'article 1er de la

(45) C.D.I., «Commentaire relatif à l'article 16 du projet d'articles sur la responsabilité de l'État pour fait internationalement illicite», *A.C.D.I.*, 2001, vol. II(2), § 4.

(46) J. Crawford, *Third Party Obligations with respect to Israeli Settlements in the Occupied Palestinian Territories*, Trade Union Congress, 24 January 2012, § 77.

(47) Haaretz, 'Israel summons Norway envoy to protest divestment from arms firm', 3 septembre 2009, http://www.haaretz.com/news/israel-summons-norway-envoy-to-protest-divestment-from-arms-firm-1.8535.

(48) *Ibid.*

(49) J. Crawford, *Third Party Obligations with respect to Israeli Settlements in the Occupied Palestinian Territories*, Trade Union Congress, 24 January 2012, §§ 86-88.

(50) *Ibid.*, § 91.

quatrième convention de Genève. En outre, la déclaration de la Cour à cet égard est très peu motivée, et il est improbable que cette position reflète l'interprétation contemporaine de cette disposition en droit international (51). Comme l'a noté M. Kooijmans dans son opinion individuelle, «je ne vois pas quelles mesures positives découlant de cette obligation peuvent être attendues des États, hormis des démarches diplomatiques» (52).

Le commentaire édité par Jean Pictet note, concernant l'article 1er des conventions de Genève, que dans le cas où un État ne remplit pas ses obligations en vertu des conventions de Genève, les autres Parties contractantes peuvent, et devraient, chercher à le ramener à une attitude de respect de la convention (53). Le commentaire ajoute qu'il est clair que l'article 1er n'est pas une obligation purement formelle, mais que cette disposition a été volontairement revêtue d'un caractère impératif (54). Le commentaire souligne ainsi l'importance de la disposition, sans toutefois offrir d'autre précision sur la façon dont cette obligation devrait être mise en œuvre concrètement. En réalité, l'article 1er transforme les normes des conventions de Genève en obligations *erga omnes*, c'est-à-dire en obligations envers la communauté internationale dans son ensemble (55). En outre, comme l'a noté la CIJ dans l'affaire *Nicaragua*, «une telle obligation ne découle pas seulement des conventions elles-mêmes, mais des principes généraux du droit humanitaire dont les conventions ne sont que l'expression concrète» (56).

Le droit international coutumier reconnaît clairement le principe énoncé à l'article 1er (57), mais ne donne aucune indication quant aux types de mesures qui doivent ou peuvent être prises. La pratique générale à l'égard de cette disposition est relativement limitée et n'offre aucune indication claire quant à la portée de cette obligation. Certains auteurs soutiennent que le but de l'article 1er, commun aux conventions de Genève, n'était pas de créer des obligations positives pour les États à l'encontre des États tiers, mais plutôt des obligations à charge de l'État envers sa propre population, laquelle serait également tenue de respecter la convention (58). L'article 1er donne

(51) Opinion individuelle du juge Kooijmans, *op. cit.*, pp. 233-234, § 50. Voy. également I. Scobbie, «Smoke, Mirrors and Killer Whales: the International Court's Opinion on the Israeli Barrier Wall», *German Law Journal*, 2004, pp. 1118-1119.

(52) Opinion individuelle du juge Kooijmans, *op. cit.*, pp. 233-234, § 50.

(53) J. Pictet, *Commentaire de la Convention de Genève du 12 août 1949 relative à la protection des personnes civiles en temps de guerre, Genève, Comité international de la Croix-Rouge*, Genève, CICR, 1958, p. 16.

(54) *Ibid.*

(55) Voy. également J. Crawford, «Third Party Obligations with respect to Israeli Settlements in the Occupied Palestinian Territories», Trade Union Congress, 24 January 2012, § 36.

(56) C.I.J., *Activités militaires et paramilitaires au Nicaragua et contre celui-ci (Nicaragua c. États-Unis d'Amérique)*, *Recueil* 1986, pp. 114-115, § 220.

(57) *Ibidem.*

(58) Voy. F. Kalshoven, «The Undertaking to Respect and to Ensure Respect in All Circumstances: From Tiny Seed to Ripening Fruit», *Yearbook I.H.L.*, 1999, p. 3. Voy. également l'opinion individuelle du juge Kooijmans, *op. cit.*, p. 233, § 47.

cependant à tous les États un *intérêt juridique* dans la protection des conventions (59). La qualification de ces obligations en tant qu'obligations *erga omnes* ne crée cependant pas, par elle-même, des obligations positives pour les États (60). L'article 1er ne pourrait donc être considéré comme *exigeant* des États de prendre certaines mesures afin de mettre en œuvre cette obligation, mais il donne aux États *la capacité juridique* de prendre de telles mesures (61). Certes, l'article 1er se traduit également par une obligation pour les États de s'abstenir de toute action qui pourrait « encourager des personnes ou des groupes [...] à agir en violation de dispositions » des conventions de Genève (62). Cependant, même les auteurs qui estiment que l'article 1er crée une obligation de réaction admettent que le type de mesures qui doivent alors être prises peut prêter à controverse (63). Tout au plus peut-on évoquer les mesures à disposition des États en vertu du droit international général en réponse aux violations des obligations internationales *erga omnes*.

Les États gardent donc un pouvoir discrétionnaire considérable quant au choix de réagir aux violations des conventions de Genève par l'adoption de mesures positives, et quant aux méthodes qu'ils décident d'utiliser pour mettre en oeuvre leur droit de « réaction », telles que des déclarations publiques et autres moyens diplomatiques et l'exercice de juridiction sur les individus qui violent les conventions de Genève. Dans la pratique, les États ont principalement utilisé des méthodes diplomatiques institutionnelles et formelles afin d'assurer l'application des conventions, soit par le biais de déclarations des organes des Nations Unies, soit par la convocation d'une Conférence des Hautes Parties Contractantes à la quatrième Convention de

(59) Y. Sandoz (ed.), *Commentaire des Protocoles additionnels du 8 juin 1977 aux Conventions de Genève du 12 août 1949*, Genève, CICR, 1986, § 45. Voy. également J.-M. Henckaerts et L. Doswald-Beck (eds.), *Customary International Humanitarian Law*, Vol. II. Practice, part 2, Cambridge, C.U.P., 2005, p. 3299. Cela a été également explicitement indiqué par le T.P.I.Y., dans l'affaire *Kupreskic* : « ces normes de droit international humanitaire n'imposent pas d'obligations synallagmatiques, à savoir d'obligation d'un État envers un autre. Au contraire, comme on peut le lire dans l'arrêt rendu par la Cour internationale de Justice dans l'affaire Barcelona Traction (qui porte précisément sur les obligations relatives aux droits fondamentaux de la personne), elles énoncent des obligations envers l'ensemble de la communauté internationale, ce qui fait que chacun des membres de cette communauté a un « intérêt juridique » à leur observation et, par conséquent, le droit d'exiger qu'elles soient respectées » (*Le Procureur c. Zoran Kupreskic et al.*, Judgement, 14 janvier 2000, No. IT-95-16-T, § 519).

(60) Voy. également l'opinion individuelle de la juge Higgins, dans laquelle celle-ci critique la transformation de l'obligation de l'article 1er des Conventions de Genève en obligation *erga omnes* et donc l'existence pour les État d'une quelconque obligation positive en application de cet article (Opinion individuelle de la juge Higgins, C.I.J., *Recueil 2004*, p. 217, § 39).

(61) Voy. également J. Crawford, « Third Party Obligations with respect to Israeli Settlements in the Occupied Palestinian Territories », Trade Union Congress, 24 January 2012, § 41.

(62) C.I.J., Affaire des *Activités militaires et paramilitaires au Nicaragua*, *Recueil 1986*, pp. 114-115, § 220.

(63) M. Sassoli et A. Bouvier, *How Does Law protect in War*, Geneva, International Committee of the Red Cross, 1999, p. 312.

Genève, laquelle a par exemple été organisée en 2001 (64). La convocation de la conférence a été considérée par le Comité international de la Croix-Rouge comme une application explicite de l'article 1er (65). Outre l'action diplomatique, les dénonciations publiques, ou les appels à respecter le droit international humanitaire, qui sont aujourd'hui la pratique la plus courante (66), certains auteurs ont observé que «[t]he obligation can also find application through the principle of universality of jurisdiction, which requires States either to try or to extradite alleged criminals in accordance with rules and principles of international law» (67).

Ces conclusions sont corroborées par la pratique des États qui a suivi l'avis de la Cour de 2004. La résolution ES 10/15 de l'Assemblée générale des Nations Unies avait « demand[é] à tous les États parties à la quatrième Convention de Genève de faire respecter cette convention par Israël et invite la Suisse, en sa qualité de dépositaire des Conventions de Genève, à mener des consultations et à présenter à l'Assemblée générale un rapport sur la question, y compris sur la possibilité de reprendre les travaux de la Conférence des Hautes Parties contractantes à la quatrième Convention de Genève» (68). Cependant, la Suisse, en tant que dépositaire des Conventions de Genève, a soumis un rapport à l'Assemblée générale, dans lequel, tout en demandant à Israël de respecter ses obligations en vertu du droit international humanitaire, elle note « un quasi-consensus sur l'inopportunité d'une nouvelle conférence dans les circonstances actuelles» (69). Le rapport ne recommande aucune mesure concrète à prendre par les États parties aux conventions de Genève (70).

C'est notamment en vertu de cette obligation qu'on se demandera cependant si les régimes spéciaux des droits de l'homme et du droit pénal inter-

(64) Déclaration, Conférence des Hautes Parties Contractantes à la Quatrième Convention de Genève, Gouvernement de la Confédération Helvétique (5 décembre 2001).

(65) Voy. la declaration du CICR: «Article 1 common to the four Geneva Conventions stipulates that the "High Contracting Parties undertake to respect and ensure respect for the present Convention in all circumstances". This conference is to be viewed within that context. The ICRC has always welcomed all individual and joint efforts made by States party to the Geneva Conventions to fulfill this obligation and ensure respect for international humanitarian law»; Conférence des Hautes Parties Contractantes à la Quatrième Convention de Genève, Déclaration du CICR, Genève, 5 décembre 2001.

(66) J.-M. Henckaerts et L. Doswald-Beck (eds.), *Customary International Humanitarian Law, Vol. II. Practice, part 2, op. cit.*, pp. 3292-3293.

(67) L. Boisson de Chazournes et L. Condorelli, «Common Article 1 of the Geneva Conventions revisited: Protecting collective interests», *Int. Rev. of the Red Cross*, 2000, pp. 67-87.

(68) Nations Unies, Assemblée générale, Avis consultatif de la Cour internationale de Justice sur les Conséquences juridiques de l'édification d'un, mur dans le territoire palestinien occupé, y compris à, l'intérieur et sur le pourtour de Jérusalem-Est, *UN Doc.* A/RES/ES-10/15, 2 août 2004, § 7.

(69) Rapport de la Suisse, en sa qualité de Dépositaire des Conventions de Genève, en application de la résolution ES-10/15 de l'Assemblée générale, *UN Doc.* A/ES-10/304, 27 juin 2005, para. 17.

(70) Voy. pour une analyse: F. Dubuisson, 'The Implementation of the Advisory Opinion', *op. cit.*, pp. 46-48.

national peuvent compléter les obligations générales établies dans cette première partie.

II. — Les obligations des États et des sociétés commerciales en matière de droits de l'homme et de droit pénal international

En nous appuyant sur la première partie de notre analyse concernant les obligations découlant du droit international général pour les États tiers en raison de la violation par Israël d'obligations *erga omnes* et sur la critique du juge Kooijmans selon laquelle ces obligations sont sans substance réelle (71), la deuxième partie de cet article examinera dans quelle mesure les obligations, plus spécifiques en matière de droits de l'homme et de droit pénal international, peuvent servir à concrétiser, compléter ou mettre en œuvre les obligations étatiques générales. Dans cette partie, compte tenu de l'absence d'obligations directes en matière de droits de l'homme liant les sociétés commerciales en vertu du droit international (A), on envisagera successivement les questions de la responsabilité de l'État pour les activités des sociétés ayant sa nationalité (B), de la difficulté de considérer les sociétés comme des destinataires des obligations internationales en matière de droit pénal international (C), ainsi que du doute entourant l'extension du devoir de poursuivre en droit pénal international aux sociétés commerciales (D).

A. — *Les destinataires des obligations internationales en matière de droits de l'homme : la place limitée des sociétés commerciales*

Malgré les critiques théoriques sur la division, en droit international contemporain, entre objets et sujets du droit international (72), le rôle formel des entités non étatiques dans le droit international reste aujourd'hui relativement limité. Bien que les acteurs non étatiques puissent sans aucun doute, à ce stade, être considérés comme des « participants » aux relations internationales, voire comme des acteurs du système juridique international, leur statut au sein de l'ordre juridique international reste très limité. Pour ce qui concerne plus particulièrement les sociétés, il faut souligner l'absence, en général, d'obligations juridiques internationales qui leur sont directement adressées (73). Tra-

(71) Opinion individuelle du juge Kooijmans jointe à l'avis consultatif sur le *Mur*, P. 232, § 44.

(72) A. Clapham, *Human Rights Obligations of Non-State Actors*, Oxford, O.U.P., 2006, pp. 68-69 ; R. Higgins, *Problems and Process. International Law and How we Use It*, Oxford, Clarendon Press, 1994, p. 49 et M. Shaw, *International Law*, 5th ed., Cambridge, C.U.P., 2003, p. 232.

(73) Voy. E. De Brabandere, « Non-State Actors and Human Rights : Corporate Responsibility and the Attempts to Formalize the Role of Corporations as Participants in the International Legal System », *in* J. d'Aspremont (ed.), *Participants in the International Legal System Multiple Perspectives on Non-State Actors in International Law*, Abingdon, Routledge, 2011, pp. 268-283.

ditionnellement, les obligations découlant du droit international des droits de l'homme ont en effet pour destinatiraires les États (74). Ces obligations ont été créées principalement afin de réglementer les relations entre l'État et les individus qui sont sous sa juridiction. Les institutions étatiques ont l'obligation non seulement de respecter les droits de l'homme des personnes qui se trouvent sur leur territoire, mais aussi de garantir le respect de ces droits par les acteurs privés sur leur territoire (75). Les droits de l'homme n'ont, à proprement parler, pas d'effet horizontal direct, dans le sens qu'ils seraient applicables, en vertu du droit international, directement dans les relations entre individus et/ou sociétés commerciales et/ou autres acteurs non étatiques (76). Les sociétés commerciales ne peuvent donc pas être considérées comme détentrices directes d'obligations en matière de droits de l'homme en vertu du droit international. Les obligations qui pèsent sur ces sociétés relèvent plutôt du droit civil ou pénal national, même si ces obligations nationales découlent de la mise en œuvre de l'obligation internationale des États de garantir la protection effective des droits fondamentaux des personnes relevant de leur juridiction. Le Représentant spécial du Secrétaire général chargé de la question des droits de l'homme et des sociétés transnationales et autres entreprises a d'ailleurs expressément décidé de ne pas adopter une approche fondée sur une simple transposition de certaines obligations en matière de droits de l'homme aux sociétés transnationales : « Certains acteurs estiment que la solution consiste à définir une liste restreinte de droits de l'homme pour lesquels la responsabilité des entreprises serait engagée, tandis qu'elles assumeraient globalement le même champ de responsabilité que les États lorsqu'elles exercent une influence. [...] [C]ette

(74) Conseil des droits de l'homme, Rapport du Représentant spécial du Secrétaire général chargé de la question des droits de l'homme et des sociétés transnationales et autres entreprises, *Doc.* A/HRC/11/13 (22 avril 2009), § 57.

(75) Voy. C. Tomuschat, *Human Rights: Between Idealism and Realism*, Oxford, O.U.P., 2003, p. 309 et J. Knox, « Horizontal Human Rights Law », *A.J.I.L.*, 2008, pp. 1-47. Ce principe a été explicitement inclus dans le Pacte international relatif aux droits civils et politiques, par lequel les États parties s'engagent à respecter et à garantir à tous les individus se trouvant sur leur territoire et relevant de leur compétence les droits reconnus dans le Pacte (Article 2 du Pacte international relatif aux droits civils et politiques). Cette double obligation a, outre l'observation générale déjà citée du Comité des droits de l'homme, été confirmée dans la jurisprudence internationale ; voy. notamment Cour interaméricaine des droits de l'homme, *Velásquez Rodríguez c. Honduras*, Jugement du 29 juillet 1988, Inter-Am.Ct.H.R. (Ser. C) No. 4 (1988), § 172.

(76) La division public/privé des droits de l'homme a été explicitement soulignée par le Comité des droits de l'homme des Nations Unies : « Puisque les obligations énoncées au paragraphe 1 de l'article 2 lient les États parties, elles n'ont pas en droit international un effet horizontal direct. Le Pacte ne saurait se substituer au droit civil ou pénal national. Toutefois, les États parties ne pourront pleinement s'acquitter de leurs obligations positives, visées au paragraphe 6, de garantir les droits reconnus dans le Pacte que si les individus sont protégés par l'État non seulement contre les violations de ces droits par ses agents, mais aussi contre des actes commis par des personnes privées, physiques ou morales, qui entraveraient l'exercice des droits énoncés dans le Pacte dans la mesure où ils se prêtent à une application entre personnes privées, physiques ou morales » (Comité des droits de l'homme, Observation générale No. 31 [80] La nature de l'obligation juridique générale imposée aux États parties au Pacte, *Doc.* CCPR/C/21/Rev.1/Add.13 (26 mai 2004)).

formule n'a pas été retenue par le Représentant spécial »(77). Bref, une transposition pure aux entreprises des règles primaires et secondaires liant les États est clairement problématique(78).

Les seules dérogations généralement admises à ce schéma général renvoient à l'existence de plusieurs obligations (primaires) liant directement les particuliers en vertu du droit international, principalement dans le domaine du droit pénal international. Ces règles primaires sont en outre accompagnées de règles secondaires spécifiques à la responsabilité pénale internationale. Les individus, en vertu de ces règles du droit international ont, par exemple, l'obligation de ne pas commettre de génocide, de crimes de guerre ou de crimes contre l'humanité. Ainsi, dans le cas d'obligations en matière de droit pénal international, des entités non étatiques sont déjà les destinataires réels de ces obligations(79).

Si l'on se penche sur le cas spécifique de la responsabilité des sociétés commerciales en matière de commerce avec le Territoire palestinien occupé, il ressort clairement qu'en vertu du droit international, les sociétés commerciales ne peuvent encourir de responsabilité internationale pour des violations des droits de l'homme, et de manière générale, toute autre obligation adressée aux États, dont notamment le devoir de non-reconnaissance et l'obligation de ne pas prêter aide ou assistance au maintien de la situation. En effet, compte tenu de l'absence d'obligations directes en la matière, les sociétés commerciales ne peuvent *directement* violer ces normes internationales. Certes, compte tenu de l'obligation pour les États de faire respecter les droits de l'homme sur leur territoire, ces sociétés commerciales peuvent être poursuivies sur le plan civil ou pénal *national* pour toute violation des droits de l'homme. Mais il ne s'agit alors pas de responsabilité en droit international, mais bien de responsabilité relevant du droit national de l'État où a été commise la violation. Ces principes sont corroborés par les « Principes directeurs » présentés par le « Représentant spécial du Secrétaire général chargé de la question des droits de l'homme et des sociétés transnationales et autres entreprises », lesquels prévoient notamment que les États ont l'obligation de :

> « prendre des mesures appropriées pour assurer, par le biais de moyens judiciaires, administratifs, législatifs ou autres, que lorsque [des atteintes aux droits de l'homme commises par des entreprises] se produisent sur leur territoire et/ou sous leur juridiction, les parties touchées ont accès à un recours alternatif »(80).

(77) Conseil des droits de l'homme, Rapport du Représentant spécial du Secrétaire général chargé de la question des droits de l'homme et des sociétés transnationales et autres entreprises, M. John Ruggie, *Doc.* A/HRC/8/5 (7 avril 2008), para. 6.

(78) Voy. à ce sujet S. R. Ratner, « Corporations and Human Rights: A Theory of Legal Responsibility », *Yale Law Journal*, 2001-2002, pp. 494 et ss.

(79) *Cf.* L. van den Herik et J. Letnar, « Regulating Corporations under International Law: From Human Rights to International Criminal Law and Back Again », *Journal of Int. Crim. Justice*, 2010, pp. 725-743.

(80) Assemblée générale des Nations Unies, Conseil des droits de l'homme, Rapport du Représentant spécial du Secrétaire général chargé de la question des droits de l'homme et des sociétés

C'est également dans cette optique que le rapport du « Rapporteur spécial sur la situation des droits de l'homme dans le Territoire palestinien occupé depuis 1967 » du 19 septembre 2012 note que des recours en responsabilité civile sont un moyen efficace d'offrir de réelles indemnisations aux victimes de violations des droits de l'homme (81).

Notons toutefois que les violations des obligations en matière de droit de l'homme, et plus généralement toute obligation de droit international, y compris celles énoncées dans la première partie de cet article, peuvent entraîner la responsabilité internationale de l'État, même si les violations sont le résultat d'activités de sociétés commerciales. Il faudrait cependant démontrer, dans un tel cas, que les activités de ces sociétés commerciales peuvent être attribuées à l'État en vertu des règles coutumières en la matière (82). Mais de telles hypothèses restent exceptionnelles. Dans la plupart des cas, la question sera plutôt de déterminer quelles sont les obligations qui pèsent sur les États et de s'assurer que les sociétés qui sont sous sa juridiction respectent les droits fondamentaux de la personne.

B. — *Les limites de la responsabilité de l'État pour les activités des sociétés ayant sa nationalité*

À ce stade, la question se pose donc de déterminer dans quelle mesure les États ont, en application du droit international, l'obligation de réglementer les activités extraterritoriales des sociétés commerciales à l'étranger (1), le cas échéant par le biais de législation de type '*Alien Tort Act*' (2).

1. *Les compétences étatiques en matière de réglementation des activités à l'étranger des sociétés transnationales ayant leur nationalité*

La responsabilité principale dans la réglementation des activités des sociétés commerciales repose essentiellement sur l'État d'accueil. Une telle obligation est une obligation de moyen plutôt que de résultat, et ne peut être violée que s'il y a un manquement à une obligation de vigilance, soit afin d'empêcher la violation, soit afin de la réprimer adéquatement. Dans son rapport final, le « Représentant spécial du Secrétaire général chargé de la question des droits de l'homme et des sociétés transnationales et autres entreprises » a adopté une position similaire, en confirmant la responsabilité première des États. Le Représentant spécial a adopté « le devoir de l'État de proté-

transnationales et autres entreprises, J. Ruggie, « Principes directeurs relatifs aux entreprises et aux droits de l'homme : mise en œuvre du cadre de référence « protéger, respecter et réparer » des Nations Unies », *Doc.* A/HRC/17/31, 21 mars 2011, p. 26 (25e principe).

(81) Assemblée générale des Nations Unies, Rapport du Rapporteur spécial sur la situation des droits de l'homme dans les territoires palestiniens occupés depuis 1967, *Doc.* N° A/67/379, 19 septembre 2012, § 35.

(82) Voy. également J. Crawford, *Third Party Obligations with respect to Israeli Settlements in the Occupied Palestinian Territories*, Trade Union Congress, 24 January 2012, §§ 93 et s.

ger» comme le premier principe de base pour traiter de la responsabilité des sociétés en cas de violations des droits de l'homme(83). Et ce devoir pèse en premier lieu sur l'État sur le territoire duquel agissent les sociétés concernées.

Dans cette perspective, une responsabilité directe de l'État pour les actions à l'étranger de ses ressortissants (qu'il s'agisse d'individus ou de sociétés commerciales) n'existe pas en droit international, l'attribution de la conduite en question à l'État ne pouvant s'opérer que conformément aux règles d'attribution acceptées en droit coutumier(84). Peut-on cependant affirmer qu'il existe une obligation pour les États de réglementer l'activité extraterritoriale des sociétés commerciales ayant leur nationalité ? (85). Certes, il est difficilement contestable que les États *peuvent* contrôler l'activité des sociétés commerciales et des individus ayant leur nationalité par l'exercice de leurs compétences législatives. Encore faudra-t-il, dans ces cas, que certaines conditions soient respectées. En principe, en application du principe de l'égalité souveraine des États, la compétence normative, à savoir la capacité pour les États de légiférer en vue de réglementer la conduite de leurs ressortissants, est limitée au seul territoire de l'État (compétences territoriales) et aux seules personnes ayant la nationalité de l'État (compétences personnelles). Mais, dans ces deux cas, il sera souvent difficile d'établir une obligation de poursuite.

1°. Tout d'abord, il faut relever qu'une application extensive du principe de la compétence territoriale a déjà amené certains tribunaux nationaux à exercer leur compétence pour des infractions dont l'élément déclencheur a eu lieu au sein même de l'État, mais dont d'autres éléments constitutifs ont été établis à l'étranger, ou plus généralement lorsqu'un élément constitutif essentiel d'un crime est consommé sur le territoire de l'État(86). Dans ces cas, il est nécessaire d'établir un lien entre le crime que l'on veut poursuivre et le territoire de l'État du for(87). Or, en pratique, cette démonstration sera souvent impossible dans le cas de violations commises à l'étranger par

(83) Conseil des droits de l'homme, Rapport du Représentant spécial du Secrétaire général chargé de la question des droits de l'homme et des sociétés transnationales et autres entreprises, *Doc.* A/HRC/11/13 (22 avril 2009), § 12 et s.

(84) Assemblée générale des Nations Unies, Conseil des droits de l'homme, Rapport du Représentant spécial du Secrétaire général chargé de la question des droits de l'homme et des sociétés transnationales et autres entreprises, J. Ruggie, «Principes directeurs relatifs aux entreprises et aux droits de l'homme : mise en œuvre du cadre de référence «protéger, respecter et réparer» des Nations Unies», *Doc.* A/HRC/17/31, 21 mars 2011, p. 11 (commentaire du 4e principe).

(85) Voy. également Assemblée générale des Nations Unies, Conseil des droits de l'homme, Rapport du Représentant spécial du Secrétaire général chargé de la question des droits de l'homme et des sociétés transnationales et autres entreprises, John Ruggie, «Principes directeurs relatifs aux entreprises et aux droits de l'homme : mise en œuvre du cadre de référence «protéger, respecter et réparer» des Nations Unies», *Doc.* A/HRC/17/31, 21 mars 2011, p. 8 (commentaire du 2e principe).

(86) *Ibid.*

(87) V. Lowe, «Jurisdiction», *in* M. Evans (ed.), *International Law*, Oxford, O.U.P., 2006, p. 345.

des sociétés commerciales étrangères (88). La compétence territoriale élargie constitue donc une piste difficilement envisageable pour concrétiser l'obligation générale des États énoncée dans l'avis de la Cour.

2°. Par ailleurs, en ce qui concerne les compétences personnelles, il est vrai que, en théorie, l'exercice de la compétence fondée sur le principe de personnalité active serait la meilleure alternative à la réglementation des activités extraterritoriales des sociétés commerciales, en l'absence d'exercice de la compétence par l'État d'accueil. Une telle démarche n'est pas, en principe, contraire au droit international lorsqu'il existe une base de compétence claire (89). Cependant, les sociétés transnationales agissent souvent par des filiales, qui n'ont pas nécessairement la nationalité de la société mère. Dans ces cas, le lien entre la société et l'État exerçant sa juridiction pourrait donc être difficile à établir. Plus généralement, il sera d'ailleurs délicat d'établir une *obligation* d'exercer une compétence personnelle active, cette dernière étant généralement conçue comme une *capacité* laissée à la discrétion des États.

La pratique des États à ce sujet est d'ailleurs très divergente, et tend à rester strictement limitée au droit pénal, et plus spécialement aux seuls crimes graves (90). Cette pratique démontre que les États sont généralement réticents à accepter une application large du principe de personnalité active, même pour les individus (91), puisque l'application d'une telle compétence entre par définition en conflit avec la compétence territoriale des autres États (92). L'article 4 du Code pénal belge contient par exemple le principe général que les crimes commis à l'étranger ne peuvent être punis en Belgique, sauf dans les cas expressément prévus par la loi. L'article 7 du Titre préliminaire du Code de procédure pénale prévoit en outre que tel ne peut être le cas que lorsque la conduite est considérée comme un crime, en vertu à la fois de la loi belge et de la loi applicable dans le territoire où l'acte a été commis. Or, même si la responsabilité *pénale* des sociétés commence à être reconnue dans certains États, cette responsabilité est alors souvent limitée à certains types précis de crimes principalement liés à la corruption ou aux atteintes à l'environnement. Elle vise beaucoup moins fréquemment les crimes internationaux, qui sont les seuls qui nous intéressent ici. Quant aux risques de concurrence avec la compétence de l'État territorial, ils posent moins de problèmes lorsque le comportement visé est réprimé «universelle-

(88) *Cf.* J. WOUTERS et C. RYNGAERT, «Litigation for Overseas Corporate Human Rights Abuses in the European Union: the Challenge of Jurisdiction», *Geo. Wash. Int. L. Rev.*, 2009, p. 939.

(89) Conseil des droits de l'homme, Rapport du Représentant spécial du Secrétaire général chargé de la question des droits de l'homme et des sociétés transnationales et autres entreprises, *Doc.* A/HRC/11/13 (22 avril 2009), § 15.

(90) M.N. SHAW, *International Law*, 6th ed., Cambridge, C.U.P., 2008, p. 663.

(91) Voy. V. LOWE, «Jurisdiction», *op. cit.*, p. 347.

(92) P. MUCHLINSKI, *Multinational Enterprises and the Law*, Oxford, O.U.P., 2007, pp. 129 et s.

ment »(93), comme c'est le cas pour les crimes internationaux. Toutefois, comme nous l'avons déjà indiqué, les sociétés n'ont pas, à ce stade, d'obligations directes en droit international, et ne peuvent donc directement être tenues responsables d'une violation du droit international. Rappelons que, même dans ces cas, une loi nationale qui permet un droit d'action sur cette base demeure nécessaire.

En ce qui concerne plus particulièrement les activités commerciales avec le Territoire palestinien occupé, il ressort donc que les États ont la *possibilité* d'imposer aux sociétés commerciales et individus ayant leur nationalité certaines obligations découlant du droit international des droits de l'homme, par l'exercice de leurs compétences personnelles. Les États pourraient notamment imposer certaines obligations liées directement aux obligations étatiques mentionnées ci-dessus. Ces normes seraient alors des normes de droit national, et non de droit international, ce qui implique que toute responsabilité pour violation de ces normes entraînerait une responsabilité civile ou pénale en droit national. C'est notamment dans ce contexte qu'il faut comprendre la résolution adoptée par le Mouvement des États Non-Alignés suite au sommet de Durban, en 2004 (94). La résolution envisage en effet ce type de mesures, tout en confirmant implicitement que toute règlementation des activités des sociétés commerciales avec le Territoire palestinien occupé nécessite une intervention législative des États au niveau national :

> « With regard to Member States, the Ministers called upon them to undertake measures, including by means of legislation, collectively, regionally and individually, to prevent any products of the illegal Israeli settlements from entering their markets consistent with the obligations under International Treaties, to decline entry to Israeli settlers and to impose sanctions against companies and entities involved in the construction of the wall and other illegal activities in the Occupied Palestinian Territory, including East Jerusalem » (95).

Nous n'avons pas connaissance des suites précises qu'a pu susciter l'adoption de cette résolution. En revanche, on peut prendre en compte au titre de pratique des États l'exercice de certaines compétences par le biais de législations inspirées de l'*Alien Tort Statute* aux États-Unis.

2. *La compétence extraterritoriale par le biais de législation du type* 'Alien Tort Statute'

L'existence de législations nationales accordant un forum judiciaire permettant d'intenter une action contre des sociétés étrangères, telles que le « *Alien Tort Statute* [ATS] », également connu sous le nom de « *Alien Tort*

(93) M. D. RAMSEY, « International Law Limits on Investor Liability in Human Rights Litigation », *Harvard I.L.Jnal*, 2009, p. 297 et I. BROWNLIE, *op. cit.*, pp. 303-304.

(94) XIVth Ministerial Conference of the Non-Aligned Movement, Durban (17-19 August 2004), Declaration on Palestine (http://www.nam.gov.za/media/040820a.htm).

(95) *Ibid.*, § 5b).

Claims Act [ATCA]», aux États-Unis a souvent été invoquée en tant que preuve de l'existence d'une responsabilité internationale des sociétés pour des violations des droits de l'homme. Pourtant, l'ATS n'impose pas directement d'obligations aux sociétés commerciales. Cette loi convertit simplement une violation du droit international en fait dommageable dans le cadre du droit *national* et, même alors, seulement, comme l'a indiqué la Cour suprême des États-Unis, lorsque le droit international est suffisamment précis (96). L'ATS, en tant que législation des États-Unis, ne confère qu'un droit d'action en responsabilité délictuelle purement national devant les tribunaux américains pour des violations du droit international (97). L'ATS ne peut donc être considéré comme impliquant le transfert aux sociétés d'une quelconque responsabilité en droit international pour violations des droits de l'homme en général. L'ATS devrait plutôt être considéré comme un exemple relativement efficace de l'exercice de compétences extraterritoriales.

En 2011, cependant, plusieurs actions intentées devant les tribunaux des États-Unis ont abouti à des décisions formellement opposées. Une décision récente d'une Cour d'appel des États-Unis (*Second Circuit*), dans l'affaire *Kiobel* v. *Royal Dutch Petroleum* (98), qui a d'ailleurs confirmé une décision du *California District Court*, réaffirme sans ambiguïté l'absence en droit international de toute responsabilité internationale des sociétés en matière de droits de l'homme et de droit pénal international. L'action avait été intentée par plusieurs personnes originaires de la région Ogoni au Nigéria contre la société Shell, alléguant la complicité de cette dernière dans diverses violations des droits de l'homme par le gouvernement nigérian. La Cour d'appel a conclu que l'ATS ne permet pas d'intenter une action contre des sociétés pour des violations du droit international, en distinguant clairement la responsabilité nationale de la responsabilité internationale des sociétés. La Cour a jugé que «[o]ur recognition of a norm of liability as a matter of domestic law, therefore, cannot create a norm of customary international law» (99). De plus, la Cour a conclu que

> «international law has steadfastly rejected the notion of corporate liability for international crimes, and no international tribunal has ever held a corporation liable for a violation of the law of nations. We must conclude, therefore, that insofar as plaintiffs bring claims under the ATS against corporations, plaintiffs fail to allege violations of the law of nations, and plaintiffs' claims fall outside the limited jurisdiction provided by the ATS.

(96) Voy. United States Supreme Court, *Sosa* v. *Alvarez-Machain*, 542 U.S. (2004), pp. 23 et s.

(97) *Ibid.*; voy. également A. D'AMATO, «Judge Bork's Concept of the Law of Nations is Seriously Mistaken», *A.J.I.L.*, 1985, pp. 92-113.

(98) United States Court of Appeals for the Second Circuit, *Kiobel* v. *Royal Dutch Petroleum, Shell Transport And Trading Company and Shell Petroleum Development Company of Nigeria*, Docket N[os] 06-4800-cv, 06-4876-cv, 17 septembre 2010, http://www.ca2.uscourts.gov/decisions/isysquery/3b6c7a2e-4d70-4306-973e-d0ed3eff5b40/1/doc/06-4800-cv_opn.pdf.

(99) *Ibid.*, p. 6.

> [w]e do not know whether the concept of *corporate* liability will « gradually ripen[ ] into a rule of international law. » [...]. It can do so, however, only by achieving universal recognition and acceptance as a norm in the relations of States *inter se*. For now, and for the foreseeable future, the Alien Tort Statute does not provide subject matter jurisdiction over claims against corporations » (100).

Cependant, dans deux autres affaires récentes, la Cour d'appel des États-Unis (*DC Circuit* et *Seventh Circuit*) a décidé que l'ATS permettrait d'intenter une action à l'encontre de sociétés multinationales. La Cour d'appel des États-Unis (*DC Circuit*), dans l'affaire *Doe* v. *Exxon Mobil* (101), a affirmé que :

> « [t]here are a number of problems with the analysis in *Kiobel*. Perhaps foremost, the Second Circuit looked to international law to define who may be a defendant. [...] The Second Circuit's approach overlooks the key distinction between norms of conduct and remedies discussed by Professor Henkin and Judge Edwards and instead conflates the norms and the rules (the technical accoutrements) for any remedy found in federal common law » (102).

La Cour conclut que le droit international, en particulier le droit coutumier et les principes généraux de droit international, contient des normes concernant la responsabilité civile des sociétés transnationales (103). Il est cependant remarquable que dans cette affaire, la Cour a fondé son raisonnement sur la circonstance que tant les traités internationaux que le TPIY reconnaîtraient l'existence d'une telle norme coutumière, alors que ce n'est manifestement pas le cas (104). La conclusion contenue dans cet arrêt a pourtant été confirmée, trois jours plus tard par la Cour d'appel des États-Unis (*Seventh Circuit*), dans l'affaire *Flomo* v. *Firestone Natural Rubber* (105). Dans cette affaire, la Cour a estimé que :

> « [t]he factual premise of the majority opinion in the *Kiobel* case is incorrect. At the end of the Second World War the allied powers dissolved German corporations that had assisted the Nazi war effort, along with Nazi government and party organizations — and did so on the authority of customary international law » (106).

La référence aux actes des Puissances occupantes en Allemagne après la Seconde Guerre mondial ne semble pas convaincante, compte tenu notamment de ce qu'il s'agissait là d'une décision prise en vertu des pouvoirs spécifiques octroyés aux Puissances occupantes par le droit de l'occupation

(100) *Ibid.*, p. 9.

(101) United States Court of Appeals for the District of Columbia Circuit, *John Doe VIII, et al., v. Exxon Mobil Corporation, Et Al.*, No. 09-7125, 8 juillet 2011, http://www.cadc.uscourts.gov/internet/opinions.nsf/567B411C56CD7A6F852578C700513FC8/$file/09-7125-1317431.pdf.

(102) *Ibid.*, pp. 70-71.

(103) *Ibid.*, p. 80.

(104) *Ibid.*, pp. 68 et s.

(105) United States Court of Appeals for the Seventh Circuit, *Flomo* v. *Firestone Natural Rubber*, 11 juillet 2011, No. 10-3675, http://www.ca7.uscourts.gov/fdocs/docs.fwx ? submit = rss_sho&shofile = 10-3675_002.pdf.

(106) *Ibid.*, p. 6.

militaire, et non d'une décision juridique fondée sur une règle générale de droit coutumier. En outre, notons que si la Cour, dans l'affaire *Flomo* v. *Firestone Natural Rubber*, critique l'affaire *Kiobel* en ce qu'elle confirme l'absence en droit coutumier d'une responsabilité civile des sociétés transnationales, elle ne démontre pas que le droit coutumier contiendrait une telle responsabilité.

La Cour suprême des États-Unis a, par le biais d'un «*writ of certiorari*», été saisie de l'affaire *Kiobel*. Cette décision pourrait apporter les clarifications nécessaires au sujet de l'absence de la responsabilité civile des sociétés transnationales en droit international contemporain (107). Notons que, dans l'affaire *Sosa* v. *Alvarez-Machain*, la Cour suprême avait estimé qu'il s'agissait bien de vérifier si l'acte en question était contraire au droit international, et non au droit national, mais avait laissé ouverte, dans une note de bas de page, la question de savoir si l'ATS permettait également de poursuivre des sociétés transnationales. Elle avait en effet considéré qu'une question qui devrait encore être déterminée était de savoir

> «whether international law extends the scope of liability for a violation of a given norm to the perpetrator being sued, if the defendant is a private actor such as a corporation or individual» (108).

Bien que l'inadéquation de l'ATS en tant que mécanisme susceptible de servir de base juridique afin d'engager la responsabilité internationale des sociétés en matière de droits de l'homme devra encore être confirmée par une jurisprudence ultérieure, notamment par la Cour suprême des États-Unis, la décision de la Cour d'appel dans l'affaire *Kiobel*, à ce stade, en ce qu'elle énonce que les sociétés commerciales n'encourent aucune responsabilité qui découlerait directement du droit international, nous semble juridiquement la plus convaincante.

C. — *La réticence à considérer les sociétés commerciales comme destinataires des obligations internationales en matière de droit pénal international*

Lorsqu'on examine la responsabilité pénale des personnes morales en vertu du droit international, la conclusion est qu'il existe à tout le moins une certaine réticence à étendre aux sociétés commerciales la responsabilité pénale individuelle. La responsabilité pénale des personnes morales n'a, par exemple, pas été reprise dans le texte final du Statut de Rome, malgré son inclusion dans

(107) Voy. pour une critique générale concernant la capacité des tribunaux des États-Unis de 'légiférer' à ce sujet : J. G. Ku, «The Curious Case of Corporate Liability Under the Alien Tort Statute : A Flawed System of Judicial Lawmaking», *Virginia Jnal I.L.*, 2011, p. 353.

(108) Cour suprême des États-Unis, *Sosa* v. *Alvarez-Machain*, 542 U.S. 692 (2004), § 733, note 20, http://supreme.justia.com/us/542/692/case.html.

l'article 23, § 5 de l'avant-projet (109). Bien que la raison du rejet de cette proposition à la Conférence de Rome ne fût pas la « question théorique de la personnalité des sociétés » (110), la non-inscription de la responsabilité pénale des sociétés dans le Statut de Rome prouve en tout état de cause qu'il n'existe pas à ce stade de consensus à ce sujet. Cela ne signifie pas qu'une telle évolution ne peut être envisagée. Une extension de la responsabilité pénale individuelle aux sociétés commerciales en droit international n'est pas, en tant que telle, inimaginable, et serait en effet très similaire à l'extension de la responsabilité pénale des individus aux sociétés dans plusieurs systèmes juridiques nationaux. Cette évolution ne créerait pas une personnalité juridique internationale à part entière pour les sociétés commerciales, tout comme la responsabilité pénale individuelle en droit international n'a pas généré une personnalité juridique internationale à part entière pour les personnes physiques.

Certains auteurs soutiennent que, malgré l'absence d'une telle inclusion dans le statut de la CPI, une responsabilité pénale des personnes morales pour les crimes internationaux existerait en vertu du droit international, et plus particulièrement sur la base du droit coutumier (111). La question, en réalité, est de savoir quel serait le sens d'une telle règle de droit coutumier, en l'absence d'un for international de mise en œuvre d'une telle responsabilité (112). Comme l'a noté Alain Pellet, la responsabilité internationale des acteurs autres que les États est souvent directement liée à l'existence de la mise en œuvre d'une telle responsabilité par une instance internationale (113). En outre, l'existence d'une responsabilité internationale en vertu du droit international coutumier ne peut être déduite de la seule incrimination au niveau national. La condamnation d'individus ou de personnes morales par des tribunaux nationaux, se fait sur la base d'une conception interne de responsabilité. Même si une pratique étatique pratiquement uniforme de criminalisation et de poursuites judiciaires à l'encontre de sociétés commerciales pour un comportement qui constituerait un crime international existait, cela n'aboutirait pas nécessairement à la création d'un concept de responsabilité en droit international en vertu du droit international coutumier, tout comme le meurtre n'est pas un crime de droit international du seul fait de sa criminalisation dans tous les ordres juridiques nationaux du monde. S'il y avait

(109) Conférence diplomatique de plénipotentiaires des Nations Unies sur la création d'une Cour criminelle internationale, Rapport du comité préparatoire pour la création d'une Cour criminelle internationale, *Doc.* A/CONF.183/2/Add.1, 14 avril 1998, p. 50.

(110) A. Clapham, *op. cit.*, p. 246.

(111) Voy. A. Clapham, « Extending International Criminal Law beyond the Individual to Corporations and Armed Opposition Groups », *Jnal of Int.Crim.Justice*, 2008, p. 899.

(112) Plusieurs auteurs ont noté, dans le contexte de la responsabilité des sociétés commerciales en vertu du droit international, que les questions de la responsabilité et la mise en œuvre sont en effet des questions distinctes d'un point de vue théorique. Voy. par exemple V. Nerlich, « Core crimes and transnational business corporations », *Jnal of Int.Crim.Justice*, 2010, p. 898.

(113) A. Pellet, « The definition of responsibility in international law », *in* J. Crawford *et al.* (eds.), *The law of international responsibility*, Oxford, O.U.P., 2010, p. 8.

une pratique étatique extensive en droit interne relative à la poursuite des sociétés commerciales pour des crimes internationaux, *quod non*, elle serait généralement fondée sur une conception de responsabilité en droit national et donc sur des principes de responsabilité de droit national, ce qui n'a pas nécessairement une incidence directe sur la possibilité de formation d'un droit coutumier relatif à la responsabilité pénale des personnes morales.

D. — *Le devoir de poursuivre en droit pénal international : quelles implications pour les sociétés commerciales ?*

Le devoir de poursuivre est clairement établi en droit international en tant qu'obligation juridique pour les États pour un certain nombre de crimes internationaux. C'est le cas, notamment, pour les infractions graves au droit international humanitaire, le génocide et la torture. Même si cette obligation peut faire obstacle à des décisions explicites de ne pas poursuivre, notamment en cas d'amnisties (114), elle n'implique pas nécessairement l'obligation de poursuivre systématiquement toute personne associée à ces crimes. Néanmoins, le droit pénal international et en particulier le Statut de Rome établissant la Cour pénale internationale (ci-après CPI) fournit un cadre permettant aux États parties de réglementer les activités extraterritoriales des sociétés commerciales. En vertu du système de complémentarité, les États sont encouragés à poursuivre les crimes les plus graves. Un certain nombre d'États ont investi leurs tribunaux d'une certaine forme de compétence universelle en application de cette interprétation du Statut. Cependant, il faut rappeler que les principes généraux du droit pénal national continuent d'être utilisés, même dans l'optique de la répression de ces crimes internationaux. Cela peut mener les États où la notion de responsabilité pénale des personnes morales existe déjà (115) à engager certaines poursuites relatives aux crimes internationaux. Les Pays-Bas, par exemple (116), ont adopté une législation en ce sens (117). Néanmoins, en pratique, la présentation par les procureurs nationaux d'arguments convaincants s'avère être une tâche ardue, en particulier lorsqu'il s'agit d'apporter la preuve de la *mens rea* d'une société commerciale. La plupart des cas relatifs à la responsabilité pénale des

(114) Voy. D. Jacobs, « Puzzling over amnesties : defragmenting the debate for international criminal tribunals », *in* L. van den Herik et C. Stahn (eds.), *The Diversification and Fragmentation of International Criminal Law*, Leiden/ Boston, Martinus Nijhoff, 2012.

(115) Cette pratique ne doit pas conduire à penser que, en vertu de l'obligation de poursuivre ou du régime de complémentarité de la CPI, les États seraient aussitôt tenus d'intégrer dans leurs ordres juridiques nationaux des concepts juridiques tels que la responsabilité pénale des sociétés commerciales.

(116) Une étude récente de la *FAFO Research Foundation* a démontré que plusieurs autres États sont dans une situation similaire ; M. B. Taylor, R. C. Thompson, et A. Ramasastry, « Overcoming Obstacles to Justice : Improving Access to Judicial Remedies for Business Involvement in Grave Human Rights Abuses », FAFO-Report 2010 : 21, http://www.fafo.no/pub/rapp/20165/index.html.

(117) Voy. l'article 51 du Code pénal des Pays-Bas.

sociétés commerciales devant des juridictions nationales concernent dès lors une responsabilité du fait de négligence, plutôt qu'une responsabilité pour la commission du crime lui-même (118). L'établissement de la connaissance ou de l'intention requise pour la commission d'un crime de droit international présente d'énormes défis théoriques.

Appliqués aux activités commerciales avec le Territoire palestinien occupé, ces principes impliquent que les États ont la possibilité de poursuivre des sociétés commerciales pour des activités dans le Territoire palestinien occupé qui constitueraient des crimes de droit international, et ce notamment lorsque ces États disposent d'une législation pénale nationale qui reconnaît la responsabilité pénale des personnes morales. Lorsque les États décident de poursuivre une société commerciale pour commission ou complicité dans la commission d'un crime de droit international, cette décision peut en outre être considérée comme une mise en œuvre de l'obligation de faire respecter le droit international humanitaire en vertu de l'article 1er de la quatrième convention de Genève. Rappelons cependant qu'en vertu de l'obligation énoncée dans cette dernière disposition, les États n'ont pas l'*obligation* de poursuivre toute personne (physique ou morale) responsable de violation des conventions de Genève. Notons également que les dirigeants des sociétés commerciales peuvent, lorsque les conditions à cet effet sont réunies, engager leur responsabilité pénale individuelle pour tout crime de droit international (119). Il ne s'agit alors que d'une responsabilité en droit international *pénal*, et non d'une responsabilité générale pour toute violation du droit international, y compris des normes en matière de droits de l'homme.

Un cas significatif pourrait être celui des poursuites engagées par les Pays-Bas à l'encontre de la société Riwal. À la suite d'une plainte déposée par l'organisation non-gouvernementale *Al Haq*, un procureur néerlandais a décidé d'enquêter sur cette affaire (120). *Riwal* est une société privée de droit néerlandais spécialisée dans la location de grues mobiles et de plates-formes aériennes destinées à des travaux de construction. Des grues de la société *Riwal* ont été repérées à proximité de certains sites de construction du mur et de colonies de peuplement en territoire palestinien occupé en 2006, 2007 et 2009, donc bien après l'avis consultatif de la Cour de 2004. Il est sou-

(118) Voy. L.H. LEIGH, « The Criminal Liability of Corporations and Other Groups : A Comparative View », *Michigan Law Review*, 1982, p. 1512.

(119) Assemblée générale des Nations Unies, Conseil des droits de l'homme, Rapport du Représentant spécial du Secrétaire général chargé de la question des droits de l'homme et des sociétés transnationales et autres entreprises, John RUGGIE, « Principes directeurs relatifs aux entreprises et aux droits de l'homme : mise en œuvre du cadre de référence « protéger, respecter et réparer » des Nations Unies », A/HRC/17/31, 21 mars 2011, p. 25 (commentaire du 23e principe).

(120) Voy. sur cette affaire : Al-Haq, « The Case Against Riwal : Corporate Complicity in International Crimes », 16 octobre 2010, http://www.alhaq.org/advocacy/targets/accountability/71-riwal/307-the-case-against-riwal-corporate-complicity-in-international-crimes-.

tenu que, par la location des grues qui ont été utilisés pour la construction du mur, *Riwal* s'est rendue complice de crimes de guerre et crimes contre l'humanité. La poursuite éventuelle de *Riwal* par les Pays-Bas peut être considérée comme une tentative de mettre en œuvre les obligations étatiques mentionnées plus haut, et en tant que telle, fût-ce de manière indirecte, elle peut être considérée comme un précédent susceptible de préciser les obligations étatiques énoncées de manière plutôt générale et vague par la Cour internationale de Justice.

Conclusion

Cet article a analysé les obligations générales des États tiers découlant de règles *erga omnes* identifiées par la CIJ dans son avis consultatif relatif à la construction du mur dans le Territoire palestinien occupé. Nous appuyant sur l'avis du juge Kooijmans selon lequel ces obligations étaient sans contenu réel, nous nous sommes demandés si les régimes spéciaux de droits de l'homme et du droit pénal international permettaient d'établir des obligations concrètes pour les États tiers de réglementer et, le cas échéant, de réprimer les activités extraterritoriales des sociétés commerciales. Sans aucun doute, ces régimes facilitent, voire encouragent, de telles actions, en particulier en ce qui concerne la violation par des sociétés commerciales de règles internationales d'une nature particulière, à savoir celles qui relèvent du droit pénal international. Cependant, il n'existe aucune *obligation* pour les États de le faire. L'identification par la CIJ des obligations applicables en la matière n'a pas eu pour effet de modifier immédiatement l'état actuel du droit international, qu'il s'agisse des droits de l'homme ou encore du droit pénal international. En outre, il nous semble que le caractère *erga omnes* des obligations violées par Israël n'a qu'une incidence sur les obligations générales des États tiers, sans pour autant influencer les normes en matière de droits de l'homme ou de droit pénal international.

L'avis de la CIJ peut s'avérer pertinent pour des procédures internes à un certain nombre d'égards. Tout d'abord, cet avis peut aisément encourager certaines initiatives de poursuites, car l'illégalité de la construction du mur dans le Territoire palestinien occupé et des colonies de peuplement a clairement été établie par la Cour. En second lieu, l'avis peut être instructif dans le processus de preuve. L'affaire contre *Riwal* est exemplaire à ces deux égards. L'autorité découlant de l'avis de la CIJ a pu contribuer au déclenchement de cette affaire. Il n'est pas improbable qu'il a aidé à convaincre le procureur néerlandais d'ouvrir une enquête suite à la réception de la plainte. Plus concrètement, si l'affaire se poursuit, l'avis de la CIJ peut être directement utilisé dans l'établissement de l'élément moral de la responsabilité pénale d'une société commerciale, lequel, comme cela a été indiqué, est de manière générale l'obstacle principal dans l'établissement de la responsabilité pénale des personnes morales. Compte tenu de l'avis de la Cour, qui a été rendu public et largement commenté, il serait impossible pour Riwal de nier la connaissance de l'illégalité et donc de la criminalité des travaux auxquels elle a participé.

REVUE BELGE DE DROIT INTERNATIONAL
2012/1 – Éditions BRUYLANT, Bruxelles

LA RÉPRESSION DE L'APPEL AU BOYCOTT DES PRODUITS ISRAÉLIENS EST-ELLE CONFORME AU DROIT À LA LIBERTÉ D'EXPRESSION* ?

PAR

François DUBUISSON**

Résumé

La mise en œuvre par un ensemble d'ONG d'une campagne de boycott, désinvestissement, sanctions (BDS) visant l'État d'Israël a donné lieu à des condamnations pénales en France, fondées sur une législation interdisant l'entrave discriminatoire de l'exercice normal d'une activité économique quelconque. L'étude entend montrer que cette pénalisation des appels au boycott des produits israéliens pose des graves problèmes de compatibilité au droit à la liberté d'expression. D'une part, l'incrimination de l'appel au boycott des produis israéliens procède d'une interprétation extensive des termes de la loi, destinée à l'origine à ne viser que la mise en œuvre par les opérateurs économiques français des mesures de boycott décidées par des États étrangers. D'autre part, il ressort de la jurisprudence de la Cour européenne des droits de l'homme que les associations militantes bénéficient d'une liberté d'expression particulièrement étendue dans l'exercice de leurs activités politiques, à laquelle la répression de l'appel au boycott apporte une limitation disproportionnée.

Depuis plusieurs années, une campagne de boycott, désinvestissement, sanctions (BDS) visant l'État d'Israël a été lancée par un ensemble d'ONG, dans divers pays, à la suite d'un appel lancé par la société civile palestinienne, en juillet 2005 (1). Elle consiste notamment à prôner diverses formes de boycott, économique, académique et culturel, en vue de faire pression sur l'État d'Israël pour qu'il cesse sa politique d'occupation et respecte le droit international. La mise en œuvre de cette campagne a donné lieu à des poursuites judiciaires en France, visant des militants ou des personnalités ayant publiquement promu le boycott de produits israéliens. Jean-Claude Willem, maire de la commune de Seclin, a été condamné pour avoir annoncé son intention de demander aux services de restauration de sa commune de

* L'auteur remercie Ghislain Poissonnier pour son aimable aide dans la récolte des décisions judiciaires et ses commentaires.

** Chargé de cours, Centre de droit international de l'Université libre de Bruxelles (ULB).

(1) Palestinian Civil Society Call for BDS, 9 July 2005, http://www.bdsmovement.net/call.

ne plus acheter de produits en provenance de l'État d'Israël (2). Par ailleurs, une militante de la Ligue des droits de l'homme (affaire *S. A.*) a également été condamnée pour avoir apposé un autocollant appelant au boycott sur une bouteille de jus de fruit provenant d'Israël (3). Le motif de la condamnation dans ces deux cas a été l'incitation publique à la discrimination nationale. Ces procédures judiciaires ont été appuyées par la Direction des affaires criminelles du ministère de la Justice (4), qui a publié en février 2010 une directive appelant à la répression des campagnes de boycott des produits israéliens et enjoignant le ministère public d'« assurer une réponse cohérente et ferme à ces agissements » (5).

La France est l'un des rares États à avoir établi, en se fondant sur la mise en œuvre de la Convention internationale sur l'élimination de toutes les formes de discrimination raciale, une législation visant spécifiquement le boycott, en interdisant « l'entrave de l'exercice normal d'une activité économique quelconque », fondée sur « toute distinction opérée entre les personnes à raison de leur appartenance à une nation ». L'application de ce type d'appareil législatif aux campagnes de boycott des produits israéliens pose la question de sa conformité avec le droit à la liberté d'expression, liberté dans le cadre de laquelle s'inscrivent *a priori* les activités militantes des associations promouvant la campagne BDS. Le droit à la liberté d'expression est établi par de nombreux instruments européens et internationaux, notamment l'article 10 de la Convention de sauvegarde des droits de l'homme et des libertés fondamentales du 4 novembre 1950 (ci-après « CEDH ») et l'article 19 du Pacte international relatif aux droits civils et politiques du 16 décembre 1966, dont la portée est similaire.

L'article 10 de la Convention européenne des droits de l'homme (ci-après « la CEDH ») énonce :

> « 1. Toute personne a droit à la liberté d'expression. Ce droit comprend la liberté d'opinion et la liberté de recevoir ou de communiquer des informations ou des idées sans qu'il puisse y avoir ingérence d'autorités publiques [...].
>
> 2. L'exercice de ces libertés comportant des devoirs et des responsabilités peut être soumis à certaines formalités, conditions, restrictions ou sanctions prévues par la loi, qui constituent des mesures nécessaires, dans une société démocratique, à la sécurité nationale, à l'intégrité territoriale ou à la sûreté publique, à la défense de l'ordre et à la prévention du crime, à la protection de la santé ou de la morale, à la protection de la réputation ou des droits d'autrui, [...]. »

(2) Cour d'appel de Douai, 11 septembre 2003, inédit.

(3) Cour d'appel de Bordeaux, 22 octobre 2010, Dalloz.fr.

(4) La Direction des affaires criminelles et des grâces est placée sous l'autorité du garde des Sceaux. Elle définit les politiques pénales, anime et coordonne l'exercice de l'action publique (http://www.justice.gouv.fr/le-ministere-de-la-justice-10017/direction-des-affaires-criminelles-et-des-graces-10024/).

(5) Directive du directeur des affaires criminelles et des grâces, 12 février 2010, CRIM-AP N°. 09-900-A4.

Comme la Cour européenne des droits de l'homme l'a très souvent souligné, «la liberté d'expression consacrée par l'article 10 constitue l'un des fondements essentiels d'une société démocratique, l'une des conditions primordiales de son progrès et de l'épanouissement de chacun. Sous réserve du paragraphe 2, elle vaut non seulement pour les "informations" ou "idées" accueillies avec faveur ou considérées comme inoffensives ou indifférentes, mais aussi pour celles qui heurtent, choquent ou inquiètent : ainsi le veulent le pluralisme, la tolérance et l'esprit d'ouverture sans lesquels il n'est pas de "société démocratique"» (6).

Toute limitation apportée par l'État à l'exercice de la liberté d'expression doit pouvoir être justifiée au regard des critères énumérés au paragraphe 2 de l'article 10. La restriction doit être prévue par la loi et constituer une mesure nécessaire, dans une société démocratique, à la poursuite de l'un des buts légitimes énoncés, notamment la protection des droits d'autrui (7). Dans le contexte de l'article 10 de la Convention européenne, le caractère «nécessaire» des mesures suppose l'existence d'un «besoin social impérieux» (8).

C'est donc à l'aune de ces normes et de ces critères que doit s'apprécier la compatibilité de la répression de l'appel au boycott des produits israéliens avec le principe de la liberté d'expression. La présente contribution entend montrer que cette pénalisation des appels au boycott des produits israéliens n'est pas compatible avec ce droit à la liberté d'expression. Nous développerons notre analyse plus spécifiquement en nous plaçant dans le contexte français, seul État dans lequel sont intervenues des condamnations visant l'appel au BDS. D'une part, la manière même dont la législation française est appliquée en l'espèce soulève de sérieuses interrogations, dans la mesure où elle procède d'une interprétation particulièrement extensive des termes de la loi (**I**). D'autre part, la répression de l'appel au boycott des produits israéliens ne peut être considérée comme une limitation à la liberté d'expression qui soit juridiquement «nécessaire» à la protection des droits d'autrui, en l'occurrence ceux des producteurs israéliens (**II**).

(6) Voy. not. Cour eur. D.H. arrêts *Incal c. Turquie* du 9 juin 1998, § 46 ; *Castells c. Espagne* du 23 avril 1992, § 42, et *Vogt c. Allemagne* du 26 septembre 1995, § 52. Toutes les décisions de la Cour européenne des droits de l'homme citées sont disponibles dans la base de données HUDOC, http://hudoc.echr.coe.int.

(7) Voy. R. Pinto, «La liberté d'information et d'opinion et le droit international», *J.D.I.*, 1981, pp. 102-104 ; G. Cohen-Jonathan, «Article 10», *in* L.-E. Pettiti, E. Decaux et P.-H. Imbert, *La Convention européenne des droits de l'homme. Commentaire article par article*, Paris, Economica, 1995, pp. 385 et s. ; V. Coussirat-Coustere, «Article 10, § 2», *in ibidem*, pp. 409-418.

(8) Voy. not., affaire *News Verlags Gmbh & Cokg c. Autriche*, 11 janvier 2000, n° 31457/96, *Rec. 2000-I*, § 52.

I. — Une restriction « prévue par la loi » ? L'interprétation extensive de la législation « anti-discrimination »

La première condition à remplir pour qu'une limitation à la liberté d'expression soit admissible est qu'elle soit « prévue par la loi ». Selon la Cour européenne des droits de l'homme,

> « pour satisfaire à cette condition, il ne suffit pas que l'ingérence ait une base en droit interne. La loi elle-même doit répondre à certaines exigences de « qualité ». En particulier, une norme ne peut être qualifiée de « loi » si elle n'est pas énoncée avec assez de précision pour permettre au justiciable de régler sa conduite : en s'entourant au besoin de conseils éclairés, celui-ci doit être en mesure de prévoir, à un degré raisonnable dans les circonstances de la cause, les conséquences de nature à dériver d'un acte déterminé » (9).

La Cour précise que « le degré de précision dépend dans une large mesure du contenu du texte en cause, du domaine qu'il couvre ainsi que du nombre et de la qualité de ses destinataires » (10).

Les poursuites concernant les cas d'appel au boycott des produits israéliens sont fondées sur les articles 23 et 24 de la loi du 29 juillet 1881 sur la liberté de la presse, et sur les articles 225-1 et 225-2 du Code pénal.

Selon l'article 24, alinéa 8 de la loi du 29 juillet 1881 sur la liberté de la presse,

> « [...] Ceux qui, par l'un des moyens énoncés à l'article 23, auront provoqué à la discrimination, à la haine ou à la violence à l'égard d'une personne ou d'un groupe de personnes à raison de leur origine ou de leur appartenance ou de leur non-appartenance à une ethnie, une nation, une race ou une religion déterminée, seront punis d'un an d'emprisonnement et de 45000 euros d'amende ou de l'une de ces deux peines seulement ».

Les moyens visés à l'article 23 sont les « discours, cris ou menaces proférés dans des lieux ou réunions publics », les « écrits, imprimés, dessins, gravures, peintures, emblèmes, images ou tout autre support de l'écrit, de la parole ou de l'image vendus ou distribués, mis en vente ou exposés dans des lieux ou réunions publics », les « placards ou [l]es affiches exposés au regard du public », soit encore « tout moyen de communication au public par voie électronique ».

L'article 225-1 du Code pénal français définit la discrimination comme « toute distinction opérée entre les personnes physiques à raison de leur origine, de leur sexe, de leur situation de famille, de leur grossesse, de leur apparence physique, de leur patronyme, de leur état de santé, de leur handicap, de leurs caractéristiques génétiques, de leurs mœurs, de leur orientation ou identité sexuelle, de leur âge, de leurs opinions politiques, de leurs activi-

(9) Cour eur. D.H., affaire *Editorial Board of Pravoye Delo c/ Ukraine*, arrêt du 5 mai 2011, § 42. Voy. également affaire *Ahmet Yildirim c/ Turquie*, arrêt du 18 décembre 2012, § 57.

(10) Cour eur. D.H., affaire *Editorial Board of Pravoye Delo c/ Ukraine*, arrêt du 5 mai 2011, § 43.

tés syndicales, de leur appartenance ou de leur non-appartenance, vraie ou supposée, à une ethnie, une nation, une race ou une religion déterminée». Les mêmes critères sont également d'application concernant les membres ou certains membres des personnes morales, pour les distinctions dont ces dernières feraient l'objet. Selon l'article 225-2, la discrimination punissable vise plus spécialement certains comportements, parmi lesquels figure le fait d'«entraver l'exercice normal d'une activité économique quelconque» (2°).

À cet égard, il n'apparaît pas que ce dispositif législatif soit rédigé d'une manière qui permette de manière prévisible de fonder les poursuites visant les appels au boycott émanant d'ONG ou de militants. Un tel constat découle tant de l'examen de l'historique législatif de ces dispositions (A) que des termes mêmes qui y sont utilisés (B).

A. — L'historique de la législation «anti-boycott»: un texte destiné à viser uniquement les opérations du commerce international

Les textes mentionnés ci-dessus, qui forment un dispositif visant à pénaliser l'incitation à la discrimination économique, tirent leur origine historique d'une loi adoptée par l'Assemblée nationale en 1977. La loi du 7 juin 1977 *portant diverses dispositions d'ordre économique et financier* (11) a inscrit dans le Code pénal un article 416-1 qui se lisait comme suit :

> «Les peines énoncées à l'article 416 sont également applicables à quiconque aura, par son action ou son omission, et sauf motif légitime, contribué à rendre plus difficile l'exercice d'une quelconque activité économique dans des conditions normales :
>
> 1° Par toute personne physique à raison de son origine nationale, de son appartenance ou de sa non-appartenance, vraie ou supposée à une ethnie, une race ou une religion déterminée ;
>
> 2° Par toute personne morale à raison de l'origine nationale, de l'appartenance ou de la non-appartenance, vraie ou supposée, à une ethnie, une race ou une religion déterminée, de ses membres ou de certains d'entre eux».

Adoptée sur initiative parlementaire (12), contre l'avis du gouvernement, cette disposition s'inscrivait dans le contexte du boycott décrété par la Ligue arabe à l'encontre de l'État d'Israël. Selon les promoteurs de la proposition, la loi visait en effet «essentiellement à lutter contre le boycott par certains pays des entreprises ayant des relations commerciales avec Israël» (13).

(11) Loi n° 77-574 du 7 juin 1977 portant diverses dispositions d'ordre économique et financier, *J.O.R.F.*, 8 juin 1977, p. 3151.

(12) Amendement n° 28 présenté par MM. Foyer et Krieg, Assemblée nationale, 1e séance du 30 novembre 1976, 8806.

(13) Rapport fait par M. Yvon Coudé de Foresto, Sénat, session ordinaire 1976-1977, n° 296, 12 mai 1977, p. 9, Rapport fait par M. Augustin Chauvet, Assemblée nationale, session ordinaire 1976-1977, n° 2925, 26 mai 1977, p. 9.

L'hypothèse visée était celle de sociétés ou d'organismes français, amenés à accepter des clauses dans les contrats passés avec certains États arabes ou ressortissants de ces États, par lesquelles ils s'obligeaient à ne pas recourir aux services de sociétés israéliennes. C'est ce qui ressort très explicitement des explications fournies, lors du débat à l'Assemblée nationale, par le concepteur de la proposition de loi, J.-F. Krieg :

> « Je ne vais pas "tourner autour du pot" et je dirai crûment les choses. Chacun sait que les entreprises industrielles françaises qui démarchent certains pays de la Ligue arabe se voient imposer par celle-ci de répondre à des questionnaires leur demandant si, dans d'autres conditions, elles travaillent avec Israël ou même avec des organismes et des banques dans lesquels les intérêts israéliens ou israélites sont particulièrement importants. Si les entreprises concernées ne répondent pas ou si leurs réponses sont jugées non satisfaisantes, leurs partenaires les placent devant un dilemme : "ou bien vous renoncez à travailler avec les autres, ou bien vous renoncez à travailler avec nous". Incontestablement notre commerce extérieur subit ainsi un préjudice important. En outre, cette ingérence d'États étrangers dans notre législation et nos affaires est anormale. Or des pays [...] placés devant le même problème, sont parvenus à le résoudre en introduisant simplement dans leur arsenal pénal des dispositions législatives qui interdisent à toute personne [...] de répondre à toute demande témoignant d'une quelconque discrimination raciale, ethnique ou religieuse. Aux États-Unis et au Canada, de telles dispositions n'ont jamais empêché aucune entreprise de commercer avec des pays arabes ou dépendant de la Ligue arabe. Les pays acheteurs se sont inclinés, considérant que ces dispositions constituaient une obligation imposée à leurs cocontractants, avec lesquels ils traitent d'ailleurs comme dans le passé » (14).

En prohibant l'entrave économique discriminatoire en fonction de l'origine nationale, la loi visait « plus particulièrement à donner aux entreprises les moyens de ne pas céder au boycott exercé par certains États étrangers et, en particulier à celui exercé par certains pays de la Ligue arabe contre les entreprises entretenant des relations commerciales avec Israël » (15). Le texte n'avait donc nullement pour objectif de viser les éventuels appels au boycott émanant de la société civile. Il s'agissait de réguler certaines pratiques relevant de la vie des affaires internationales, et en aucune manière de se prononcer sur une quelconque limitation à des discours relevant en principe de l'exercice de la liberté d'expression s'inscrivant dans le cadre d'activités militantes. Ce point est encore confirmé par un ajout fait au texte finalement voté, fruit des longues discussions ayant animé le parcours législatif de la proposition. Devant les préoccupations manifestées par le gouvernement et par le Sénat sur le fait que cette disposition puisse handicaper les sociétés françaises sur le marché international, un troisième paragraphe a été adjoint, qui rend les dispositions de l'article 416-1 inapplicables « lorsque les faits visés sont conformes à des directives du gouvernement prises dans le cadre

(14) Assemblée nationale, 1re séance du 30 novembre 1976, 8807.

(15) Rapport fait par M. Yvon Coudé de Foresto, Sénat, session ordinaire 1976-1977, n° 235, 5 avril 1977, p. 60.

de sa politique économique et commerciale ou en application de ses engagements internationaux». Cet ajout était destiné à permettre au gouvernement d'exempter de l'application de cette disposition certaines activités, en vue de poursuivre certains objectifs commerciaux d'intérêt national. En application de ce texte, le Conseil des ministres avait édicté une directive qui excluait de l'application de l'article 416-1 «les opérations commerciales en direction des marchés du Moyen-Orient, de l'Asie du Sud-Est, de l'Amérique latine et de certains pays d'Afrique» (Avis du 27 juillet 1977). Sur recours, cette directive avait été censurée par le Conseil d'État, par un arrêt du 18 avril 1980 (16). La juridiction administrative a considéré qu'en vertu du paragraphe additionnel «le Gouvernement [...] a la faculté de déterminer *des catégories d'opérations commerciales d'exportation* à l'occasion desquelles certains faits entrant dans le champ d'application des articles 187-2 et 416-1 du Code pénal n'entraînent pas l'application de ces articles» (17), mais qu'en l'occurrence la directive avait pour effet de retirer aux dispositions concernées la plus grande partie de leur portée, ce qui entraînait son annulation (18). Par le libellé de cette directive gouvernementale et l'analyse qu'a faite le Conseil d'État du champ de l'article 416-1, se trouve pleinement confortée l'interprétation selon laquelle la loi n'avait d'autre objet que de viser les opérations de commerce international impliquant des sociétés françaises. C'est également en ce sens que se prononçait la commissaire du Gouvernement dans les conclusions rendues en cette affaire: «le texte de l'article 32 de la loi du 7 juin 1977 avait été pris pour mettre fin précisément aux pratiques et aux pressions de certains États arabes sur les entreprises françaises et sur certains organismes publics ou para-publics» (19).

La disposition actuellement en vigueur, l'article 225-2 2°, a été adoptée à l'occasion de la réforme du Code pénal de 1992 (20), en s'inscrivant dans la continuation directe de l'article 416-1 (21). Seule une certaine reformulation a été opérée, mais aucun éclairage particulier n'a été apporté qui indiquerait

(16) C.E., *Société Maxi-Librati création et autres*, 18 avril 1980, *A.J.D.A.*, 1981, p. 233.

(17) Nous soulignons.

(18) Sur cette affaire, voy. Voy. J.-L. Bismuth, *Le boycottage dans les échanges économiques internationaux au regard du droit. Remarques autour et sur la loi française du 7 juin 1977*, Paris, Economica, 1980, pp. 56 et s.; C. Goyard, «La réglementation des boycottages illicites devant le Conseil d'Etat», *A.J.D.A.*, 1981, pp. 227 et s.

(19) Conclusions de Mme Hagelsteen, commissaire du Gouvernement, C.E., *Société Maxi-Librati création et autres*, 18 avril 1980, *J.C.P.*, 1980, II, 19364.

(20) Loi n° 92684 du 22 juillet 1992 portant reforme des dispositions du Code pénal relatives à la répression des crimes et délits contre les personnes, publiée au *Journal Officiel* du 23 décembre 1992.

(21) Cette continuation est confirmée par la Circulaire de le direction des affaires criminelles et des grâces du 14 mai 1993 présentant le commentaire des dispositions de la partie législative du nouveau Code pénal: «Les articles 225-1 et suivants du nouveau Code pénal reprennent, en les complétant, en améliorant la présentation et en aggravant la répression, les dispositions des articles 416, 416-1 et 416-2 du Code actuel. [Selon l'article 225-2,] la discrimination peut ainsi consister: [...] à entraver l'exercice normal d'une activité économique quelconque. *Ce comportement est actuellement sanctionné par l'article 416-1*» (nous soulignons).

une volonté d'en modifier ou d'en étendre la portée. Dans l'affaire *Willem*, la Cour européenne des droits de l'homme a mis en évidence cette ascendance directe liant le texte de l'article 225-2 à celui de l'article 416-1, en soulignant l'objectif précis qui avait été conféré à cette disposition :

> « L'entrave à l'exercice d'une activité économique était précédemment incriminée par l'article 416-1 de l'ancien code pénal issu de la loi n° 77-574 du 7 juin 1977, loi dite « anti-boycott ». Lors de la rédaction de ce texte, le législateur national avait pour objectif de lutter contre *certaines pratiques de boycott économique dans le commerce international* et, notamment, le boycott d'Israël » (22).

La prise en compte de l'origine historique du dispositif législatif « anti-boycott » révèle ainsi que son objet est circonscrit aux actes du commerce international (23) et qu'il n'a aucunement été question, lors de sa conception, d'instaurer une quelconque limitation à l'exercice de la liberté d'expression d'associations militantes. Ce n'est que tout dernièrement que cette loi a été utilisée pour entamer des poursuites pénales visant les campagnes BDS. Outre que ces poursuites cadrent mal avec l'objectif initial de la loi, elles s'accordent de surcroît difficilement avec les termes mêmes du texte législatif.

B. — *Les termes de la loi ne sont pas susceptibles de viser les appels citoyens au boycott*

Le domaine d'application de la loi tel qu'il avait été conçu lors de son adoption originelle était, comme on l'a montré, totalement distinct de celui des activités militantes des ONG et de leurs membres. La directive de la direction des affaires criminelles, mentionnée plus haut, entend néanmoins faire application du dispositif anti-discrimination aux « appels au boycott des produits israéliens » prenant « le plus souvent la forme de rassemblements dans des centres commerciaux », manifestations susceptibles de faire ensuite « l'objet de diffusions via des sites internet ». Les faits visés ne consistent donc pas en l'engagement de ne pas contracter avec des ressortissants israéliens dans le cadre de relations commerciales, mais dans le fait d'essayer d'influencer les consommateurs dans l'achat de produits, dans une perspective politique.

Dans l'affaire *S.A.*, personne qui était poursuivie pour avoir apposé sur une bouteille de jus de fruit un autocollant comportant l'inscription « Boycott apartheid Israël », la Cour d'appel de Bordeaux a ainsi jugé que Madame A. « a incité, appelé à entraver l'exercice normal d'une activité économique quelconque, en opérant une distinction entre les producteurs, fournisseurs de ces produits, en raison de leur appartenance ou de leur non-appartenance à une

(22) Cour eur. D.H., *Willem c/ France*, arrêt du 9 juillet 2009, § 20 (nous soulignons).

(23) Pour l'un des rares cas d'application, voy. Cass crim., 18 décembre 2007, *Rec. Dalloz*, 2008, Jurisprudence, p. 893. Cette affaire visait le cas d'une société française en relation commerciales avec une société des Emirats arabes unis, qui avait fourni une attestation par laquelle elle s'engageait à ne pas recourir à un transporteur israélien pour la livraison des marchandises.

nation déterminée, en l'espèce Israël, faits qui constituent une discrimination à l'égard de ces mêmes personnes» (24). En l'occurrence, le juge a fondé cette condamnation sur une interprétation de la loi selon laquelle

> «l'infraction de provocation à la discrimination consistant à entraver l'exercice normal d'une activité économique (en l'espèce la vente de produits israéliens) par des personnes physiques ou morales en raison de l'appartenance de ces personnes à une nation, Israël, est précisément prévue à l'article 24 de la loi du 29 juillet 1881 modifié, en ce que ce dernier fait expressément référence à l'article 225-2 du Code pénal qui réprime les actes de discrimination consistant à entraver l'exercice normal d'une activité économique quelconque (donc le boycott de produit), et renvoie à l'article 225-1 du Code pénal qui définit la discrimination comme toute distinction opérée entre les personnes physiques ou morales à raison de leur appartenance à une nation» (25).

Pourtant, de nombreuses questions se posent quant à l'utilisation des termes des textes législatifs mentionnés en vue de la sanction des appels au boycott concernés. La discrimination qui est visée doit consister en une «entrave» à l'exercice d'une activité économique. Prise dans son sens ordinaire, la notion d'entrave suppose que des obstacles, des empêchements sérieux soient mis au développement d'une activité commerciale (26). En l'espèce, il est uniquement fait appel au libre choix des consommateurs, sans qu'aucune forme de contrainte ou de pression ne soit exercée ni à leur égard ni à l'égard des producteurs israéliens (27). Dans le chef du consommateur lui-même, le fait de ne pas acheter de produits israéliens pourrait difficilement être qualifié de discriminatoire ou d'entrave, puisque ses préférences d'achats procèdent très certainement d'un choix discrétionnaire. Il est ainsi difficile d'apercevoir où, dans le cas d'un appel citoyen au boycott économique, se situe l'entrave exigée par le texte et où se situe la discrimination illicite dont l'incitation serait poursuivie.

Par ces différents aspects, la situation est différente de celle où les agents économiques s'interdisent de nouer des relations avec des opérateurs de

(24) Cour d'appel de Bordeaux, 22 octobre 2010, Dalloz.fr. Pour une critique de cette décision, voy. G. Poissonnier, «Une pénalisation abusive de l'appel citoyen au boycott», *Rec. Dalloz*, 7 octobre 2010, n° 34, pp. 2 et s.

(25) Le pourvoi contre cette décision de condamnation a été rejeté par la Cour de cassation (Cass. crim., 22 mai 2012, inédit), mais cet arrêt de rejet peut difficilement être vu comme une décision de principe, la Cour se limitant à constater «qu'en prononçant ainsi, par des motifs exempts d'insuffisance comme de contradiction et qui répondent aux chefs péremptoires des conclusions dont elle était saisie, la cour d'appel a justifié sa décision». Sur la portée de cette décision, voy. F. Dubuisson et G. Poissonnier «L'appel citoyen au boycott des produits de l'État d'Israël constitue-t-il une infraction ? Commentaire de l'arrêt de la Cour de cassation du 22 mai 2012», *AJ Pénal*, novembre 2012, pp. 592-595.

(26) Le Petit Robert, *v°* «entrave», édition 2012.

(27) Voy. S. Detraz, «Discrimination : entrave à l'exercice normal d'une activité économique à raison de l'appartenance à une nation», *Rec. Dalloz*, 2008, pp. 893 et s.

nationalité israélienne puisque, dans ce cas, un obstacle est effectivement mis à la possibilité pour ces opérateurs de conclure des contrats (28).

On constate ainsi que les décisions de condamnation des appels au boycott procèdent d'une interprétation particulièrement large des textes relatifs à l'interdiction de la discrimination, sans aucunement tenir compte du fait que les actions des groupes militants s'inscrivent dans l'exercice de la liberté d'expression et poursuivent un objectif politique. On peut dès lors sérieusement douter du fait que les poursuites ou les condamnations concernant les appels au boycott des produits puissent être considérées comme fondées sur une restriction à la liberté d'expression «prévue par la loi», au sens de l'article 10 de la Convention européenne des droits de l'homme.

C'est en ce sens que s'est récemment développé un courant jurisprudentiel, qui conteste l'applicabilité de l'appareil législatif anti-discrimination aux actions de boycottage politique. Dans une affaire où les poursuites concernaient la publication d'une vidéo promouvant le boycott, le Tribunal de grande instance de Paris a tiré les conclusions suivantes :

> «Il en résulte que le texte visé à la prévention [article 24 de la loi sur la liberté de la presse] ne saurait, avec le degré de prévisibilité exigé par les normes constitutionnelles et conventionnelles, être invoqué pour interdire, en tant que tel, l'appel (1) invitant une certaine forme d'objection de conscience, que chacun est libre de manifester ou pas, (2) dépourvu de toute contrainte susceptible d'entraver la liberté des consommateurs, (3) lancé par des organisations non gouvernementales ne disposant d'aucune prérogative de puissance publique, (4) à ne pas acheter des produits en provenance de tel pays déterminé, en guise de protestation morale contre la politique de cet État» (29).

Le Tribunal de grande instance de Mulhouse a, de manière analogue, jugé que le fait d'interpeller des clients d'un supermarché et de les inviter à ne pas acheter des produits en provenance d'Israël n'est pas visé par l'infraction de provocation à la discrimination, à la haine ou à la violence au sens de l'article 24, alinéa 8 de la loi du 29 juillet 1881 (30).

Dans le point suivant, il sera montré qu'en toute hypothèse, la répression des appels au boycott des produits israéliens ne peut être considérée comme une limitation à la liberté d'expression qui soit juridiquement «nécessaire» à la protection des droits des producteurs israéliens, dès lors que le contexte dans lequel interviennent ces appels est pleinement pris en considération.

(28) G. POISSONNIER, «Une pénalisation abusive ...», *op. cit.*, p. 4.

(29) T.G.I. Paris, 8 juillet 2011, inédit.

(30) T.G.I. Mulhouse, 15 décembre 2011, *Gaz Pal.*, 16 février 2012 n° 47, p. 9 et la note G. POISSONNIER, «L'article 24, alinéa 8 de la loi du 29 juillet 1881 est inapplicable à des faits d'appel citoyen au boycott».

II. — La répression des appels au boycott n'est pas une restriction « nécessaire » à la protection des droits d'autrui

Toute limitation apportée par l'État à l'exercice de la liberté d'expression doit être justifiée au regard des critères énumérés au paragraphe 2 de l'article 10 de la Convention européenne des droits de l'homme. La restriction doit constituer une mesure nécessaire, dans une société démocratique, à la poursuite de l'un des buts légitimes énoncés, notamment la protection des droits d'autrui (31). Comme l'a indiqué la Cour européenne des droits de l'homme, « il lui faut considérer l'ingérence litigieuse à la lumière de l'ensemble de l'affaire pour déterminer si elle était "proportionnée au but légitime poursuivi" et si les motifs invoqués par les autorités nationales pour la justifier apparaissent "pertinents et suffisants" » (32).

En l'occurrence, les « droits d'autrui » concernés ont été considérés comme étant ceux des producteurs israéliens. Si l'on se réfère à la jurisprudence de la Cour, plusieurs éléments indiquent que la répression de l'appel au boycott des produits israéliens ne peut être considérée comme une limitation « nécessaire » à la protection de tels droits : d'une part, le fait que cet appel émane de groupes militants (a), d'autre part, la prise en compte de l'objectif poursuivi par les campagnes de boycott (b).

A. — *Les groupes militants bénéficient d'une protection renforcée de leur liberté d'expression*

Les décisions de la Cour européenne des droits de l'homme accordent une protection renforcée aux actions menées par les associations et groupes militants. Dans une affaire concernant la distribution de tracts dénonçant la politique de la chaîne de restauration rapide Mc Donald, la Cour a énoncé :

> « Même des petits groupes militants non officiels [...] doivent pouvoir mener leurs activités de manière effective et [...] il existe un net intérêt général à autoriser de tels groupes et les particuliers en dehors du courant dominant à contribuer au débat public par la diffusion d'informations et d'opinions sur des sujets d'intérêt général » (33).

Il en résulte que « l'expression politique y compris sur des sujets d'intérêt général, exige un niveau élevé de protection » (34). En son principe, le boycott apparaît comme étant une mesure légitime à laquelle les associations militantes peuvent avoir recours, que ce soit à l'encontre d'entreprises ou

(31) Voy. R. Pinto, *op. cit.*, pp. 102-104 ; G. Cohen-Jonathan, *op. cit.*, pp. 385 et s. ; V. Coussirat-Coustere, *op. cit.*, pp. 409-418.

(32) Cour eur. D.H., *Mamère c/ France*, 7 novembre 2006, § 19.

(33) Cour eur. D.H., *Steel & Morris c/ Royaume-Uni*, 15 février 2005, § 89.

(34) *Ibidem*, § 88 ; Cour eur. D.H., *affaire Renaud c/ France*, 25 février 2010, § 33.

d'États, et il est fréquemment utilisé sans que sa légalité ne soit mise en cause (35). C'est ce qu'a souligné le tribunal de grande instance de Paris, dans un jugement du 8 juillet 2011 :

> « les autres appels, émanant de certains secteurs de la société civile, au boycott de tels produits en provenance d'un pays ou d'une entreprise sont nombreux, sans qu'ils aient jamais été incriminés dans l'ordre des abus de la liberté d'expression » (36).

Une telle mesure constitue en effet un moyen d'action visant à susciter le débat sur des questions d'intérêt général. Dans le cas de la campagne BDS, l'appel au boycott vise à promouvoir le respect du droit international par Israël et à proposer un moyen d'action palliant ce qui est perçu comme étant une défaillance des États et des institutions internationales (37). C'est en ce sens que s'est prononcé le Rapporteur spécial des Nations Unies sur la situation des droits de l'homme dans les territoires palestiniens occupés, dans un Rapport du 7 juin 2010 :

> « L'opération « Plomb durci » a choqué la conscience de l'humanité et donné naissance, partout dans le monde, à un sentiment de solidarité à l'égard du calvaire et de la lutte du peuple palestinien. Ce sentiment a été renforcé par la réalisation que ni les États voisins, ni l'ONU et ses États Membres les plus puissants ne voulaient, ou ne pouvaient, protéger le peuple palestinien et défendre ses droits. [...] La campagne mondiale de la société civile pour le boycottage, le désinvestissement et les sanctions, en vue d'exercer une pression économique et sociale non violente propre à mettre fin à l'occupation israélienne, est le fruit de ce sentiment et s'est développée à un rythme rapide depuis quelques années. Cette idée d'un mouvement anti-occupation de portée mondiale en est venue à ressembler à maints égards au mouvement antiapartheid qui a beaucoup contribué à la transformation du climat politique en Afrique du Sud à la fin des années 80.
>
> La partie boycottage de cette campagne prend de multiples formes. À titre d'exemple, on peut citer le boycott des produits des colonies de peuplement israéliennes en Europe ou l'autorisation donnée aux magasins en Grande-Bretagne d'apposer sur les produits alimentaires et autres des étiquettes indiquant qu'il s'agit de produits de ces colonies. [...] Des actions similaires ont été entreprises en ce qui concerne les relations universitaires et culturelles » (38).

(35) Divers appels au boycott, de natures assez diverses, sont intervenus en France ces dernières années, sans que leur validité juridique ne soit mise en question : appels au boycott de certains restaurants Quick en raison de leur décision de ne proposer que de la viande halal, au boycott des manifestations culturelles prévues dans le cadre de l'Année du Mexique pour protester contre la condamnation de Florence Cassez, au boycott de Danone pour sa politique de délocalisation, au boycott des produits Lipton pour dénoncer la politique sociale de cette entreprise, au boycott gouvernemental des rencontres de football se déroulant en Ukraine dans le cadre de l'Euro 2012. Dans une affaire où la société Danone mettait en cause plusieurs sites Internet relayant un appel au boycott de ses produits, la Cour d'appel de Paris a jugé : « Considérant qu'il s'ensuit que les appelants avaient, en créant les sites litigieux, inscrit leur action dans le cadre d'un strict exercice de leur liberté d'expression et dans le respect des droits des sociétés intimées [...] » (Cour d'appel de Paris, 30 avril 2003, *Revue Ubiquité*, 17/2003, p. 81).

(36) T.G.I. Paris, 8 juillet 2011, précité.

(37) Voy. « Boycotter Israël, c'est lutter pour une paix juste », LeMonde.fr, 17 novembre 2010.

(38) Rapport du Rapporteur spécial des Nations Unies sur la situation des droits de l'homme dans les territoires palestiniens occupés depuis 1967, 7 juin 2010, A/HRC/13/53/Rev.1.

Dans son rapport de septembre 2012, le Rapporteur spécial recommande également le boycott des entreprises qui prennent part à des activités liées aux colonies de peuplement israéliennes dans les territoires palestiniens occupés :

> « Le Rapporteur spécial demande à la société civile de mener dans le cadre national de vigoureuses campagnes de boycottage, de désinvestissement et de sanctions à l'encontre des entreprises mentionnées dans le présent rapport, jusqu'à ce qu'elles alignent leurs politiques et leurs pratiques sur les normes et le droit internationaux, ainsi que sur le Pacte mondial » (39).

Ces divers éléments indiquent que les actions menées par des associations militantes, contribuant à un débat d'intérêt général, bénéficient d'une protection renforcée dans l'exercice de la liberté d'expression, et que parmi ces actions figurent les activités de promotion de boycotts (40).

À cet égard, la décision rendue par une Chambre de la Cour européenne des droits de l'homme dans l'affaire *Willem c/ France* (16 juillet 2009) (41), par laquelle la condamnation de M. Willem a été jugée conforme à l'article 10 de la Convention, ne saurait être avancée comme constituant un précédent de nature à démentir cette conclusion. Dans cette affaire, M. Willem avait, dans le cadre de sa fonction de maire de la commune de Seclin, demandé aux services de restauration de sa municipalité de boycotter les produits israéliens, en particulier les jus de fruits. Cette annonce s'était faite à la suite de l'opération Rempart menée par l'armée israélienne en 2002 et avait été justifiée par M. Willem par le « refus d'aider économiquement le pouvoir militaire de Sharon dans ses pratiques de répression, d'invasion et d'occupations militaires » (42).

Le motif essentiel qui a fondé la décision de la Chambre de la Cour tient à la *qualité de maire* de M. Willem, qui lui imposait un certain *devoir de réserve* et impliquait qu'il ne pouvait se substituer au gouvernement pour *décider* un boycott de produits étrangers :

> « La Cour relève qu'en sa qualité de maire, le requérant avait des devoirs et des responsabilités. Il se doit, notamment, de conserver une certaine neutralité et dispose d'un devoir de réserve dans ses actes lorsque ceux-ci engagent la collectivité territoriale qu'il représente dans son ensemble. À cet égard, un maire gère les fonds publics de la commune et ne doit pas inciter à les dépenser selon une logique discriminatoire.
>
> La Cour conçoit que l'intention du requérant était de dénoncer la politique du premier ministre de l'État d'Israël, mais elle estime que la justification du boycott exprimée tant lors de la réunion du 3 octobre 2002 que sur le site internet correspondait à une démarche discriminatoire et, de ce fait, condamnable. Au-delà de ses opinions politiques, pour lesquelles il n'a pas été poursuivi ni sanctionné, et qui entrent dans le champ de sa liberté d'expression, le requérant a appelé les

(39) Rapport du Rapporteur spécial des Nations Unies sur la situation des droits de l'homme dans les territoires palestiniens occupés depuis 1967, 19 septembre 2012, A/67/379.

(40) Voy. G. Poissonnier, « L'appel au boycott des produits d'un État par un citoyen n'est pas interdit par le droit français », *Gaz. Pal.*, Ed. G., Sept.-Oct. 2011, p. 2810.

(41) Cour eur. D.H., *Willem c/ France*, arrêt du 9 juillet 2009.

(42) *Ibidem*, § 8.

services municipaux à un acte positif de discrimination, refus explicite et revendiqué d'entretenir des relations commerciales avec des producteurs ressortissants de la nation israélienne. Ce faisant, par l'exposé d'une communication effectuée tant lors de la réunion du conseil municipal, sans donner lieu à débat ni vote, que sur le site internet de la commune, le requérant ne peut soutenir avoir favorisé la libre discussion sur un sujet d'intérêt général.

La Cour note encore que dans ses réquisitions devant les juridictions internes, le procureur de la République a fait valoir que le maire ne pouvait se substituer aux autorités gouvernementales pour *ordonner* un boycott de produits provenant d'une nation étrangère » (43).

Les considérations qui ont constitué le fondement de la décision de la Cour sont à l'évidence totalement étrangères aux activités des associations militantes dont le propre est d'être indépendantes des autorités publiques et dénuées du pouvoir d'adopter des décisions obligatoires pour les tiers (44). De surcroît, les actions de boycott s'inscrivent dans leur chef dans la perspective de la stimulation d'un débat d'intérêt général, élément que la Cour avait considéré comme étant absent dans le cas de M. Willem. Ainsi, c'est de manière tout à fait inadéquate que la Cour d'appel de Bordeaux, dans la décision précitée, a pu se fonder sur cette décision pour juger compatible avec la liberté d'expression la condamnation d'une militante ayant mené une action de boycott. En aucune manière, la décision de la Cour européenne dans l'affaire *Willem* ne peut être considérée comme ayant tranché la question de l'application de la loi anti-discrimination au cas d'une association militante ou de l'un de ses membres. Dans une telle situation, on se situe au contraire dans l'hypothèse où, selon la jurisprudence de la Cour, la marge d'appréciation dont disposent les autorités pour juger de la « nécessité » de la mesure limitant l'exercice de la liberté d'expression est particulièrement restreinte (45).

Par ailleurs, la motivation de la décision de la Chambre dans l'affaire *Willem* est en toute hypothèse particulièrement indigente, ce qui jette un sérieux doute sur la capacité de cet arrêt à faire jurisprudence. Comme le relève Jean-François Flauss, « la Cour pêche par manque de discernement, de motivation, en un mot de rigueur juridique » (46). Tout d'abord, l'arrêt n'est pas exempt de contradictions. Dans un premier temps, la décision souligne le fait que la qualité de maire de M. Willem « est un élément important » dans la mesure où « la liberté d'expression [...] est tout particulièrement [précieuse] pour un élu du peuple » puisqu'il « représente ses électeurs, signale leurs préoccupations et défend leurs intérêts ». En conséquence, « des ingérences dans la liberté d'expression d'un maire commandent donc à la Cour de se livrer à

(43) *Ibidem*, § 37-39.

(44) Voy. G. Poissonnier, « L'appel au boycott... » *op. cit.*, pp. 2810-2811.

(45) Voy. not. Cour eur. D.H., *Steel & Morris c/ Royaume-Uni*, 15 février 2005, § 90; Cour eur. D.H., *Mamère c/ France*, 7 novembre 2006, § 20; Cour eur. D.H., *affaire Renaud c/ France*, 25 février 2010, § 33.

(46) J.-F., Flauss, « Actualité de la Convention européenne des droits de l'homme », *A.J.D.A.*, 2009, p. 1944. Voy. également G. Poissonnier, « Une pénalisation abusive ... », *op. cit.*, p. 6.

un contrôle des plus stricts». Mais dans les motifs qui justifient la décision, on ne trouve nulle trace de ce «contrôle des plus stricts» et la qualité de maire est au contraire utilisée pour expliquer que soient imposés à M. Willem une «certaine neutralité» et un «devoir de réserve», restrictions dont le fondement n'est d'ailleurs pas explicité par la Chambre (47). Ensuite, la Chambre semble considérer, sans autre motivation, que l'appel au boycott est exclu du champ de la liberté d'expression, en affirmant que le maire n'a pas été poursuivi «pour ses opinions politiques» mais pour avoir entrepris une «démarche discriminatoire». Dès lors, et de manière assez surprenante, la Chambre s'abstient de procéder à tout examen sur la «nécessité» de l'ingérence dans la liberté d'expression de M. Willem. Le constat que la décision du maire ne contribue aucunement à un débat d'intérêt général est également contestable. Ces diverses défaillances ont bien été mises en évidence par le juge Jungwiert dans son opinion dissidente :

> «À mon avis, tout ce qui s'est passé à Seclin et ce qui peut arriver ailleurs dans le futur doit être considéré comme débat public d'intérêt général dans le cadre duquel il est permis de recourir à une certaine dose d'exagération, voire de provocation. Or, on peut facilement imaginer que dans une situation similaire, un maire (qui est presque toujours membre d'un parti politique) appelle par exemple au boycott des produits en provenance des États-Unis pour protester contre la guerre en Iraq, des produits russes à cause du conflit en Tchétchénie ou encore de la marchandise chinoise pour soutenir le Tibet. J'ai la ferme conviction qu'une société démocratique doit tolérer voire parfois même susciter un tel débat ou une incitation à l'action. [...] J'estime que les déclarations du requérant incriminées dans la présente affaire reflètent, compte tenu des circonstances de l'espèce et de la tonalité générale de ses propos, l'expression d'une opinion ou d'une position politique d'un élu sur une question d'actualité internationale.
>
> [...]
>
> Je pense par ailleurs que les juridictions nationales n'ont pas pris en compte l'intention du requérant dans le contexte général de l'affaire. Les propos litigieux ont pour toile de fond une escalade de la violence dans le conflit israélo-palestinien et font suite à une position unanime des organisations internationales en 2002. Ils ont été prononcés dans un contexte politique international particulier portant sur une question d'intérêt général et, au niveau local, dans le cadre de manifestations organisées par la commune. Ils ont été surtout tenus par le maire en séance du conseil municipal, lieu privilégié du débat public. La place à accorder au lieu dans lequel la déclaration a été faite est essentielle, puisqu'il permettait aux membres du conseil municipal de protester contre cette décision et au requérant de s'expliquer directement.
>
> Mais la question la plus importante qui se posait à la Cour était celle de savoir si l'ingérence était «nécessaire dans une société démocratique». En vérité, il existe une certaine lacune dans la motivation de l'arrêt : la majorité reconnaît bien qu'il faut examiner cette question, mais l'argumentation pertinente justifiant le caractère «nécessaire» n'apparaît pas dans l'arrêt» (48).

(47) J.-F., FLAUSS, *ibidem*.
(48) Opinion dissidente du juge Jungwiert, Cour eur. D.H., *Willem c/ France*, arrêt du 9 juillet 2009.

En conclusion, il ressort de la jurisprudence de la Cour européenne des droits de l'homme que les associations militantes bénéficient d'une liberté d'expression particulièrement étendue dans l'exercice de leurs activités politiques. L'arrêt *Willem* rendu par la Cour ne vient pas altérer cette analyse, sa motivation n'étant en toute hypothèse applicable qu'à la situation d'une autorité publique dotée d'un pouvoir de décision et n'étant dès lors pas transposable à la situation d'associations militantes.

B. — *La nécessité de prendre en considération l'objectif poursuivi par les campagnes de boycott*

La manière dont une partie de la jurisprudence française interprète et applique la notion de discrimination dans le contexte d'appel au boycott des produits israéliens apparaît comme constituant une limitation « disproportionnée » à l'exercice de la liberté d'expression, en ce que le juge n'admet aucune possibilité de justification à l'appel au boycott de produits provenant d'un État désigné, le boycott économique étant prohibé comme tel (49). Ainsi, les décisions françaises rendues dans l'affaire *Willem* écartent par principe toute justification qui pourrait fonder la distinction nationale opérée dans l'appel au boycott, à savoir faire pression sur un État qui viole de manière flagrante le droit international. La Cour d'appel précise que « le mobile [...] invoqué, protester contre la politique du premier ministre de l'État d'Israël, est sans incidence », dans la mesure où « le dol prévu par les articles 225-1 et 225-2 du Code pénal est caractérisé par la seule conscience de traiter différemment les producteurs israéliens » (50). Ensuite, la Cour ajoute « qu'aucun texte n'autorisait ou n'imposait une telle discrimination qui ne résultait que de prises de positions personnelles de Jean-Claude Willem à l'égard de la politique menée par un premier ministre, qui ne constituent pas des raisons objectives étrangères à l'appartenance des producteurs israéliens à la nation israélienne ». Ce dernier motif soumet à une autorisation légale expresse la possibilité d'un boycott national et écarte de façon péremptoire la réprobation de la politique du gouvernement israélien comme ne constituant pas « des raisons objectives » permettant de fonder la distinction, sans que la Cour n'explicite davantage son raisonnement. Dans son pourvoi en cassation, M. Willem invoquait le fait qu'« une décision de boycott des produits d'un pays donné ne saurait être discriminatoire que si elle manque de justifications objectives et raisonnables, c'est-à-dire si elle ne poursuit pas un but légitime ou s'il n'y a pas de rapport raisonnable de proportionnalité entre les moyens employés et le but visé ». Il en déduisait « qu'en l'espèce, dans le contexte particulier du conflit du Proche

(49) Dans la disposition adoptée en 1977 (article 416 du Code pénal), le texte excluait du champ de la notion de discrimination le cas du « motif légitime ». Lors de la refonte du Code pénal en 1992, l'hypothèse du « motif légitime » a été supprimée sans qu'aucune explication précise ne soit apportée à cette modification.

(50) Cour d'appel de Douai, 11 septembre 2003, précité.

Orient faisant l'objet d'un large débat public et passionné, une décision de boycott des produits israéliens, destinée à protester contre la politique menée par le chef du Gouvernement israélien, se trouvait justifiée par l'exercice par l'intéressé de sa liberté d'expression». La Cour de cassation n'a, dans sa décision du 28 septembre 2004 (51), pas retenu cette argumentation, et ce sans y apporter aucune réponse spécifique (52). Dans l'affaire *S. A.*, la Cour d'appel de Bordeaux a retenu une même conception, n'examinant pas les raisons qui ont amené la prévenue à appeler au boycott des produits en provenance d'Israël.

La notion de «discrimination» qui est ainsi appliquée s'avère particulièrement large puisqu'elle vise indifféremment «toute distinction» fondée sur l'appartenance nationale. Il ne semble exister dès lors, au regard de cette jurisprudence, aucune place pour apprécier la légitimité des raisons fondant l'appel au boycott et des objectifs poursuivis, ni pour évaluer l'adéquation de cette mesure avec l'objectif proclamé. En cela, la notion de «discrimination» telle qu'elle est appliquée par le juge français aux cas d'appels au boycott se distingue nettement de la notion juridique de discrimination qui a généralement cours, qui intègre des critères de légitimité et de proportionnalité. À cet égard, la Cour européenne des droits de l'homme interprète la règle de l'interdiction de la discrimination (dans l'assurance de la jouissance des droits fondamentaux prévus par la Convention), prévue à l'article 14 de la Convention européenne de protection et de sauvegarde des libertés fondamentales, à l'aune de ces deux critères. Le texte de cette disposition est dans son énoncé très similaire à celui de l'article 225-1 du Code pénal, puisque par discrimination il vise une «distinction [...] fondée notamment sur le sexe, la race, la couleur, la langue, la religion, les opinions politiques ou toutes autres opinions, l'origine nationale ou sociale, l'appartenance à une minorité nationale, la fortune, la naissance ou toute autre situation». Dans l'application de ce texte, la Cour rappelle « qu'une distinction est discriminatoire si elle "manque de justification objective et raisonnable", c'est-à-dire si elle ne poursuit pas un "but légitime" ou s'il n'existe pas de "rapport raisonnable de proportionnalité" entre les moyens employés et le but visé (53) ». Le Comité pour l'élimination de la discrimination raciale, organe chargé de

(51) Cass. crim., 28 septembre 2004, http://www.legifrance.gouv.fr.

(52) «Attendu que, pour infirmer le jugement qui avait relaxé le prévenu, l'arrêt attaqué énonce notamment que Jean-Claude X..., en annonçant son intention de demander aux services de restauration de la commune de ne plus acheter de produits en provenance de l'État d'Israël, a incité ceux-ci à tenir compte de l'origine de ces produits et, par suite, à entraver l'exercice de l'activité économique des producteurs israéliens, cet appel au boycott étant fait en raison de leur appartenance à la nation israélienne;

Attendu qu'en cet état, et dès lors que la diffusion sur le site internet de la commune de la décision prise par le maire de boycotter les produits israéliens, accompagnée d'un commentaire militant, était en multipliant les destinataires du message, de nature à provoquer des comportements discriminatoires, la cour d'appel a justifié sa décision».

(53) Voy. not. Cour eur. D.H., Affaire *Chassanou et autres c/ France*, arrêt du 23 avril 1999, § 91 http://www.echr.coe.int/echr/fr/hudoc/. Voy. également C. PICHERAL, «Discrimination raciale et Convention européenne des droits de l'homme», *R.T.D.H.*, 2001, p. 518.

l'application et de l'interprétation de la Convention du 21 décembre 1965 sur l'élimination de toutes les formes de discrimination raciale, définit cette notion de manière similaire :

> « Le Comité fait observer qu'un traitement différencié ne constitue pas un acte de discrimination si, comparés aux objectifs et aux buts de la Convention, les critères de différenciation sont légitimes [...] » (54).

Il est à souligner que la législation française anti-discrimination se présente comme la mise en œuvre de la Convention de 1965 (55) et devrait dès lors s'interpréter conformément à celle-ci.

Dans diverses législations nationales, la discrimination nationale est également définie au regard de critères qui dépassent le simple constat de l'existence d'une distinction. C'est par exemple le cas de la loi belge du 30 juillet 1981 tendant à réprimer certains actes inspirés par le racisme ou la xénophobie (56), qui dispose en son article 7 :

> « Toute distinction directe fondée sur la nationalité constitue une discrimination directe, à moins qu'elle ne soit objectivement justifiée par un but légitime et que les moyens de réaliser cet objectif soient appropriés et nécessaires ».

Au regard de ce type de définition de la discrimination, plusieurs éléments devraient être pleinement pris en compte pour apprécier le caractère justifié, légitime et raisonnable des campagnes d'appel au boycott des produits provenant d'Israël.

Tout d'abord, l'objectif d'affecter la politique commerciale extérieure d'un État qui se livre à des violations graves du droit international, dûment constatées par de nombreuses instances internationales (57), et d'ainsi l'inciter à faire cesser ces violations. Ensuite, la volonté de ne pas admettre la commercialisation de produits fabriqués dans les colonies établies illégalement en Territoire palestinien occupé et l'impossibilité matérielle de distinguer entre ces produits et ceux véritablement produits en Israël, compte tenu de la politique d'indication d'origine de cet État, qui labellise « made in Israel » les biens produits dans les colonies. Cette problématique a été mise en lumière dans l'affaire *Britta/SodaClub* portée devant la Cour de justice des Communautés européennes.

(54) Comité pour l'élimination de la discrimination raciale, Recommandation générale XIV, « Définition de la discrimination, article 1 (1) », 22 mars 1993, http://www2.ohchr.org/french/bodies/cerd/index.htm.

(55) Voy. not. Avis présenté par J. Auburtin et J. Thyraud, Sénat, session ordinaire 1976-1977, n° 241, 7 avril 1977, p. 17.

(56) http://www.ejustice.just.fgov.be/loi/loi.htm.

(57) Voy. notamment, C.I.J., Conséquences juridiques de l'édification d'un mur dans le Territoire palestinien occupé, Avis consultatif du 9 juillet 2004, http://www.icj-cij.org; Résolution 446 (1979) du Conseil de sécurité des Nations Unies; Résolution 478 (1980) du Conseil de sécurité des Nations Unies; Rapport du Rapporteur spécial sur la situation des droits de l'homme dans les territoires palestiniens occupés depuis 1967, John Dugard, 29 janvier 2007, A/HRC/4/17; Rapport du Rapporteur spécial sur la situation des droits de l'homme dans les territoires palestiniens occupés depuis 1967, Richard Falk, 10 janvier 2011, A/HRC/16/72.

Dans cette affaire, les autorités douanières allemandes ont refusé l'application du régime préférentiel prévu par l'Accord d'association CE/Israël, en raison du soupçon qu'elles avaient sur le fait que ces produits ne provenaient pas d'Israël, comme annoncé, mais étaient fabriqués dans une colonie située en Territoire palestinien occupé. La Cour a décidé que «les produits originaires de Cisjordanie ne relèvent pas du champ d'application territorial de l'accord CE-Israël et ne sauraient donc bénéficier du régime préférentiel instauré par celui-ci» (58). Il s'ensuit que les autorités douanières allemandes pouvaient refuser d'accorder le traitement préférentiel prévu par l'accord d'association aux marchandises concernées au motif que celles-ci étaient originaires de Cisjordanie. Cette problématique a encore été récemment soulevée par une résolution du Parlement européen dans laquelle celui-ci «s'inquiète vivement des pratiques utilisées par certaines entreprises qui persistent à tirer profit des dispositions de l'accord d'association UE-Israël en exportant des biens produits dans les territoires occupés». Le Parlement souligne que «l'Union a rencontré toute une série de problèmes lors de l'application des règles relatives à l'origine en ce qui concerne les produits provenant de colonies situées dans les territoires occupés», en ajoutant que «les citoyens européens ont clairement fait part de leur volonté en ce qui concerne les produits provenant des territoires palestiniens occupés» (59). Il découle de cette situation qu'actuellement le consommateur n'a aucune garantie quant à la provenance exacte des produits israéliens et que la seule manière de s'assurer qu'il n'achète pas de biens manufacturés dans les colonies consiste à s'abstenir d'acheter tout bien indiqué comme étant fabriqué en Israël. Enfin, il doit être pris en compte, pour apprécier le caractère proportionné des actions de boycott, du caractère simplement incitatif et non contraignant de ces actions, qui se limitent à faire appel, par des campagnes d'information, au libre choix des consommateurs. Lorsque l'ensemble de ces éléments sont pris en considération, il apparaît que l'objectif des campagnes de boycott n'est pas de prôner la discrimination arbitraire à l'égard des ressortissants israéliens mais de viser une politique étatique et d'œuvrer, par des moyens non violents et non contraignants, à l'application du droit international (60).

En refusant de prendre en considération des motifs de justification visant à expliquer les raisons de l'appel au boycott de certains produits, le juge retient une interprétation particulièrement large de la loi anti-discrimination, contribuant à rendre son application constitutive d'une limitation disproportionnée de la liberté d'expression des associations militantes concernées.

(58) C.J.C.E., Affaire C-386/0, *Firma Brita GmbH / Hauptzollamt Hamburg-Hafen*, arrêt du 25 février 2010.

(59) Résolution du Parlement européen sur la proposition de décision du Conseil relative à la conclusion de la convention régionale sur les règles d'origine préférentielles paneuroméditerranéennes, 16 février 2012.

(60) Voy. G. Poissonnier, «Une pénalisation abusive ...», *op. cit.*, p. 5.

À l'encontre de la jurisprudence développée dans les affaires *Willem* et *S.A.*, certaines décisions ont pleinement intégré l'analyse des exigences du respect de la liberté d'expression et ont consacré la légalité de principe des appels au boycott des produits israéliens. Dans un cas déjà mentionné concernant la publication d'une vidéo de promotion du boycott, le Tribunal de grande instance de Paris a acquitté la prévenue aux motifs suivants :

« En cet état, il sera jugé qu'en elle-même la mise en ligne d'une vidéo montrant une manifestation de quelques minutes durant laquelle des militants ont appelé les consommateurs d'une enseigne de la grande distribution à ne pas acheter des produits en provenance d'Israël et à soutenir un tel boycott pour des motifs politiques sur un sujet d'intérêt général de portée internationale qui mobilise depuis des années la communauté internationale, pour l'heure en vain, en vue d'un règlement pacifique du conflit ne caractérise en aucun de ces éléments le délit de provocation à la discrimination, à la haine ou à la violence contre un groupe de personnes à raison de son appartenance à une nation, en l'espèce Israël » (61).

D'autres décisions ont encore prononcé la relaxe des prévenus pour des motifs relevant soit de l'inadéquation de l'article 24 de la loi sur la liberté de la presse pour viser des faits d'appel au boycott (62), soit du non-respect de certaines formes procédurales (63).

Cette jurisprudence, bien plus conforme aux exigences de l'article 10 de la Convention européenne des droits de l'homme, n'est toutefois pas encore, comme on l'a vu, reprise de manière uniforme et la politique de poursuites à l'encontre des militants menant des actions de sensibilisation au boycott des produits israéliens se maintient, plusieurs procès étant toujours en cours.

Conclusion

La politique répressive mise en œuvre en France à l'encontre des campagnes de boycott relayées par les associations promouvant le respect du droit international par Israël apparaît comme relevant d'une interprétation

(61) T.G.I. Paris, 8 juillet 2011, inédit. En appel, la décision a été confirmée sur la légalité de principe de l'appel au boycott, mais la prévenue a été condamnée du chef d'incitation à la haine raciale pour avoir diffusé des propos tenus par un maire palestinien : La cour d'appel a estimé que « en choisissant de diffuser ces propos outranciers et notamment l'affirmation selon laquelle acheter un produit en provenance d'Israël équivaut à acheter une balle qui va tuer un enfant palestinien, [...] Jocelyne Z. a incité à la haine ou à la violence » (Paris, 24 mai 2012).

(62) Voy. Corr. Mulhouse, 15 décembre 2011, précité. Dans cette affaire, les prévenus étaient poursuivis du chef de « provocation à la discrimination à l'égard d'une personne à raison de leur appartenance à une nation », pour avoir mené une action de boycott devant un magasin Carrefour. Le tribunal a estimé que les slogans utilisés (« Boycott des produits importés d'Israël », « Acheter les produits israéliens, c'est légitimer les crimes de Gaza, c'est approuver la politique menée par le gouvernement israélien », « Israël assassin ») ne relevaient pas de l'incitation à la haine raciale.

(63) Paris, 28 mars 2012, inédit, qui a prononcé la nullité de la citation.

extensive du texte de la loi et comme soulevant de nombreux problèmes de compatibilité avec le droit à la liberté d'expression de ces associations et de leurs membres. La situation actuelle demeure très incertaine, avec des décisions judiciaires contradictoires, une jurisprudence de la Cour de cassation qui ne paraît guère intégrer les impératifs de la liberté d'expression et le maintien en vigueur de la directive du ministère de la justice enjoignant aux parquets d'entreprendre des poursuites. Pour obtenir une réponse claire, sans doute faudra-t-il attendre que la Cour européenne des droits de l'homme se prononce sur l'hypothèse de l'application de la loi « anti-boycott » à une association militante.

ÉTUDES

REVUE BELGE DE DROIT INTERNATIONAL
2012/1 – Éditions BRUYLANT, Bruxelles

L'OPPOSITION DE L'UNION AFRICAINE AUX POURSUITES CONTRE OMAR AL BASHIR

Analyse des arguments juridiques avancés pour entraver le travail de la Cour pénale internationale et leur expression sur le terrain de la coopération

PAR

Martyna FAŁKOWSKA*

ET

Agatha VERDEBOUT**

RÉSUMÉ

La requête du Procureur de la Cour pénale internationale pour la délivrance d'un mandat d'arrêt à l'encontre du Président soudanais, Omar Al Bashir, en 2008, a créé un grand émoi parmi les États africains. L'Union Africaine s'est

* Doctorante au Centre de droit international de l'Université Libre de Bruxelles, Boursière de l'ULB. La recherche doctorale de Martyna Fałkowska s'inscrit dans le cadre de l'action de recherche concertée, « Le juge, un acteur en mutation », lancée à la Faculté de droit de l'ULB en octobre 2010.

** Assistante au Centre de droit international de l'Université Libre de Bruxelles.

immédiatement opposée à cette initiative perçue comme motivée politiquement et représentative de l'acharnement de la Cour sur le continent africain. Cette opposition a rapidement pris la forme d'argumentaires juridiques tendant à empêcher l'exercice par la Cour de ses fonctions. En particulier, les articles 16 et 98, § 1er du Statut de Rome furent mobilisés pour tenter respectivement d'obtenir la suspension des poursuites et remettre en cause la compétence de la Cour. Le non-aboutissement de ces stratégies engendra une consigne claire de ne pas coopérer avec la Cour pour les États membres de l'UA. Cette directive trouva une expression dans les décisions de la CPI référant, à l'Assemblée des États parties et au Conseil de sécurité, le refus du Malawi et du Tchad, d'arrêter le Président soudanais. Face à cette procédure, les deux États mobiliseront à leur tour des arguments qui se font, cette fois, le reflet de l'attitude de l'UA sur le terrain de la coopération. Le but du présent article est d'analyser la pertinence juridique de l'ensemble de ces arguments et montages légaux.

Introduction

Le 13 décembre 2011, la Chambre préliminaire de la Cour pénale internationale (ci-après CPI ou la Cour) a rendu deux décisions en vertu de l'article 87, § 7 de son Statut (1) référant le défaut de coopération du Malawi et du Tchad à l'Assemblée des États parties et au Conseil de sécurité de l'ONU (2) pour l'arrestation du Président soudanais, Omar Al Bashir (3). Depuis l'émission du mandat d'arrêt à son encontre en mars 2009 (4), le Président soudanais s'est rendu dans différents pays, dont quatre sont parties au Statut de Rome (5). Si la Cour avait déjà informé les organes susmentionnés des visites d'Omar Al Bashir sur le territoire d'États parties (6), c'est la première fois qu'elle a fait usage de l'article 87, § 7 de son Statut.

(1) Statut de la Cour pénale internationale, Rome, 17 juillet 1998, Nations Unies, *Recueil des Traités*, vol. 2187, p. 3. Entrée en vigueur, 1er juillet 2002 (ci-après Statut, Statut de la Cour ou Statut de Rome).

(2) Puisque c'est par la résolution 1593 (2005) que la compétence de la Cour pour les crimes commis au Darfour a été enclenchée; résolution 1593 (2005) du Conseil de Sécurité, 31 mars 2005, S/RES/1593 : Rapport du Secrétaire général sur le Soudan, § 1er.

(3) C.P.I., Chambre préliminaire I, *Le Procureur c. Omar Hassan Ahmad Al Bashir*, ICC-02/05-01/09-139-Corr-tFRA, Rectificatif à la Décision rendue en application de l'article 87, § 7 du Statut de Rome relativement au manquement par la République du Malawi à l'obligation d'accéder aux demandes de coopération que lui a adressées la Cour aux fins de l'arrestation et de la remise d'Omar Hassan Ahmad Al-Bashir, 13 décembre 2011 ; C.P.I., Chambre préliminaire I, *Le Procureur c. Omar Hassan Ahmad Al Bashir*, ICC-02/05-01/09-140, Décision rendue en application de l'article 87, § 7, du Statut de Rome concernant le refus de la République du Tchad d'accéder aux demandes de coopération délivrées par la Cour concernant l'arrestation et la remise d'Omar Hassan Ahmad Al-Bashir, 13 décembre 2011.

(4) C.P.I., Chambre préliminaire I, *Le Procureur c. Omar Hassan Ahmad Al Bashir*, ICC-02/05-01/09-3-tFRA, Décision relative à la requête de l'Accusation aux fins de délivrance d'un mandat d'arrêt à l'encontre d'Omar Hassan Ahmad Al Bashir, 4 mars 2009.

(5) Depuis l'émission du mandat d'arrêt à son encontre, le Président soudanais s'est rendu dans quatre États non-parties au Statut (Égypte, Libye, Erythrée, Qatar) et quatre États parties (Malawi, Tchad, Kenya, Djibouti).

(6) C.P.I., Chambre préliminaire I, *Le Procureur c. Omar Hassan Ahmad Al Bashir*, ICC-02/05-01/09, Décision informant le Conseil de sécurité de l'Organisation des Nations Unies et

Jusqu'en 2009 la coopération, de l'avis de la Cour elle-même, a « en général, été fournie » (7). C'est, en réalité, à partir du moment où des situations et affaires ne résultant pas d'un « auto-renvoi » (8) — avec l'émission du mandat d'arrêt à l'encontre d'Al Bashir et la requête du Procureur pour l'ouverture d'une enquête au Kenya (9) — que la collaboration avec la Cour a connu ses premières turbulences. L'attitude de l'Union Africaine (ci après l'Union ou UA) n'y est d'ailleurs pas étrangère. En effet, depuis la requête pour la délivrance d'un mandat d'arrêt à l'encontre du Président soudanais en 2008, l'Union a vivement dénoncé les visées politiques de la CPI. Dans le cadre de ce qu'elle ressentait déjà comme un acharnement de la communauté internationale à l'égard des dirigeants africains (10), elle a souligné « la nécessité pour la justice internationale d'être conduite de manière transparente et juste, conformément aux principes du droit international, de manière à ne pas être perçue comme fondée sur deux poids deux mesures » (11).

Sans revenir sur le bien-fondé de ces blâmes, il est intéressant de noter que ces ressentiments politiques ont trouvé une expression juridique sous la forme de véritables argumentaires légaux visant, d'une manière ou d'une autre, à entraver l'exercice par la Cour pénale internationale de ses compétences. Les stratégies ainsi échafaudées, fondées d'ailleurs sur le Statut de Rome lui-même, se révèlent d'une complexité certaine et l'affaire Al Bashir en constitue à la fois le point de départ et le point d'orgue. Ces stratégies ont pris la forme, dans un premier temps, de l'invocation de l'article 16 du Statut afin d'obtenir la suspension des poursuites par biais d'une résolution du Conseil de sécurité ainsi que d'une remise en cause de la compétence même de la Cour, eu égard à l'immunité dont bénéficierait le Président Al Bashir.

l'Assemblée des États parties au Statut de Rome de la présence d'Omar Al Bashir sur le territoire de la République du Kenya, 27 août 2010 ; C.P.I., Chambre préliminaire I, *Le Procureur c. Omar Hassan Ahmad Al Bashir*, ICC-02/05-01/09, Décision informant le Conseil de sécurité de l'Organisation des Nations Unies et l'Assemblée des États parties au Statut de Rome de la présence d'Omar Al Bashir sur le territoire de la République du Tchad, 27 août 2010 ; C.P.I., Chambre préliminaire I, *Le Procureur c. Omar Hassan Ahmad Al Bashir*, ICC-02/05-01/09, Décision informant le Conseil de sécurité de l'Organisation des Nations Unies et l'Assemblée des États parties au Statut de Rome de la présence d'Omar Al Bashir à Djibouti, 5 mai 2011.

(7) C.P.I., Rapport de la Cour sur la coopération : mise à jour, Conférence de révision du Statut de Rome, Kampala, 11 mai 2011, RC/2-FRA-20052010, p. 3, § 11.

(8) Article 13, a) du Statut de la Cour.

(9) C.P.I., « La situation en République du Kenya est assignée à la Chambre préliminaire », Communiqué de presse, 6 novembre 2009, ICC-C.P.I.-20091106-PR473.

(10) Conférence de l'Union Africaine, 11e session ordinaire, Sharm El-Sheikh, 1er juillet 2008, Décision concernant le rapport de la Commission sur le recours abusif au principe de la compétence universelle, Assembly/AU/Dec. 199 (XI) ; 12e session ordinaire, Addis-Abeba, 1er-3 février 2009, Décision sur la mise en œuvre de la décision relative à l'utilisation abusive du principe de compétence universelle, Assembly/AU/3 (XII), Assembly/AU/Dec. 213 (XII) ; 13e session ordinaire, Syrte, 1er-3 juillet 2009, Décision sur l'Utilisation abusive du principe de compétence universelle, Doc. Assembly/AU/11(XIII), Assembly/AU/Dec.243(XIII)Rev.1.

(11) Conseil de paix et de sécurité de l'Union Africaine, 142e réunion, Addis-Abeba, 21 juillet 2008, Communiqué, PSC/MIN/Comm(CXLII) Rev.1, § 7.

L'échec de ces argumentaires a entraîné un appel clair de l'Union Africaine à la non-coopération avec la Cour (12). Cet appel a trouvé une expression explicite dans les décisions du 13 décembre 2011 à l'encontre du Malawi et du Tchad. Confrontés à la procédure de la CPI engagée à leur encontre, ces deux États ont argué de l'immunité d'Omar Al Bashir pour refuser son arrestation et de leur « alignement » sur les décisions de l'Union Africaine.

Le but de la présente contribution est d'analyser les argumentaires légaux de l'UA et d'en évaluer la portée et la pertinence juridique. Nous nous pencherons, dans un premier temps, sur les stratégies générales visant à suspendre, voire à empêcher l'exercice par la Cour de ses compétences (1.) et, dans un second temps, sur la traduction de ces raisonnements sur le terrain de la coopération, et ce à la lumière des développements concernant le Malawi et le Tchad dans le cadre des décisions du 13 décembre 2011 (2.).

1. L'expression juridique de revendications politiques : l'utilisation des articles 16 et 98, § 1er du Statut de Rome

L'agacement de l'Union Africaine, quant à l'affaire Al Bashir, s'est tout d'abord exprimé par des tentatives d'enrayer l'exercice de ses fonctions par la Cour. Les montages légaux de l'Union ont tourné autour des articles 16 et 98, § 1er du Statut, en visant respectivement la suspension des poursuites et la remise en cause de la compétence de la Cour. L'insistance parallèle et constante de l'UA sur ces deux aspects témoigne de sa détermination à trouver une solution durable à cette situation qu'elle considère comme hautement problématique. Nous examinerons, d'abord, la pertinence de l'argument fondé sur l'article 16 du Statut aspirant à la suspension des poursuites (1.1.) car bien qu'il n'ait pas — à juste titre — été repris dans les décisions du 13 décembre 2011, il est central aux tensions entre la Cour et les États africains. Nous nous pencherons ensuite sur la remise en cause de la compétence de la Cour que l'Union Africaine fonde sur l'article 98, § 1er du Statut de Rome interprété conjointement à l'article 27 de ce même statut (1.2.).

1.1. *La suspension des poursuites — l'utilisation de l'article 16 du Statut de Rome*

Dès la requête du Procureur en vue de l'émission du mandat d'arrêt contre le Président soudanais en 2008 (13), le Conseil de paix et de sécurité de l'Union

(12) Conférence de l'Union Africaine, 13e session ordinaire, Syrte, 3 juillet 2009, Décision sur le rapport de la réunion des États africains parties au Statut de Rome de la Cour pénale internationale (C.P.I.) — Assembly/AU/Dec, 245 (XIII) Rev.1, § 10.

(13) Voy. : C.P.I., *Le Procureur c. Omar Hassan Ahmad Al Bashir*, ICC-02/05-157 et ICC-02/05-157-AnxA, Public Redacted Version of Prosecution's Application under Article 58 filed on 14 July 2008, 12 septembre 2008.

Africaine s'est adressé au Conseil de sécurité de l'ONU afin que ce dernier use de ses prérogatives pour suspendre les poursuites (14). Ce pouvoir lui est conféré par l'article 16 du Statut de Rome qui prévoit qu'

> «[a]ucune enquête ni aucune poursuite ne peuvent être engagées ni menées en vertu du [...] Statut [de la Cour] pendant les douze mois qui suivent la date à laquelle le Conseil de sécurité a fait une demande en ce sens à la Cour dans une résolution adoptée en vertu du Chapitre VII de la Charte des Nations Unies [...]».

En février 2009, peu de temps avant la confirmation du mandat d'arrêt contre Al Bashir, la Conférence de l'UA — principal organe décisionnel de l'organisation — a fait sienne la demande émise précédemment par le Conseil de paix et de sécurité et a explicité son souhait de faire appliquer l'article 16 (15). L'Union voyait les poursuites à l'encontre d'Al Bashir comme susceptibles de «sérieusement affecter les efforts en cours visant à faciliter le règlement rapide du conflit au Darfour et à promouvoir une paix durable et la réconciliation sur l'ensemble du Soudan» (16) de même que comme une menace aux «efforts visant à promouvoir l'état de droit et la stabilité, ainsi qu'à bâtir des institutions nationales fortes en Afrique» (17). La confirmation du mandat d'arrêt par la Chambre préliminaire de la CPI en mars 2009 (18) a ainsi entraîné une réaction immédiate de la part de l'UA ; dès le lendemain,

(14) Conseil de paix et de sécurité de l'UA, PSC/MIN/Comm(CXLII) Rev.1, Communiqué du 21 juillet 2009 précité, préambule et § 11-i ; voy. aussi : CSONU, Lettre datée du 21 juillet 2008, adressée au Président du Conseil de sécurité par l'Observatrice permanente de l'Union Africaine auprès de l'Organisation des Nations Unies, S/2008/481, Annexe, préambule et § 11-i.

(15) Conférence de l'Union Africaine, 12e session ordinaire, 1er-3 février 2009, Addis-Abeba, Décision sur la demande par le Procureur de la Cour pénale internationale (C.P.I.) de la mise en accusation du Président de la République du Soudan, Assembly/AU/Dec. 221 (XII), § 3.

(16) Conseil de paix et de sécurité de l'UA, PSC/MIN/Comm(CXLII) Rev.1, Communiqué du 21 juillet 2009 précité, § 9.

(17) *Ibidem.* L'UA avait déjà émis des préoccupations similaires dans le contexte de ce qu'elle percevait comme une utilisation «abusive» du principe de compétence universelle par les États occidentaux à l'encontre des dirigeants africains : Conférence de l'Union Africaine, décision Assembly/AU/Dec.199 (XI) précitée du 1er juillet 2008 et CSONU, Lettre datée du 14 juillet 2008, adressée au Président du Conseil de sécurité par l'Observatrice permanente de l'Union Africaine auprès de l'Organisation des Nations Unies, S/2008/465, Annexe II. À ce sujet voy. : H. VAN DER WILT, «Universal jurisdiction under attack. An assessment of african misgivings towards international criminal justice as administrated by western states», *Journal of international criminal Justice*, 2011, pp. 1043-1066 ; Ch. Ch. JALLOH, «Universal jurisdiction, universal prescription ? A preliminary assessment of the African Union perspective on universal jurisdiction», *Criminal Law Forum,* 2010, pp. 1-65. C.P.I., Chambre préliminaire I, *Le Procureur c. Omar Hassan Ahmad Al Bashir*, ICC-02/05-01/09-3-tFRA, Décision relative à la requête de l'Accusation aux fins de délivrance d'un mandat d'arrêt à l'encontre d'Omar Hassan Ahmad Al Bashir, 4 mars 2009 ; pour le second mandat émis suite à l'appel interjeté par le Procureur voy. : C.P.I., *Le Procureur c. Omar Hassan Ahmad Al Bashir* («*Omar Al Bashir*»), ICC-02/05-01/09, Deuxième Mandat d'arrêt à l'encontre d'Omar Hassan Ahmad Al Bashir, 12 juillet 2010.

(18) C.P.I., Chambre préliminaire I, *Le Procureur c. Omar Hassan Ahmad Al Bashir*, ICC-02/05-01/09-3-tFRA, Décision relative à la requête de l'Accusation aux fins de délivrance d'un mandat d'arrêt à l'encontre d'Omar Hassan Ahmad Al Bashir, 4 mars 2009 ; pour le second mandat émis suite à l'appel interjeté par le Procureur voy. : C.P.I., *Le Procureur c. Omar Hassan Ahmad Al Bashir* («*Omar Al Bashir*»), ICC-02/05-01/09, Deuxième Mandat d'arrêt à l'encontre d'Omar Hassan Ahmad Al Bashir, 12 juillet 2010.

elle a non seulement exprimé sa profonde préoccupation face à la position de la Cour (19) mais a en outre réitéré sa demande au Conseil de sécurité (20). À partir de ce moment, l'UA a régulièrement répété cette requête (21), et ce de manière de plus en plus insistante. Face à l'absence de réaction de la part du Conseil de sécurité, elle finira par demander à ses États membres de ne plus coopérer avec la CPI. C'est, par ailleurs, sans grande surprise que l'UA demandera également au Conseil de sécurité d'appliquer l'article 16 aux situations en Libye (22) et au Kenya (23), le but étant, dans ce dernier cas, de permettre au Kenya de mettre en place les mécanismes judiciaires nécessaires pour enquêter lui-même sur les faits allégués (24).

(19) Conseil de paix et de sécurité de l'UA, 75e réunion, Addis-Abeba, 5 mars 2009, Communiqué, PSC/PR/Comm (CLXXV), § 5 et CSONU, Lettre datée du 6 mars 2009, adressée au Président du Conseil de sécurité par le Chargé d'affaires par intérim de la Mission permanente de la Jamahiriya arabe libyenne auprès de l'Organisation des Nations Unies, S/2009/144, Annexe, § 5.

(20) *Ibid.*, §§ 5 et 6.

(21) Conférence de l'Union Africaine, décision Assembly/AU/Dec. 245 (XIII)Rev.1 du 3 juillet 2009 précitée, § 9 ; Conseil de paix et de sécurité, 198e réunion, 21 juillet 2009, Communiqué, repris dans CSONU, Lettre datée du 24 juillet 2009, adressée au Président du Conseil de sécurité par le Représentant permanent de la Jamahiriya arabe libyenne auprès de l'Organisation des Nations Unies, S/2009/388, Annexe, § 14 ; Conférence de l'Union Africaine, 14e session ordinaire, 2 février 2010, Addis-Abeba, Décision sur le rapport de la deuxième réunion des États parties au Statut de Rome de la Cour pénale internationale, Assembly/AU/Dec.270(XIV) Rev.1, § 10 ; 15e session ordinaire, 27 juillet 2010, Kampala, Décision sur la mise en œuvre de la Décision Assembly/AU/Dec.270 (XIV) relative à la deuxième réunion ministérielle sur le Statut de Rome de la Cour pénale internationale (C.P.I.) Doc. Assembly/AU/10(XV), Assembly/AU/Dec.296(XV), § 4; CSONU, Lettre datée du 13 septembre 2010, adressée au Président du Conseil de sécurité par l'Observateur permanent de l'Union Africaine auprès de l'Organisation des Nations Unies, S/2010/478, § 3 ; Conférence de l'Union Africaine, 16e session ordinaire, 30-31 janvier 2011, Addis-Abeba, Décision sur la mise en œuvre des décisions sur la Cour pénale internationale (C.P.I.) — Doc. EX.CL/639(XVIII), Assembly/AU/Dec.334(XV), § 3 ; 17e session ordinaire, 30 juin-1er juillet 2011, Malabo, Décision sur la mise en œuvre des décisions de la Conférence relatives à la Cour pénale internationale — Doc. EX.CL/670(XIX), Assembly/AU/Dec. 366(XVII), § 3 ; 18e session ordinaire, 30 janvier 2012, Décision concernant le rapport intérimaire de la Commission sur la mise en œuvre des décisions de la Conférence relatives à la Cour pénale internationale (C.P.I.) — Doc. EX.CL/710(XX), Assembly/AU/Dec.397(XVIII), §§ 3 et 4 reprise dans CSONU, Lettre datée du 16 février 2012, adressée au Président du Conseil de sécurité par le Représentant permanent du Soudan auprès de l'Organisation des Nations Unies, S/2012/95, Annexe, §§ 3 et 4.

(22) Conférence de l'Union Africaine, décision Assembly/AU/Dec.366(XVII) précitée, 30 juin-1er juillet 2011, § 6. Voy. aussi : résolution 1970 (2011) du Conseil de sécurité, 26 février 2011, S/RES/1970 : Paix et sécurité en Afrique, § 4. Suite à la saisine de la Cour par le Conseil, la Chambre préliminaire I a émis un mandat d'arrêt à l'encontre de Muammar Qadhafi : C.P.I., Chambre préliminaire I, Décision relative à la requête déposée par le Procureur en vertu de l'article 58 du Statut concernant Muammar Mohammed Abu Minyar Qadhafi, Saif Al-Islam Qadhafi et Abdullah Al-Senussi, ICC-01/11-12, 27 juin 2011.

(23) L'UA endossera en fait la demande formulée en ce sens par le Kenya suite à l'autorisation émise par la Chambre préliminaire II de la C.P.I. pour enquêter sur la situation dans ce pays ; voy. : Conférence de l'Union Africaine, décision Assembly/AU/Dec. 334(XV) précitée, 30-31 janvier 2011, § 6 ; décision Assembly/AU/Dec.366(XVII) précitée, 30 juin-1er juillet 2011, § 4 ; décision Assembly/AU/Dec.397(XVIII) précitée, 30 janvier 2012, § 4.

(24) Voy. : CSONU, Lettres identiques datées du 4 mars 2011, adressées au Secrétaire général et au Président du Conseil de sécurité par le Représentant permanent du Kenya auprès de l'Organisation des Nations Unies, S/2011/116, sp. §§ 2 et 3.

C'est en réalité un double argument qu'utilise l'Union Africaine pour justifier l'invocation de l'article 16 du Statut. En effet, outre les considérations de paix, de sécurité et de réconciliation dans la région, elle voit l'article 16, aussi dans le cas du Soudan, comme un moyen qui permettrait «[...] d'aborder de manière *complémentaire* les questions connexes de lutte contre l'impunité et de promotion de la paix, de la réconciliation et de l'apaisement» (25), et donc de lui permettre de traiter au niveau national les violations commises au Darfour. Le principe de complémentarité de la CPI est d'ailleurs rappelé *expressis verbis* dans le texte du communiqué (26).

La doctrine s'est déjà interrogée sur l'applicabilité de l'article 16 aux poursuites à l'égard d'Al Bashir (27). Trois types d'arguments, au caractère convaincant variable, ont été avancés pour rejeter une telle possibilité. Il a ainsi, tout d'abord, été soulevé qu'admettre que le Conseil puisse suspendre l'action de la Cour dans le cadre d'une affaire particulière, reviendrait à lui accorder le pouvoir de choisir les affaires dont la Cour peut connaître (28). Il faut rappeler que, c'est précisément ce type de filtre politique qu'ont voulu éviter les négociateurs du Statut de Rome lorsqu'ils ont rejeté le projet initial de la Commission du droit international obligeant la Cour à obtenir une autorisation du Conseil pour agir en cas de saisine de ce dernier d'une situation dans son rôle de gardien de la paix et de la sécurité internationales (29).

(25) Conseil de paix et de sécurité de l'UA, PSC/MIN/Comm(CXLII) Rev.1, Communiqué du 21 juillet 2009 précité, chapeau du § 11 ; nous soulignons.

(26) *Ibid.*, § 5.

(27) D. SCHEFFER, «The Security Council's struggle over Darfur and international justice», *Jurist*, 20 août 2008, disponible sous le lien: http://jurist.law.pitt.edu/forumy/2008/08/security-councils-struggle-over-darfur.php (dernière consultation le 20 mai 2012); R. CRYER, «The Security Council, Article 16 and Darfur», *Oxford Transitional Justice Research Working Paper Series*, 29 october 2008, disponible sous le lien: http://www.csls.ox.ac.uk/documents/CryerFi.pdf (dernière consultation, le 19 mai 2012); S. WILLIAMS et L. SHERIF, «The arrest warrant for President al-Bashir: immunities of incumbent Heads of State and the International Criminal Court», *Journal of Conflict & Security Law*, 2009, pp. 90-91; A. CIAMPI, «The proceedings against President Al Bashir and the prospects of their suspension under Article 16 ICC Statute», *Journal of International Criminal Justice*, 2008, pp. 889-890.

(28) S. M. WELDEHAIMANOT, «Arresting Al-Bashir: the African Union's opposition and the legalities», *African Journal of International and Comparative Law*, 2011, p. 230; S. WILLIAMS et L. SHERIF, *loc. cit.*, p. 91.

(29) En effet, l'article 23, § 3 du «Projet de statut d'une cour criminelle internationale» établi en 1994 par la Commission du droit international reconnaissait une certaine supériorité hiérarchique du Conseil de sécurité en ce qu'il empêchait l'engagement d'une quelconque poursuite en vertu du Statut de la future juridiction «à raison d'une situation dont le Conseil de sécurité trait[erait] en tant que menace contre la paix ou rupture de la paix ou acte d'agression aux termes du Chapitre VII de la Charte des Nations Unies, à moins que le Conseil de sécurité n'en décide autrement»; «Projet de statut d'une cour criminelle internationale», *Ann. CDI*, 1994, II, 2e partie, pp. 19-92. Ce projet a été élaboré après que la Commission y soit invitée par l'Assemblée générale de l'ONU, voy.: résolution 46/54 de l'Assemblée générale, 9 décembre 1991, A/RES/46/54: Rapport de la Commission du droit international sur les travaux de sa quarante-troisième session et résolution 47/33 de l'Assemblée générale du 25 novembre 1992: Rapport de la Commission du droit international sur les travaux de sa quarante-quatrième session. L'actuel article 16 a pris forme grâce à une proposition appelée le «compromis de Singapour», émise par la délégation singapourienne en Comité prépara-

Les négociations ont penché en faveur de la solution actuelle qui permet, à certaines conditions, au Conseil d'ajourner une enquête ou des poursuites devant la Cour. Le deuxième type d'argument soulevait la question de l'application *ratione temporis* de l'article 16. Il a ainsi été soutenu que, vu l'état d'avancement des travaux de la CPI dans le cas soudanais, il était trop tard pour invoquer l'article 16. Celui-ci aurait été conçu pour que le Conseil agisse comme un filtre uniquement quand la Cour est saisie par un État ou par l'action *proprio motu* du Procureur et non lorsque c'est le Conseil lui-même qui procède au renvoi d'une situation devant la Cour. Pour le surplus, ledit filtre devrait être appliqué comme une mesure préventive à l'action de la Cour et non une fois que celle-ci est déjà en mouvement (30). Cependant, l'interprétation textuelle de l'article 16 ne nous permet de suivre cette vision restrictive. En effet, rien dans le texte (31) de cette disposition n'indique que les pouvoirs du Conseil se limitent aux cas de renvoi par un État partie ou d'une saisine par le Procureur (32). Un dernier type d'arguments se base sur la symétrie qui existe entre les articles 16 et 13 du Statut, le premier étant le pendant négatif du second. Cette symétrie impliquerait que l'article 16 s'applique, tout comme l'article 13, b), à une *situation* (33) par contraste à une *affaire* (34) par-

toire de la C.P.I. en 1997 (Comité préparatoire de la C.P.I., Proposal by Singapore on Article 23, Non-Paper/WG.3/No.16, 8 août 1997), secondée et complétée par des propositions du Costa Rica et du Canada ainsi que par le Royaume-Uni qui a proposé le texte du futur article 16 (Comité préparatoire, Proposals by Costa Rica on Article 23, Non-Paper/WG.3/No.23, 11 août 1997; Proposal submitted by Canada for Article 23, Non-Paper/WG.3/No.18, 18 août 1997; Proposal by the United Kingdom of Great Britain and Northern Ireland: Trigger Mechanism, A/AC.249/1998/WG.3/DP.1, 25 mars 1998, Annex, p. 3). Voy. aussi: L. Condorelli et S. Villalpando, «Referral and Deferral by the Security Council», *in* A. Cassese, P. Gaeta et J. R.W.D. Jones (éd.), *The Rome Statute of the International Criminal Court: a Commentary*, Oxford — New York, OUP, 2002, vol. I, p. 646; M. Bergsmo et J. Pejic, «Article 16: Deferral of investigation or prosecution», *in* O. Triffterer (éd.), *Commentary on the Rome Statute of the International Criminal Court: Observers' Notes, Article by Article*, 2e éd., München / Oxford / Baden-Baden, C.H. Beck — Hart — Nomos, 2008, pp. 597-598, paras 5-6; W. A. Schabas, *The International Criminal Court: A Commentary on the Rome Statute*, Oxford, OUP, 2010, pp. 327-328.

(30) D. Scheffer, *loc. cit.*

(31) Article 31 de la Convention sur le droit des traités, Vienne, 23 mai 1969, Nations Unies, *Recueil des traités*, vol. 1155, p. 331. Entrée en vigueur le 27 janvier 1980.

(32) Dans le même sens voy.: R. Cryer, «The Security Council, Article 16 and Darfur», *loc. cit.*; D. Tladi, «The African Union and the International Criminal Court: the battle for the soul of international law», *South African Yearbook of International Law*, 2009, p. 68.

(33) La Chambre préliminaire I a défini une situation au sens du Statut de la façon suivante: «Les situations, généralement définies par des paramètres temporels, territoriaux et éventuellement personnels, [...] font l'objet de procédures prévues par le Statut afin de décider si une situation donnée doit faire l'objet d'une enquête pénale, et de l'enquête en tant que telle»; C.P.I., Situation en République Démocratique du Congo, ICC-01/04-101, version publique expurgée de la décision sur les demandes de participation à la procédure de VPRS 1, VPRS 2, VPRS 3, VPRS 4, VPRS 5 et VPRS 6, 17 janvier 2006, § 65.

(34) «Les affaires, comprenant des incidents spécifiques au cours desquels un ou plusieurs crimes de la compétence de la Cour semblent avoir été commis par un ou plusieurs suspects identifiés, font l'objet de procédures qui ont lieu après la délivrance d'un mandat d'arrêt ou d'une citation à comparaître»; *ibidem*.

ticulière (35). Le Conseil ne pourrait donc pas spécifiquement demander à la CPI de suspendre ses activités à l'encontre du Président Al Bashir ; l'ensemble de la situation soudanaise devrait être visée. Or, une fois de plus, le texte de l'article 16 ne confirme pas cette interprétation. La demande éventuelle du Conseil ayant pour effet de surseoir à l'engagement ou à la continuation (36) d'une *enquête* ou d'une *poursuite — prosecution* dans le texte anglais —, il est évident que l'article 16 s'applique au moins jusqu'à la délivrance d'un mandat d'arrêt en vertu de l'article 58 (37) ou même, aux termes de l'article 61 du Statut, jusqu'à la confirmation des charges par la Chambre préliminaire (38). Par conséquent, le Conseil a, aux termes de l'article 16, la possibilité d'agir dans une certaine mesure dans le cadre d'une *affaire*. L'application de cette disposition au cas d'Al Bashir reste donc en théorie tout à fait envisageable.

Cela étant, puisqu'en vertu de l'article 16, le Conseil est tenu d'adopter une résolution aux termes du Chapitre VII de la Charte, encore faudrait-il que les États membres du Conseil perçoivent le travail de la CPI comme touchant d'une manière ou d'une autre à la paix et à la sécurité internationales. Il est tout à fait possible qu'une situation, déjà sous examen du Procureur, subisse un changement considérable et que ce type de considérations émergent devant le Conseil à un stade avancé de la procédure. Sans examiner les difficultés procédurales éventuelles qu'un sursis tardif serait susceptible de causer (39), rappelons simplement que les préoccupations relatives à la paix et à la réconciliation ont, dès le départ, été explicitement avancées par l'Union Africaine, et ce sans doute parce qu'elles constituent une condition *sine qua non* pour que le Conseil puisse agir aux termes du Chapitre VII (40).

Face à l'inaction du Conseil, l'attachement de l'UA aux possibilités offertes par l'article 16 du Statut de Rome s'est matérialisé dans la proposition d'amendement dudit article, déposée par l'Afrique du Sud (41), sous l'impul-

(35) A. CIAMPI, « *The proceedings against President Al Bashir and the prospects of their suspension under Article 16 ICC Statute* », *loc. cit.*, p. 889.

(36) Le texte français utilise les verbes « engager » et « mener » alors que le texte anglais parle de « to commence » et de « to proceed with ».

(37) M. BERGSMO et J. PEJIC, *loc. cit.*, p. 601 ; R. CRYER, « The Security Council, Article 16 and Darfur », *loc. cit.*

(38) Le raisonnement tenu par la Chambre préliminaire I tend à affirmer cette idée ; C.P.I., Situation en République Démocratique du Congo, ICC-01/04-101, 17 janvier 2006, § 65. M. BERGSMO et J. PEJIC, *loc. cit.*, p. 601.

(39) Voy. : D. SCHEFFER, *loc. cit.* Pour un même type de considération dans le cadre des discussions entourant le crime d'agression : Rapport du Groupe de travail spécial sur le crime d'agression, ICC-ASP/6/20/Add.1, p. 8, § 45, http://www.icc-cpi.int/iccdocs/asp_docs/SWGCA/ICC-ASP-6-20-Add1-AnnexII-FRA.pdf ; Rapport du Groupe de travail sur le crime d'agression, Documents officiels de la Conférence de révision, RC/11, p. 8, § 45.

(40) P. D'ARGENT, J. D'ASPREMONT LYNDEN, R. VAN STEENBERGHE et Fr. DOPAGNE, « Article 39 », *in La Charte des Nations Unies, commentaire article par article,* 3ᵉ éd., sous la direction de J.-P. COT, A. PELLET et M. FORTEAU, Paris, Economica, 2005, pp. 1133-1134.

(41) Notification dépositaire n° C.N.851.2009.TREATIES-10 du 18 novembre 2009, disponible sous le lien http://treaties.un.org/doc/Publication/CN/2009/CN.851.2009-Frn.pdf (dernière consultation, le 18 mai 2012).

sion (42) et avec le soutien de l'UA (43), peu avant la tenue de la Conférence de révision du Statut de la CPI en 2010 (44). La proposition visait à permettre à l'Assemblée générale de l'ONU (ci-après, Assemblée ou AG) de se saisir de la requête d'application de l'article 16 si le Conseil de sécurité ne se prononçait pas dans un délai de six mois (45), et ce « conformément à la résolution 377 (V) de l'Assemblée » (46). La proposition n'a pas emporté l'adhésion des États et des commentateurs. Elle a été perçue comme remettant en cause le compromis fragile négocié lors de la rédaction du Statut et comme offrant davantage d'ouverture à une ingérence politique dans le travail de la Cour (47). En outre, plusieurs remarques ont été émises quant à la portée et la pertinence même de la proposition.

Il est notamment pertinent de s'interroger sur la valeur ajoutée de la proposition d'amendement. Ne pourrait-on pas imaginer qu'en vertu des pouvoirs qu'elle tire déjà de la résolution 377 (V), l'AG puisse adresser à la Cour une demande de sursis sans que le Statut doive être amendé en ce sens ? Au-delà des problèmes liés à la répartition des pouvoirs opérée par la Charte (48) entre l'AG et le Conseil, une interrogation surgit quant à l'effet

(42) UA, Ministerial Meeting on the Rome Statute, of the ICC, Report of the 2nd Ministerial Meeting on the Rome Statute of the International Criminal Court (ICC), 6th November 2009, Addis-Abeba, Min/ICC/Legal/Rpt. (II), p. 4, § R.3 et Annexe A, p. 6.

(43) Conférence de l'Union Africaine, décision Assembly/AU/Dec.270(XIV) Rev.1 précitée, du 2 février 2010, § 5 ; décision Assembly/AU/Dec.270 (XIV) précitée, du 27 juillet 2010, § 7 ; décision Assembly/AU/Dec. 334(XV) pécitée, 30-31 janvier 2011, §§ 8 et 9.

(44) Bien que non discutée dans le cadre de la Conférence de révision de Kampala, la proposition d'amendement a été prise en considération lors de la 10e session de l'Assemblée des États parties au Statut de Rome : Rapport du Groupe de travail sur les amendements, Assemblée des États Parties, 10e session, New York, 12-21 décembre 2011, ICC-ASP/10/32, Annexe V, p. 22.

(45) Voy. : § 3 de la proposition d'amendement, Notification dépositaire n° C.N.851.2009.TREATIES-10 du 18 novembre 2009, p. 2.

(46) Résolution 377 (V) de l'Assemblée générale, 3 novembre 1950 : L'union pour le maintien de la paix. Nous nous souviendrons que dans cette résolution, l'AG s'arrogeait le droit d'examiner des questions relatives aux responsabilités du Conseil de sécurité en matière de paix et de sécurité si ce dernier restait en défaut de réaction face à une menace contre la paix, une rupture de la paix ou un acte d'agression (§ 1er).

(47) Rapport du Groupe de travail sur la Conférence de révision, Assemblée des États Parties au Statut de Rome de la Cour pénale internationale, 8e session, La Haye, 18-26 novembre 2009, *Documents officiels*, ICC-ASP/8/20, Annexe II, §§ 59-62 ; Conseil exécutif de l'Union Africaine, 16e session ordinaire, Addis-Abeba, 25-29 janvier 2010, Report on the ministerial meeting on the Rome Statute of the International Criminal Court (ICC) — Assembly/AU/DEC.245 (XIII), EX.CL/568 (XVI), Annexe 2 : Report of the Commission on the outcome and deliberations of the 8th session of the Assembly of States Parties to the Rome Statute of the ICC held at the Hague, the Netherlands from 16 to 26 November 2009, §§ 8-12. Ch. JALLOH, D. AKANDE et M. DU PLESSIS, « Assessing the African Union concerns about Article 16 of the Rome Statute of the International Criminal Court », *African Journal of Legal Studies, 2011*, n° 4, pp. 8 et 11 et 35-36 ; M. DU PLESSIS et Ch. GEVERS, « Making amend(ment)s : South Africa and the International Criminal Court from 2009 to 2010 », *South African Yearbook of International Law*, 2009, p. 17.

(48) M. DU PLESSIS et Ch. GEVERS, « Making amend(ment)s : South Africa and the International Criminal Court from 2009 to 2010 », *loc. cit.*, p. 20 ; Ch. JALLOH, D. AKANDE et M. DU PLESSIS, « Assessing the African Union concerns about Article 16 of the Rome Statute of the International Criminal Court », *loc. cit.*, pp. 30-35, quant à la répartition des pouvoirs en vertu de l'article 12 de la Charte et

d'une décision de l'Assemblée générale à l'égard de la Cour. Pourrait-on envisager qu'une recommandation de l'AG — puisque la résolution 377 (V) permet à l'AG de faire des «*recommandations* appropriées sur les mesures collectives à prendre» (49) — produise un effet obligatoire à l'égard de la CPI qui est une institution indépendante créée par un traité autonome ? L'on se doit de répondre par la négative, et ce aussi bien au vu du texte de la Charte (50), du Statut même de la Cour qui en reconnaît l'indépendance (51) que, de manière plus générale, du principe de la relativité des traités (52) — puisque la Cour n'est ni un organe de l'ONU, ni *a fortiori* l'un de ses membres. Cela étant, les deux derniers arguments pourraient être également mobilisés — à juste titre d'ailleurs — pour remettre en cause la portée obligatoire éventuelle des résolutions du Conseil de sécurité. Néanmoins, en ce qui concerne les prérogatives que ce dernier tire de l'article 16, c'est parce que le Statut de la Cour reconnaît un effet obligatoire aux décisions du Conseil prises aux termes dudit article, qu'une résolution demandant un sursis à enquêter ou à poursuivre sera contraignante pour la Cour (53). La force obligatoire de la décision prend donc sa source dans le Statut lui-même et non dans la Charte (54). C'est là qu'on peut entrevoir la plus-value de l'amendement proposé par l'UA puisque le même raisonnement pourrait être transposé aux décisions de l'AG. Quelle que soit leur force obligatoire en vertu de la Charte, l'on peut en effet imaginer que le Statut — ici l'article 16 — leur confère une portée contraignante à l'égard de la Cour. À partir du moment où on accepte l'idée que le Statut puisse consacrer l'effet obligatoire pour la Cour d'une décision de l'Assemblée, la référence à la résolution 377 (V) semble superflue et doit être lue, au sein de la proposition d'amendement, comme une justification éventuelle des pouvoirs de l'AG dans les matières relevant naturellement du Conseil de sécurité. Cette dernière question devrait néanmoins être traitée aux termes de la Charte uniquement.

La formulation de l'amendement qui donne à l'AG une possibilité de réagir «si le Conseil ne se pronon[çait] pas» laisse, par ailleurs, entendre que le

les questions liées au rôle du Conseil en tant qu'organe ayant la responsabilité *principale* du maintien de la paix et de la sécurité internationales (article 24, § 1er de la Charte).

(49) Résolution 377 (V) de l'Assemblée générale, § 1er, nous soulignons.

(50) Articles 10 à 14 de la Charte.

(51) Al. 9 du préambule et article 2 du Statut de Rome; article 2 de l'Accord négocié régissant les relations entre la Cour pénale internationale et l'Organisation des Nations Unies, New York, 4 octobre 2004, Nations Unies, *Recueil des traités*, vol. 2283, p. 195; entrée en vigueur le 22 juillet 2004. Voy. aussi, dans le même sens mais spécialement par rapport au crime d'agression : articles 15*bis* et 15*ter* du Statut de Rome, respectivement §§ 9 et 4.

(52) Exprimé à l'article 34 de la Convention sur le droit des traités entre États et organisations internationales ou entre organisations internationales, Vienne, 21 mars 1986, non encore en vigueur et à l'article 34 de la Convention sur le droit des traités, Vienne, 23 mai 1969.

(53) En ce sens: Ch. Jalloh, D. Akande et M. Du Plessis, «Assessing the African Union concerns about Article 16 of the Rome Statute of the International Criminal Court», *loc. cit.*, p. 30.

(54) Cela étant, l'Accord régissant les relations entre la Cour pénale internationale et l'ONU cité *supra* prévoit également le respect mutuel des décisions respectives de ces deux instances.

Conseil de sécurité aurait un devoir de prendre effectivement une décision. L'article 16 n'offrirait donc pas une prérogative au Conseil mais lui imposerait une obligation d'adopter une position claire à l'égard de la demande qui lui est soumise. C'est là une interprétation, à notre sens, erronée de la portée à donner au rôle que joue le Conseil au sein du Statut de Rome qui ne fait que lui conférer des droits plutôt que créer des obligations dans son chef. C'est cependant précisément parce que l'UA estime que sa demande « n'[a] pas été prise en compte » (55) et « n'a fait l'objet d'aucune action » (56) qu'elle demande aux États membres de ne pas coopérer avec la Cour (57). C'est aussi cette raison qui la poussera *in fine* à faire introduire la proposition d'amendement de l'article 16 (58). Il est vrai que le Conseil s'est contenté de *noter* les préoccupations exprimées par l'UA (59) mais n'a pas, à ce jour, pris formellement position quant au sort à réserver à la requête d'application de l'article 16. Le Conseil étant un organe politique, il ne peut pourtant être affirmé que l'absence d'une décision formelle signifie qu'il n'a aucunement tenu compte du sujet qui a été soumis à son attention. L'on retrouve, en effet, dans les procès-verbaux des réunions du Conseil, des traces d'un débat animé sur la question de recourir à l'article 16 pour le cas d'Al Bashir, traces qui témoignent, pour le moins, d'un manque de consensus parmi les États membres du Conseil (60). L'on ne peut donc pas affirmer que les demandes de l'UA aient été passées sous silence.

(55) Conférence de l'Union Africaine, décision Assembly/AU/Dec. 245 (XIII)Rev.1 précitée, du 3 juillet 2009, § 10.

(56) Conférence de l'Union Africaine, décision Assembly/AU/Dec.270(XIV) Rev.1 précitée, 2 février 2010, § 10.

(57) *Ibidem;* CSONU, Communiqué de presse de l'Union Africaine sur la décision de la Chambre préliminaire I de la Cour pénale internationale avisant le Conseil de sécurité et l'Assemblée des États parties au Statut de Rome de la présence du Président du Soudan, M. Omar Hassan Al-Bashir, sur le territoire de la République du Tchad et de la République du Kenya (Addis-Abeba, le 29 août 2010) — Lettre datée du 31 août 2010, adressée au Président du Conseil de sécurité par le Représentant permanent du Soudan auprès de l'Organisation des Nations Unies, S/2010/458, Annexe, pp. 2-3; déclaration de M. Kapambwe (Zambie) au nom des États africains parties au Statut de Rome lors de la 39e séance plénière de l'Assemblée générale de l'ONU, 65e session, 28 octobre 2010, A/65/PV.39, p. 16. Voy. en ce sens: Ch. Ch. JALLOH, « Universal jurisdiction, universal prescription ? A preliminary assessment of the African Union perspective on universal jurisdiction », *loc. cit.*, pp. 57-58; H. VAN DER WILT, *loc. cit.*, pp. 1064-1065; Ch. Ch. JALLOH, D. AKANDE et M. DU PLESSIS, « Assessing the African Union concerns about Article 16 of the Rome Statute of the International Criminal Court », *loc. cit.*, p. 8. En outre, l'on a parfois l'impression que l'UA associe une prise de position formelle à une décision forcément positive à l'égard de sa demande: D. TLADI, *loc. cit.*, pp. 68-69.

(58) En ce sens: Ch. JALLOH, D. AKANDE et M. DU PLESSIS, « Assessing the African Union concerns about Article 16 of the Rome Statute of the International Criminal Court », *loc. cit.*, p. 27.

(59) Résolution 1828 (2008) du Conseil de sécurité du 31 juillet 2008, S/RES/1828: Rapports du Secrétaire général sur le Soudan, préambule, al. 9. À ce sujet, voy.: D. SCHEFFER, *loc. cit.*

(60) Voy. à titre d'exemples: déclarations variées du Royaume-Uni, de la Russie, de la Chine, de la Libye, du Burkina Faso, des États-Unis, de la France, de l'Indonésie, de la Belgique, de l'Italie et du Soudan lors de la 5947e séance du Conseil de sécurité, 31 juillet 2008, S/PV.5947, pp. 3, 7, 8, 9, 10, 11, 13; déclarations de la Libye, du Costa Rica, de l'Afrique du Sud et du Royaume-Uni lors de la 6028e séance du Conseil de sécurité, 3 décembre 2008, S/PV.6028, pp. 6-7, 14, 17-18, 19-20; déclaration de la Libye lors de la 6096e séance du Conseil de sécurité, 20 mars 2009, S/PV.6096, p. 15;

Cela étant on comprend la stratégie que l'UA entendait poursuivre en amendant l'article 16 du Statut de Rome. Un nombre considérable d'États ont en réalité exprimé leur soutien à la demande de surseoir aux poursuites contre Al Bashir (61). Si cette requête pouvait être traitée au sein de l'Assemblée générale de l'ONU, elle aurait, par conséquent, toutes les chances d'aboutir (62).

Il faut toutefois souligner qu'en tout état de cause, l'article 16 n'offre qu'une solution temporaire. De fait, il n'autorise qu'une simple suspension des enquêtes ou poursuites, et ce pour une période de douze mois. Le sursis peut cependant être « renouvel[é] par le Conseil dans les mêmes conditions » (63). Il faudrait pour cela une nouvelle résolution aux termes du Chapitre VII ce qui supposerait que les conditions requises par l'article 39 de la Charte (64) subsistent et que les États membres du Conseil ne changent pas d'avis quant à la nécessité de retarder les poursuites devant la Cour (65).

déclarations de la France et de la Libye lors de la 6230e séance du Conseil de sécurité, 4 décembre 2009, S/PV.6230, pp. 9, 20-21. D. Akande, M. Du Plessis et Ch. Ch. Jalloh, « Position paper: an African expert study on the African Union concerns about article 16 of the Rome Statute of the ICC », Tshwane (Pretoria), Institute for Security Studies, 2010, pp. 10-11 ; disponible sous le lien http://www.iss.co.za/pgcontent.php ? UID = 30455 (dernière consultation, le 17 mai 2012).

(61) En effet, lors de débats au sein du Conseil de sécurité en vue de l'adoption de la résolution 1828 (2008), le représentant de la Fédération de Russie indiquait : « [...] l'Union Africaine a indiqué qu'il aurait été souhaitable que le Conseil exerce son autorité en vertu de l'article 16 du Statut de Rome de la C.P.I., et qu'il remette la décision de la Cour. Le Mouvement des pays non alignés a une position analogue, tout comme l'Organisation de la Conférence islamique et la Ligue des États arabes. Les États membres de ces organisations qui font autorité représentent tout simplement l'avis des deux tiers de la communauté internationale » ; la déclaration de M. Churkin (Fédération de Russie), lors de la 5947e séance du Conseil de sécurité, 31 juillet 2008, S/PV.5947, p. 3. Voy. aussi : CSONU, Lettre datée du 10 février 2009, adressée au Président du Conseil de sécurité par le Représentant permanent de Cuba auprès de l'Organisation des Nations Unies, S/2009/99, Annexe II : Décision sur la demande par le Procureur de la Cour pénale internationale de la mise en accusation du Président de la République du Soudan, § 2 et Annexe III : Déclaration du Comité ministériel arabo-africain sur le Darfour (Doha, le 14 janvier 2009), § 9 ; déclaration de l'Égypte, du représentant zambien au nom des États africains parties au Statut de Rome, lors de la 39e séance plénière de l'Assemblée générale de l'ONU, 28 octobre 2010, A/65/PV.39, pp. 16 et 22.

(62) Ch. Jalloh, D. Akande et M. Du Plessis, « Assessing the African Union concerns about Article 16 of the Rome Statute of the International Criminal Court », *loc. cit.*, pp. 22-23.

(63) Article 16 du Statut de la Cour.

(64) À savoir l'existence d'une menace contre la paix, d'une rupture de paix ou d'un acte d'agression.

(65) Il est déjà arrivé que dans un cas où il avait décidé de faire usage de l'article 16, le Conseil reconduise sa décision au terme d'une première suspension de douze mois. Néanmoins, non seulement l'application initiale de l'article 16 au cas d'espèce avait soulevé un nombre important de critiques mais, rappelons-le, étant donné le changement dans le contexte politique très particulier de l'époque, la prorogation n'a pu avoir lieu qu'une seule fois. Il s'agit de résolution 1422 (2002) que le Conseil a pris moins de deux semaines après l'entrée en vigueur du Statut de Rome dans laquelle a été incluse une clause très générale de sursis bénéficiant « aux [...] responsables ou des personnels en activité ou d'anciens responsables ou personnels d'un État contributeur qui n'est pas partie au Statut de Rome à raison d'actes ou d'omissions liés à des opérations établies ou autorisées par l'Organisation des Nations Unies [...] » ; résolution 1422 (2002) du 12 juillet 2002, S/RES/1422 : Le maintien de la paix par les Nations Unies, § 1er. Cette décision a été reconduite l'année d'après dans la résolution 1487 (2003) du 12 juin 2003, S/RES/1487 : Opérations de maintien de la paix des Nations Unies, § 1er mais,

En revanche, une solution plus durable pourrait être trouvée par la mobilisation du principe de complémentarité (66). Nous avons vu que dans le cas du Soudan, l'argument tiré de l'article 16 était intimement lié aux questions de complémentarité (67) donnant préséance aux juridictions nationales plutôt qu'à la CPI en matière d'enquête et de poursuites. Effectivement, aux termes de l'article 17 du Statut, une affaire est irrecevable devant la Cour dans les cas où « un État ayant compétence en l'espèce » prend des mesures effectives pour enquêter sur la question ou poursuivre, le cas échéant, les personnes concernées (68). De manière générale, si l'État en question réussit à passer le « test de complémentarité », la Cour ne pourra plus juger les affaires dont l'État s'est chargé. Il est d'ailleurs intéressant de noter, qu'avant l'émission du mandat d'arrêt contre Al Bashir, le Soudan avait créé une juridiction chargée de poursuivre les auteurs des violations au Darfour (69). Cela étant, vu le constat d'inactivité du nouveau tribunal face aux cas susceptibles d'intéresser la Cour (70), celle-ci restait compétente à l'égard desdits cas.

Certains ont émis des doutes quant à la question de savoir si l'examen de complémentarité avait encore lieu à s'appliquer dans le cas d'une situation soumise à la Cour par le Conseil de sécurité (71). Cependant, cette vision

étant donné le changement dans les relations politiques — et principalement l'émoi provoqué par les événements d'Abu Ghraib — les États-Unis se sont retenus de pousser à l'adoption d'une résolution similaire l'année d'après. Voy. not. : Ch. Jalloh, D. Akande et M. Du Plessis, « Assessing the African Union concerns about Article 16 of the Rome Statute of the International Criminal Court », *loc. cit.*, pp. 16-19 ; N. White et R. Cryer, « The ICC and the Security Council : an uncomfortable relationship », *in* J. Doria *et al.* (éd.), *The legal regime of the ICC : essays in honour of prof. I. P. Blishchenko*, Leiden / Boston, Martinus Nijhoff Publishers, 2009, pp. 467-471 ; N. Jain, « A separate law for peacekeepers : the clash between the Security Council and the International Criminal Court », *European Journal of International Law*, vol. 16, n° 2, 2005, pp. 239-242 ; Fl. Aumond, « La situation au Darfour déférée à la C.P.I.. Retour sur une résolution « historique » du Conseil de sécurité », *Revue générale de droit international public*, 2008-1, pp. 126-128 ; C. Stahn, « The ambiguities of Security Council resolution 1422 (2002) », *European Journal of Transitional Law*, pp. 85-104 ; M. El Zeidy, « The United States dropped the atomic bomb of Article 16 of the ICC Statute : Security Council power of deferrals and resolution 1422 », *Vanderbilt Journal of International Law*, 2002, pp. 1503-1544 ; D. Sarooshi, « The Peace and Justice Paradox : the International Criminal Court and the UN Security Council », *in* D. McGoldrick, P. Rowe, et E. Donnelly (éd.), *The Permanent International Criminal Court. Legal and Policy Issues*, Oxford & Portland Oregon, Hart Publishing, 2004, pp. 115-120.

(66) Al. 10 du préambule et articles 17 et 18 du Statut de Rome.

(67) Conseil de paix et de sécurité de l'Union Africaine, 142e réunion, Addis-Abeba, 21 juillet 2008, *Communiqué*, PSC/MIN/Comm(CXLII) Rev.1, chapeau du § 11.

(68) Article 17, §1er, a) et b).

(69) Voy. : Premier rapport du Procureur de la C.P.I. devant le Conseil de sécurité de l'organisation des Nations Unies en application de la résolution UNSR 1593 (2005), 29 juin 2005, p. 4. À ce sujet voy. : R. Cryer, « Darfur : complementarity as the drafters intended ? », *in* C. Stahn et M. El Zeidy (éd.), *The International Criminal Court and Complementarity. From theory to practice*, Cambridge, CUP, 2011, vol. II, pp. 1107-1115.

(70) Neuvième rapport du Procureur de la C.P.I. au Conseil de Sécurité de l'ONU en application de la résolution 1593 (2005), 5 juin 2009, § 55.

(71) Voy. not. : M. N. Fairlie et J. Powderly, « Complementarity and burden allocation », *in* C. Stahn et M. M. El Zeidy (éd.), *op. cit.*, vol. I, pp. 661-667 ; R. B. Philips, « The International Criminal Court Statute : jurisdiction and admissibility », *Criminal Law Forum*, vol. 10, n° 1, 1999, pp. 81-82, M. Benzing, « The complementarity regime of the International Criminal Court : inter-

n'est pas confortée par l'analyse du Statut. Premièrement, l'article 17 ne comporte pas de précisions quant aux modes de saisine de la Cour auxquels il serait applicable. Ensuite, l'article 19, § 3 — portant sur la contestation de la compétence de la Cour ou de la recevabilité d'une affaire — précise qu'il s'applique aux cas dans lesquels il y a eu une saisine de la Cour « en application de l'article 13 » sans se limiter à l'un ou l'autre mécanisme de cette disposition. À ce stade, rien n'exclut donc l'application de l'examen de complémentarité dans le cas de renvoi par le Conseil. Enfin, un dernier point de vue conclut à l'inapplicabilité du test de complémentarité aux cas de saisine par le Conseil en partant du constat que l'article 18 du Statut ne s'applique pas à ce type de situations. Cette disposition oblige le Procureur à notifier les États qui seraient normalement compétents en cas de saisine de la Cour aux termes de l'article 13, a) et c), à l'exception des situations régies par l'article 13, b). Cet argument ne résiste pas non plus à l'analyse. En effet, l'article 18 a simplement pour effet de *dispenser* le Procureur de l'obligation de notification dans les cas de saisine par le Conseil en vertu de l'article 13, b) (72) ce qui ne veut pas dire que les considérations liées à la complémentarité ne sont pas du tout prises en compte. Au vu de tout ce qui précède, il peut donc être conclu que le test de complémentarité doit également être appliqué pour les cas de saisine par le Conseil de sécurité (73).

En ce qui concerne l'affaire Al Bashir, il serait audacieux de croire que dans l'état actuel des choses, le Soudan, ou un autre État, décide de poursuivre le Président soudanais. Vu son attitude hostile à l'égard de la CPI, il est également très peu probable que ce dernier exerce lui-même le droit qui est le sien en vertu de l'article 19, § 2, a) du Statut et conteste la recevabilité voire même la compétence de la Cour. Lors de l'émission du mandat d'arrêt, la Chambre préliminaire n'a pas, pour des raisons de confidentialité, procédé à l'analyse de la recevabilité qu'elle a la possibilité d'opérer aux termes de l'article 19, § 1er mais a tout de même fait remarquer que « [...] les éléments justificatifs présentés à l'appui de la Requête de l'Accusation *n'indiqu[aient] nullement* : i) qu'il [était] possible qu'une procédure soit menée, ou ait pu l'être, au niveau national à l'encontre d'Omar Al Bashir pour des crimes figurant dans la Requête de l'Accusation [...] » (74).

national criminal justice between State sovereignty and the fight against impunity », *Max Planck Yearbook of United Nations Law*, vol. 7, 2003, pp. 625-628 ; J. T. Holmes, « Complementarity : National Courts versus the ICC », *in* A. Cassese, P. Gaeta et J. R.W.D. Jones (éd.), *op. cit.*, vol. I, p. 683.

(72) N. N. Jurdi, *The International Criminal Court and National Courts. A contentious relationship*, Farnham / Burlington, Ashgate, 2011, p. 215.

(73) Voy. not. : J. T. Holmes, *loc. cit.*, p. 683 ; M. Benzing, *loc. cit.*, p. 626.

(74) C.P.I., Chambre préliminaire I, *Le Procureur c. Omar Hassan Ahmad Al Bashir*, ICC-02/05-01/09-3-tFRA, Décision relative à la requête de l'Accusation aux fins de délivrance d'un mandat d'arrêt à l'encontre d'Omar Hassan Ahmad Al Bashir, 4 mars 2009, § 50.

À défaut de pouvoir invoquer la complémentarité, l'une des solutions pour freiner les poursuites contre le Président soudanais demeure l'article 16. Au vu des éléments exposés *supra*, il faut conclure qu'à ce stade aucun élément juridique ne permet d'empêcher l'application de cette disposition. Sa mise en œuvre ne dépend plus que de la volonté politique des membres du Conseil de sécurité des Nations Unies.

1.2. *La remise en cause de la compétence de la Cour — l'interaction entre les articles 98, § 1er et 27 du Statut de Rome*

Suite à l'émission du mandat d'arrêt le 4 mars 2009, l'Union Africaine a jumelé aux demandes de suspension des poursuites une remise en cause, plus fondamentale, de la compétence même de la Cour. Selon l'UA, celle-ci ne serait en effet pas compétente eu égard aux immunités dont bénéficient les chefs d'État en exercice. À l'occasion de la délivrance du mandat d'arrêt, la Cour avait pourtant clairement rejeté l'immunité comme obstacle à l'exercice de sa compétence (75) et conclu que « les fonctions actuelles d'Omar Al Bashir en tant que chef d'un État non partie au Statut n'ont pas d'incidence sur la compétence de la Cour à l'égard de cette affaire » (76). Pour ce faire, elle s'est fondée sur quatre arguments principaux : (1) le but du Statut qui est de lutter contre l'impunité, (2) l'article 27 qui prévoit explicitement que les immunités ne peuvent faire obstacle à l'exercice par la Cour de sa compétence, (3) le fait que le Statut constitue une *lex specialis* par rapport à la coutume internationale qui retient l'immunité des chefs d'État en exercice et, enfin, (4) le fait que lorsqu'il saisit la Cour, le Conseil de sécurité cherche à ce que le Statut s'applique même à l'égard des États non parties à la CPI (77).

L'analyse de la Cour est largement suivie par la doctrine qui affirme, elle aussi, que l'article 27 s'applique à tous les États liés par le Statut que ce soit en tant que parties, en tant qu'État ayant consenti à la compétence de la Cour sur base de l'article 12 du Statut, ou encore par le truchement d'une résolution du Conseil de sécurité et l'effet des articles 25 et 103 de la Charte

(75) Avant de délivrer un mandat d'arrêt, la Chambre préliminaire doit s'assurer que la Cour est bien compétente : article 58, § 1er, a) du Statut de la Cour.

(76) C.P.I., Chambre préliminaire I, *Le Procureur c. Omar Hassan Ahmad Al Bashir*, ICC-02/05-01/09-3-tFRA, Décision relative à la requête de l'Accusation aux fins de délivrance d'un mandat d'arrêt à l'encontre d'Omar Hassan Ahmad Al Bashir, 4 mars 2009, § 41. La décision portant le mandat d'arrêt émis en 2010 ne traite pas de la question de l'immunité du Président Al Bashir. En effet, le mandat d'arrêt du 12 juillet 2010 ne fait que rajouter la charge de génocide et ne revient pas sur la question de la compétence *ratione personae* de la Cour ; C.P.I., *Le Procureur c. Omar Hassan Ahmad Al Bashir* (« *Omar Al Bashir* »), ICC-02/05-01/09, Deuxième Mandat d'arrêt à l'encontre d'Omar Hassan Ahmad Al Bashir, 12 juillet 2010.

(77) C.P.I., Chambre préliminaire I, *Le Procureur c. Omar Hassan Ahmad Al Bashir*, ICC-02/05-01/09-3-tFRA, Décision relative à la requête de l'Accusation aux fins de délivrance d'un mandat d'arrêt à l'encontre d'Omar Hassan Ahmad Al Bashir, 4 mars 2009, §§ 41-45.

des Nations Unies (78). Il faut néanmoins souligner que cette approche ne fait pas l'unanimité au sein des États et, en particulier, parmi ceux qui ne sont pas parties à la CPI. À titre d'illustration, à l'occasion de l'adoption de la résolution 1593 (2005) qui déféra la situation du Darfour à la Cour, les États-Unis ont opposé « une objection fondamentale à l'opinion selon laquelle la CPI devrait être en mesure d'exercer sa juridiction sur les ressortissants, y compris les responsables gouvernementaux, d'États qui ne sont pas parties au Statut de Rome » (79) et la Chine a considéré qu'elle ne pouvait « accepter que la CPI exerce sa juridiction sur des États non parties, et [qu']il [lui] serait difficile de souscrire à ce que le Conseil autorise un tel cas de figure » (80). Notons cependant que ces inquiétudes ne furent pas réitérées lors de l'adoption de la résolution 1970 (2011) sur la Libye qui n'est, pourtant, pas non plus partie au Statut de la Cour (81).

La réaction de l'Union Africaine à l'émission du mandat d'arrêt contre Al Bashir se fait toutefois l'écho de ces préoccupations (82). La décision du premier sommet de l'UA qui l'a suivie s'interroge ainsi sur la question des immunités et « prend note en outre du fait que toute partie affectée par l'Acte d'accusation a droit aux recours judiciaires prévus dans le Statut de Rome,

(78) E. DAVID, « Official Capacity and Immunity of an Accused before the International Criminal Court », *in* J. DORIA *et al.* (éd.), *op. cit.*, p. 749, § 13 ; D. AKANDE, « The Legal nature of Security Council Referrals to the ICC and its Impact on Al Bashir's Immunities », *Journal of International Criminal Justice*, vol. 7, issue 2, 2009, p. 342 ; W. A. SCHABAS, *The International Criminal Court. A Commentary of the Rome Statute*, *op. cit.*, p. 301 et 451-452 ; P. GAETA, « Does President Al Bashir Enjoy Immunity from Arrest ? », *Journal of International Criminal Justice*, vol. 7, issue 2, 2009, pp. 324-325 ; D. TERZIAN, « Personal Immunity and President Omar Al Bashir : An Analysis Under Customary International Law and Security Council Resolution 1593 », *UCLA Journal of International Law and Foreign Affairs*, forthcoming, disponible sous le lien : http://ssrn.com/abstract=1969195 (dernière consultation le 8 avril 2012), pp. 23-26. *Contra* voy. : D. AKANDE, « International Law Immunities and the International Criminal Court », *American Journal of International Law*, vol. 98, n° 3, 2004, pp. 407-433 ; S. WILLIAMS et L. SHERIF, *loc. cit.*, pp. 71-92.

(79) CSONU, Procès verbal de la 5158e séance, 31 mars 2005, S/PV.5158, p. 3.

(80) *Ibid.*, p. 6. La Chine avait exprimé une position similaire à l'occasion de l'adoption de la résolution 827 (1993) sur l'établissement du TPIY : « L'adoption du Statut du Tribunal international aux termes d'une résolution du Conseil de sécurité [...] n'est pas conforme au principe de souveraineté judiciaire des États », CSNU, Procès verbal de la 3217e séance, 25 mai 1993, S/PV.3217, p. 33.

(81) Voy. : CSONU, Procès verbal de la 6491e séance, 26 février 2011, S/PV.6491.

(82) Conférence de l'Union Africaine, décision Assembly/AU/Dec. 245 (XIII)Rev.1 précitée, du 3 juillet 2009, §§ 7-8 et 10 ; décision Assembly/AU/Dec.270(XIV) Rev.1 précitée, 2 février 2010, §§ 2 et 8 ; décision Assembly/AU/Dec.397(XVIII) précitée, 30 janvier 2012, § 6. La Ligue de États Arabes avait déjà adopté une position similaire à la suite de la requête de l'accusation aux fins de l'émission du mandat d'arrêt. Le Conseil des ministres arabes de la Justice avait « exprimé sa solidarité avec la République du Soudan contre quiconque vise à porter atteinte à sa souveraineté [...] ou à violer les règles juridiques internationales relatives à l'immunité du président » et fait savoir qu'à son avis « la requête du Procureur de la Cour pénale internationale aux fins de délivrance d'un mandat d'arrêt à l'encontre du Président de la République du Soudan ne repose pas sur un fondement juridique valable », *in* AGONU, Lettre datée du 15 octobre 2008, adressée au Président de l'Assemblée générale par le Représentant permanent du Liban auprès de l'Organisation des Nations Unies, Annexe, 24 octobre 2008, A/63/503, p. 3, §§ 1er et 3.

en ce qui concerne la procédure d'appel et la question de l'immunité» (83). Ce que l'on peut lire comme une invitation à utiliser l'article 19 du Statut qui permet de contester la compétence de la Cour est cependant, comme nous l'avons vu, resté sans réponse de la part du Soudan (84).

Indépendamment de cela, l'Union a néanmoins continué à remettre en doute la compétence de la Cour. En substance, l'argument de l'UA se fonde sur l'article 98, § 1er du Statut de la Cour qui prévoit que

> «la Cour ne peut poursuivre l'exécution d'une demande de remise ou d'assistance qui contraindrait l'État requis à agir de façon incompatible avec les obligations qui lui incombent en droit international en matière d'immunité».

Cette disposition a été intégrée tardivement dans le texte du Statut, les États présents à Rome craignant que leur obligation de coopération avec la Cour ne les contraigne le cas échéant à violer d'autres obligations internationales (85). Elle témoigne par conséquent de la subsistance des immunités des chefs d'État en exercice devant les autorités nationales quand bien même la compétence de la Cour pour les juger aurait été établie. Toutefois, l'UA estime que cet article a, en réalité, «[...] été inclus dans le Statut de Rome instituant la CPI, compte tenu du fait que le Statut ne peut pas lever l'immunité que le droit international reconnaît aux représentants des États non parties aux Statut de Rome» (86) et que, par conséquent, la Cour ne peut être compétente à l'égard d'Al Bashir.

Comment, toutefois, concilier cette interprétation avec l'article 27 du Statut qui, pour rappel, prévoit que l'immunité des officiels d'un État n'est pas opposable à la CPI ? S'agissant des deux seules dispositions du Statut mentionnant les immunités, la question de leur interaction se pose presqu'instinctivement. Déjà au moment de l'élaboration du Statut, le président du Comité de rédaction, Chérif Bassiouni, avait souligné les interférences possibles estimant que les deux dispositions auraient dû être jointes afin d'éviter

(83) Conférence de l'Union Africaine, décision Assembly/AU/Dec. 245 (XIII)Rev.1 précitée, du 3 juillet 2009, § 7.

(84) L'article 19, § 2, a) et b) prévoit que la personne à l'encontre de laquelle a été émis un mandat d'arrêt ou l'État qui est compétent à l'égard du crime considéré du fait qu'il mène une enquête peuvent contester la compétence de la Cour.

(85) Cl. Kress et K. Prost, «Article 98: Cooperation with respect to a waiver of immunity and consent to surrender», *in* O. Triffterer (éd.), *op. cit.*, p. 1602 — 1605; W. A. Schabas, *The International Criminal Court. A Commentary of the Rome Statute*, *op. cit.*, p. 1039; P. Gaeta, «Does President Al Bashir En joy Immunity from Arrest ?», *loc. cit.*, p. 327; G. Sluiter, «The Surrender of War Criminals to the International Criminal Court», *Loy. L.A. Intl' & Comp. L. Rev.*, vol. 25, p. 631. Quant aux limites à l'obligation de coopération voy. aussi: Ph. Mochochoko, «International Cooperation and Judicial Assistance», *in* R. S. Lee (éd.), *The International Criminal Court: the Making of the Rome Statute*, La Haye, Martinus Nijhoff, 1999, pp. 310-314; A. Ciampi, «The Obligation to Cooperate», *in* A. Cassese, P. Gaeta et J. R.W.D. Jones (éds.), *op. cit.*, vol. I, pp. 1631-1632.

(86) Conférence de l'Union Africaine, décision Assembly/AU/Dec.397(XVIII) précitée, 30 janvier 2012, § 6.

tout problème d'interprétation (87). De façon intéressante, face au conflit qui semble exister entre les articles 27 et 98, § 1er, l'Union africaine a demandé à ses membres, également parties au Statut de la Cour, de soulever la question du rapport entre ces deux dispositions à la Conférence de révision de Kampala (88). Au final, aucun document ne permet d'attester que la question ait effectivement été abordée par l'Assemblée des États parties ni avant, ni pendant, ni après Kampala. Parallèlement, l'Union avait envisagé une seconde solution pour obtenir des précisions sur la relation entre les deux articles du Statut. Elle a invité les États parties à recourir à l'article 119 dudit Statut qui prévoit que tout différend relatif à son interprétation et à son application est renvoyé à l'Assemblée des États parties qui peut alors décider d'un renvoi à la Cour internationale de Justice en conformité avec le Statut de celle-ci (89). Cependant, puisque pour des affaires contentieuses, seuls les États peuvent saisir la CIJ (90) et qu'en outre aucun différend n'existe à proprement parler entre deux États parties sur l'interprétation et l'application des articles 27 et 98 du Statut de la CPI, il n'est guère étonnant que cette proposition n'ait pas trouvé de suite. La question de savoir si l'Assemblée des États parties peut saisir la CIJ dans le cadre d'une procédure consultative demeure, quant à elle, controversée (91). Reste donc aux États membres de l'UA de tenter de mobiliser l'Assemblée générale ou le Conseil de sécurité des Nations Unies pour que ceux-ci saisissent la CIJ (92).

Conjointement à ses demandes d'éclaircissement sur les relations entre les deux dispositions, l'Union avait, en réalité, déjà établi sa position sur le sujet. On peut donc supposer que l'objectif sous-jacent était surtout de voir ses positions confortées. Selon l'UA, si l'article 27 lève explicitement les immunités des chefs d'État devant la Cour, l'article 98 les maintient tout aussi explicitement pour les chefs d'État non parties. L'Union utilise donc la seconde disposition pour limiter la portée et l'application de la première. En effet,

(87) Ch. Bassiouni, «International Criminal Justice in Historical Perspective», *in* Ch. Bassiouni (éd.), *The legislative History of the International Criminal Court: Introduction, Analysis and Integrated Text*, vol. I, Ardsley, NY, Transnational Publishers, 2005, p. 84.

(88) Conférence de l'Union Africaine, décision Assembly/AU/Dec. 245 (XIII)Rev.1 précitée, du 3 juillet 2009, § 8; décision Assembly/AU/Dec.270(XIV) Rev.1 précitée, 2 février 2010, §§ 2 iv et 8; Ministerial Meeting on the Rome Statute, of the ICC: Report of the 2nd ministerial meeting on the Rome Statute of the International Criminal Court (ICC), 6th November 2009, Addis-Abeba, Min/ICC/Legal/Rpt. (II), p. 4, § R.4.

(89) Report of the 2nd ministerial meeting on the Rome Statute of the International Criminal Court (ICC), 6 Min/ICC/Legal/Rpt. (II), p. 4, § R.5. Récemment, l'UA a néanmoins demandé «à la Commission [des États africains parties au Statut] de solliciter un avis consultatif de la Cour Internationale de Justice sur la question des immunités des représentants des États en vertu du droit international», Conférence de l'Union Africaine, décision Assembly/AU/Dec.397(XVIII) précitée, 30 janvier 2012, § 10.

(90) Article 34 du Statut de la Cour Internationale de Justice.

(91) Voy. not.: R. S. Clark, «Article 119: Settlement of Disputes», *in* O. Triffterer, (éd.), *op. cit.*, p. 1733-1735.

(92) Article 96 de la Charte des Nations Unies et article 65, § 1er du Statut de la Cour internationale de Justice.

l'article 27, même s'il ne le précise pas *expresis verbis*, concerne uniquement les États parties à la CPI puisque l'article 98, § 1er assure expressément les immunités des officiels d'« États tiers » (93). Par voie de conséquence, la CPI ne peut exercer de poursuites à l'encontre de n'importe qui, et ce quand bien même la situation aurait été déférée par le Conseil de sécurité des Nations Unies. En effet, selon l'UA, quand ce dernier saisit la Cour, il entend à ce « que le Statut de Rome soit appliqué, y compris son article 98 » (94) et donc à ce que les immunités des chefs d'États non parties au Statut subsistent.

Cette argumentation fut ré-esquissée par le Malawi et le Tchad à l'occasion des procédures engagées à leur encontre au sujet de leur refus de coopérer avec la CPI (95). De façon étonnante, la Chambre préliminaire n'a pas répondu à cet argument estimant qu'elle l'avait déjà rejeté dans la décision portant délivrance du mandat d'arrêt en 2009 (96). Pourtant si cette décision explique brièvement pourquoi l'immunité n'est pas opposable à la CPI, elle ne revient nullement sur l'argument de l'UA et sur la question de l'interaction entre les articles 27 et 98 du Statut (97). D'ailleurs, une certaine doctrine est parvenue à une conclusion analogue à celle de l'Union. Il a ainsi été argué que dans la mesure où l'article 98, § 1er prohibe à la Cour de mettre les États dans une situation qui les contraindrait à violer leurs obligations internationales en matière d'immunité, *a fortiori* les immunités des officiels d'États non parties s'imposent « indirectement » à la Cour (98). Par conséquent, cette dernière ne pourrait légalement émettre un mandat d'arrêt à l'encontre d'un officiel d'État non partie au Statut de Rome (99). Le raisonnement est intéressant en ce que, avec l'idée d'« imposition indirecte » des immunités, il met en exergue les limitations systémiques du régime de répression mis en place par le Statut de Rome. De fait, vu que les immunités du chef d'État persistent au niveau national pour l'exécution du mandat, la Cour est en pratique empêchée d'exercer ses fonctions.

Toutefois, en envisageant les articles 27 et 98, § 1er comme conflictuels, cette approche, tout comme celle de l'Union, élude une donnée fondamentale : ces deux dispositions agissent à des niveaux différents. Limiter la compétence de la Cour et la portée de l'article 27 au regard de l'article 98 relève,

(93) Article 98, § 1er du Statut de la Cour.

(94) Conférence de l'Union Africaine, décision Assembly/AU/Dec.397(XVIII) précitée, 30 janvier 2012, § 6.

(95) C.P.I., Chambre préliminaire I, *Le Procureur c. Omar Hassan Ahmad Al Bashir*, ICC-02/05-01/09-139-Corr-tFRA, Rectificatif à la Décision rendue en application 87, § 7 du Statut de Rome (Malawi), 13 décembre 2011, p. 9, § 14.

(96) *Ibidem.*

(97) Certains se sont d'ailleurs étonnés que la Cour n'aborde pas la question de l'interaction de ces deux articles à l'occasion de l'émission du mandat d'arrêt à l'encontre d'Omar Al Bashir : S. M. Weldehaimanot, *loc. cit.*, p. 228.

(98) D. Akande, « International Law Immunities and the International Criminal Court », *loc. cit.*, p. 421.

(99) *Ibidem.*

en réalité, d'une confusion qui se manifeste sur le plan matériel, temporel et celui relatif à l'opposabilité de l'immunité. Au niveau matériel, il faut souligner que l'article 27 porte sur une question d'exercice par la Cour de sa *compétence* (100) tandis que l'article 98 instaure une exception à l'obligation de *coopération*. Temporellement, les deux dispositions n'interviennent donc pas au même moment. L'article 98 traite de la «remise» d'une personne, or celle-ci intervient nécessairement après qu'un mandat d'arrêt ait été émis et donc que la compétence de la Cour ait été établie, en tenant compte notamment de l'article 27 du Statut. Enfin, cette dernière disposition assure l'inopposabilité de l'immunité des officiels d'État devant la CPI — juridiction *internationale* — alors que l'article 98, comme nous l'avons déjà mentionné, ne fait que témoigner du maintien de cette même immunité au niveau *national* pour l'exécution des mandats d'arrêt (101).

En somme, il n'est nul besoin de tenter de concilier deux dispositions qui n'agissent ni au même moment ni au même endroit. L'argument de l'Union Africaine rejetant la compétence de la Cour sur base des immunités dont bénéficierait le Président soudanais n'est donc, à cet égard, pas convaincant.

*

Il est intéressant de voir comment l'Union Africaine a manié les dispositions du Statut pour contester l'exercice de ses compétences par la Cour. La complexité de ces argumentaires légaux et leur utilisation parallèle est, en outre, le reflet d'un objectif politique qui n'est pas simplement de maintenir la paix au Darfour, mais aussi de marquer une opposition aux stratégies de poursuites de la CPI et, par extension, des autres États de la communauté internationale envers les dirigeants africains. L'appel explicite à la non-coopération qui a résulté de l'«échec» de ces argumentaires en est également l'illustration (102).

2. La concrétisation de l'opposition politique sur le terrain de la coopération

L'appel de l'Union Africaine à la non-coopération a trouvé une expression dans les attitudes réservées par certains États africains à la Cour pénale

(100) L'article 27 ne fait pas partie du Chapitre II du Statut qui s'intitule «Compétence, recevabilité et droit applicable», mais son § 2 disposant que «[les] immunités [...] n'empêchent pas la Cour d'exercer sa *compétence* à l'égard de cette personne», l'on peut sans aucun doute considérer que cet article traite, en partie au moins, de la question de compétence. Voy. not.: E. David, *loc. cit.*, pp. 743-744.

(101) En ce sens: W. A. Schabas, *The International Criminal Court. A Commentary of the Rome Statute*, *op. cit.*, p. 452.

(102) Conférence de l'Union Africaine, décision Assembly/AU/Dec. 245 (XIII)Rev.1 précitée, du 3 juillet 2009, § 10.

internationale. C'est notamment le cas du Malawi et du Tchad qui refuseront d'arrêter le Président soudanais lors de ses visites sur leurs territoires respectifs. À l'occasion de la procédure lancée à leur encontre pour le défaut de coopération avec la Cour, les deux États ont relayé la position exprimée depuis 2008 par l'UA(103). En substance, leur argumentation s'est fondée sur l'exception au régime de coopération que constitue l'article 98, § 1er du Statut. L'utilisation de cette disposition dans ce cadre n'a plus pour but de nier la compétence de la Cour, mais uniquement de justifier un refus spontané de coopérer. Dans un premier temps, nous nous pencherons sur la pertinence de cet argument (1.). L'« alignement » du Malawi et du Tchad sur la position de l'UA suscite, en outre, une interrogation supplémentaire : ces deux États peuvent-ils arguer de leur appartenance à l'Union Africaine pour ne pas coopérer avec la Cour ? Bien que ce raisonnement ne soit pas explicitement avancé par le Malawi et le Tchad, il paraît, dans un second temps, pertinent de s'y intéresser brièvement (2.).

1.1. *Le Malawi et le Tchad peuvent-ils se prévaloir de l'article 98, § 1er du Statut pour refuser d'arrêter Omar Al Bashir ?*

L'appel à la non-coopération des États membres de l'UA a très clairement pris la forme d'une invitation à invoquer l'article 98, § 1er du Statut, comme en témoigne la décision de la Conférence de juillet 2009 : « les États membres de l'UA ne coopéreront pas conformément aux dispositions de l'article 98 du Statut de Rome de la CPI relatives aux immunités dans l'arrestation et le transfert du Président Omar Al Bashir du Soudan à la CPI »(104). Deux États, le Botswana et — ce qui est intéressant — le Tchad, ont émis une réserve quant à cette décision. Le Botswana a adressé une lettre au Secrétaire général des Nations Unies informant qu'il ne souscrivait pas à cette décision étant donné son obligation, en tant qu'État partie au Statut de Rome, de coopérer avec la Cour(105). Nous ne disposons pas de documents officiels qui permettent d'attester des raisons pour lesquelles le Tchad a également émis une réserve, bien que celles-ci semblent principalement d'ordre politique. De fait, dès le rapprochement entre le Soudan et le Tchad et la signature, le 15 janvier 2010, après sept ans de guerre par « procuration »(106), d'un

(103) Les observations du Malawi et du Tchad quant à la visite du Président Al Bashir sur leur territoire sont confidentielles. Nous n'avons donc à notre disposition que le récit que fait la Chambre préliminaire de leur argumentation dans ses décisions du 13 janvier 2011. C.P.I., Chambre préliminaire I, *Le Procureur c. Omar Hassan Ahmad Al Bashir*, ICC-02/05-01/09, Transmission des observations de la République du Malawi, 11 novembre 2011, pp. 3-4, § 3.

(104) Conférence de l'Union Africaine, décision Assembly/AU/Dec. 245 (XIII)Rev.1 précitée, du 3 juillet 2009, § 10.

(105) AGONU, Lettre datée du 8 juillet 2009, adressée au Secrétaire général par le Représentant permanent du Botswana auprès de l'Organisation des Nations Unies, 13 juillet 2009, A/63/926.

(106) Depuis 2003, le Tchad et le Soudan se livraient à une guerre par milices rebelles interposées.

accord de normalisation et d'un protocole de sécurisation des frontières (107), l'attitude du Tchad envers le Soudan a changé. En juillet 2010 (108), ou encore en août 2011 (109), Omar Al Bashir se rendit à N'Djamena. Il visita également trois autres États parties au Statut de la CPI : le Kenya (110), le Djibouti (111) et le Malawi en octobre 2011 (112). À cette occasion, le Malawi avait estimé que l'arrestation d'Al Bashir n'était pas son «*business*» (113). Dans le même esprit, le ministre de l'intérieur Tchadien affirmait que «*[w]e are not obliged to arrest Omar Hassan al-Bashir [;] Bashir is a sitting president [;] I have never seen a sitting president arrested on his travels by the host State*» (114).

Confrontés à la procédure engagée à leur encontre par la CPI suite à leur refus d'arrêter Omar Al Bashir, le Malawi et le Tchad ont, comme le leur recommandait l'UA, invoqué l'article 98, § 1er du Statut. Pour rappel, ce dernier prévoit une exception à l'obligation de coopération quand l'exécution de la demande d'assistance contraindrait l'État requis à violer les obligations

(107) CSONU, Rapport du Secrétaire Général sur l'Opération hybride Union Africaine — Organisation des Nations Unies au Darfour, 28 avril 2010, S/2010/213, p. 3, § 10. Voy. aussi : J.-Ph. Remy, «Le Soudan et le Tchad se rapprochent après sept années de conflit», *Le Monde*, 9 février 2010, disponible sous le lien : http://www.lemonde.fr/afrique/article/2010/02/09/le-soudan-et-le-tchad-se-rapprochent-apres-sept-annees-de-conflit_1303014_3212.html (dernière consultation le 20 mai 2012).

(108) La Conférence des États sahélo-sahariens s'est tenue du 21 au 23 juillet à N'Djamena. C.P.I., Chambre préliminaire I, *Le Procureur c. Omar Hassan Hamad Al Bashir*, ICC-02/05-01/09, Décision informant le Conseil de Sécurité de l'Organisation des Nations Unies et l'Assemblée des États parties au Statut de Rome du récent séjour d'Omar Al Bashir en République du Tchad, 27 août 2010, p. 3.

(109) Omar Al Bashir s'est rendu à la cérémonie d'investiture d'Idris Deby les 7 et 8 août 2011. C.P.I., Chambre préliminaire I, *Le Procureur c. Omar Hassan Ahmad Al Bashir*, ICC-02/05-01/09, Décision invitant au dépôt d'observations relatives au récent séjour d'Omar Al Bashir en République du Tchad, 18 août 2011, p. 4.

(110) Omar Al Bashir était au Kenya à l'occasion de la promulgation de la nouvelle constitution kényane le 27 août 2010. C.P.I., Chambre préliminaire I, *Le Procureur c. Omar Hassan Ahmad Al Bashir*, ICC-02/05-01/09, Décision informant le Conseil de sécurité de l'Organisation des Nations Unies et l'Assemblée des États parties au Statut de Rome de la présence d'Omar Al Bashir sur le territoire de la République du Kenya, 27 août 2010, p. 3.

(111) Omar Al Bashir s'est rendu à la prestation de serment du Président de Djibouti, Ismael Omar Guelleh, le 8 mai 2011. C.P.I., Chambre préliminaire I, *Le Procureur c. Omar Hassan Ahmad Al Bashir*, ICC-02/05-01/09, Décision informant le Conseil de sécurité de l'Organisation des Nations Unies et l'Assemblée des États parties au Statut de Rome de la récente visite d'Omar Al Bashir à Djibouti, 12 mai 2011, p. 3.

(112) Le Sommet du Marché commun de l'Afrique orientale et australe (COMESA) a eu lieu à Lilongwe du 4 au 15 octobre 2011. C.P.I., Chambre préliminaire I, *Le Procureur c. Omar Hassan Hamad Al Bashir*, ICC-02/05-01/09, Decision requesting observations about Omar Al Bashir's recent visit to Malawi, 19 octobre 2011, pp. 3-4.

(113) BBC News, «Sudan's Omar al-Bashir in Malawi : ICC wants answers», 20 octobre 2011, disponible sous le lien : www.bbc.co.uk/news/wolrd-africa-15384163 (dernière consultation le 19 avril 2011).

(114) X. Rice, «Chad refuses to arrest Omar al-Bashir on genocide charges», *The Guardian*, 22 juillet 2010 disponible sous le lien : www.guardian.co.uk/world/2010/jul/22/chad-refuses-arrest-omar-al-bashir (dernière consultation le 19 avril 2011).

qui lui incombent «en droit international en matière d'immunité»(115) à défaut pour la Cour d'avoir obtenu la levée de l'immunité. Le Soudan n'a, bien entendu, pas levé l'immunité de son Président. Le Malawi et le Tchad arguent, par conséquent, que dans la mesure où les chefs d'État possèdent une immunité de juridiction en vertu du droit international coutumier(116), ils n'étaient pas dans l'obligation d'arrêter et remettre Al Bashir à la Cour(117).

Considérant que l'article 97 du Statut et la règle 195 du Règlement de procédure et de preuve(118) prévoient que l'État requis qui constate qu'une demande d'assistance présente une difficulté au regard de ses autres obligations internationales consulte la Cour, la question se pose de savoir si l'article 98, § 1er peut effectivement être invoqué en aval du défaut de coopération. Ne s'agirait-il pas davantage d'un mécanisme préventif? Si la Cour constate l'existence du conflit elle «*ne peut poursuivre* l'exécution [de la] demande»(119) et si elle arrive à la conclusion inverse, elle peut poursuivre la demande sans que l'État puisse invoquer l'existence d'une immunité pour justifier, *a posteriori*, son défaut de coopération(120). Toutefois, outre le fait que les décisions de la Cour ne sont pas obligatoires pour les États, la pratique relative à cet article témoigne de l'existence d'une réelle cause de justification de la non-coopération. Les législations australienne(121), autrichienne(122), suisse(123) ou encore britannique(124) montrent, en effet, que les États se réservent le droit de ne pas coopérer avec la Cour si, à leurs yeux, un problème

(115) Article 98, § 1er du Statut de la Cour.

(116) L'immunité de juridiction inclut le fait que le chef d'État en exercice «ne peut être soumis à aucune forme d'arrestation ou de détention», IDI, Les immunités de juridiction et d'exécution du chef d'État et de gouvernement en droit international, Session de Vancouver, 2001, Article 1er. Voy. aussi: C.I.J., Affaire du *Mandat d'arrêt du 11 avril 2000 (République Démocratique du Congo c. Belgique)*, arrêt 14 février 2002, *C.I.J. Recueil 2002*, p. 24, § 58; CDI, «L'immunité de juridiction pénale étrangère des représentants de l'État», Rapport de la Commission du droit international, 63e session (26 avril-3 juin et 4 juillet-12 août 2011), UN Doc. A/66/10, p. 230, § 108; Hazel Fox, *The Law of State Immunity*, 2e éd., Oxford, OUP, 2008, p. 668.

(117) C.P.I., Chambre préliminaire I, *Le Procureur c. Omar Hassan Ahmad Al Bashir*, ICC-02/05-01/09-139-Corr-tFRA, Rectificatif à la Décision rendue en application 87 § 7 (Malawi), 13 décembre 2011, pp. 6-7, § 8.

(118) C.P.I., Règlement de procédure et de preuve, adopté par l'Assemblée des États parties, New York, 3-10 septembre 2002, Documents officiels, ICC-ASP/1/3.

(119) Article 98, § 1er du Statut de la Cour, nos italiques.

(120) Voy. not.: H.-P. Kaul et Cl. Kress, «Jurisdiction and Cooperation in the Statute of the International Criminal Court: Principles and Compromises», *Yearbook of International Humanitarian Law*, vol. 2, 1999, p. 164; Cl. Kress et B. Broomhall, «Implementing Cooperation Duties Under the Rome Statute: a Comparative Synthesis», *in* Cl. Kress, B. Broomhall, Fl. Lattanzi et V. Santori (éds.), *The Rome Statute and Domestic Legal Orders*, vol. II, Baden-Baden, Nomos — Verlagsgesellschaft, 2005, p. 525.

(121) *International Criminal Court Act*, No. 41, 2002, An Act to facilitate compliance by Australia with obligations under the Rome Statute of the International Criminal Court, and for related purposes, article 12.

(122) Federal law n° 135 on Cooperation with the International Criminal Court, Federal Gazette of the Republic of Austria, 13 août 2002, article 9.

(123) Federal Law on Cooperation with the International Criminal Court, 22 June 2001, article 6, § 1er.

(124) UK International Criminal Court Act, 2001, article 23, § 2.

surgit quant aux immunités (125). Face à l'invocation de l'article 98, § 1er par le Malawi et le Tchad, la Chambre préliminaire n'est pas du tout revenue sur ces considérations, mais a examiné le contenu à donner à l'expression « droit international en matière d'immunité » (126). Au vu des éléments matériels elle a conclu qu'« il n'y a pas de conflit entre les obligations du Malawi [et du Tchad] envers la Cour et [leurs] obligations en droit international coutumier ; partant, l'article 98-1 du Statut ne s'applique pas » (127).

Pour rejeter l'argument des deux États, la Chambre préliminaire se base sur deux éléments complémentaires : l'un fondé sur le contenu de la coutume internationale et l'autre sur le caractère vertical du régime de coopération entre les États et la Cour. Nous verrons que la position de la Cour n'est, cependant, pas vraiment convaincante.

S'agissant de la coutume internationale, la Chambre préliminaire affirme l'existence, en droit international coutumier, d'une exception à l'immunité des chefs d'État en exercice devant les juridictions internationales (128). Pour parvenir à cette conclusion, la Chambre se fonde sur des précédents depuis 1919, classiquement analysés par la littérature, et surtout sur l'affaire du *Mandat d'arrêt* dans laquelle la CIJ a admis que les immunités ne faisaient pas obstacle à l'exercice de « poursuites pénales devant certaines juridictions pénales internationales » (129). Elle invoque également l'affaire *Milošević*, devant le TPIY (130), et l'affaire *Taylor* devant le TSSL (131). Elle finit par conclure que « le droit international coutumier crée une exception à l'immunité des chefs d'État lorsque des juridictions internationales demandent l'arrestation » (132). Par conséquent, le président Al Bashir ne possède pas

(125) Cl. Kress et B. Broomhall, « Implementing Cooperation Duties Under the Rome Statute : a Comparative Synthesis », *loc. cit.*, p. 525.

(126) Article 98, § 1er du Statut de la Cour.

(127) C.P.I., Chambre préliminaire I, *Le Procureur c. Omar Hassan Ahmad Al Bashir*, ICC-02/05-01/09-139-Corr-tFRA, Rectificatif à la Décision rendue en application 87 § 7 (Malawi), 13 décembre 2011, p. 19, § 43.

(128) *Ibid.*, pp. 12-19, §§ 22-43. Voy. not. : P. Gaeta, « Does President Al Bashir Enjoy Immunity from Arrest ? », *loc. cit.*, pp. 324-325 ; P. Gaeta, « Official Capacity and Immunities », *in* A. Cassese, P. Gaeta et J. R.W.D. Jones (éds.), *op. cit.*, vol. I, pp. 990-996 ; S. Zappalà, « Do Heads of States in Office Enjoy Immunity from Jurisdiction for International Crimes ? The Ghaddafi Case Before the French Cour de Cassation », *European Journal of International Law*, vol. 12, n° 3, 2001, p. 603 ; S. Wirth, « Immunity for Core Crimes ? The ICJ's Judgment in the Congo v. Belgium Case », *European Journal of International Law*, vol. 13, n° 4, 2002, pp. 888-889. *Contra* voy. : C.D.I., R. Kolodkin, « Deuxième rapport sur l'immunité des représentants de l'État devant les juridictions pénales étrangères », 10 juin 2010, *UN Doc.* A/CN.4/631, p. 60, § 90 ; D. Terzian, *loc. cit.*, pp. 8-21.

(129) C.I.J., Affaire du *Mandat d'arrêt du 11 avril 2000 (République Démocratique du Congo c. Belgique)*, arrêt, 14 février 2002, *C.I.J. Recueil 2002*, p. 25, § 61.

(130) T.P.I.Y., Chambre de première instance, *Le Procureur c. Slobodan Milošević*, IT-99-37-PT, Décision relative aux exceptions préjudicielles, 8 novembre 2001, § 28.

(131) T.S.S.L., Appeals Chamber, *Prosecutor vs. Charles Ghankay Taylor*, SCSL-2003-01-I, Decision on immunity from jurisdiction, 31 mai 2004, pp. 14-15, §§ 26-30.

(132) C.P.I., Chambre préliminaire I, *Le Procureur c. Omar Hassan Ahmad Al Bashir*, ICC-02/05-01/09-139-Corr-tFRA, Rectificatif à la Décision rendue en application 87, § 7 (Malawi), 13 décembre 2011, p. 19, § 43.

d'immunité selon le droit international coutumier et, ni le Malawi ni le Tchad, ne peuvent se prévaloir de l'article 98, § 1er du Statut pour justifier leur refus de coopérer. Toutefois, une controverse subsiste sur le caractère coutumier de cette dérogation (133), et les quelques critiques avancées à l'égard des décisions du 13 décembre 2011 remettent en cause l'existence d'une telle exception ainsi que la pertinence d'une telle référence à lumière de l'article 27 du Statut (134). Le soubassement de la conclusion de la Cour est cependant aussi troublant. Elle postule en fait de l'existence d'une exception devant les tribunaux internationaux pour affirmer l'opposabilité de cette exception aux instances nationales chargées d'exécuter le mandat d'arrêt. Or, si la subsistance d'une immunité au niveau interne ne peut faire obstacle à la compétence de la Cour, l'inverse est également vrai ; l'absence d'immunité au niveau international ne se transpose pas au niveau national (135).

D'aucuns pourraient néanmoins arguer — et c'est là le second argument de la Chambre préliminaire — que cette transposition se justifie car les autorités nationales ne font qu'exécuter un mandat délivré par la Cour (136). Par l'effet de cascade induit par le caractère vertical du régime de coopération, l'immunité ne serait donc pas valable devant les juridictions internes. La Chambre estime, en effet, que « les États parties sont des instruments au service de l'exercice du *ius punendi* de la communauté internationale » (137). Cependant, cette position élude l'article 98, § 1er du Statut qui a précisément pour objet de limiter l'obligation de coopération et, ainsi, de fixer une limite à l'instrumentalisation que la Cour peut faire de ses États parties pour l'exécution des demandes de coopération. De fait, bien qu'elle n'ait pas fait l'unanimité au sein des États participants à la Conférence de Rome (138),

(133) Voy. not. : S. Wirth, « Immunities, Related Problems, and Article 98 of the Rome Statute », *Criminal Law Forum*, vol. 12, 2001, pp. 452-453 ; B. Broomhall, *International Justice and the International Criminal Court : Between Sovereignty and Rule of Law*, Oxford, OUP, 2004, p. 145.

(134) W. Schabas, « Obama, Medvedev and Hu Jintao may be Prosecuted by International Criminal Court, Pre-Trial Chamber Concludes », 15 décembre 2001, disponible sous le lien : humanrightsdoctorate.blogspot.com/2011/12/Obama-medvedev-and-hu-jintao-may-be.html (dernière consultation le 20 avril 2011) ; D. Akande, « ICC Issues Detailed Decision on Bashir's Immunity (... t Long Last...) But Gets the Law Wrong », *E.J.I.L. Talk*, 15 décembre 2011, disponible sous le lien : www.ejiltalk.org/icc-issues-detailed-decision-on-bashir's-immunity-at-long-last-but-gets-the-law-wrong/ (dernière consultation le 20 avril 2011).

(135) En ce sens : P. Gaeta, « Does President Al Bashir Enjoy Immunity from Arrest ? », *loc. cit.*, pp. 325-326.

(136) C.P.I., Chambre préliminaire I, *Le Procureur c. Omar Hassan Ahmad Al Bashir*, ICC-02/05-0I/09, Rectificatif à la Décision rendue en application 87, § 7 du Statut de Rome (Malawi), 13 décembre 2011, p. 10, § 16. Voy. aussi : C. Kress et K. Prost, « Article 98 : Cooperation with respect to a waiver of immunity and consent to surrender », *in* O. Triffterer (éd.), *op. cit.*, p. 1607.

(137) C.P.I., Chambre préliminaire I, *Le Procureur c. Omar Hassan Ahmad Al Bashir*, ICC-02/05-0I/09-139-Corr-tFRA, Rectificatif à la Décision rendue en application 87 § 7 du Statut de Rome (Malawi), 13 décembre 2011, p. 20, § 46. *Contra* voy. not. : P. Gaeta, « Does President Al Bashir Enjoy Immunity from Arrest ? », *loc. cit.*, p. 325.

(138) H.-P. Kaul et C. Kreß, « Jurisdiction and Cooperation in the Statute of the International Criminal Court : Principles and Compromises », *loc. cit.*, p. 164 ; C. Kress et K. Prost, « Article 98 :

cette disposition témoigne du souci de certaines délégations de ne pas se voir contraintes à violer leurs obligations internationales en matière d'immunités, et en réaffirme par conséquent, indirectement, leur persistance dans les ordres juridiques internes. Les législations nationales de mise en œuvre du Statut de la Cour confirment également cette approche de mise en œuvre. À titre d'illustration, l'article 23, § 2 du *International Criminal Court Act* du Royaume-Uni prévoit que ce dernier ne peut exécuter un mandat d'arrêt de la CPI à l'égard d'une personne bénéficiant d'une immunité que si la Cour a préalablement obtenu la levée de l'immunité à cet effet (139). Par conséquent, quand bien même les États constituent le bras de la justice pénale internationale, les immunités des chefs d'État en exercice subsistent à leur encontre et la Cour doit, par conséquent, «obtenir la coopération» des États pour la levée de ces immunités en vue de l'arrestation.

L'escamotage de cette étape par la Cour résulte probablement de l'idée, largement répandue dans la doctrine et suivie par la Cour elle-même (140), selon laquelle la Cour ne doit pas demander la levée de l'immunité dans des situations concernant les États parties au Statut. L'article 98, § 1er du Statut ne serait applicable qu'aux «États tiers», compris comme ceux qui ne sont pas parties à la CPI. En effet, les États parties auraient déjà consenti à la levée de l'immunité au travers de l'article 27. Ce raisonnement, tout comme celui fondé sur la coutume ou le caractère vertical du régime de coopération avec la Cour, méconnaît en réalité la portée de la règle. Si l'on s'en tient aux termes et à une approche purement formaliste, les États parties ont consenti à l'inopposabilité des immunités devant la Cour, et non devant les juridictions nationales étrangères (141). C'est aussi pourquoi, comme l'indiquent Claus Kreß et Kimberly Prost, les termes «États tiers» dans l'article 98, § 1er du Statut doivent se comprendre comme tout État autre que l'État requis et non simplement comme visant les États non parties au Statut (142). L'on peut, en effet, supposer que les États parties lèveront plus facilement l'immunité de leurs officiels puisqu'ils ont l'obligation de coopérer avec la Cour conformément à l'article 86 du Statut. La situation ne s'est, cependant, pas encore présentée. Jusqu'ici, les diverses affaires qui présentent un intérêt du point de vue des immunités, concernent des États non parties au Statut, nommément le Soudan et la Libye. Le Soudan et l'affaire

Cooperation with respect to a waiver of immunity and consent to surrender», *in* O. TRIFFTERER (éd.), *op. cit.*, p. 1603.

(139) UK International Criminal Court Act, 2001.

(140) Chambre préliminaire I, *Le Procureur c. Omar Hassan Ahmad Al Bashir*, ICC-02/05-01/09-139-Corr-tFRA, Rectificatif à la Décision rendue en application 87, § 7 (Malawi), 13 décembre 2011, § 46.

(141) En ce sens : P. GAETA, «Does President Al Bashir Enjoy Immunity from Arrest ?», *loc. cit.*, pp. 325-326.

(142) C. KRESS et K. PROST, «Article 98 : Cooperation with respect to a waiver of immunity and consent to surrender», *in* O. TRIFFTERER (éd.), *op. cit.*, p. 1606. Voy. aussi : H.-P. KAUL et C. KRESS, «Jurisdiction and Cooperation in the Statute of the International Criminal Court : Principles and Compromise», *loc. cit.*, pp. 143-175.

Al Bashir est par ailleurs et en réalité, un cas unique, puisque dans la situation libyenne, la Cour a eu l'occasion de remarquer que «Mouammar Qadhafi n'[était] détenteur d'aucun titre officiel»(143) conformément à ce qu'il avait lui-même déclaré lors d'un discours prononcé à Tripoli le 25 février 2011(144).

Quoi qu'il en soit, le raisonnement suivi par la Cour dans ses décisions du 13 décembre 2011 n'est pas convaincant en ce qu'il confond la portée d'une éventuelle exception coutumière à l'immunité des chefs d'État en exercice devant les juridictions internationales, avec celle de l'article 98, § 1er du Statut.

Au-delà du droit international coutumier, la Chambre préliminaire aurait également pu tenir compte du droit conventionnel. En particulier, le Président soudanais étant recherché pour deux chefs de crimes de guerre(145) et trois chefs de génocide(146), il est étrange que la CPI n'ait fait référence ni à la Convention pour la prévention et la répression du crime de génocide(147) ni aux instruments du droit international humanitaire, auxquels le Soudan est pourtant partie. Ainsi, l'on peut par exemple s'interroger sur la portée combinée des articles IV à VI de la Convention sur le génocide qui traitent de la poursuite des personnes ayant commis le génocide qu'elles soient «des gouvernants, des fonctionnaires ou des particuliers»(148). D'aucuns soutiennent, en effet, que «the question of head of state immunity loses relevance when the arrest is also grounded in treaty relations between the arresting state and Sudan»(149) et qu'en outre «there is no exception of immunity set out in the Genocide Convention»(150). Toutefois, ces affirmations n'expliquent pas en quoi l'existence d'un lien conventionnel direct entre l'État requis et l'État de nationalité ferait disparaître la question des immunités. Si

(143) C.P.I., Chambre préliminaire I, Situation en Jamahiriya Libyenne, ICC-01/11, Mandat d'arrêt à l'encontre de Muammar Mohammed Abu Minyar Qadhafi, 27 juin 2007, p. 8, § 17.

(144) Extrait reproduit dans la décision de la Chambre préliminaire : «Je suis parmi le peuple, au milieu de la foule, même si Muammar Qadhafi n'est ni président ni roi ni chef d'État et n'est investi d'aucun pouvoir constitutionnel ou administratif...». C.P.I., Chambre préliminaire I, Situation en Jamahiriya Libyenne, ICC-01/11, Mandat d'arrêt à l'encontre de Muammar Mohammed Abu Minyar Qadhafi, 27 juin 2007, p. 7, § 15.

(145) (1) le fait de diriger intentionnellement des attaques contre une population civile en tant que telle ou contre des personnes civiles qui ne participent pas directement aux hostilités (Art. 8, § 2 e) i)) et (2) pillage (Art. 8, § 2 e) v)). C.P.I., Chambre préliminaire I, *Le Procureur c. Omar Hassan Ahmad Al Bashir*, ICC-02/05-01/09-3-tFRA, Décision relative à la requête de l'Accusation aux fins de délivrance d'un mandat d'arrêt à l'encontre d'Omar Hassan Ahmad Al Bashir, 4 mars 2009, p. 8.

(146) (1) génocide par meurtre (Art. 6, a)), (2) génocide par atteinte grave à l'intégrité physique ou mentale (Art. 6, b)) et (3) génocide par soumission intentionnelle de chaque groupe ciblé à des conditions d'existence devant entrainer sa destruction physique (Art. 6, c)). C.P.I., *Le Procureur c. Omar Hassan Ahmad Al Bashir («Omar Al Bashir»)*, ICC-02/05-01/09, Deuxième Mandat d'arrêt à l'encontre d'Omar Hassan Ahmad Al Bashir, 12 juillet 2010, p. 9.

(147) Convention pour la prévention et la répression du crime de génocide, Paris, 9 décembre 1948, Nations Unies, *Recueil des traités*, vol. 78, p. 277, Entrée en vigueur, 12 janvier 1951.

(148) Article VI de la Convention pour la prévention et la répression du crime de génocide.

(149) G. Sluiter, «Using the Genocide Convention to Strengthen Cooperation with the ICC in the Al Bashir Case», *Journal of International Criminal Justice*, vol. 8, issue 2, 2010, p. 379.

(150) *Ibidem*.

tel était le cas, l'immunité du Ministre Yérodia ne se serait pas imposée à la Belgique qui avait fondé son mandat d'arrêt sur les Conventions de Genève auxquelles la RDC est également partie. Comme la Convention sur le génocide, les Conventions de Genève sont muettes sur les questions d'immunité et c'est pourquoi la CIJ s'est tournée vers la coutume, au lieu de déduire de ce silence que l'immunité ne faisait pas obstacle au mandat (151). D'ailleurs, il ne semble pas que les rédacteurs de la Convention sur le génocide aient eu l'intention de lever les immunités des chefs d'État en exercice devant les juridictions étrangères (152). Le droit conventionnel n'offre donc pas non plus une base convaincante pour considérer que le président Al Bashir ne dispose pas de son immunité devant l'ordre juridique interne des pays étrangers.

En outre, bien que la question fasse l'objet d'une vive controverse, il ne semble pas que l'on puisse catégoriquement affirmer que la qualité de *ius cogens* proférée à l'interdiction du génocide et à certaines règles du droit international humanitaire ait *ipso facto* pour conséquence de lever les immunités (153). À défaut pour la Cour d'avoir obtenu la coopération du Soudan pour la levée de l'immunité du Président Al Bashir, les États parties ne sont pas dans l'obligation de l'arrêter. Ils pourraient le faire mais commettraient, ce faisant, un acte internationalement illicite (154).

On pourrait alors s'interroger sur la possibilité de justifier l'arrestation en tant que contre-mesure légitime. Le Soudan a, en effet, en vertu de la résolution 1593 (2005) l'obligation de coopérer avec la Cour et donc de remettre Al Bashir à la CPI ou du moins de lever son immunité. Toutefois, pour qu'une éventuelle contre-mesure soit légitime, l'État qui l'adopte, devrait être lésé par la violation de son obligation par le Soudan (155). Quand bien même l'on considérerait que l'obligation de coopération avec la Cour est une obligation *erga omnes*, la possibilité de prendre des contre-mesures pour la violation

(151) C.I.J., Affaire du *Mandat d'arrêt du 11 avril 2000, (République Démocratique du Congo c. Belgique)*, arrêt du 14 février 2002, *C.I.J. Recueil 2002*, pp. 24-26, §§ 58-61.

(152) P. Gaeta, «Immunities and Genocide», *in* P. Gaeta (éd.), *The Un Genocide Convention. A Commentary*, Oxford, OUP, 2009, pp. 317-321.

(153) C.I.J., Affaire du *Mandat d'arrêt du 11 avril 2000, (République Démocratique du Congo c. Belgique)*, arrêt du 14 février 2002, *C.I.J. Recueil 2002*, Opinion individuelle commune de Mme la juge Higgins, M. le juge Koojmans et M. le juge Buergenthal, p. 87, § 79, Cour eur. D.H., *Al-Adsani c. Royaume-Uni*, 21 novembre 2001, requête n° 35763/97, §§ 61-67. Voy.: C.D.I., R. Kolodkin, *Deuxième rapport sur l'immunité des représentants de l'État devant les juridictions pénales étrangères*, 10 juin 2010, *UN Doc.* A/CN.4/631, pp. 39-44, §§ 63-67.

(154) Voy. not.: P. Gaeta, «Does President Al Bashir Enjoy Immunity from Arrest?», *loc. cit.*, p. 332.

(155) Projet sur la responsabilité de l'État pour fait internationalement illicite; texte adopté par la Commission du droit international à sa cinquante-troisième session (23 avril-1er juin et 2 juillet-10 août 2001), et soumis à l'Assemblée générale dans le cadre de son rapport sur les travaux de ladite session: Documents officiels de l'Assemblée générale, cinquante-sixième session, Supplément n° 10 (A/56/10) et annexe à la résolution 56/83 de l'Assemblée générale en date du 12 décembre 2001, A/RES/56/83, article 49, § 1er. Ci-après «Projet sur la responsabilité des États».

de ce type d'obligation demeure hautement controversée (156). En outre, n'oublions pas qu'une contre-mesure doit cesser dès la fin de la violation primaire (157) et ne peut créer une situation aux effets irréversibles (158). Or, la remise d'une personne à une juridiction en vue de son jugement semble, par nature, être une mesure aux effets irréversibles. L'arrestation d'Al Bashir en tant que contre-mesure ne pourrait donc pas se justifier.

Le Malawi et le Tchad étaient par conséquent tout à fait fondés à refuser de remettre Al Bashir à la Cour sur base de l'article 98, § 1er. Cette disposition est en outre une bonne illustration des paradoxes du système répressif mis en place à Rome qui permet à la fois à la Cour de poursuivre des officiels d'État et met parallèlement en place des mécanismes qui l'empêche en pratique d'atteindre ce but. Ce constat n'est d'ailleurs probablement pas étranger au raisonnement laborieux de la CPI dans les décisions du 13 décembre 2011 qui, au final, ont pour objectif d'écarter l'obstacle tangible que constitue l'article 98, § 1er.

2.2. *Le respect des décisions d'une organisation internationale comme motif valable pour refuser de coopérer avec la Cour ?*

Un autre élément doit être mis en avant dans le contexte des décisions du 13 décembre 2011, à savoir celui des obligations contradictoires — de coopérer, d'une part et de ne pas coopérer, d'autre part — auxquelles se voient confrontés les États membres de l'Union Africaine, parties ou même simplement signataires du Statut de Rome. Bien qu'il ne soit pas invoqué explicitement, ce débat apparaît en filigrane des décisions contre le Malawi et le Tchad. Ces derniers ont, en effet, signalé à la Cour qu'« en tant que membres de l'Union Africaine, [ils] s'align[ent] pleinement sur la position adoptée par cette organisation » (159). L'Union en a d'ailleurs pris acte puisqu'à l'occasion de son sommet de janvier 2012, elle a indiqué « qu'en recevant le Président Bashir, la République du Malawi, comme [le] Djibouti, le Tchad et le Kenya, avant elle, a appliqué les différentes décisions de la Conférence de l'Union Africaine sur la non-coopération avec la CPI concernant l'arrestation et le transfèrement du Président Omar Hassan Al-Bashir » (160) et a rappelé à

(156) Voy. : Ch. J. Tams, *Enforcing Obligations Erga Omnes in International Law*, Cambridge, C.U.P., 2005, pp. 197-201 ; D. Alland, « Countermeasures of General interest », *European Journal of International Law*, vol. 13, n° 5, 2002, pp. 1221-1239.

(157) Projet sur la responsabilité des États, A/RES/56/83, article 49 §§ 2 et 3.

(158) « Projet d'articles sur la responsabilité de l'État pour fait internationalement illicite et commentaires y relatifs », *Ann. CDI*, 2001, II, 2e partie, *UN Doc.* A/CN.4/SER.A/2001/Add.1 (Part 2), p. 357, § 7.

(159) C.P.I., Chambre préliminaire I, *Le Procureur c. Omar Hassan Ahmad Al Bashir*, ICC-02/05-01/09, Rectificatif de la Décision rendue en application de l'article 87, § 7 du Statut de Rome (Malawi), 13 décembre 2011, p. 7, § 8.

(160) Conférence de l'Union Africaine, décision Assembly/AU/Dec.397(XVIII) précitée, 30 janvier 2012, § 7.

tous ses États membres « de respecter les décisions de la Conférence concernant les mandats d'arrêt délivrés par la CPI contre le Président Bashir du Soudan, conformément à l'article 23 (2) de l'Acte constitutif » (161). Aux termes de cette dernière disposition, les décisions de la Conférence de l'UA — organe décisionnel suprême (162) de l'organisation réunissant les chefs d'État et gouvernement (163) afin, notamment, de fixer la politique commune de l'Union (164) — ont un effet obligatoire à l'égard des États membres de l'UA.

Il est intéressant d'analyser les implications de ce conflit de normes qui, comme nous le verrons, doit être examiné aussi bien sous l'aspect horizontal que vertical des obligations en présence. Dans la mesure où l'horizontalité constitue la règle en droit international et la verticalité n'en est qu'une exception (165), il paraît justifié d'analyser la première avant la seconde.

Les États membres de l'UA *et* parties au Statut de Rome se trouvent face à deux obligations de même importance mais allant dans des sens opposés. En effet, le Statut de Rome leur impose de coopérer avec la Cour dans l'arrestation du Président soudanais (166) alors que la Conférence de l'Union Africaine leur interdit précisément d'exécuter ledit mandat, et ce en vertu d'une décision contraignante aux termes de l'Acte constitutif de l'organisation. Le conflit horizontal est évident et met les États dans une situation où ils sont contraints de procéder à une violation de l'une des deux obligations afin d'honorer l'autre et, partant, de s'exposer à d'éventuelles sanctions politiques spécifiquement prévues par les traités où l'obligation violée prend racine. En ce qui concerne ce point, l'article 23, § 2 de l'Acte constitutif de l'UA stipule qu'un État membre « qui ne se conformerait pas aux décisions [...] de l'Union peut être frappé de sanctions » alors que le Statut de Rome,

(161) *Ibid.*, § 8. Une position identique avait déjà été adoptée par l'UA à d'autres occasions mais dans le même contexte : Conférence de l'Union Africaine, décision Assembly/AU/Dec.366(XVII) précitée, 30 juin-1er juillet 2011, § 5 ; CSONU, Communiqué de presse de l'Union Africaine sur la décision de la Chambre préliminaire I de la Cour pénale internationale avisant le Conseil de sécurité et l'Assemblée des États parties au Statut de Rome de la présence du Président du Soudan, M. Omar Hassan Al-Bashir, sur le territoire de la République du Tchad et de la République du Kenya (Addis-Abeba, le 29 août 2010) — Lettre datée du 31 août 2010, adressée au Président du Conseil de sécurité par le Représentant permanent du Soudan auprès de l'Organisation des Nations Unies, S/2010/458, Annexe, p. 2.

(162) R. Wolfrum (éd. et dir.), *The Max Planck Encyclopedia of public international law,* Oxford / New York, 2012, p. 163 ; *verbo* : *African Union.*

(163) Article 6, §§ 1er et 2 de l'Acte constitutif de l'Union Africaine, Lomé, 11 juillet 2000, Nations Unies, *Recueil des traités,* vol. 2158, p. 1. Entrée en vigueur, le 26 mai 2001.

(164) Article 9, § 1er, a) de l'Acte constitutif.

(165) Fragmentation du droit international : difficultés découlant de la diversification et de l'expansion du droit international — Rapport du Groupe d'étude de la Commission du droit international (établi sous sa forme définitive par Martti Koskenniemi), adopté par la Commission du droit international à sa cinquante-huitième session (1er mai-9 juin et 3 juillet-11 août 2006) ; soumis à l'Assemblée générale des Nations Unies dans le cadre de son rapport sur les travaux de ladite session (A/61/10, §§ 233 et ss.) ; document A/CN.4/L.682 du 13 avril 2006, § 324. Ci-après, le « *rapport sur la fragmention* ».

(166) Article 86 du Statut de Rome exprime une obligation générale de coopération.

nous l'avons vu, comprend l'article 87, § 7 aux termes duquel la Cour réfère un défaut de coopération à l'Assemblée des États parties et, le cas échéant, au Conseil de sécurité (167). De manière générale, les États qui se retrouvent en défaut de remplir une obligation, peuvent, bien évidemment, engager, leur responsabilité sur le plan international (168).

Notons que l'UA, consciente du caractère délicat de la situation, demandait aux États concernés «[...] de trouver un juste équilibre, le cas échéant, entre leurs obligations vis-à-vis de l'UA et de la CPI» (169) ce qui constitue une reconnaissance de l'existence même du conflit (170). La manière dont l'Union invoque l'article 23, § 2 dans ses décisions, ne permet pas de conclure qu'elle considère celui-ci comme une règle de préséance des obligations découlant de l'Acte constitutif sur les obligations du Statut.

Nous devons nous interroger sur la question de savoir si les techniques de règlement des conflits normatifs du droit international général nous permettent de sortir de l'impasse créée par la superposition d'obligations contradictoires. En ce qui concerne le principe de *lex specialis* selon lequel l'on privilégierait l'application d'une règle plus spécifique par rapport à une règle à portée plus générale (171), celui-ci ne nous est pas d'une grande utilité puisqu'on envisage difficilement la façon de déterminer laquelle des deux obligations est plus «spéciale» que l'autre. Cette embûche a d'ailleurs été mise en avant comme l'une des difficultés principales dans l'application du principe de *lex specialis* (172). Les règles relatives à la temporalité des obligations, à savoir les principes de *lex prior* et de *lex posterior,* n'apportent pas non plus de solution au problème qui nous occupe dans la mesure où il faudrait d'abord s'interroger sur l'origine des obligations en présence. L'obligation de coopérer imposée au Tchad et au Malawi dans le cadre de l'affaire contre Al Bashir découle-t-elle du Statut de Rome, des demandes de coopération adressées par la Cour, ou encore de la Charte de l'ONU, le cas échéant par le

(167) Pour une analyse du système instauré par l'article 87, § 7 du Statut voy.: R. Bellelli, *International criminal justice. Law and practice from the Rome Statue to its review*, Farnham / Burlington, Ashgate, pp. 236-239.

(168) En ce sens: B. Conforti, «Consistency among treaty obligations», *in* E. Cannizzaro (éd.), *The law of treaties beyond the Vienna Convention*, Oxford / New York, OUP, 2011, p. 188; pour une analyse de l'applicabilité des règles de responsabilité des États pour fait internationalement illicite aux problèmes liés à la coopération avec les juridictions pénales internationales voy.: A. Demirdjian, «Armless Giants: Cooperation, State Responsibility and Suggestions for the ICC Review Conference», *International Criminal Law Review*, 2010, pp. 181-208.

(169) Conférence de l'Union Africaine, décision Assembly/AU/Dec.270(XIV) Rev.1 précitée, 2 février 2010, § 6

(170) Ch. Jalloh, D. Akande et M. Du Plessis, «Assessing the African Union concerns about Article 16 of the Rome Statute of the International Criminal Court», *loc. cit.*, p. 25.

(171) Ce principe a notamment été exprimé à l'article 55 du Projet sur la responsabilité des États (A/RES/56/83); Rapport sur la fragmentation, § 57; J. Salmon (dir.), *Dictionnaire de droit international public*, Bruxelles, Bruylant, 2001, p. 652, *verbo: Lex specialis derogat generali.*

(172) Rapport sur la fragmentation § 58; J. Klabbers, «Beyond the Vienna Convention: conflicting treaty provisions», *in* E. Cannizzaro (éd.), *The law of treaties beyond the Vienna Convention, op. cit.*, pp. 199-200.

biais de la résolution 1593 (2005) par laquelle le Conseil de sécurité déférait la situation à la Cour ? De même, quelle est la source de l'obligation de ne *pas* coopérer dans cette même affaire ? Est-ce la demande de la Conférence de l'Union Africaine ou bien l'Acte constitutif de cette organisation ? Même si l'on pouvait répondre de façon univoque à cette question, comment déterminerait-on le principe de résolution de conflits de normes à appliquer *in casu* ? En effet, le principe inscrit à l'article 30 de la Convention de Vienne sur le droit des traités régissant la question des relations entre des traités successifs portant sur la même matière ne peut être appliqué en l'espèce. L'on est ici face à des obligations contradictoires dont l'essence découle de traités multilatéraux portant sur des matières différentes. Le caractère horizontal du droit international joue donc également ici et il n'y a, *a priori,* pas lieu d'en privilégier l'un par rapport à l'autre.

Au-delà du Statut de la Cour, l'obligation de coopération avec la CPI pourrait, nous l'avons vu, également se fonder sur la Convention sur le génocide. En effet, tel que susmentionné, certains des crimes pour lesquels le Président Al Bashir est poursuivi se retrouvent dans cet instrument. Or, son article VI prévoit que « les personnes accusées de génocide [...] seront traduites [...] devant la cour criminelle internationale ». Une certaine doctrine estime que naît de cette convention un régime de coopération parallèle à celui de la Cour (173). Si cette alternative venait à être appliquée, un nouveau conflit de normes à caractère horizontal surgirait entre la Convention sur le génocide d'une part, et la directive de l'UA de l'autre. Cette approche n'offre donc pas, non plus, de solution au conflit en présence.

Une issue pourrait par contre être trouvée dans la verticalité qui survient lorsque des obligations à charge d'un État entrent en conflit avec ses obligations découlant de la Charte des Nations Unies dont l'article 103 institue la préséance. Concrètement, il pourrait être avancé que, dans la mesure où la résolution 1593 (2005) relaie l'obligation — contenue dans le Statut de Rome — de coopérer avec la Cour, ladite obligation tire son effet contraignant de la résolution même et doit, partant, prévaloir aux termes de la combinaison des articles 103 et 25 de la Charte, ce dernier proférant un effet obligatoire aux décisions du Conseil. La conséquence de l'application de l'article 103 ne préjugerait nullement de la validité de l'obligation contraire — ici celle de ne pas coopérer avec la Cour — mais imposerait simplement d'en écarter l'application (174). Regardons de plus près la partie pertinente de la résolution 1593 (2005) qui se lit comme suit :

> « [d]écide que *le Gouvernement soudanais et toutes les autres parties au conflit du Darfour* doivent coopérer pleinement avec la Cour et le Procureur et leur apporter toute l'assistance nécessaire conformément à la présente résolution et, tout en

(173) G. SLUITER, « Using the Genocide Convention to Strengthen Cooperation with the ICC in the AL Bashir Case », *loc. cit.*, pp. 365-382.

(174) Rapport sur la fragmentation, §§ 333 et 334.

> reconnaissant que le Statut de Rome n'impose aucune obligation aux États qui n'y sont pas parties, demande instamment *à tous les États et à toutes les organisations régionales et internationales concernées* de coopérer pleinement»(175).

Il ne fait pas de doute que la décision du Conseil crée une obligation de coopération dans le chef du Soudan, pourtant non partie au Statut de la Cour. Cette observation a d'ailleurs été confirmée lors de discussions au sein du Conseil de sécurité(176) et les termes clairs utilisés dans le texte de la résolution ne font que la renforcer. Certains auteurs ont soutenu que la résolution ne créait d'obligations qu'à l'égard du Soudan et les «autres parties au conflit», à l'exception de tous les autres États(177). Le point de contentieux se situe alors sur le sens que l'on donne aux termes «demande instamment». Toutefois, en ce qui concerne les États parties, y compris le Tchad et le Malawi donc, la question de la portée obligatoire qu'il faut octroyer à cette expression ne se pose pas. En effet, comme la résolution rappelle que «le Statut de Rome n'impose aucune obligation aux États qui n'y sont pas parties», elle rappelle *a contrario* aux États parties qu'ils ont bien, eux, cette obligation en vertu du Statut. La résolution se fait donc explicitement le relai de l'obligation de coopération des États parties, qui ne trouve par conséquent plus uniquement sa source dans le Statut mais aussi dans la résolution 1593 et, partant, dans la Charte des Nations Unies. À ce moment-là, par le biais de l'application de l'article 103 — combiné à l'article 25 — de la Charte, l'obligation de coopération avec la CPI acquiert une préséance sur l'obligation de non-coopération découlant des décisions l'UA. Concrètement, dans le cas du Malawi et du Tchad, une telle interprétation les empêcherait de se prévaloir des décisions de l'Union pour justifier leur refus de coopérer avec la Cour pour l'arrestation du Président soudanais.

La même solution ne pourrait cependant pas être adoptée *mutatis mutandis* dans une situation où c'est un État non partie qui aurait refusé de coopérer. De fait, comme susmentionné, les termes de la résolution ne peuvent être considérés comme indiquant clairement que les États tiers au Statut ont également une obligation de coopérer en vertu de la résolution. Comme l'a souligné la CIJ dans l'avis consultatif sur le *Sud-Ouest Africain*, pour déterminer la portée de la résolution il faudrait tenir compte, au-delà de ses termes, «des débats qui ont précédé son adoption, des dispositions de la Charte invoquées et en général de tous les éléments qui pourraient aider à préciser les consé-

(175) Résolution 1593 (2005), § 2; nous soulignons. Il est à noter que la résolution déférant la situation de la Libye à la C.P.I. contient une clause rédigée de manière similaire: Résolution 1970 (2011), § 5.

(176) Voy. not.: la déclaration des États-Unis et du Costa Rica lors de la 6230[e] séance du Conseil de sécurité, 4 décembre 2009, S/PV.6430, pp. 7 et 13. Voy. également la déclaration du Président du Conseil de sécurité du 16 juin 2008, S/PRST/2008/21: Rapports du Secrétaire général sur le Soudan, dernier paragraphe.

(177) En ce sens: Ch. Jalloh, D. Akande et M. Du Plessis, «Assessing the African Union concerns about Article 16 of the Rome Statute of the International Criminal Court», *loc. cit.*, p. 25.

quences juridiques de la résolution» (178) ou encore, comme cela a récemment été fait dans le cadre de l'avis sur l'indépendance du Kosovo, déterminer le but et l'objet de la résolution (179). Cependant, ces considérations allant au-delà du débat engagé dans le cadre des décisions du 13 décembre 2011, nous nous abstiendrons d'en faire état dans le cadre de la présente étude.

Conclusion

Si le Statut de Rome a été accueilli avec un enthousiasme certain et dans un climat idéaliste comme un aboutissement des desseins humanistes et humanisant de la communauté internationale, l'affaire *Al Bashir* démontre que si la Cour exerce ses compétences en dehors du canevas de convenance des États, cet idéalisme plie face à la *realpolitik* internationale.

Pour reprendre la célèbre allégorie d'Antonio Cassese, sans la coopération — et donc la volonté politique des États —, la justice pénale internationale n'est qu'un géant sans bras ni jambes qui ne peut ni agir, ni avancer. Nous avons vu que, par son attitude, l'Union Africaine a tenté d'amputer la Cour de ses membres et de couper l'exercice de ses fonctions. Il est intéressant de noter que, pour ce faire, elle a utilisé et manié les outils et mécanismes internes au Statut, ce qui témoigne accessoirement d'une certaine reconnaissance de la Cour. La crispation de l'UA face à la CPI s'est, dès la requête de l'accusation aux fins de délivrance d'un mandat d'arrêt contre Al Bashir, exprimée par la recherche de la suspension des poursuites par l'entremise du Conseil de sécurité et des pouvoirs qui lui sont conférés en vertu de l'article 16 du Statut de la Cour, parallèlement à la négation pure et simple de la compétence de la Cour sur base de l'immunité du Président soudanais. Nous avons vu que le premier argument n'était pas dénué de pertinence mais dépendait *in fine* de la volonté politique des États tandis que le second relevait de l'élucubration juridique. L'échec de ces argumentaires n'a fait que polariser la position de l'Union Africaine qui, à partir de 2009, a ordonné à ses membres de ne plus coopérer avec la Cour. Cet appel a été entendu et a trouvé une application concrète avec le refus du Malawi et du Tchad, notamment, d'arrêter le Président soudanais. Dans ce cadre, nous avons démontré que ce refus était tout à fait justifié au regard de l'article 98, § 1er du Statut et que c'est la volonté férue de la Cour de ne pas voir cette disposition appliquée qui est, cette fois,

(178) C.I.J., «Conséquences juridiques pour les États de la présence continue de l'Afrique du Sud en Namibie (Sud-Ouest Africain) nonobstant la résolution 276 (1970) du Conseil de sécurité, avis consultatif», 21 juin 1971, *C.I.J. Recueil 1971*, p. 53, § 114. Sur les principes d'interprétation applicables aux résolution du Conseil de sécurité voy. : R. Higgins, «The Advisory Opinion on Namibia : Which UN Resolutions Are Binding under Article 25 of the Charter ?», *The International and Compartive Law Quaterly*, vol. 21, n° 2, 1972, pp. 270-286 ; M. Wood, «The Interpretation of Security Council Resolutions», *Max Planck Yearbook of United Nations Law*, 1998, pp. 73-95.

(179) C.I.J., «Conformité au droit international de la déclaration unilatérale d'indépendance relative au Kosovo», avis consultatif, 22 juillet 2010, p. 35, § 96.

peu convaincante. En revanche, ce refus ne pourrait se fonder à proprement parler sur la décision de l'UA, l'obligation de coopération découlant de la résolution 1593 (2005) ayant la préséance.

Quelle que soit la pertinence des arguments avancés par l'Union, force est de constater que celle-ci a effectivement réussi à compliquer le travail de la Cour pénale internationale. Alors que d'autres États parties au Statut avaient déjà refusé d'arrêter le Président Al Bashir, l'utilisation explicite, pour la première fois, de l'article 87, § 7 du Statut révèle le durcissement de la CPI à l'égard des États africains. La décision de la Cour a été signifiée à l'Assemblé des États parties dès le 13 décembre 2011 (180) et au Conseil de sécurité le 9 janvier 2012 (181). Reste à voir si, et dans quelle mesure, ces organes décideront d'agir à l'encontre des deux États récalcitrants et vers quel côté de la table l'empoignade entre l'UA et la CPI vacillera.

(180) C.P.I., Chambre préliminaire I, *Le Procureur c. Omar Hassan Ahmad Al Bashir*, ICC-02/05-01/09, Rapport du Greffe relatif à la transmission de la « Décision rendue en application de l'articl[e] 87-7 du Statut de Rome concernant le refus de la République du Tchad d'accéder aux demandes de coopération délivrées par la Cour concernant l'arrestation et la remise d'Omar Hassan Ahmad Al Bashir », 13 janvier 2012, p. 4.

(181) CSONU, Lettre datée du 6 janvier 2012, adressée au Président du Conseil de sécurité par le Secrétaire général, Annexe, 9 janvier 2012, S/2012/9.

CHRONIQUES

REVUE BELGE DE DROIT INTERNATIONAL
2012/1 – Éditions BRUYLANT, Bruxelles

LA SESSION DE RHODES DE L'INSTITUT DE DROIT INTERNATIONAL

PAR

Pierre d'ARGENT*

L'Institut de droit international a tenu sa 75e session du 3 au 10 septembre 2011 à Rhodes, sous la présidence de M. Roucounas. Les travaux eurent lieu au *Rodos Palace Hotel*.

Outre le président, le bureau de l'Institut était composé avant l'ouverture de la session de M. Tomuschat (premier vice-président), Mme Lamm (deuxième vice-président), M. Degan (troisième vice-président), M. Verhoeven (secrétaire général), M. Pocar (trésorier). En application de l'article 9 des Statuts, M. Caflisch et M. Mahiou ont été élus respectivement 2e et 3e vice-présidents au début de la session de Rhodes, en remplacement de Mme Lamm et de M. Degan. Ils sont entrés immédiatement en fonction et exerceront leur charge jusqu'au début de la prochaine session. Dame Higgins a été élue première vice-présidente. Son mandat prendra fin au terme de la 76e session qui se tiendra en 2013 au Japon, sous la présidence de M. Owada.

M. Shahabudeen a été élu membre honoraire.

Sont devenus membres titulaires : Mme Arsanjani, MM. Ronzitti et Rozakis.

Ont été élus membres associés : MM. Basedow (Allemagne), Benvenisti (Israël), Mme Charlesworth (Australie), MM. Chimni (Inde), Cisse (Sénégal), Dupuy (France), Fernandez Rozas (Espagne), Kwakwa (Ghana), Liu (Chine), McRae (Canada), Murase (Japon), Novak (Pérou), Oxman (États-Unis d'Amérique), Sepúlveda Amor (Mexique), Sicilianos (Grèce), Subedi (Népal), Tomka (Slovaquie).

Au cours de cette 75e session, l'Institut a adopté trois résolutions : la première sur « La situation du juge international » (rapporteur : M. Guillaume) ; la deuxième sur « L'assistance militaire sollicitée » (rapporteur : M. Hafner) ; la troisième sur « L'autorisation du recours à la force par les Nations Unies » (rapporteur : M. Vinuesa). Avec ces deux dernières résolutions, les quatre sous-groupes institués au sein de la 10e commission consacrée aux « Problèmes actuels du recours à la force en droit international » ont en principe achevé leurs travaux (1). Ces trois résolutions sont reproduites en annexe et peuvent également

* Professeur à la Faculté de droit de l'Université de Louvain.

(1) La résolution sur la légitime défense avait en effet été adoptée sur le rapport de M. Roucounas lors de la session de 2007 tenue à Santiago du Chili, de même que la résolution sur les « Actions humanitaires » (rapporteurs : MM. Owada et Reisman).

être consultées sur le site internet de l'Institut (www.idi-iil.org). Le lecteur trouvera également dans ce numéro de la *RBDI* un commentaire de la résolution sur l'assistance militaire sollicitée par le professeur Nolte et un commentaire de la résolution sur l'autorisation du recours à la force par l'ONU sous la plume de la professeure-assistante Lagerwall. La résolution issue des travaux de la commission présidée par M. Guillaume est commentée par le professeur Dehousse.

L'Institut a encore entendu des rapports sur les travaux de la 9e commission («Le régime juridique des épaves des navires de guerre et des navires d'État en droit international» — rapporteur : M. Ronzitti) et de la 18e commissions («Les aspects juridiques du recours à l'arbitrage par un investisseur contre les autorités de l'État hôte en vertu d'un traité interétatique» — rapporteur : M. Giardina).

REVUE BELGE DE DROIT INTERNATIONAL
2012/1 – Éditions BRUYLANT, Bruxelles

THE RESOLUTION OF THE *INSTITUT DE DROIT INTERNATIONAL* ON MILITARY ASSISTANCE ON REQUEST

PAR

Georg NOLTE*

Abstract

The article describes how the Institut de Droit International has dealt with the question of military assistance on request, or intervention upon invitation by the established government, at its session in 2011 (Rhodes), taking into account the previous debates and resolutions by the Institut on the topic at its sessions in Neuchâtel (1900) and Wiesbaden (1975). Some emphasis is put on the context of the debates at the Rhodes session, which is the preceding and parallel treatment of other aspects of the law on the use of force. The most important feature of the debate in Rhodes is analyzed in detail, which is the contrast between the practice-oriented approach of the Rapporteur, Mr. Gerhard Hafner (whose reports tended to favor the permissibility of military assistance on request) and the resistance against this approach by a group of members who emphasized the right of self-determination and general policy considerations. The article concludes that the resolution which was ultimately adopted is characteristic for the time of its adoption insofar as it avoids taking a position with regard to certain controversial questions, despite a contrary impression, and thereby represents a minimum consensus.

The *Institut de droit international* has recently adopted, at its Rhodes session 2011, a resolution on "military assistance on request". (1) The permissibility of "direct military assistance by the sending of armed forces by one State to another State upon the latter's request" (Article 1 a) of the Resolution) is a disputed question since the time of Grotius. It is sufficient to mention the Holy Alliance, the Hungarian uprising in 1848/49, the American and Spanish Civil Wars, and well-known super power interventions during the Cold War (Hungary, Czechoslovakia, Afghanistan, Vietnam, the

* Professeur à la *Humboldt Universität Berlin*.

(*) I thank my colleagues Pierre d'Argent, of the Secretariat of the Institut, for providing me with the drafts of the proceedings before their publication, and Helmut Aust, Berlin, for helpful comments.

(1) 10th Commission — Sub-group C, Pleniere, 8 September 2011.

Dominican Republic and Grenada) to evoke the panoply of international legal questions which are raised by military assistance on request.

1. — The *Institut's* prior resolutions of 1900 and 1975

The resolution adopted in Rhodes is the *Institut's* third pertinent resolution. In 1900, at its Neuchâtel session, the *Institut* articulated "rights and duties of foreign powers, in case of insurrectional movements, with respect to established and recognized governments which are confronting such insurrection". (2) While this resolution was mainly concerned with formulating restrictions for third states to support insurgents and with describing the implications of the recognition of belligerency, it implied a right of established governments to request military assistance from third states against insurgents, as long as the insurgents were not recognized as belligerents. (3) On the other hand, when dealing with "The principle of non-intervention in civil wars" in 1975, at its Wiesbaden session, the *Institut* articulated a broad prohibition of intervention in civil wars which included interventions on request of the government. (4) Excluded from the scope of the 1975 resolution, and thus presumably also from the prohibition to intervene on request, were, however, "local disorders or riots". (5)

It may not be very surprising that the *Institut*, after two world wars, the entry into force of the UN Charter, and significant changes in the character of civil wars would find that a change in the basic rule concerning military intervention on request would have occurred between 1900 and 1975. Such a change from permissibility to prohibition was, however, not self-evident. Rapporteur Dietrich Schindler, in his rich and balanced report of 1973, had, after all, come to the conclusion that, *de lege lata*, the point of departure was still the permissibility of military assistance on request. (6) It was only during the discussion that proposals by Professors Skubiszewski and Zourek to formulate a broad prohibition ultimately carried a relative majority, after a controversial debate, among the comparatively few members who took part in the vote (16 in favour, 6 against, 16 abstaining). (7) The debate in 1975 had mainly centered on two types of conflict, Cold War-style proxy conflicts and decolonization style self-determination conflicts. The Vietnam War was most

(2) «Droits et devoirs des Puissances étrangères, au cas de mouvement insurrectionnel, envers les gouvernements établis et reconnus qui sont aux prises avec l'insurrection», http://www.idi-iil.org/idiF/resolutionsF/1900_neu_02_fr.pdf.

(3) D. Schindler, «Le principe de non-intervention dans les guerres civiles», Rapport provisoire, *A.I.D.I.*, 1973, vol. 55, pp. 416-513, at pp. 427 et seq.

(4) Article 2 (1), *A.I.D.I.*, 1975, vol. 56, pp. 545-549.

(5) Article 1 a), *A.I.D.I.*, 1975, vol. 56, pp. 545-549.

(6) Articles 2 and 3 of the Draft Resolution, *A.I.D.I.*, 1973, vol. 55. pp. 506 et seq.

(7) *A.I.D.I.*, 1975, vol. 56, p. 474.

often referred to in the discussions, as it seemed to encompass both types of conflict. Thus, the 1975 resolution of the *Institut* did not lead to a clarification of existing law, and Dietrich Schindler concluded that the resolution could only claim authority *de lege ferenda*. (8) Schindler's original view later received support by the International Court of Justice which in 1986, in its Nicaragua Judgment, pronounced its well-known *dictum* according to which

> "it is difficult to see what would remain of the principle of non-intervention in international law if intervention, which is already allowable at the request of the government of a state, were also to be allowed at the request of the opposition." (9)

This pronouncement is, however, less clear than it appears to be, as it does not address the implication of the right of self-determination for the question of military assistance on request. Thus, the law was not settled at the end of the Cold War.

2. — The background of the 2011 resolution

There were reasons why the third attempt by the *Institut*, in 2011, to determine the international legal rules on military assistance on request, or intervention by invitation, could have been more successful than its previous efforts. Whereas the applicable principles and rules of international law have not formally changed since 1975, different kinds of internal conflicts have replaced the Cold-War types of conflict and human rights are now being more emphasized. Today, ethnically or economically driven conflicts and activities of terrorist groups have come to the forefront. While the Cold War types of internal conflicts often divided other states and the international community at large into different camps, post-Cold War types of conflict have often (10) generated a common effort in their resolution. So perhaps it was possible for the *Institut*, under these fundamentally changed circumstances, to re-evaluate the question of military assistance on request and to articulate a more secure legal framework.

This was indeed the premise of the *Institute's* Rapporteur, Professor Gerhard Hafner of Vienna, when he opened the preamble of his first draft resolution by

> "noting that with the end of the Cold War, the end of colonialism and of the establishment of neo-colonial relations, a new political environment has emerged since the adoption of the above-mentioned resolution." (11)

(8) *A.I.D.I.*, 1975, vol. 56, pp. 413 et seq.

(9) *ICJ Rep.* 1986, 14, 126 (at para. 246).

(10) The current case of Syria (September 2012) is the clearest exception and may be a sign for the re-emergence of proxy wars.

(11) *A.I.D.I.*, 2009, vol. 73, p. 418.

However, in spite of this opportunity for a fresh look, other circumstances suggested that the new effort would be difficult. The decision to take up the topic had originated in 1999 when the *Institut*, after the Kosovo intervention, decided to deal with the question of "The authority under international law of international organizations other than the United Nations to use force". (12) After the attacks on the Twin Towers and the invasion of Iraq the topic was broadened, at the 2003 Bruges session, to cover "Present Problems of the Use of Force in International Law". (13) The decision that this topic would be dealt with by four differrent Sub-Groups ("Self-defence", "Humanitarian Intervention", "Authorization of the Use of Force by the United Nations", and "Intervention by Invitation") was confirmed at the 2005 Krakow session. (14) The topic of "Intervention by Invitation" was thus identified by the *Institut* as an element of what is probably the most disputed complex of questions of international law. Such association of "intervention by invitation" with the three other sub-topics is, however, not self-evident. There has been no case of an "intervention by Invitation" since the end of the Cold War which was nearly as controversial as the case of Kosovo (which triggered the modern debate on "humanitarian intervention"), the military reaction to the attacks against the Twin Towers and the so-called Bush doctrine of self-defence (which triggered the modern debate on "self-defence"), and the invasion of Iraq in 2003 (which fueled the modern debate on "Authorization of the Use of Force by the United Nations"). So the question was whether the topic "Intervention by invitation" could be viewed as being closely related, but legally and politically sufficiently separate, in order to arrive at a largely consensual determination. This could not be taken for granted. After all, the resolutions on self-defense and humanitarian intervention, which the *Institut* adopted in 2007 at its Santiago session, either merely reflected a minimum consensus or consisted of little more than an explicit agreement to disagree. (15)

In sum, the "new political environment" which had emerged after the end of the Cold War provided an opportunity for a fresh approach, but this new environment was at the same time charged with highly disputed related factual scenarios and renewed challenges for the relevant legal principles. It was thus unclear what the possible outcome would be.

(12) *A.I.D.I.*, 1999, vol. 68-II, pp. 80-83.

(13) *A.I.D.I.*, 2003, vol. 70-II, pp. 34-45 and 353.

(14) *A.I.D.I.*, 2005, vol. 71-II, p. 342.

(15) *A.I.D.I.*, 2007, vol. 72, p. 365; see O. Corten, "Les résolutions de l'Institut de droit international sur la légitime défense et sur les actions humanitaires", this *Revue*, 2007, vol. 40, pp. 598-626.

3. — The reports by the Rapporteur Gerhard Hafner

The Sub-Group "Intervention on Invitation" and the Rapporteur submitted their work for the first time at the Naples session 2009. (16) After a first exchange of views in plenary in Naples the Rapporteur submitted a modified report and draft resolution for the Rhodes session 2011.

Interestingly, the Rapporteur at the outset proposed to change the original title of the sub-topic. According to him, "Intervention by invitation" was a "misnomer", (17) mainly because the meaning of the term "intervention" was unclear, and would, in connection with "consent", even produce a "contradiction in se" (18) if "intervention" was conceived as a form of coercion. He therefore suggested to change the title to "Military assistance on request". Although this proposal was ultimately adopted, it did not immediately gain acceptance — perhaps because this departure from the traditional usage in the English and French languages (19) could be read as suggesting that the "assistance" at issue was a more technical matter than it actually is in many cases.

In substance, Professor Hafner's reports represent a scientific *res ipsa loquitur* approach on a rich basis of the available specific material. The problem is that the pertinent post-1990 practice is comparatively inconspicuous. However, in the *Case Concerning Armed Activities on the Territory of the Congo* (Democratic Republic of the Congo v. Uganda) the ICJ found that Ugandan troops had been present and operating in the Congo for a certain period with the consent of the country's government. (20) Another relevant case was the presence of Syrian troops in Lebanon in connection with a request of the government of Lebanon and the *Taef Peace Agreement*, a presence which had first been welcomed by the Security Council but later came under international pressure. (21) Other bilateral cases were either comparatively insignificant, or uncontroversial, or they raised the more complicated question of the consent of a government in the context of regional peacekeeping operations. Significantly, however, the military intervention led by Saudi-Arabia at the request of the government of Bahrain in March 2011 was not evoked during the deliberations of the *Institut*. In the view of the Rapporteur, the cases of regional peacekeeping did not so much involve the general question of military assistance on request, but rather more specific questions, such as the possibility for states of giving *ex ante* consent to certain forms of regional intervention. Looking specifi-

(16) *A.I.D.I.*, 2009, vol. 73, pp. 299 et seq.

(17) *A.I.D.I.*, 2009, vol. 73, p. 309.

(18) *A.I.D.I.*, 2009, vol. 73, p. 310 f.

(19) The pertinent entry in the *Max Planck Encyclopedia of Public International Law*, 2012, is "Intervention by invitation", see vol. 6, pp. 282-288; in French, the usual terminology is "intervention sollicitée."

(20) *ICJ Rep* 2005, 168, at p. 197 (paras. 46 et seq.).

(21) *Documents d'Actualité Internationale*, 1990, pp. 53-56.

cally at the practice which concerned "pure" cases of military assistance at the request of the government in the light of the changed general context for international relations (less emphasis on proxy wars and decolonization conflicts, but more on "low intensity conflicts", in particular terrorism), the Rapporteur proceeded to formulate an ambitious and differentiated draft resolution whose core article was

Art. 3

International law does not prohibit any state from rendering direct military assistance to another state in a situation that does not amount to an international armed conflict, subject, however, to the latter's prior consent and further legal conditions set out below.

This draft article would have recognized the permissibility of military assistance on request, below and above the threshold of non-international armed conflict, without calling the principles of international law into question which underlie the 1975 resolution, but trying to apply them to a changed international environment. To flank this basic rule, the Rapporteur suggested a number of specific restrictive rules which concerned

— the form of consent (Art. 4);
— the principle of prior consent (Art. 5);
— the rule that consent must be in conformity with the international obligations of the consenting state (Art. 6);
— the conditions for the validity of consent (Art. 7);
— the requirement that the author of consent must be "a legitimate, effective, and generally recognized government" (Art. 8);
— the requirement that consent must be given by the "highest state organs" (Art. 9);
— the permissibility of withdrawal of consent (Art. 10);
— the lack of obligation to render military assistance (Art. 11);
— the limitation of the assistance by the terms and conditions of consent (Art. 12);
— other limits of assistance, in particular coercion (Art. 13);
— obligations of the assisting state, in particular those resulting from the principle of self-determination (Art. 14);
— the prohibition for the consenting state to circumvent its own international obligations (Art. 15);
— the duration of assistance (Art. 16); and
— a rule on the attribution of responsibility between the consenting and the assisting state (Art. 17).

This draft resolution was based on a report which, in its scholarly style and depth, is reminiscent of Dietrich Schindler's 1973 report. But similarly to what had happened in 1975, the debates among the Members in 2011 have led to substantial modifications of the original draft resolution. Those modifications have little to do with the quality of the scholarly work of the Rapporteur, but much with the different politico-legal views of the members, as they are informed by a larger context. This time, at least, the *Institut* did not proceed to a vote, but ultimately adopted a resolution by consensus. The price for this consensus, however, is that the new resolution only articulates a limited substantive content.

4. — The Resolution 2011

The 2011 resolution of the *Institut* on military assistance on request consists of a preamble and seven articles. This is much less, both in quantity and in quality, than what the Rapporteur had proposed. The core provision is

Art. 3 Prohibition of military assistance

1. Military assistance is prohibited when it is exercised in violation of the Charter of the United Nations, of the principles of non-intervention, of equal rights and self-determination of peoples and generally accepted standards of human rights and in particular when its object is to support an established government against its own population.
2. Military assistance may not be provided where such provision would be inconsistent with any Security Council resolution under Chapter VII of the Charter of the United Nations relating to the specific situation.

This provision must be read in conjunction with

Art. 2 Scope

1. This resolution applies to situations of internal disturbances and tensions, such as riots, isolated and sporadic acts of violence and other acts of a similar nature including acts of terrorism, below the threshold of non-international armed conflict in the sense of Art. 1 of Protocol II Additional to the Geneva Conventions relating to the Protection of Victims of Non-International Armed Conflicts of 1977.
2. [...]

In short, the resolution excludes from its scope the most important cases with respect to which the question of military assistance on request has been discussed in the past, i.e. the cases of non-international conflicts. The resolution is confined to formulating a broad prohibition of military assistance on request even for cases which are (still) below the threshold of armed conflict. This could be read as enlarging the prohibition of 1975 on military assistance on request to cases which have been excluded from the scope of that resolution. The resolution would then have acquired a character which is contrary to what the Rapporteur had proposed. He had, after all, in Rhodes proposed a subtle regime which permitted the military assistance on request also in non-international armed conflicts if certain conditions were fulfilled ("impermissible, unless it is established that it does not infringe the principle of self-determination"). (22) The impression that the resolution constitutes a turnaround from the original proposal is confirmed if one compares the respective preambles: The Rapporteur's draft preamble contained references to "a new political environment", to "the prerogative of each State to seek assistance from other States in international armed conflicts and situations short of war", and to the "statement of the International Court of Justice that intervention is allowable at the request of the government of a State". (23) Such 'pro-request references' do not appear anymore in the adopted resolution, but rather 'contra-request references' which recall "the need for strict observance of the principle of non-intervention", the duty "that each State must respect the principle of equal rights and self-determination of peoples", and "the necessity of strict observance of the Charter of the United Nations, in particular its Article 2(4) and Article 2(7)." (24)

The impression that the resolution constitutes a complete turnaround from the original proposal is, however, misleading. The resolution, after formulating its broadly worded prohibition of military assistance on request in cases below the threshold of armed conflict, goes on to postulate, in its Article 4 (1), that "Military assistance may only be provided upon the request of the requesting state". The resolution thus presupposes that such assistance may be permissible after all, and continues to formulate a number of conditions which suggest that permissible requests for assistance may not even be very exceptional. Thus, a request "shall be valid and specific" (Article 4 (2)), be "*ad hoc*" even if it is also "based on a treaty" (Article 4 (3)), be "notified to the Secretary-General of the United Nations" (Art. 4 (4)), and can be terminated or withdrawn at any time by the requesting State (Art. 5). Other safeguards include the self-evident requirements that military assistance "shall be carried out in conformity with the terms and modalities of the request (Art. 6 (1)), "shall not be provided beyond the time for which it has been agreed to" (Art. 6 (2)) and "shall not constitute a measure to coerce another state in order to obtain from it the subordination of the exercise of [its] sovereign rights".

So what is the sense of the resolution ? Is it essentially an extension of the 1975 prohibition of military assistance on request to situations below the threshold of armed conflict ? Or should it be read as a recognition of the permissibility of such assistance, under certain conditions and provided

(22) Art. 3 (2), *A.I.D.I.*, 2011, vol. 74, p. 69.
(23) *A.I.D.I.*, 2011, vol. 74, p. 68.
(24) See *supra* note 1.

that certain general principles are respected, for a broad range of situations which are particularly relevant today, and as leaving open the question for situations of non-international armed conflict ? The answer should lie in the course of the debate among the members of the *Institut*:

5. — The plenary debates within the *Institut* at the 2009 and 2011 sessions

The major changes of the text of the draft resolution, including its general emphasis, are apparently due to the plenary debates in 2009 and 2011 among the members of the *Institut*. These debates are as instructive in what they have focused on, as on what they have left aside.

There were already clear signs during the initial plenary debate, at the Naples session 2009, that the deliberations within the *Institut* would not focus on those aspects which the Rapporteur had found to be the most relevant: indeed, there was little discussion of the cases to which he had referred to, including the judgment of the ICJ in the *Case Concerning Armed Activities on the Territory of the Congo* (Democratic Republic of the Congo v. Uganda), (25) as well as of the implications of the change from the Cold War to the post-Cold War paradigm. Instead, members mostly raised questions regarding the implications of basic principles of international law to the problem under review, (26) they invoked even broader historical perspectives (27) and discussed conceptual matters. (28)

The most characteristic sign of what would be the underlying concern of a majority of those members who participated in the discussions was a statement by Judge Bennouna who had started his career with a book, published in 1974, on "*Le consentement à l'ingérence militaire dans les conflits internes.*" He maintained that, if one would look at all relevant cases it would become clear that the consent had never been the sole justification for the use of foreign troops, but that there had always been "consent plus something else". (29) [Such] "other pretexts", according to Bennouna, would always be used, for example a threat to foreign nationals, the humanitarian situation, or the "indirect" aggression" by another State who would support the rebels. A complete study of relevant cases would show that consent had never been invoked as an exception to the prohibition on the

(25) *ICJ Rep.* 2005, p. 168; but see the statements of Messrs Dinstein, *A.I.D.I.*, 2009, vol. 73, p. 437; Kamto, pp. 439 et seq., and Ranjeva, p. 441.

(26) E.g. Bennouna, *A.I.D.I.*, 2009, vol. 73, p. 434 et seq.; Wolfrum, p. 435 et seq.; Abi-Saab, p. 436; Lee, p. 438 et seq.; Ranjeva, p. 441; T. Bernárdez, p. 442 et seq.

(27) E.g. Bennouna, *A.I.D.I.*, 2009, vol. 73, p. 435 and Brownlie, p. 436.

(28) E.g. Degan, *A.I.D.I.*, 2009, vol. 73, p. 432; Wolfrum, p. 435; Tyagi, p. 439; Meron, p. 440; T. Bernárdez, p. 442 f.; Conforti, p. 443.

(29) Bennouna, *A.I.D.I.*, 2009, vol. 73, p. 434.

use of force, and if this would become the approach of the Commission he would immediately withdraw from it. He would conceive the work of the Commission as studying the practice and to draw certain conclusions, for example that logistical assistance would be permissible in certain cases, or that the intervention of a foreign army in an internal conflict could never take place. "This last type of conduct constitutes a threat to international peace and security, as well as a form of imperialism from which the international community suffers since the Holy Alliance and which does not have a place anymore in today's world." The Commission should not in any way weaken the principles of self-determination and the prohibition of the use of force. (30)

Judge Bennouna was supported by some members who stressed similar aspects, (31) whereas other members concentrated on more technical aspects. (32) Only two members emphasized the legitimacy of consent as a possible justification for the use of foreign troops beyond minor cases and supported the approach of the Rapporteur. (33) The Rapporteur himself, in his closing statement of the 2009 Naples session, somewhat surprisingly declared to be in "complete agreement" with Judge Bennouna and to be ready to take various suggestions into account in the course of the further work. (34)

By declaring himself in agreement with Judge Bennouna the Rapporteur may have underestimated the difference between the proposed resolution and the position espoused by Bennouna and others. Or perhaps the Rapporteur expected that any difference in substance could be resolved in the course of further drafting. In any case, two years later, at the 2011 Rhodes session, when the *Institut* could finally devote its full attention to the topic, fundamental objections flared up anew, and this despite the fact that the Rapporteur had introduced a significant change to his approach. He no longer suggested to proceed from the "basic principle" that "international law does not prohibit any State from rendering military assistance to another State in a situation that does not amount to armed conflict, subject, however, to the latter's prior consent and further legal conditions" (Art. 3), "in particular" the respect of "the obligations resulting from the principle of self-determination" (Art. 14). (35) Instead, he now proposed the following general rule:

(30) Bennouna, *A.I.D.I.*, 2009, vol. 73, p. 435.

(31) Abi Saab, *A.I.D.I.*, 2009, vol. 73, p. 436; Brownlie, p. 436; Kamto, p. 439 et seq.; Ranjeva, p. 441.

(32) Degan, *A.I.D.I.*, 2009, vol. 73, p. 432; Wolfrum, p. 435; Lee, p. 438 et seq.; Tyagi, p. 439; Meron, p. 440; Torrez Bernárdez, p. 442 et seq.; Conforti, p. 443.

(33) Dinstein, *A.I.D.I.*, 2009, vol. 73, p. 437 and the Secretary-General, at p. 444.

(34) *A.I.D.I.*, 2009, vol. 73, p. 445.

(35) *A.I.D.I.*, 2009, vol. 73, pp. 419 and 421.

Article 3 (36)

1. International law does not prohibit any State from rendering direct military assistance to another State in a conflict situation of low intensity that does not amount to a non-international armed conflict, subject, however, to the latter's prior consent and further legal conditions set out below.
2. In other situations short of international armed conflict, direct military assistance is impermissible unless it is established that it does not infringe the principle of self-determination.
3. The determination for the purposes of paragraph 2 can result from the reaction of the relevant regional, sub-regional or universal international organization.

By thus reformulating the basic principle in this way, the Rapporteur made an ambiguous move. The reformulation could be interpreted as a major change, that is: moving from a permission to a prohibition in the most relevant category of cases — non-international armed conflict — and elevating the principle of self-determination to clearly becoming the key factor whose application is institutionally reinforced. The reformulated draft article could, however, also be interpreted as being a mere cosmetic change since the previous draft articles had already identified the principle of self-determination as a limit to military assistance on request, and the institutional reinforcement was incomplete (because it fell short of *requiring* a determination by an international organization) and rather vague (because it remained unclear what "the relevant ... international organization would be").

In any case, the new proposal did not go far enough to satisfy those who had expressed reservations with respect to the permissibility of military assistance on request. It was again Judge Bennouna who led the charge. He "regretted vividly" the introduction of the concept of "low intensity conflict", which was not one of *lex lata* and which would permit a State to request military assistance in a situation of popular insurrection, as it was taking place in Syria. (37) He also expressed his "surprise" that the new draft Article 3 recognized the possibility of a military intervention in a non-international armed conflict if a regional or sub-regional organization determined that such intervention would not infringe the principle of self-determination. He rejected such a position which reminded him of the Holy Alliance. Such a practice could only be permissible on the basis of an authorization by the Security Council. (38) Judge Bennouna's concern that the principle of self-determination was not sufficiently safeguarded by the new draft resolution

(36) PVPL 1, 3 September, 15h35, p. 7.
(37) PVPL 1, 3 September 2011, 15h35, p. 11.
(38) PVPL 1, 3 September 2011, 15h35, pp. 11 et seq.

was echoed by some other members. (39) Again, only two members expressed additional substantive reasons in favour of the legitimacy of consent as a basis for justifying military assistance, (40) while other members confined themselves to addressing more specific aspects.

This opening of the plenary debate in Rhodes led the Rapporteur to revert to the Sub-Group which then unanimously adopted a new version of the draft resolution whose "key provision", according to the Rapporteur, (41) was now

Art. 8 Prohibition of support

> Support is prohibited under international law unless it is in accordance with the obligations under international law incumbent on the States involved, in particular those resulting from the principle of non-intervention, of equal rights and self-determination of peoples and generally accepted standards of human rights.

The expectation that this apparent turnaround from permissibility to prohibition as the general rule would close the general debate, permitting the *Institut* to concentrate on more specific matters and to adopt the proposed resolution article-by-article, (42) were, however, soon dashed. Judge Bennouna regretted that he could not accept the new version because it did not make mention of the principle according to which an intervention in a non-international conflict was only possible on the basis of a prior authorization of the Security Council. He would only admit that an intervention on request would be permissible "in situations of terrorism, banditry, or organized crime within a State, under the condition that the intervention would respect in particular the principle of self-determination." (43) When Bennouna was supported by other members, (44) the Rapporteur declared that he was ready to include an express reference to the United Nations in Draft Article 8. (45) This was not an entirely clear concession and the ensuing discussion therefore concentrated on the questions whether the resolution should at all include non-international armed conflicts and whether the role of the Security Council should be specified. This discussion remained inconclusive, with some members advocating an extension of the prohibition of military assistance on request and a requirement of Security Council authorization even in cases

(39) PVPL 1, 3 September 2011, 15h35, RAO, p. 12; PELLET, p.; KOHEN, p. 14; SALMON, p. 16; KOROMA, p. 16 et seq.; PVPL 2, 4 September 2011, 9h50, DAME HIGGINS, p. 2; TYAGI, p. 2 et seq.; KAMTO, p. 4; XUE, p. 4.

(40) PVPL 1, 3 September 2011, 15h35, Secretary-General, p. 17 f.; REISMAN, PVPL 2, 4 September 2011, 9h50, p. 5.

(41) PVPL 6, 5 September 2011, 15h10, p. 8.

(42) PVPL 6, 5 September 2011, 15h10, p. 9, Mr. Tomuschat as Chairman.

(43) PVPL 6, 5 September 2011, 15h10, p. 10.

(44) PVPL 6, 5 September 2011, 15h10, SALMON, p. 11; MAHIOU, p. 11; KAMTO, p. 12.; STERN, p. 14.

(45) PVPL 6, 5 September 2011, 15h10, p. 13.

of "riots" and in "situations of internal troubles" which remained below the threshold of non-international armed conflict. (46)

It was only after the Sub-Group had met once again and proposed that the scope of the resolution should be limited "to situations of internal disturbances and tensions, such as riots, isolated and sporadic acts of violence and other acts of a similar nature including acts of terrorism below the threshold of non-international armed conflict" (Draft Article 2) (47) that members did not anymore raise fundamental questions but concentrated on the more specific issues. By that time the original draft resolution was cut by half, so that other potential stumbling blocks had also been eliminated. These stumbling blocks would have been the status or situation of the requesting government, and the question of state responsibility. Thus, there remained only those few provisions which concerned apparently formal rules, such as that a request for military assistance must be "valid and specific" and "be in conformity with ... general international law" (Art. 4). In addition, the request may be withdrawn "at any time" (Art. 5), and military assistance must respect the "terms and conditions of the consent", "not be provided beyond the time for which it has been agreed to", and not be a "measure to coerce another State". The Rapporteur had proposed these rules from the outset and they were compatible with different general approaches to the subject which had been articulated within the *Institut*.

The most significant substantive rule which is clothed in the requirement of specificity relates to requests for military assistance which are "based on an international treaty". According to Articles 4 (2) and (3) such requests "must refer in explicit terms to the specific situation", or, "if it refers only to general situations of military assistance, an additional *ad hoc* request is required for the specific case". These rules aim at excluding the possibility of collective arrangements which provide abstract *ex ante* authorizations for military assistance. Such rules are obviously premised on a very concrete understanding of the right of self-determination.

6. — Evaluation

The *Institut*'s resolution on military assistance on request, like many texts adopted by consensus, is more instructive in what it does *not* say than in what it says. It is the debate among the members which is instructive. This debate, however, does not provide a strong basis to draw conclusions which go further than the resolution itself. The following points merit to be emphasized:

(46) PVPL 6, 5 September 2011, 15h10, Bennouna, p. 17; Salmon, p. 17.
(47) PVPL 8, 6 September 2011, 16h00, p. 2.

a) *The resolution itself*

The resolution itself articulates largely uncontroversial points: The preamble recalls relevant legal documents and events. (48) The definitions of the terms "military assistance on request" and "request" in Article 1 are plausible. It is regrettable that Article 2 limits the scope of the resolution to acts of violence "below the threshold of non-international armed conflict" but such limitation is not in itself legally questionable. And it is undeniable that military assistance, even if it is rendered in situations below this threshold, is prohibited (Article 3),

> "when it is exercised in violation of the Charter of the United Nations, of the principles of non-intervention, of equal rights and self-determination of peoples and generally accepted standards of human rights, and in particular when its object is to support an established government against its own population," as well as

> "where such provision would be inconsistent with a Security Council resolution relating to the specific situation, adopted under Chapter VII of the Charter of the United Nations."

The main difficulty is to determine the situations and types of situations in which these prohibitions would apply or not apply.

Perhaps the most important substantive provisions of the resolution are those which are designed to ensure that the freedom of the requesting state maintains primacy at all times. The pertinent requirements that the request must be specific (Article 4 (2)), and not merely based on a treaty *in abstracto* (Article 4 (3)), and that the consent may be withdrawn at any time (Article 5) have not given rise to a debate. Such a debate could and should, however, have taken place because the Rapporteur had drawn the attention of the members to Article 4 (h) of the Constitutive Act of the African Union which establishes, or recognizes, a "right of the Union to intervene in a Member State pursuant to a decision of the Assembly in respect of grave circumstances, namely: war crimes, genocide and crimes against humanity." (49) This provision could have been discussed as possibly containing a binding, but abstract *ex ante* request for military assistance in certain cases that would be determined by the Assembly and in which no further *ad hoc* request would be required, in the case of a regional organization. The lack of discussion of this matter could initially be explained by the fact that the Rapporteur, in his revised report for the Rhodes session, had proposed to leave out questions relating to regional organizations. (50) However, when he later suggested to make the permissibility of a request (to some extent) dependent on a decision of an international — universal, regional, or sub-regional — organiza-

(48) The reference to Article 2 (7) of the Charter is, however, difficult to understand as this provision addresses only the United Nations and not states.

(49) *A.I.D.I.*, 2011, vol. 74, pp. 13-16 (paras. 23-28).

(50) *A.I.D.I.*, 2011, vol. 74, p. 16.

tion(51) the issue was again squarely on the table. Still, when the question was put in this more abstract way, the members understandably seem to have concluded that it could not be disassociated from the question of non-UN-authorized humanitarian intervention, a question which the *Institut* was unable to clarify in 2007 and 2011.(52)

Thus, an important aspect of the resolution is the rejection of the possibility to justify the use of foreign troops, even in situations below the threshold of non-international armed conflict, merely by reference of an abstract *ex ante* consent of the state concerned. This conclusion has implications for the question which had been the starting point of the *Institut's* deliberations, the question of "The authority under international law of international organizations other than the United Nations to use force".(53) The implication is that the authority of an international organization to use force within a state cannot alone be based on an abstract treaty commitment. This blocks one important avenue for the justification of humanitarian interventions which are not authorized by the Security Council, and substantially restricts the potential significance of a provision like Article 4 h) of the Constitutive Charter of the African Union.

Another noteworthy provision is the duty of states to notify to the UN Secretary-General "any request that is followed by military assistance" (Article 4 (4)). This innovative duty translates the similar duty to notify the Security Council under Article 51 of the UN Charter to situations which may give rise to a threat of the peace. It is not unlikely, however, that the requesting and the assisting states will often consider it counter-productive to formally raise such a matter to this level of international attention.

b) *Open questions*

Most questions which are usually discussed with respect to military assistance on request, or intervention by invitation, have, however, been left open by the resolution. The most significant are the following:

aa) *Non-international armed conflicts*

The most notable question left open is whether military assistance can be requested by a government which is implicated in a non-international armed conflict. This is, in fact, the most important question of the topic, and the decision to exclude it from the scope of the resolution reduces its value most significantly. The reason why this question was excluded seems to be primarily to accommodate those members who believed that military assistance is under no circumstances permissible in non-international armed

(51) PVPL 1, 3 September 2011, 15h35, p. 7.
(52) PVPL 14, 9 September 2011, 14: 45, pp. 30-31.
(53) *A.I.D.I.*, 1999, vol. 68-II, pp. 80-83.

conflicts, without, however, endorsing this view. Thus it would go too far to conclude that the resolution, because it gives only a limited space to military assistance on request in situations below this threshold, implies that no such assistance would be permissible in non-international armed conflicts.

bb) *Character of the requesting government*

As long as the topic of military assistance was conceived as encompassing situations of non-international armed conflicts the question of the character of the requesting government was relevant. Indeed, the character of the requesting government must be a decisive consideration if the permissibility of military assistance in non-international armed conflicts depends on its compatibility with the principles of self-determination, non-intervention, and the prohibition of the use of force. The character of a government may, after all, determine whether it gives expression to the self-determination of a people, or whether the state is coerced or forced. This raises questions about the way in which a government represents the people, i.e. whether criteria of effectiveness or democratic legitimacy should be preponderant. Such questions have been disputed since the end of the Cold War, raising not only legal but also most sensitive political questions. The fact that it would have been necessary to resolve such larger questions may have contributed to leading the *Institut* to shy away from addressing the dimension of military assistance in a non-international armed conflict.

However, the fact that the *Institut* has adopted a resolution on military assistance *below* the threshold of non-international armed conflict without addressing the question of the character of the requesting government is a strong indication that considerations of democratic legitimacy do not play a role in situations in which a government is not (yet) seriously challenged as such. This may suggest a certain retreat of the idea of democratic legitimacy as a conditioning factor for requests of military assistance since the postulation of this criterion in the early nineties.

cc) *Principles and their application to different situations*

The most substantial questions which have been left open concern the implications of basic principles of international law for the permissibility of military assistance on request. While it is uncontestable that the principles of self-determination, non-intervention, and the prohibition of the use of force must not be violated, the difficult question is which effect the request of a government may have on the determination whether this is actually the case. What can be said with some confidence is that the principle of self-determination is the most important principle of the three for the topic of military assistance. This is because, *prima facie*, intervention "is allowable at the request of the government" (54) and the prohibition of the use of force would

(54) *ICJ Rep.* 1986, 14, 126 (at para. 246).

seem to imply at least some sort of confrontative stance between governments which represent their states "in their international relations" (Article 2 (4) UN Charter). Self-determination, on the other hand, is associated with the "struggle" for its realization. (55) It is true that the prohibition of the use of force and the principle of non-intervention can also be interpreted more broadly as including other forms of force and other activities in the internal sphere of a state, but such interpretations are not generally accepted.

So, if self-determination is the major concern one would have expected that the *Institut* discuss the significance of this principle in light of the request of a government. Unfortunately, however, such discussion took place more implicitly than explicitly. The question which forms of organized armed force against an established government must be regarded as elements of the exercise of the right to self-determination was not asked in a general way. Perhaps it is difficult to develop comprehensive abstract criteria — if effectiveness, democratic legitimacy or international recognition of a government are not suitable in that regard. But one would have expected, for example, that the question whether secession conflicts should always be conceived as an exercise of self-determination would be raised during the debates. This was, however, only done indirectly, for example when Judge Bennouna distinguished between "situations of terrorism, banditry, or organized crime within a State" (56) in which military assistance on request would be permissible, and other "intervention[s] of a foreign army in an internal conflict" which "could never take place". (57) He thereby implicitly included secession conflicts as forms of the exercise of the right of self-determination. While it is certainly preferable that the Security Council deal with violent secession conflicts and while there are certainly mostly very good political reasons for third states not to take sides in violent secession conflicts, it is another question whether the legal monopoly of the Council to authorize the use of force under the Charter extends to such situations, or even to any situation which the Council could declare to be a threat to the peace, as Judge Bennouna seemed to suggest. (58) The Council could, after all, also declare "situations of terrorism, banditry, or organized crime within a State" to be a threat to the peace (59). Since violent secession attempts have traditionally not been viewed as being exercises of the right of self-determination, (60) an explanation would be necessary why the effort by a government to confront

(55) Definition of Aggression, A/RES/29/3314, 14 September 1974, Article 7.

(56) PVPL 6, 5 September 2011, 15h10, p. 10.

(57) *A.I.D.I.*, 2009, vol. 73, p. 435.

(58) *A.I.D.I.*, 2009, vol. 73, p. 435.

(59) PVPL 6, 5 September 2011, 15h10, p. 10.

(60) Declaration of Principles of International Law Concerning Friendly Relations and Co-operation Among States in Accordance with the Charter of the United Nations, General Assembly resolution 2625 (XXV) of 24 October 1970: "Nothing in the foregoing paragraphs shall be construed as authorizing or encouraging any action which would dismember or impair, totally or in part, the territorial integrity or political unity of sovereign and independent States conducting themselves in compliance with the principle of equal rights and self-determination of peoples as described

such a secession attempt would transform the situation into one in which the right of self-determination is being exercised and thus any foreign involvement excluded. Such an explanation could, in principle, be developed, and Judge Bennouna, in his book of 1974, has provided an analogous illustration for a wide understanding of self-determination by suggesting that coups by the armed forces were an important mechanism for political change in Africa which should not be influenced by foreign forces. (61) It is, however, questionable whether such positions have ever been generally accepted. In any case, the *Institut* largely sidestepped specific questions concerning the effect of basic principles of international law in specific types of situations.

c) *An overriding policy consideration*

The most important factor which seems to have determined the *Institut's* work and its debates on the topic, however, has not been the analysis of any particular legal principle or rule, or of specific cases, but rather an overriding concern about the possibility of abuse by strong states. This concern has been voiced by a number of members of the *Institut* (62) and it was not strongly contradicted by others. This concern was most vividly expressed by Judge Bennouna when he suggested that consent "had never been the sole justification for the use of foreign troops", but that there had always been "other pretexts", and that a complete study of relevant cases would show that consent had never been invoked as an exception to the prohibition on the use of force. (63)

It is certainly true that there have been a number of cases, including the most prominent ones, in which the consent of the (competent organ of the) government was falsely alleged (Hungary 1956, Dominican Republic 1965, Czechoslovakia 1968, Afghanistan 1979, Grenada 1983, Panama 1989) or where the consent of a weak government was elicited and used by a strong state to further its own goals (e.g. Syria/Lebanon 1984-1989, Russia/Georgia 1992 with respect to South Ossetia). However, it would, in my view, go too far to conclude that the experience of such cases should give rise to an overriding policy consideration against military assistance on request except in minor cases below the threshold of non-international armed conflict. There is, in particular, an important difference between those cases in which the consent of a government was falsely alleged, and those in which the consent

above and thus possessed of a government representing the whole people belonging to the territory without distinction as to race, creed or colour."

(61) M. Bennouna, *Le consentement à l'ingérence militaire dans les conflits internes*, Paris, L.G.D.J., 1974, pp. 44 f.

(62) *A.I.D.I.*, 2009, vol. 73, Abi Saab, p. 436; Ranjeva, p. 441; PVPL 1, 3 September 2011, 15h35, Pellet, p. 13; Kohen, p. 14; PVPL 2, 4 September 2011, 9h50, Xue, p. 4; indirectly *A.I.D.I.*, 2009, vol. 73, Brownlie, p. 436; Kamto, p. 439 f.; PVPL 1, 3 September 2011, 15h35, Messrs Rao, p. 12; Salmon, p. 16; PVPL 2, 4 September 2011, 9h50, Dame Higgins, p. 2.

(63) *A.I.D.I.*, 2009, vol. 73, p. 435.

of a government may not have been sufficiently independent. The abuse in the former category of cases is mostly readily identifiable, and it has usually been immediately identified internationally. Such identification has also contributed to the political de-legitimation of the intervention concerned. The abuse in the latter kind of cases is more difficult to identify. So the question is whether most cases in which military assistance has been rendered on request have actually been abusive in the sense that strong governments have been able to procure an insufficiently independent consent of a weak government in order to pursue their own illegitimate goals. The other possibility is that the experience is more nuanced in the sense that many cases in which military assistance has taken place at the genuine request of a weak government have been accepted as such by the international community.

If the question is put this way, the well-known examples of interventions by the United States and the Soviet Union during the Cold War must remain outside of the discussion because the alleged consent was either clearly missing or flimsy. (64) Rather, many other cases of military assistance on request would have to be analysed. (65) Those cases include not only the various French interventions in African States, (66) but also the bilateral and subregional sending of troops by African States to other African States, (67) the sending of Russian troops to newly independent former Soviet republics, (68) the cases of Syrian troops in Lebanon after 1989, Indian troops in Sri Lanka (1987-1990), Cuban troops in Angola (1976-1988), and several short-term operations in other countries. (69) Of course, not all these operations by foreign troops have been justified exclusively by the consent of the government concerned. However, even though the additional reasons given in such cases were sometimes criticized as being political pretexts, they were mostly not criticized among States as vitiating the consent of the government concerned if that consent was clear. Thus, most of these operations have in common that they were not (significantly) criticized by other States as being illegal at the time when they were undertaken. International criticism could theoretically

(64) See G. NOLTE, «Intervention by Invitation», *Max Planck Encyclopedia of Public International Law*, 2012, vol. 6, pp. 282-288; detailed analysis in Georg NOLTE, *Eingreifen auf Einladung — Zur völkerrechtlichen Zulässigkeit des Einsatzes fremder Truppen im internen Konflikt auf Einladung der Regierung; Intervention upon invitation — Use of Force by Foreign Troops in Internal Conflicts at the Invitation of a Government under International Law* (with English Summary), Berlin 1999, pp. 261-295 and 634 (English Summary).

(65) NOLTE, EINGREIFEN, *supra*, at pp. 297 ff. and 634 ff (English Summary).

(66) In particular Gabon 1964 and 1990; Chad 1968-1971, 1978, 1983, 1986, 1990, 1992 and 2006; Zaire 1977, 1978 and 1991; Togo 1986 and 1991; Comoros 1989 and 1995; Côte d'Ivoire 1990 and 2002; Rwanda 1990-1993; Djibouti 1991-1992; Central African Republic 1996 and 1997.

(67) In particular Sierra Leone 1971 and 1991-1996; Burundi 1972; Gambia 1981; Chad 1981; Mozambique 1982-1989; Liberia 1979 and 1990; Lesotho 1998; DR Congo 1998; Guinea-Bissau 1998, Somalia 2006-2009; Sudan 2004-2007.

(68) In particular Tajikistan 1992 and Georgia 1992.

(69) In particular St. Vincent and the Grenadines 1979; Vanuatu 1980; Maldives 1988; Trinidad and Tobago 1990, Solomon Islands 2003, Tonga 2006.

have been articulated on the basis of a broad understanding of the rights to self-determination or non-intervention, but a certain understanding seems to have prevailed in most of those cases that states could, in the circumstances, act on the request of a weak government in the interest of regional or local stability. The "Holy Alliance", in contrast, was a less broadly recognized and more narrowly focused phenomenon.

The acceptance of many cases of military assistance on request at the time of their occurrence does not exclude the possibility that they violated general principles of international law at the time, or that some of them would, if they happened today, violate these principles. It is not sufficient, however, for establishing their illegality to merely point to ulterior motives of the respective assisting states. Most actors, states and persons, mostly act out of ulterior motives. This does not exclude that they simultaneously perform an internationally acceptable, legitimate, and even useful act. This was, and still is the case when a state sends troops at the request of the government of another state if that government is confronted with rebels who are supported by a third state — even though such justification has in many cases not been genuine but a pretext. In retrospect, the French interventions in different African States may appear to us today as a typical form of neo-colonialism, which has been rightly discontinued and partly replaced by Security Council authorizations and regional initiatives. But this understandable political judgment should not lead us to retroactively declare all these French interventions illegal. This political judgment cannot make us sufficiently certain that Security Council authorizations will be available often enough in the future so that we can confidently postulate a broad prohibition of intervention on request due to the danger of abuse. The implications of the principles of self-determination, non-intervention and the prohibition of the use of force thus merit further elucidation and it was probably wise for the *Institut* to limit the scope of the resolution to situations below the threshold of non-international armed conflict. Another, possibly more promising avenue could have been to evaluate military assistance on request in a more nuanced fashion, taking into account, in particular, the standard formulated in Article 16 of the Articles on State Responsibility, in connection with the human rights obligations of the requesting and the assisting state, especially the duties of states to respect and to ensure the lives of the persons under their jurisdiction.

7. — Conclusion

The fate of the resolution which was originally proposed by Professor Hafner may be symptomatic for the current state of certain basic principles of international law. Although the context has changed dramatically from the time of the Cold War, with many fundamental questions appearing in a new light, no clear tendency can be discerned. This leads a body like the *Institut* either to agreements to disagree, as in the case of humanitarian intervention, or to a consented minimal solution, as in the cases of self-defense and of military assistance on request. (70) This state of affairs may not be so worrying or surprising in itself. It should be noted, however, that the debate on military assistance on request was different from the debates on humanitarian intervention and self-defense. These two topics were debated in the light of recent cases. The debate on military assistance on request, on the other hand, was dominated by more abstract considerations, some of which were derived from conclusions about older cases from a different general context.

It is somewhat surprising that the judgment in the *Case Concerning Armed Activities on the Territory of the Congo* (Democratic Republic of the Congo v. Uganda) did not play a larger role in the debate of the *Institut*. (71) Uganda had, after all, justified the presence of its troops and their "purpose ... to eradicate the anti-Uganda rebel groups on either side of the DRC-Uganda border" as a "circumstance precluding wrongfulness". (72) The Court accepted "that the continued presence as before of Ugandan troops would be permitted by the DRC by virtue of the Protocol" ("on the Security of the Common Border" which, *inter alia*, expressed the desire "to put an end to the existence of the rebel groups operating on either side of the common border") (73) and even found that "[t]he source of an authorization or consent to the crossing of the border by these troops antedated the Protocol". (74) Thus, in the *Armed Activities* case military assistance was given on the legal basis of consent for the purpose of confronting organized armed groups by force in a situation which had, at times at least, crossed the threshold of "terrorism, banditry, or organized crime within a State" and had become an armed conflict. (75) The case constitutes a clear example for the possible legality and legitimacy in our time of a self-interested military assistance by a state at the request of a weak state. Even though the danger which is typically connected with such a situation, the abusive overstay of its welcome by the assisting state, materialized in that case, the ICJ did not draw the conclusion that the consent as such could not alone justify what was initially a military assistance. Thus, when confronted with a specific case, the Court did not seem to be moved decisively by general considerations of possible abuse.

(70) See *supra* note 15.

(71) *ICJ Rep.* 2005, 168.

(72) Counter-Memorial submitted by the Republic of Uganda, vol. I, pp. 160 f. (in particular para. 291), at: http://www.icj-cij.org/docket/files/116/8320.pdf; Uganda thus invoked, and the ICJ accepted, the consent as the basis for the legality of the sending and use of the troops, and not merely in order "to excuse its violation of the prohibition of the use of force" (KAMTO, *A.I.D.I.*, 2009, vol. 73, p. 440) or "to attenuate its responsibility" (RANJEVA, *A.I.D.I.*, 2009, vol. 73, p. 441).

(73) *ICJ Rep.* 2005, 168, at p. 197 (para. 46).

(74) *ICJ Rep.* 2005, 168, at p. 197 (para. 47).

(75) *ICJ Rep.* 2005, 168, at pp. 240-245 (paras. 208-221).

This observation suggests a more general conclusion. Professor Hafner, by focusing on the individual cases of military assistance on request, and on the change of the general political situation after the end of the Cold War, may have underestimated the effect which, in the view of many of his colleagues, the totality of cases in which the consent of a government was, rightly or wrongly, invoked, had on general principles of international law. While it is certainly important to draw general conclusions from a series of cases, it is, in my view, rather likely that Hafner's — in a good sense — positivist approach will be more influential in the context of court proceedings than it was in the context of a general debate among international lawyers, in 2011, which took place after a decade of related but somewhat different intense disputes on "Present Problems of the Use of Force in International Law."

REVUE BELGE DE DROIT INTERNATIONAL
2012/1 – Éditions BRUYLANT, Bruxelles

LA RÉSOLUTION DE L'INSTITUT DE DROIT INTERNATIONAL SUR L'AUTORISATION DU RECOURS À LA FORCE PAR LES NATIONS UNIES

PAR

Anne LAGERWALL*

Résumé

On peut dire que le rendez-vous tant attendu au sujet de l'autorisation par les Nations Unies de recourir à la force a bien eu lieu en septembre 2011 lors de la session de Rhodes de l'Institut de droit international, dans la mesure où les travaux menés par l'Institut à cette occasion lui ont permis d'adopter une résolution sur ce thème. La plupart des questions que ce sujet soulève ont été discutées par les membres de l'Institut et traitées dans la résolution qu'ils ont adoptée, une résolution dont on peut considérer qu'elle réaffirme le cadre juridique multilatéral qu'offre la Charte des Nations Unies au sujet de la sécurité collective dans un contexte où la pertinence de ce cadre ou de ses limites sont précisément remises en cause.

Introduction

La dixième Commission de l'Institut de droit international chargée d'étudier les « problèmes actuels du recours à la force en droit international » avait, lors de la session de Santiago en 2007, adopté deux résolutions à ce propos portant respectivement sur la légitime défense et sur les actions humanitaires (1). Conformément à ce qui avait été convenu, il lui restait à aborder « l'autorisation du recours à la force par les Nations Unies » et « l'intervention sur invitation ». Si les rapports préliminaires à ces sujets avaient été préparés pour la session de Naples en 2009, seule l'intervention sur invitation y avait été discutée sans qu'une position commune ne puisse être dégagée à cette occasion. Les travaux se sont par conséquent poursuivis lors de la session de Rhodes en 2011 et ont cette fois abouti à l'adoption de résolutions sur

* Professeure-assistante à l'Université Libre de Bruxelles, Centre de droit international et de sociologique appliquée au droit international.

(1) O. Corten, « Les résolutions de l'Institut de droit international sur la légitime défense et sur les actions humanitaires », *R.B.D.I.*, 2007/2, pp. 598-626.

ces thèmes. Dans le cadre de la présente étude, on analysera la résolution consacrée à «l'autorisation du recours à la force par les Nations Unies» à la lumière des travaux préparatoires et des débats entourant sa confection ainsi que du rapport préliminaire réalisé à ce sujet par Raúl Emilio Vinuesa (2).

Ce thème soulève des questions de technique juridique dont les enjeux politiques ont été mis en évidence à l'occasion d'une série d'interventions militaires menées depuis la fin des années 1990 et dont il est pour le moins douteux qu'elles aient été dûment autorisées par les Nations Unies. Tant la campagne de bombardements aériens menée par l'OTAN contre la République fédérale de Yougoslavie en 1999 (3) que l'opération *Liberté iraquienne* à laquelle a pris part une large coalition d'États emmenée par les États-Unis et le Royaume-Uni en 2003 (4) ont suscité de vives interrogations à ce

(2) Rapport préliminaire réalisé en juin 2009 par Raúl Emilio Vinuesa et accompagné des commentaires de Antonio Remiro Brotons et Moragodage Pinto en annexe I ainsi que des commentaires de Roy Lee, Moragodage Pinto et Santiago Torres Bernardez en annexe II (ci-après, Rapport préliminaire), *Annuaire de l'Institut de droit international*, 2009, pp. 233-296, complété par un document intitulé «Some further comments to the Preliminary Report» réalisé par Raúl Emilio Vinuesa. L'auteure remercie Pierre d'Argent d'avoir eu la gentillesse de lui faire parvenir les procès-verbaux des réunions de l'Institut relatifs à ce thème. Pour un commentaire de la résolution sur «l'intervention sur invitation», voy. l'article de Georg Nolte publié dans la présente chronique.

(3) Voy. notamment, F. Dubuisson, «La problématique de la légalité de l'opération *force alliée* contre la Yougoslavie: Enjeux et questionnements», *in* O. Corten et B. Delcourt (éd.) *Droit, légitimation et politique extérieure: l'Europe et la Guerre du Kosovo*, Bruxelles, Bruylant, 2001, p. 150; Y. Nouvel, «La position du Conseil de sécurité face à l'action militaire engagée par l'OTAN et ses États membres contre la République fédérale de Yougoslavie», *A.F.D.I.*, 1999, pp. 295-307; Ph. Weckel, «L'emploi de la force contre la Yougoslavie ou la Charte fissurée», *R.G.D.I.P.*, 2000, pp. 19-20 et pp. 29-31; V. Lowe, «International Legal Issues Arising in the Kosovo Crisis», *I.C.L.Q.*, 2000, pp. 934-941; M. Kohen, «L'emploi de la force et la crise du Kosovo: Vers un nouveau désordre juridique international», *in* Ch.-A. Morand (s.l.d.), *La crise des Balkans de 1999 — Les dimensions historiques, politiques et juridiques du conflit du Kosovo*, L.G.D.J., Paris, 2000, pp. 131-156; J. I. Charney, «Anticipatory Humanitarian Intervention in Kosovo», *Vanderbilt Journal of Transnational Law*, 1999, pp. 1232-1233; M.E. O'connell, «The UN, NATO, and International Law after Kosovo», *Human Rights Quarterly*, 2000, p. 57; J.-F. Flauss, «La primarité des droits de la personne: licéité ou illicéité de l'intervention humanitaire», *in* Ch. Tomuschat (éd.), *Kosovo and the International Community*, The Hague, Kluwer, 2002, p. 88.

(4) Voy. notamment, «Appel de juristes de droit international concernant le recours à la force contre l'Irak», lancé le 15 janvier 2003, signé par plus de 300 juristes spécialisés en droit international, *R.B.D.I.*, 2003, p. 266; «The Australian Section of the International Commission of Jurists Questions the Proposed Attack on Iraq», 20 février 2003, *R.B.D.I.*, 2003, p. 286; «Coalition of the willing? Make that war criminals», signé par plusieurs dizaines de juristes spécialisés en droit international, publié le 20 février 2003, *The Sydney Morning Herald, R.B.D.I.*, 2003, p. 288; «War would be illegal», signé par plusieurs dizaines de professeurs spécialisés en droit international, publié le 7 mars 2003, *The Guardian, R.B.D.I.*, 2003, p. 291; «Statement by Japanese International Law Scholars on the Iraqi Issue», *R.B.D.I.*, 2003, p. 293; «International Commission of Jurists Deplores Moves Toward a War of Aggression on Iraq», 18 mars 2003, *R.B.D.I.*, 2003, p. 297; O. Corten, «Opération *Iraqi Freedom*: peut-on admettre l'argument de l''autorisation implicite' du Conseil de sécurité?», *R.B.D.I.*, 2003, pp. 205-247; V. Lowe, «The Iraq crisis: what now?», *I.C.L.Q.*, 2003, pp. 866-869; S. Sur, «La résolution 1441 du Conseil de sécurité et l'affaire irakienne: un destin manqué», *Dalloz*, 2003, pp. 835-837; F. Nguyen-Rouault, «L'intervention armée en Irak et son occupation au regard du droit international», *R.G.D.I.P.*, 2003, p. 851; «Editorial», *International Law Forum du droit international*, 2003, pp. 91-93; T.B. Knudsen, «Denmark and the War against Iraq: Losing sight of internationalism?», *Danish Foreign policty Yearbook*, 2004, pp. 49-90; M. Hmoud, «The Use of

sujet. Le déclenchement de l'opération *Protection unifiée* contre la Libye le 23 mars 2011 a encore illustré l'actualité et la prégnance des questions que peut susciter l'application des règles encadrant le recours à la force en droit international même si dans le cas libyen, on s'est plutôt demandé si l'opération, qui pouvait bel et bien se fonder sur une autorisation du Conseil de sécurité, en avait respecté les limites telles qu'elles avaient été fixées dans la résolution 1973 (2011)(5).

À quelles conditions le Conseil de sécurité peut-il autoriser les États à recourir à la force ? Cette autorisation peut-elle être formulée de manière implicite ? Peut-elle être octroyée rétroactivement ? Comment convient-il d'assurer le maintien de la paix et de la sécurité internationales lorsque le Conseil de sécurité se trouve dans l'incapacité d'agir ? L'Assemblée générale peut-elle autoriser les États à recourir à la force à la place du Conseil dans un tel cas ? Les États peuvent-il décider unilatéralement d'une intervention armée lorsque des violations graves des droits de la personne se multiplient au point de menacer la paix et la sécurité internationales ? Les interrogations que pose la pratique internationale de ces deux dernières décennies n'ont pas échappé à l'attention des membres de l'Institut. Il est d'ailleurs significatif que le rapport préliminaire aborde principalement, après avoir présenté brièvement le régime défini par la Charte, les « nouveaux développements issus de la pratique du Conseil de sécurité » aux fins d'identifier les points plus précis que l'Institut était invité à traiter(6). On tentera de déterminer si (et comment) ces questions ont été abordées et, le cas échéant, résolues par l'Institut. Au-delà des réponses que l'Institut a (ou non) fournies à ces questions, on essaiera de définir l'approche plus globale que l'Institut a réservée à ce thème à travers la résolution qu'il a adoptée.

De manière générale, on peut dire que le rendez-vous tant attendu au sujet de l'autorisation par les Nations Unies de recourir à la force a bien eu lieu lors de la session de Rhodes, dans la mesure où les travaux menés par l'Institut à cette occasion lui ont permis d'adopter une résolution sur ce thème(7). La plupart des questions que soulève ce thème ont été discutées par les membres

Force Against Iraq : Occupation and Security Council Resolution 1483 », *Cornell International Law Journal*, 2003-2004, pp. 438-444 ; A. M. WEISBURD, « The War in Iraq and the Dilemma of Controlling the International Use of Force », *Texas International Law Review*, 2003-2004, pp. 530-541 ; M. BENCHIKH, « L'occupation de l'Iraq : aspects juridiques et politiques », *A.F.R.I.*, 2004, p. 297.

(5) M.N. SCHMITT, « Wings over Libya : The No-Fly Zone in Legal Perspective », *Yale Journal of International Law*, 2011, vol. 36, pp. 45-58 ; M. PAYANDEH, « United Nations, Military Intervention, and Regime Change in Libya », *Virginia Journal of International Law*, 2012, pp. 355-403 ; R. VAN STEENBERGHE, « L'emploi de la force en Libye : questions de droit international et de droit belge », *J.T.*, 2011, pp. 529-537 ; O. CORTEN et B. DELCOURT, « L'intervention militaire en Libye : une avancée du droit international ? », *Politique*, numéro 70, mai-juin 2011.

(6) Rapport préliminaire dont la première partie est intitulée « General background on the use of force under the UN Charter » (pp. 234-241) et la seconde partie est consacrée aux « New developments on Security Council practice » (pp. 243-275).

(7) La résolution a été adoptée par 41 voix pour, 0 contre et 3 abstentions, PVPL plénière n° 14, 11e séance plénière, 10e Commission — sous-groupe D, 9 septembre 2011.

de l'Institut et traitées dans la résolution qu'ils ont adoptée, une résolution dont on peut affirmer qu'elle reflète une approche classique du système de sécurité collective qui en souligne le caractère multilatéral (I). Étant donné le rôle central joué par le Conseil de sécurité dans ce domaine, il n'est pas étonnant que le contrôle des décisions prises par cet organe ait été évoqué dans le cadre des travaux de l'Institut. Toutefois, l'Institut a décidé finalement de ne pas en traiter dans la résolution qu'il a adoptée à Rhodes pour ne pas empiéter sur le travail de sa douzième Commission chargée depuis 2007 d'étudier « le contrôle juridictionnel des décisions du Conseil de sécurité » (II). Quant à l'important débat relatif à l'existence et aux contours d'un supposé droit d'intervention humanitaire qui permettrait aux États de recourir à la force en dehors de toute autorisation du Conseil de sécurité, l'Institut a préféré une fois de plus en reporter le traitement à une session ultérieure, faute d'avoir pu dégager en son sein une position commune susceptible d'être traduite dans la résolution (III).

I.— Une approche multilatérale du système de sécurité collective

Les principales interrogations soulevées par la pratique des interventions militaires menées depuis la fin des années 1990 ont été abordées par l'Institut au cours des travaux qu'il a consacrés à l'autorisation du recours à la force par les Nations Unies. À travers sa résolution, l'Institut a privilégié une approche traditionnelle du *jus contra bellum* selon laquelle l'autorisation d'un recours à la force se conçoit de manière centralisée et collective dans le cadre multilatéral que constituent les Nations Unies. La résolution est remarquable en ce qu'elle précise le pouvoir dont dispose le Conseil de sécurité à cet égard (1) et qu'elle balise la manière dont les États doivent interpréter et appliquer les décisions prises par le Conseil de sécurité à cette fin (2).

1.— *Le pouvoir du Conseil de sécurité d'autoriser les États à recourir à la force*

La résolution commence par rappeler, en son article 1er, que le Conseil de sécurité a le pouvoir d'autoriser l'emploi de la force :

> « En vertu des Chapitres VII et VIII de la Charte des Nations Unies, et sans préjudice de son pouvoir de mener des opérations de maintien ou d'imposition de la paix de son propre chef, le Conseil de sécurité a le pouvoir d'autoriser les États membres ou les accords ou organismes régionaux à prendre toutes les mesures nécessaires, y compris l'emploi de la force, aux fins de maintenir ou de rétablir la paix et la sécurité internationales » (8).

(8) Résolution, article 1er.

Selon l'article 3, « lorsque le Conseil de sécurité autorise un État ou un accord ou organisme régional à prendre des mesures, y compris l'emploi de la force, il peut par la suite modifier ou mettre fin à cette autorisation » (9). À travers ces deux dispositions, la résolution reconnaît la responsabilité principale qui incombe au Conseil de sécurité dans le système de la sécurité collective tel qu'il découle de la Charte des Nations Unies. À l'exception de certains commentaires relatifs à la terminologie utilisée au sein de ces deux articles selon lesquels le Conseil de sécurité peut autoriser « un accord » à recourir à la force (10) — une terminologie justifiée par le rapporteur en lien avec celle qu'utilise le Conseil de sécurité (11) —, ces deux dispositions ont été adoptées sans difficultés.

D'apparence anodine, cette réaffirmation du rôle du Conseil de sécurité prend tout son sens lorsqu'on la rapporte aux débats concernant, d'une part, les compétences dont dispose l'Assemblée générale des Nations Unies en vertu de la résolution 377 (V) intitulée « l'Union pour le maintien de la paix » et, d'autre part, le concept de la « responsabilité de protéger ». La façon dont ces points ont été abordés et intégrés dans la résolution suggère que seul le Conseil de sécurité peut décider d'un recours à la force (a). Si le pouvoir du Conseil est exclusif à cet égard, la résolution souligne qu'il est toutefois limité par diverses considérations qui encadrent son exercice (b).

a) *Un pouvoir exclusif*

Étant donné les compétences dont dispose l'Assemblée générale en vertu de la résolution 377 (V) d'agir lorsque le Conseil de sécurité est incapable de le faire, il a paru important aux yeux de plusieurs membres de l'Institut d'évoquer cette hypothèse dans le cadre des travaux menés au sujet des autorisations par les Nations Unies de recourir à la force (12). Cela semblait d'autant plus important que le sous-groupe de la dixième Commission de l'Institut constitué à propos de « l'intervention d'humanité » avait affirmé à ce propos que

> « the Uniting for Peace Resolution, Certain Expenses Opinion and more recently, the Wall Opinion, all recognize the responsibility of the United Nations General Assembly to exercise Chapter VII powers in circumstances which require such action but in which the Security Council proves to be paralysed » (13).

On se souviendra que la résolution 377 (V) prévoit que

> « [...] dans tout cas où paraît exister une menace contre la paix, une rupture de la paix ou un acte d'agression et où, du fait que l'unanimité n'a pas pu se réaliser parmi ses membres permanents, le Conseil de sécurité manque à s'acquitter de sa responsabilité principale dans le maintien de la paix et de la sécurité inter-

(9) Résolution, article 3.

(10) Intervention d'Ahmed Mahiou, PVPL plénière n° 14, 11e séance plénière, 10e Commission — sous-groupe D, 9 septembre 2011.

(11) Intervention de Raúl Emilio Vinuesa, PVPL plénière n° 14, 11e séance plénière, 10e Commission — sous-groupe D, 9 septembre 2011.

(12) Intervention de Raúl Emilio Vinuesa, PVPL plénière n° 10, 9e séance plénière, 10e Commission — sous-groupe D, 8 septembre 2011.

(13) Extrait cité dans le Rapport préliminaire, p. 237.

> nationales, l'Assemblée générale examinera immédiatement la question afin de faire aux Membres les recommandations appropriées sur les mesures collectives à prendre, y compris s'il s'agit d'une rupture de la paix ou d'un acte d'agression, l'emploi de la force armée en cas de besoin, pour maintenir ou rétablir la paix et la sécurité internationales [...]» (14).

La résolution de l'Institut compte une disposition concernant le cas de figure visé par la résolution 377 (V) selon laquelle

> «Lorsque le Conseil de sécurité est dans l'impossibilité de s'acquitter de sa responsabilité principale de maintenir la paix et la sécurité internationales en raison de l'absence d'unanimité des membres permanents, l'Assemblée générale devrait, en vertu de la Résolution 'L'Union pour le maintien de la paix', exercer sa compétence de recommander les mesures qu'elle juge appropriées» (15).

Lorsque l'Institut a abordé ce cas de figure aux fins de l'intégrer dans la résolution, les débats ont principalement porté sur la nature et l'étendue des pouvoirs de l'Assemblée générale. L'Assemblée générale peut-elle autoriser les États à recourir à la force en vertu de la résolution 377 (V) ? Dans l'affirmative, l'Assemblée se trouve-t-elle dans l'obligation de le faire dans certaines circonstances ? Dans la négative, peut-elle à tout le moins recommander l'usage de la force ? De l'avis du rapporteur Raúl Emilio Vinuesa, la résolution 377 (V) exclut en tout cas la possibilité pour l'Assemblée générale de recommander des mesures coercitives armées dans l'hypothèse d'une simple menace contre la paix puisque son texte se réfère uniquement sur ce point aux situations caractérisées par une rupture de la paix ou un acte d'agression (16). Plus fondamentalement, le rapporteur estimait que l'Assemblée générale ne peut en aucun cas autoriser les États à recourir à la force et doutait qu'une résolution de l'Institut portant sur «l'autorisation du recours à la force par les Nations Unies» doive envisager le cas de figure visé par la résolution 377 (V) (17). Si les membres de l'Institut ont finalement décidé d'inclure ce cas dans l'article 7 de la résolution, la formulation choisie confirme l'hypothèse du rapporteur selon laquelle l'Assemblée générale ne dispose pas du pouvoir d'autoriser un recours à la force mais uniquement «de recommander les mesures qu'elle juge appropriées» (18).

Quant à savoir si ces mesures peuvent constituer des mesures coercitives armées, la question était controversée au sein de l'Institut. Si le projet de résolution initial visait «les mesures qu'elle juge appropriées y compris l'emploi de la force» (19), l'article 7 renvoie dans sa mouture finale aux «mesures qu'elle juge appropriées» sans plus de précision, conformément à la suggestion du rappor-

(14) A/RES/377 (V), Union pour le maintien de la paix, adoptée par l'Assemblée générale le 3 novembre 1950.

(15) Résolution, article 7.

(16) Rapport préliminaire, p. 238.

(17) Rapport préliminaire, p. 239; Some further comments to the Preliminary Report, p. 11; voy. égal. les interventions de Gerhard Hafner et Nico Schrijver, PVPL plénière n° 10, 9e séance plénière, 10e Commission — sous-groupe D, 8 septembre 2011.

(18) Résolution, article 7.

(19) Article 7 du texte du projet de résolution, PVPL plénière n° 10, 9e séance plénière, 10e Commission — sous-groupe D, 8 septembre 2011.

teur de supprimer la référence à «l'emploi de la force»(20). Cette formulation a permis de dépasser les divergences existant à ce sujet entre les membres de l'Institut. Certains étaient d'avis que l'Assemblée générale pouvait dans ce cas recommander aux États de recourir à la force(21) alors que d'autres en doutaient sérieusement en soulignant que la pratique en ce sens n'était pas abondante, pour dire le moins(22). Pour Benedetto Conforti, la référence à la résolution 377 (V) n'empêchait nullement l'Institut de promouvoir «un mécanisme d'intervention au profit de l'Assemblée générale en cas de défaillance du Conseil de sécurité»(23). Il ne fut toutefois pas suivi sur ce point. On peut noter au surplus que si l'on peut inférer de la formulation de l'article 7 que l'Assemblée générale ne dispose pas du pouvoir d'autoriser le recours à la force, la formulation de l'article 8 a été aménagée pour que cette question ne soit pas définitivement tranchée. L'article 8, sur lequel on reviendra, prévoit que «dans tous les cas, l'emploi de la force ne devrait être autorisé qu'en dernier recours»(24). Or, il est significatif de remarquer que les membres de l'Institut ont choisi de ne pas viser explicitement l'emploi de la force autorisé «par le Conseil de sécurité» aux fins de tenir compte de la position des membres de l'Institut convaincus que l'Assemblée générale dispose également de ce pouvoir(25). S'il est plus que douteux que l'Assemblée générale dispose du pouvoir d'autoriser un recours à la force, on comprend moins bien la réticence exprimée par certains membres de l'Institut à lui reconnaître le pouvoir de recommander des mesures coercitives armées dès lors que cette recommandation doit être réalisée conformément à la Charte des Nations Unies et, par conséquent, concerner uniquement des mesures armées licites déclenchées par exemple au titre de la légitime défense individuelle ou collective. Aucune argumentation construite n'a été produite à ce sujet lors des débats de l'Institut si l'on excepte celui de la rareté de la pratique internationale à ce sujet, une pratique certes rare mais dont on doit cependant souligner qu'elle n'en est pas moins certaine(26).

Enfin, pour plusieurs membres, il convenait, non pas de rappeler que l'Assemblée générale «a la compétence de recommander les mesures qu'elle juge appropriées» lorsque le Conseil de sécurité est dans l'incapacité d'agir, mais

(20) Intervention de Raúl Emilio Vinuesa, PVPL plénière n° 12, 10e séance plénière, 10e Commission — sous-groupe D, 9 septembre 2011.

(21) M. Degan, PVPL plénière n° 10, 9e séance plénière, 10e Commission — sous-groupe D, 8 septembre 2011.

(22) Intervention de Natalino Ronzitti et Nico Schrijver, PVPL plénière n° 10, 9e séance plénière, 10e Commission — sous-groupe D, 8 septembre 2011.

(23) Intervention de Benedetto Conforti, PVPL plénière n° 12, 10e séance plénière, 10e Commission — sous-groupe D, 9 septembre 2011.

(24) Résolution, article 8.

(25) Intervention de Santiago Torres Bernardez, PVPL plénière n° 14, 11e séance plénière, 10e Commission — sous-groupe D, 9 septembre 2011.

(26) Voy. la résolution ES-8/2 du 14 septembre 1981 dont le paragraphe 7 stipule que l'Assemblée générale «demande à la communauté internationale de prêter d'urgence tout l'appui et l'assistance nécessaires, y compris une assistance militaire, aux États de première ligne afin de leur permettre de défendre leur souveraineté et leur intégrité territoriale face aux actes d'agression renouvelés de l'Afrique du Sud».

de prévoir qu'elle devrait le faire (27). Cette dernière formulation prenant le sens d'une invitation à l'Assemblée générale fut soutenue ardemment (28) et finalement préférée (29). Perçus comme une façon d'encourager l'Assemblée générale à agir, ces termes réjouissaient les uns autant qu'ils gênaient les autres (30). C'est sans doute cette gêne qui explique que plusieurs membres se soient abstenus lors du vote final de l'article 7 (31). Si la terminologie de la résolution de l'Institut a ainsi été durcie, elle reste moins affirmative que celle choisie par les États lorsqu'ils ont adopté la résolution 377 (V) dans la mesure où le texte de cette dernière prévoit, ni de reconnaître la compétence de l'Assemblée générale d'examiner la question aux fins de recommander les mesures appropriées, ni de l'encourager à le faire, mais de prévoir qu'elle le fera — l'adoption de l'indicatif futur dans la version française ne laissant planer aucun doute à ce sujet.

Outre les compétences de l'Assemblée générale en vertu de la résolution 377 (V), l'Institut a été invité à prendre en considération la reconnaissance par les États d'une « responsabilité de protéger » lors du Sommet mondial des Nations Unies tenu en 2005 (32). Selon plusieurs membres de l'Institut, cette reconnaissance requérait qu'ils déterminent la manière dont ce concept s'imbrique dans le système de la sécurité collective assurée par les Nations Unies dans la mesure où cette responsabilité renvoie notamment aux mesures coercitives armées qu'il convient de prendre pour protéger les populations dans certaines situations données. Par conséquent, la résolution compte une disposition qui prévoit, sans mentionner explicitement la « responsabilité de protéger », que

> « Toute situation de violations graves et massives des droits de l'homme et/ou d'atteintes graves au droit international humanitaire devrait être considérée par le Conseil de sécurité comme une menace contre la paix à l'égard de laquelle il devrait immédiatement prendre les mesures qu'il juge appropriées dans les circonstances, y compris l'emploi de la force » (33).

Si le rapporteur avait choisi de ne pas l'évoquer dans son rapport préliminaire, il a estimé lors de la session de Rhodes qu'il convenait d'en tenir compte dans la résolution (34). Il a rappelé ce que cette « responsabilité de proté-

(27) Intervention d'Ahmed Sadek El-Kosheri et Srenivasa Pemmaraju Rao, PVPL plénière n° 14, 11e séance plénière, 10e Commission — sous-groupe D, 9 septembre 2011.

(28) Intervention d'Ahmed Sadek El-Kosheri, Srenivasa Pemmaraju Rao, Fausto Pocar et Manousch Arsanjani PVPL plénière n° 14, 11e séance plénière, 10e Commission — sous-groupe D, 9 septembre 2011.

(29) Résolution, article 7.

(30) Voy. par exemple, l'intervention d'Hisashi Owada, PVPL plénière n° 14, 11e séance plénière, 10ème Commission — sous-groupe D, 9 septembre 2011.

(31) L'article 7 a été adopté par 27 voix pour, 1 voix contre et 9 abstentions, PVPL plénière n° 14, 11e séance plénière, 10e Commission — sous-groupe D, 9 septembre 2011.

(32) A/RES/60/1 (2005), 24 octobre 2005, §§ 138-140.

(33) Résolution, article 6.

(34) Intervention de Raúl Emilio Vinuesa, PVPL plénière n° 10, 9e séance plénière, 10e Commission — sous-groupe D, 8 septembre 2011.

ger» signifiait exactement : c'est en premier lieu aux États qu'il incombe de prendre toutes les mesures nécessaires et adéquates pour protéger les populations contre le génocide, les crimes de guerre, les nettoyages ethniques et les crimes contre l'humanité et s'ils ne le font pas à titre individuel, la question doit être traitée de façon collective au sein des Nations Unies. À ses yeux, la «responsabilité de protéger» ne constitue pas une nouvelle exception à l'interdiction figurant dans la Charte des Nations Unies de recourir à la force (35). Cette approche de la «responsabilité de protéger» selon laquelle ce concept ne modifie pas les principes et les règles encadrant le recours à la force autorisé par les Nations Unies a été préférée par les membres de l'Institut dont certains ont exprimé leur méfiance vis-à-vis des instrumentalisations qu'un tel concept permettait (36). Dans la résolution, la «responsabilité de protéger» prend la forme d'une invitation adressée au Conseil de sécurité de qualifier les situations caractérisées par des violations des droits de la personne ou du droit international humanitaire comme des menaces contre la paix, de s'en saisir et d'en traiter. Cette disposition n'a fait l'objet d'aucune révision de fond durant son examen par les membres de l'Institut et a été adoptée sans difficulté (37).

La manière dont l'Institut a abordé les compétences de l'Assemblée générale ainsi que la «responsabilité de protéger» suggère que le pouvoir d'autoriser l'emploi de la force revient exclusivement au Conseil de sécurité. Si le Conseil jouit à cet égard d'un pouvoir exclusif, la résolution souligne qu'il ne peut toutefois l'exercer de façon illimitée.

b) *Un pouvoir limité et des responsabilités étendues*

La résolution tend à souligner que le Conseil de sécurité ne jouit pas d'une marge d'appréciation et de moyens illimités lorsqu'il décide d'autoriser l'emploi de la force. La volonté de rappeler les limites assignées à l'exercice par le Conseil de son pouvoir était largement partagée au sein de l'Institut et permet de comprendre une série de dispositions particulières adoptées à cette fin. Un examen plus approfondi de la formulation de ces dispositions au regard des travaux préparatoires révèle les aménagements mineurs qui ont parfois été nécessaires afin d'en garantir l'adoption, sans que l'objectif général consistant à souligner le caractère limité du pouvoir du Conseil de sécurité ne s'en soit trouvé altéré.

La résolution rappelle que le Conseil ne peut octroyer une autorisation de recourir à la force «qu'après avoir constaté l'existence d'une menace contre la paix, d'une rupture de la paix ou d'un acte d'agression» et que cette

(35) *Ibidem* ; Some further comments to the Preliminary Report, p. 20.

(36) Commentaires de Moragodage Pinto, annexés au rapport préliminaire, annexe II, pp. 34-39.

(37) L'article 6 a été adopté par 33 voix pour, 0 voix contre, 2 abstentions, PVPL plénière n° 14, 11e séance plénière, 10e Commission — sous-groupe D, 9 septembre 2011.

constatation doit être effectuée « dans le respect des buts et des principes des Nations Unies » (38). Durant les débats, Yogesh Tyagi a proposé qu'on complète cette dernière phrase en visant également « la définition de l'agression adoptée par l'Assemblée générale en 1974 » (39). Cet amendement ne fut cependant pas retenu car une telle référence, outre qu'elle ne paraissait pas nécessaire, risquait de soulever des difficultés liées à cette définition (40). La résolution établit par ailleurs que « dans tous les cas, l'emploi de la force ne devrait être autorisé qu'en dernier recours » (41). Enfin, elle prévoit, en son article 2, que « lorsqu'il autorise l'emploi de la force, le Conseil de sécurité précisera les objectifs, le champ d'application et les modalités de contrôle de toute mesure prise en application de cette autorisation » (42). Si la version française de l'article 2 utilise l'indicatif futur du verbe préciser qui véhicule l'idée d'une obligation, la version anglaise opte pour « should » à la place de « shall » afin d'en faire une simple recommandation, suivant sur ce point la suggestion de Manousch Arsanjani (43). En dehors de remarques formulées par certains membres tenant à la pertinence d'adresser une telle recommandation au Conseil de sécurité (44), les débats se sont déroulés sans difficultés et l'article 2 a été adopté sans opposition (45). Cette disposition répond au souci généralement exprimé au sein de l'Institut que les décisions d'autoriser le recours à la force prises par le Conseil de sécurité soient exemptes d'ambiguïté afin d'éviter qu'elles donnent lieu à des interprétations divergentes quant à l'existence de telles autorisations ou à leurs contours précis. Elle fait d'ailleurs écho à la pratique du Conseil de sécurité qui, de l'avis du rapporteur, révèlerait une tendance à déterminer les objectifs des mesures militaires qu'il autorise, visant tantôt à garantir le respect d'un embargo comme dans le cas de l'Irak en août 1990, tantôt à assurer une protection humanitaire comme dans le cas de la République démocratique du Congo en décembre 2007, tantôt à aider un gouvernement à assurer l'ordre et la sécurité sur son territoire comme dans le cas de l'Afghanistan en décembre 2001 (46).

(38) Résolution, articles 4 et 5.

(39) Intervention de Yogesh Tyagi, PVPL plénière n° 12, 11e séance plénière, 10e Commission — sous-groupe D, 9 septembre 2011.

(40) Intervention de Raúl Emilio Vinuesa, PVPL plénière n° 12, 11e séance plénière, 10e Commission — sous-groupe D, 9 septembre 2011.

(41) Résolution, article 8.

(42) Résolution, article 2.

(43) Intervention de Manousch Arsanjani, PVPL plénière n° 14, 11e séance plénière, 10e Commission — sous-groupe D, 9 septembre 2011.

(44) Intervention de Sreenivasa Pemmaraju Rao, PVPL plénière n° 12, 10e séance plénière, 10e Commission — sous-groupe D, 9 septembre 2011.

(45) L'article 2 a été adopté par 29 voix pour, 0 voix contre, 3 abstentions, PVPL plénière n° 14, 11e séance plénière, 10e Commission — sous-groupe D, 9 septembre 2011.

(46) Rapport préliminaire, p. 242, se référant respectivement aux résolutions S/RES/665 (1990) concernant l'Irak, S/RES/1794 (2007) concernant la République démocratique du Congo et S/RES/1386 (2001) concernant l'Afghanistan.

On peut souligner enfin qu'au cours des discussions, il a été rappelé que c'est au Conseil de sécurité qu'incombe la responsabilité d'assurer la supervision des mesures prises en application de ses résolutions (47) et que ce contrôle doit être sérieux, non pas seulement superficiel (48).

2.— La mise en œuvre par les États des décisions prises par le Conseil de sécurité

Outre qu'elle rappelle le pouvoir du Conseil de sécurité ainsi que ses limites, la résolution de l'Institut est intéressante en ce qu'elle affirme que les États ne disposent pas d'un pouvoir illimité d'interprétation lorsqu'ils mettent en œuvre les décisions du Conseil de sécurité (49). À travers diverses dispositions, la résolution établit que les États se doivent de respecter strictement le mandat qui leur a été confié par le Conseil.

La résolution de l'Institut précise notamment, en son article 9, que

> « Les objectifs, le champ d'application et les modalités de contrôle de chaque autorisation seront strictement interprétés et appliqués. Quand l'emploi de la force est autorisé, il doit être mis en œuvre proportionnellement à la gravité de la situation et dans le plein respect du droit international humanitaire » (50).

Le terme « interprétés » a été ajouté sur une proposition du Secrétaire général (51). Si cette proposition a rencontré la résistance de certains membres qui préféraient qu'on laisse une certaine marge de manœuvre à cet égard dans certaines circonstances (52), elle a toutefois été intégrée au sein de l'article 9 et adoptée sans opposition (53). Selon l'article 10, « une autorisation précédemment accordée ne peut en aucun cas être invoquée pour un quelconque but allant au-delà de ses objectifs, de sa durée et de son champ d'application spécifiques » (54). L'objet de cette disposition consiste à éviter que les États se prévalent d'anciennes autorisations de recourir à la force dans de nouveaux contextes à l'aide d'une interprétation trop extensive (55). La résolution prévoit encore dans un même ordre d'idées que « lorsque le Conseil de sécurité

(47) Intervention de Marcelo Kohen, PVPL plénière n° 10, 9e séance plénière, 10e Commission — sous-groupe D, 8 septembre 2011.

(48) Commentaires d'Antonio Remiro Brotons, annexés au rapport préliminaire, annexe I, p. 286.

(49) Commentaires de Moragodage Pinto (pp. 33-34) et de Santiago Torres Bernardez (pp. 41-42), annexés au rapport préliminaire, annexe II.

(50) Résolution, article 9.

(51) Intervention du Secrétaire général appuyée par Maria Teresa Infante Caffi, PVPL plénière n° 14, 11e séance plénière, 10e Commission — sous-groupe D, 9 septembre 2011.

(52) Intervention de Manousch Arsanjani suivie par Raúl Emilio Vinuesa, PVPL plénière n° 14, 11e séance plénière, 10e Commission — sous-groupe D, 9 septembre 2011.

(53) L'article 9 a été adopté par 27 voix pour, 0 voix contre et 10 abstentions.

(54) Résolution, article 10.

(55) Intervention de Raúl Emilio Vinuesa, PVPL plénière n° 14, 11e séance plénière, 10e Commission — sous-groupe D, 9 septembre 2011.

autorise les États membres ou les accords ou organismes régionaux à mettre en œuvre ses décisions, les moyens choisis à cet effet doivent demeurer dans le cadre du mandat»(56).

La question particulière d'une autorisation implicite ou *ex post facto* de recourir à la force par le Conseil de sécurité a retenu plus longuement l'attention des membres de l'Institut. Sur ce point, l'intention des membres de l'Institut était d'exclure la possibilité pour les États de déduire du silence du Conseil de sécurité une quelconque autorisation de recourir à la force(57). À ce sujet, la résolution stipule, en son article 13, que

> «L'absence de réaction du Conseil de sécurité à l'emploi de la force sans autorisation préalable, ou de sa condamnation par le Conseil, ne peut être interprétée comme une autorisation implicite ou *ex post facto*. Cela est sans préjudice du pouvoir du Conseil de sécurité d'examiner la situation et d'autoriser des opérations militaires en cours»(58).

Le rapport préliminaire comptait un chapitre entier dans lequel le rapporteur suggérait que le Conseil de sécurité avait déjà procédé à des autorisations *ex post facto* lorsqu'il avait avalisé les actions militaires décidées par la CEDEAO au Libéria en adoptant la résolution 788 (1992) et au Sierra Leone en adoptant la résolution 1132 (1997)(59), une position qu'on ne retrouve plus dans les commentaires ultérieurs du rapporteur à l'égard du rapport préliminaire(60). Si l'avis du rapporteur est partagé par plusieurs auteurs(61), certains doutent que dans ces deux précédents, le Conseil de sécurité ait réellement entendu autoriser la CEDEAO à recourir à la force, de manière rétroactive(62). L'Institut a abordé cette question de manière prudente comme l'y encourageaient plusieurs de ses membres(63). Loin de reconnaître au Conseil de sécurité le pouvoir d'autoriser un emploi de la force de manière rétroactive, l'article 13 a principalement pour objet d'établir qu'on ne saurait inférer une quelconque autorisation de recourir à la force du silence ou de l'absence de condamnation d'une intervention militaire par le Conseil de sécurité, rappelant ainsi que toute autorisation doit être formulée dans des termes explicites. Cela étant, de l'avis du rapporteur, la résolution

(56) Résolution, article 11.

(57) Some further comments to the Preliminary Report, pp. 11-12; Commentaires de Moragodage Pinto, annexés au rapport préliminaire, annexe II, p. 34.

(58) Résolution, article 13.

(59) Rapport préliminaire dont le chapitre II, point B.2. est intitulé «Implied powers to use force by regional arrangements and *ex post facto* Security Council authorizations» (pp. 255-263), pp. 258-259.

(60) Some further comments to the Preliminary Report, pp. 11-12.

(61) U. Villani, «Les rapports entre l'ONU et les organisations régionales dans le domaine du maintien de la paix», *R.C.A.D.I.*, 2001, pp. 386-397; Ch. Walter, «Security Control over Regional Action», *Max Planck Yearbook of United Nations Law*, 1997, p. 181; R. Kolb, «Article 53», *in* J.-P. Cot et A. Pellet, *La Charte des Nations Unies. Commentaire article par article*, Paris, Economica, 2005 (3e éd.), p. 1429.

(62) O. Corten, *Le droit contre la guerre*, Pedone, Paris, pp. 569-583.

(63) Commentaires de Roy Lee, annexés au rapport préliminaire, annexe II, p. 27.

n'exclut pas l'hypothèse d'une autorisation *ex post facto* à condition qu'elle soit formulée expressément (64). Sreenivasa Pemmaraju Rao a proposé à ce sujet que la dernière phrase de l'article 13 précise que « cela [était] sans préjudice du pouvoir du Conseil de sécurité d'examiner la situation et d'autoriser *expressément* des opérations militaires en cours » (65). S'il ressort clairement qu'une autorisation d'employer la force doit être formulée dans des termes explicites, il est malaisé de comprendre ce qu'on vise exactement par « les opérations militaires en cours ». Le Conseil de sécurité pourrait-il offrir de la sorte une justification à des opérations militaires déjà entamées de manière rétroactive ? Ou pourrait-il uniquement autoriser des opérations militaires en cours, l'autorisation ne valant qu'à partir du moment où cette autorisation a été donnée ? Le rapporteur a avoué que l'utilisation des termes « opérations en cours » avait rencontré une certaine résistance lors des travaux préparatoires et était prêt à modifier cette formulation (66). Aucune précision n'a toutefois été apportée à ce sujet et les questions entourant les pouvoirs du Conseil de sécurité dans un tel cas de figure restent dès lors en suspens.

Notons au surplus que le contrôle de la légalité des mesures prises par les États ou les organisations en exécution des résolutions du Conseil de sécurité figurait parmi les thèmes que le rapporteur suggérait à l'Institut de traiter (67), un sujet dont plusieurs membres avaient reconnu la pertinence (68). Ce sujet n'a finalement pas été débattu lors de la session de Rhodes. On peut supposer que ces questions étaient insuffisamment liées à l'« autorisation du recours à la force par les Nations Unies » pour être intégrées au sein de la résolution.

II.— Le report de la question du contrôle à l'égard des décisions du Conseil de sécurité

Si les questions liées au contrôle auquel sont susceptibles d'être soumises les décisions du Conseil de sécurité ont été évoquées lors des travaux préparatoires de la résolution adoptée par l'Institut, le texte de cette dernière n'en fait finalement pas mention afin de ne pas empiéter sur les compétences de la douzième Commission chargée d'étudier le « contrôle juridictionnel des décisions du Conseil de sécurité ». Il paraît toutefois utile de rapporter brièvement les positions qui ont été adoptées à ce sujet par plusieurs membres de

(64) Intervention de Raúl Emilio Vinuesa, PVPL plénière n° 10, 9e séance plénière, 10e Commission — sous-groupe D, 8 septembre 2011.

(65) Intervention de Sreenivasa Pemmaraju Rao, PVPL plénière n° 12, 10e séance plénière, 10e Commission — sous-groupe D, 9 septembre 2011 (notre traduction — on souligne).

(66) Intervention de Raúl Emilio Vinuesa, PVPL plénière n° 12, 10e séance plénière, 10e Commission — sous-groupe D, 9 septembre 2011.

(67) Rapport préliminaire, p. 276.

(68) Commentaires d'Antonio Remiro Brotons, (p. 294) et Moragodage Pinto (p. 296), annexés au rapport préliminaire, annexe I.

l'Institut parfois désireux de confier expressément à la Cour internationale de justice l'exercice de ce contrôle.

Selon le rapport préliminaire, un contrôle systématique des décisions du Conseil de sécurité par la Cour était difficile à concevoir en raison de la nature intrinsèquement politique de ces décisions. Seul un contrôle à la marge, à l'occasion d'une affaire particulière, pouvait être imaginé (69). Le rapport précisait à cet égard que

> « From a strictly academic point of view, it seems feasible to affirm that the ICJ could determine in a particular case, provided that it has jurisdiction, that a Security Council authorisation for the use of force is null and void. Such a determination should be based on evidence that the Security Council decision constitutes an *ultra vires* act or it has been adopted against an *ius cogens* norm » (70).

De l'avis du rapporteur, cette absence de contrôle était problématique du point de vue juridique et une réforme de la Charte des Nations Unies était nécessaire sur ce point (71). Certains membres de l'Institut se sont exprimés à ce sujet dans des sens divers. Selon plusieurs membres, si un contrôle de la Cour ne pouvait exister qu'à la marge à l'occasion d'une affaire particulière, le Conseil de sécurité n'en était pas moins tenu d'agir conformément à ce que la Charte des Nations Unies et le droit international plus généralement prévoient à ce sujet (72). Pour Antonio Remiro Brotons,

> « the indisputable authority of the Council is not imposed as a matter of faith and in one way or another there are jurisdictions that are putting the Council resolutions under a certain scrutiny, albeit indirectly, sometimes assuming dualistic positions and censuring the Council in the effigy of the normative acts adopted when the institutions of other systems proceed to its execution (e.g. TJCE, *Kadi*, 2008) » (73).

Selon Moragodage Pinto, les formes d'un tel contrôle étaient difficiles à concevoir concrètement :

> « Even if juridical review of action by the Security Council were made procedurally feasible e.g. through issues raised before a court in a particular case, or a request for an advisory opinion, it is far from clear what consequences could flow from a finding that the Council had, for example, acted *ultra vires* ; how damage could be assessed, and who would be responsible to make recompense » (74).

Au cours de la session de Rhodes, plusieurs propositions ont été faites aux fins de reconnaître à la Cour internationale de justice un rôle prépondérant dans le règlement des litiges sous-tendant les situations dont le Conseil de

(69) Rapport préliminaire, p. 240.

(70) *Ibidem.*

(71) Rapport préliminaire, p. 275.

(72) Commentaires d'Antonio Remiro Brotons, annexés au rapport préliminaire, annexe I, p. 282 ; Commentaires de Santiago Torres Bernardez, annexés au rapport préliminaire, annexe II, pp. 42-43.

(73) *Ibidem.*

(74) Commentaires de Moragodage Pinto, annexés au rapport préliminaire, annexe I, p. 295.

sécurité est saisi. Il semble que ces propositions aient été mues par le souci d'obtenir ainsi, de la part de la Cour, des décisions dont le Conseil devrait ensuite tenir compte. Aux yeux de Francisco Orrego Vicuña, il importait d'aborder le contrôle qui pouvait être exercé à l'égard du Conseil de sécurité afin qu'il n'excède pas ses pouvoirs, en particulier lorsqu'il qualifiait une situation de « menace contre la paix » et de tenir compte, à ce sujet, de la jurisprudence des tribunaux nationaux qui se sont parfois livrés à ce contrôle (75). Sa proposition consistait à insérer dans la résolution la disposition suivante :

> « The Security Council shall consider in appropriate cases directing the States concerned to refer the dispute underlying the situation of which it has been seized to the resolution of the international court of justice or other dispute settlement arrangements under chapter VI of the charter. Failure to observe these directions shall be taken into account in discharging its functions under chapter VII » (76).

Dans un même ordre d'idée, Yogesh Tyagi a proposé d'intégrer, dans le projet de résolution, un paragraphe selon lequel : « In case a situation utterly constituting a threat to the peace, breach of the peace or act of aggression involves a legal question, the Security Council must seek and consider the opinion of the International Court of Justice on that question » (77). Lors de la séance au cours de laquelle ces propositions ont été faites, Ahmed Mahiou, en tant que président de séance, a rappelé que la douzième Commission était chargée d'étudier le « contrôle juridictionnel des décisions du Conseil de sécurité » comme l'avait déjà fait le rapporteur (78). La dixième Commission n'a finalement intégré ni la proposition de Francisco Orrego Vicuña dont l'objet lui paraissait insuffisamment lié au thème de « l'autorisation par les Nations Unies du recours à la force », ni la proposition de Yogesh Tyagi dont elle voyait mal comment l'insérer au sein de la résolution (79). La résolution ne traite par conséquent pas du contrôle auquel le Conseil de sécurité est susceptible d'être soumis lorsqu'il agit en vertu du chapitre VII et VIII de la Charte. Il reste à attendre qu'aboutisse le travail de la douzième Commission pour connaître éventuellement la position de l'Institut à ce sujet.

(75) Intervention de Francisco Orrego Vicuña, *ibidem* ; voy. égal. les commentaires de Santiago Torres Bernardez, annexés au rapport préliminaire, annexe II, pp. 44-47.

(76) Proposition de Francisco Orrego Vicuña, PVPL plénière n° 10, 9e séance plénière, 10e Commission — sous-groupe D, 8 septembre 2011.

(77) Suggestion de Yogesh Tyagi, article 5, telle que modifiée oralement lors de son intervention, PVPL plénière n° 12, 10e séance plénière, 10e Commission — sous-groupe D, 9 septembre 2011.

(78) Intervention du Président, *ibidem* ; Some further comments to the Preliminary Report, p. 14 ; intervention de Raúl Emilio Vinuesa, PVPL plénière n° 10, 9e séance plénière, 10e Commission — sous-groupe D, 8 septembre 2011.

(79) Intervention de Raúl Emilio Vinuesa, PVPL plénière n° 14, 11e séance plénière, 10e Commission — sous-groupe D, 9 septembre 2011.

III.— Le report de la question d'un supposé droit d'intervention humanitaire

La question de l'existence et des contours d'un droit pour les États d'intervenir militairement dans certaines situations exceptionnelles caractérisées par des violations graves et répétées des droits de la personne en dehors de toute autorisation du Conseil de sécurité était au cœur des débats menés par l'Institut au sujet des actions humanitaires lors de la session de Santiago en 2007. Aucune position n'avait toutefois pu être arrêtée à ce sujet à défaut d'accord entre les membres et la résolution adoptée à cette occasion stipulait qu'elle

> «ne port[ait] pas sur la question de la licéité des actions militaires qui n'ont pas été autorisées par les Nations Unies, mais dont l'objectif déclaré est de mettre fin à un génocide, à des crimes contre l'humanité de grande ampleur ou à des crimes de guerre de grande ampleur»(80).

Concomitamment à la résolution, l'Institut avait adopté une déclaration de son président par laquelle il soulignait notamment que

> «Vu ces différences d'opinions et considérant qu'un autre sous-groupe traite spécifiquement des problèmes actuels du recours à la force en droit international et de l'autorisation du recours à la force par les Nations Unies, l'Institut a décidé de renvoyer cette question particulière à ce sous-groupe afin d'en débattre lors d'une session ultérieure»(81).

C'est de cette façon que la question de l'existence et des limites d'un droit d'intervention humanitaire s'est retrouvée à l'ordre du jour des travaux de l'Institut consacrés à l'autorisation du recours à la force par les Nations Unies même si, par hypothèse, cette question renvoie à une situation qui est précisément marquée par l'absence de toute autorisation en ce sens. Cela n'a pas été sans poser des difficultés d'ordre logique auxquelles le rapporteur Vinuesa a été le premier à être confronté. Dans un premier temps, le rapporteur a d'ailleurs choisi de ne pas inclure l'étude de cette question dans son rapport préliminaire et de ne pas en proposer le traitement au sous-groupe concerné(82), sans être d'ailleurs critiqué sur ce point. La décision ayant cependant été prise par l'Institut d'en confier l'analyse à ce sous-groupe, ce dernier a décidé, lors de sa réunion à Paris en mai 2011, de poursuivre le débat sur cette question et d'inclure dans le projet de résolution soumis à discussion lors de la session de Rhodes une disposition relative au droit d'intervention humanitaire proposée par Michael Reisman(83). Selon l'article 14 du projet,

(80) Point 6 de la résolution sur les actions humanitaires de 2007.

(81) Déclaration du Président, annexée à la résolution sur les actions humanitaires; voy. le commentaire d'Olivier Corten, «Les résolutions de l'Institut de droit international sur la légitime défense et sur les actions humanitaires», *op. cit.*, pp. 617-625.

(82) Rapport préliminaire et, en particulier, sa partie E intitulée *Suggested issues to be discussed*, pp. 275-276; Some further comments to the Preliminary Report, pp. 17-18.

(83) Some further comments to the Preliminary Report, pp. 18-22.

« Dans des circonstances exceptionnelles, une action militaire entreprise sans l'autorisation préalable du Conseil de sécurité peut néanmoins constituer un acte qui ne viole pas les Articles ci-dessus, pour autant que, cumulativement :

a) des violations graves et massives des droits de l'homme ont été commises dans un État et sont dûment avérées ;

b) les mesures non militaires ont été inefficaces ;

c) il existe une demande et un soutien importants au niveau international en faveur d'une action visant à remédier à la situation ;

d) l'action est limitée à protéger des violations des droits de l'homme et prend fin dès que cet objectif est atteint ;

e) chaque État intervenant informe rapidement le Conseil de sécurité ;

f) le Conseil de sécurité n'a pas ordonné la fin de l'intervention. Si le Conseil de sécurité ordonne la fin de l'intervention, celle-ci cesse immédiatement » (84).

Cette disposition a divisé l'Institut lors de la session de Rhodes comme elle l'avait déjà fait lors de sessions précédentes. Parmi ses défenseurs se trouvait Michael Reisman qui faisait d'ailleurs partie du sous-groupe D dont le travail avait consisté à élaborer ledit projet de résolution (85), soutenu par Ahmed Sadek El Kosheri (86), Christian Tomuschat (87), Vladimir Djuro Degan (88) ainsi que Mahnoush Arsanjani (89) et Lori Damrosch (90). Pour la plupart de ceux et celles qui se prononçaient en faveur d'une telle disposition, il était important que la résolution reconnaisse le droit d'intervention humanitaire et précise les conditions qui en encadreraient la définition ainsi que la mise en œuvre afin d'éviter les abus liés à l'absence de toute réglementation à ce sujet (91). Michael Reisman justifiait l'inclusion de cette disposition de la façon suivante :

« [...] the inspiration for the Draft Resolution is a concern for human rights. The Security Council has proved itself unable to respond to genocide and massive violations of human rights. As Kofi Annan said : 'To those for whom the greatest threat to the future of international order is the use of force in the absence of a Security Council mandate, one might ask, not in the context of Kosovo but in the context of Rwanda, if, in those dark days and hours leading up to the genocide, a coalition of States had been prepared to act in defence of the Tutsi population,

(84) Texte du projet de résolution, PVPL plénière n° 10, 9e séance plénière, 10e Commission — sous-groupe D, 8 septembre 2011.

(85) Intervention de Michael Reisman, PVPL plénière n° 10, 9e séance plénière, 10e Commission — sous-groupe D, 8 septembre 2011.

(86) *Ibidem.*

(87) Intervention de Christian Tomuschat, *ibidem.*

(88) Intervention de Vladimir Djuro Degan, *ibidem.*

(89) Intervention de Mahnoush Arsanjani, *ibidem* ; Intervention de Mahnoush Arsanjani, PVPL plénière n° 12, 10e séance plénière, 10e Commission — sous-groupe D, 9 septembre 2011.

(90) Intervention de Lori Damrosch, PVPL plénière n° 12, 10e séance plénière, 10e Commission — sous-groupe D, 9 septembre 2011.

(91) Interventions de Vladimir Djuro Degan, Mahnoush Arsanjani et, dans une moindre mesure, Gerhard Hafner et Nico Schrijver, PVPL plénière n° 10, 9e séance plénière, 10e Commission — sous-groupe D, 8 septembre 2011 ; voy. également l'intervention de Paolo Picone, PVPL plénière n° 12, 10e séance plénière, 10e Commission — sous-groupe D, 9 septembre 2011.

> but did not receive prompt Council authorization, should such a coalition have stood aside and allowed the horror to unfold ? ' »(92).

D'autres membres étaient dubitatifs voire opposés à l'inclusion de cette disposition dans la résolution. Si leur réticence se justifiait sans aucun doute sur le fond par une série d'interrogations voire une opposition de principe à l'égard d'un supposé droit d'intervention humanitaire (93), leur position a généralement été fondée formellement sur des raisons d'ordre logique. Selon Marcelo Kohen, une résolution adoptée au sujet des « autorisations du recours à la force par les Nations Unies » ne devait pas traiter d'une hypothèse d'intervention militaire qui n'est, par définition, pas autorisée (94). Pour Sienho Yee et Santiago Torres Bernardez, cette question ne relevait pas du champ d'application de la résolution (95). Sans y être farouchement opposés, d'autres membres affirmaient que cette disposition posait des questions délicates qui méritaient un traitement approfondi dont il n'était pas certain qu'il puisse être assuré à temps au cours de la session de Rhodes (96). Le débat s'est ainsi appuyé sur le sentiment des uns qu'il était indispensable de mentionner un droit d'intervention humanitaire dans la résolution et sur la conviction des autres qu'il était inopportun de le faire, sans jamais aborder de manière plus approfondie la question de son existence en droit international positif. Les débats n'ont par exemple pas porté ni sur les précédents au cours desquels ce droit a parfois été évoqué (intervention militaire de l'Inde au Pakistan en 1971, intervention militaire du Vietnam au Cambodge en 1979, campagne aérienne de bombardements de l'OTAN en Yougoslavie en 1999), ni sur les positions que les États ont adoptées à son sujet de manière individuelle ou de manière collective au sein d'organisations régionales et/ou internationales. L'analyse des travaux préparatoires ne permet même pas d'établir, de façon certaine, si l'inclusion d'une disposition reconnaissant un droit d'intervention humanitaire était proposée *de lege lata* ou *de lege ferenda*. Cela gênait Raúl Emilio Vinuesa selon lequel les critères figurant dans la proposition « do not represent the unanimous criteria of our sub-group members and are meant to open further discussions in order to improve the content of the proposed draft resolution »(97). À ce sujet, seul Santiago Torres Bernardez a affirmé

(92) Intervention de Michael Reisman, PVPL plénière n° 10, 9e séance plénière, 10e Commission — sous-groupe D, 8 septembre 2011.

(93) Intervention de Sienho Lee, PVPL plénière n° 12, 10e séance plénière, 10e Commission — sous-groupe D, 9 septembre 2011.

(94) *Ibidem.*

(95) Intervention de Sienho Lee et Santiago Torres Bernardez, PVPL plénière n° 12, 10e séance plénière, 10e Commission — sous-groupe D, 9 septembre 2011.

(96) Interventions de Yogesh Tyagi, Sreenivasa Pemmaraju Rao et Natalino Ronzitti, PVPL plénière n° 10, 9e séance plénière, 10e Commission — sous-groupe D, 8 septembre 2011; Intervention de Sienho Lee, PVPL plénière n° 12, 10e séance plénière, 10e Commission — sous-groupe D, 9 septembre 2011.

(97) Some further comments to the Preliminary Report, p. 23 : « My first reaction to the new text concerns its dubuious compatibility with the overall picture of our proposed draft resolution as reflecting '*de lege lata*' or '*de lege ferenda*' ».

clairement que «le contenu de l'article 14 ne constitue pas pour l'instant du droit positif, sans préjudice de son évolution future et à laquelle les travaux de l'*Institut* pourraient éventuellement contribuer» (98).

En raison de ces dissensions, la dixième Commission s'est demandée si elle devait poursuivre l'examen de cette disposition dans le cadre de ses travaux. Le rapporteur a suggéré que l'Institut adopte plutôt une déclaration à ce sujet (99). Cette solution fut finalement préférée. L'article 14 a par conséquent été retiré du projet de résolution, non sans que le rapporteur précise que cette disparition n'impliquait pas la fin des discussions à ce sujet mais reflétait bien plutôt la conviction que ce dernier serait plus adéquatement traité dans un autre cadre, qu'on le mentionne dans une déclaration générale de l'Institut ou qu'on le renvoie à un autre groupe qui pourrait en connaître spécifiquement et de manière approfondie (100). Selon le rapporteur, ce report était inévitable tant les membres du sous-groupe D, à l'exception de Michael Reisman, partageaient le sentiment que le droit d'intervention humanitaire devait être traité indépendamment de la résolution (101). Personne n'objecta à cette suggestion même si certains membres la regrettèrent (102). La résolution adoptée à Rhodes ne fait par conséquent aucune mention d'un droit d'intervention militaire. En annexe de la résolution, la déclaration du Président de l'Institut monsieur Roucounas précise qu'

> «À la suite de la résolution de l'Institut sur les 'Actions humanitaires', adoptée lors de la session de Santiago de 2007, et conformément à la Déclaration du Président incluse dans cette résolution, le sous-groupe D sur 'L'autorisation du recours à la force par les Nations Unies' de la Dixième Commission a dûment étudié et débattu de la question controversée de la licéité des actions militaires qui n'ont pas été autorisées par les Nations Unies mais dont l'objectif déclaré est de mettre fin à un génocide, à des crimes contre l'humanité ou à des crimes de guerre de grande ampleur. Au cours de la présente session de Rhodes, cette question a également fait l'objet de débats en séance plénière. Eu égard aux très sérieux problèmes soulevés par cette question et aux différences d'opinions parmi ses membres, l'Institut considère que ce sujet mérite davantage d'attention et d'études. Pour cette raison, la présente résolution sur 'L'autorisation du recours à la force par les Nations Unies' ne porte pas sur cette question et est sans préjudice de travaux ultérieurs de l'Institut à cet égard» (103).

Cette question se voit ainsi reportée, une nouvelle fois, à une session ultérieure de l'Institut sans qu'on sache précisément le cadre exact dans lequel

(98) Intervention de Santiago Torres Bernardez, PVPL plénière n° 12, 10e séance plénière, 10e Commission — sous-groupe D, 9 septembre 2011.

(99) Intervention de Raúl Emilio Vinuesa, PVPL plénière n° 12, 10e séance plénière, 10e Commission — sous-groupe D, 9 septembre 2011.

(100) Intervention de Raúl Emilio Vinuesa, PVPL plénière n° 14, 11e séance plénière, 10e Commission — sous-groupe D, 9 septembre 2011.

(101) *Ibidem.*

(102) Intervention d'Ahmed Sadek El-Kosheri, PVPL plénière n° 14, 11e séance plénière, 10e Commission — sous-groupe D, 9 septembre 2011.

(103) Déclaration du Président, annexée à la résolution.

elle sera traitée. Au vu des divergences qui règnent à son sujet, il est permis de douter que cette question soit jamais résolue au sein de l'Institut aussi longtemps qu'il comptera à la fois de fervents défenseurs et de virulents opposants à cette notion controversée que reste le droit d'intervention humanitaire.

Si aucune référence n'a été faite au droit d'intervention humanitaire dans la résolution qui a été adoptée par l'Institut, la résolution ne compte finalement pas non plus de disposition rappelant les seules exceptions à l'interdiction du recours à la force. Le projet de résolution comptait un article 1er selon lequel «l'emploi de la force qui n'a pas fait l'objet d'un mandat de la part des Nations Unies ne peut être justifié que sur la base de l'Article 51 de la Charte»(104). Plusieurs critiques ont été formulées à l'égard de cette disposition. Pour Natalino Ronzitti, la disposition n'était pas assez précise si bien qu'on ne savait pas si «l'emploi de la force» visé concernait uniquement les interventions militaires menées par les États contre des États ou englobait également des opérations militaires mineures comme les interventions faites en haute mer par un État côtier pour éviter un risque de pollution(105). Sur ce point, il était suivi par Christian Tomuschat :

> «Article 1 seems to be a simple version of Article 2, paragraph 4, of the United Nations Charter but omits the reference to the territorial integrity and political independence contained in this paragraph. There are cases in which the use of force is perfectly admissible, as in high seas or on State's own territory»(106).

En outre, certains membres estimaient qu'on ne pouvait déterminer exactement ce que la disposition entendait en se référant à un «mandat de la part des Nations Unies»(107). Abondant dans le sens de ses deux collègues, Gerhard Hafner estimait que la formulation de l'article 1er n'était pas assez développée(108). Pour Paolo Picone, il convenait de supprimer cette disposition afin de laisser le cadre juridique «plus ouvert»(109). Le rapporteur a reconnu que la formulation de l'article 1er manquait de clarté et a proposé qu'on la retire du projet de résolution à condition de se référer par ailleurs aux résolutions adoptées par l'Institut au sujet de la légitime défense et des actions humanitaires en 2007 ainsi qu'au sujet de la protection des droits de l'homme et du principe de non-intervention dans les affaires intérieures

(104) Article 1er du texte du projet de résolution, PVPL plénière n° 10, 9e séance plénière, 10e Commission — sous-groupe D, 8 septembre 2011.

(105) Intervention de Natalino Ronzitti, PVPL plénière n° 10, 9e séance plénière, 10e Commission — sous-groupe D, 8 septembre 2011.

(106) Intervention de Christian Tomuschat, PVPL plénière n° 10, 9e séance plénière, 10e Commission — sous-groupe D, 8 septembre 2011.

(107) Intervention de Natalino Ronzitti, PVPL plénière n° 10, 9e séance plénière, 10e Commission — sous-groupe D, 8 septembre 2011; Intervention de Sreenivasa Pemmaraju Rao, PVPL plénière n° 12, 10e séance plénière, 10e Commission — sous-groupe D, 9 septembre 2011.

(108) Intervention de Gerhard Hafner, PVPL plénière n° 10, 9e séance plénière, 10e Commission — sous-groupe D, 8 septembre 2011.

(109) Intervention de Paolo Picone, PVPL plénière n° 12, 10e séance plénière, 10e Commission — sous-groupe D, 9 septembre 2011.

de l'État en 1989 (110). C'est cette solution qui fut proposée et finalement adoptée (111).

Conclusion

Au-delà des réponses qu'elle offre à une série de questions juridiques plus techniques, la résolution adoptée par l'Institut de droit international au sujet des autorisations par les Nations Unies de recourir à la force est significative en ce qu'elle réaffirme la pertinence du cadre juridique qu'offre la Charte des Nations Unies au sujet de la sécurité collective et de son caractère multilatéral alors que ce cadre ou ses limites ont été remises en cause à l'occasion d'interventions militaires menées unilatéralement, des interventions militaires que les États et la doctrine (112) ont tenté de justifier en recourant au système de la Charte des Nations Unies (113).

Les membres de l'Institut ont reconnu que la pratique internationale s'était largement écartée de la manière dont la Charte avait littéralement conçu le système de sécurité collective. Certes, les forces armées des États n'ont jamais été mises à la disposition des Nations Unies comme le prévoit pourtant l'article 43 de la Charte, amenant ainsi l'Organisation à dépendre essentiellement du bon vouloir de ses membres à prendre part aux opérations militaires dont elle autorise le déploiement (114). De l'avis de plusieurs membres de l'Institut, cette pratique n'avait toutefois pas altéré la philosophie du système de sécurité collective imaginé à San Francisco en 1945 tenant essentiellement à son caractère multilatéral et centralisé (115). La résolution adoptée lors de la session de Rhodes adopte en ce sens un ton classique qui

(110) Intervention de Raúl Emilio Vinuesa, PVPL plénière n° 12, 10e séance plénière, 10e Commission — sous-groupe D, 9 septembre 2011.

(111) Projet de résolution révisé 1, PVPL plénière n° 14, 11e séance plénière, 10e Commission — sous-groupe D, 9 septembre 2011 ; Intervention de Raúl Emilio Vinuesa, PVPL plénière n° 14, 11ème séance plénière, 10ème Commission — sous-groupe D, 9 septembre 2011.

(112) W.H. Taft IV et T.F. Buchwald, «Preemption, Iraq and International Law», *A.J.I.L.*, 2003, p. 557; R. Wedgwood, «NATO's Campaign in Yugoslavia», *A.J.I.L.*, 1999, p. 828; Ch. Greenwood, «International Law and the NATO Intervention in Kosovo», *I.C.L.Q.*, 2000, pp. 926-934; T. Franck, «Interpretation and Change in the Law of Humanitarian Intervention», *in* J.L. Holzgrefe et R.O. Keohane, *Humanitarian Intervention: Ethical, Legal and Political Dilemmas*, Cambridge, C.U.P., 2003.

(113) Commentaires de Santiago Torres Bernardez, annexés au rapport préliminaire, annexe II, pp. 41-42; Intervention de Sreenivasa Pemmaraju Rao, PVPL plénière n° 10, 9e séance plénière, 10e Commission — sous-groupe D, 8 septembre 2011; Interventions de Marcelo Kohen et de Santiago Torres Bernardez, PVPL plénière n° 10, 9e séance plénière, 10e Commission — sous-groupe D, 8 septembre 2011.

(114) Rapport préliminaire, p. 271; Commentaires de Roy Lee, annexés au rapport préliminaire, annexe II, p. 27.

(115) Rapport préliminaire, p. 273; Some further comments to the Preliminary Report, p. 8; Interventions de Raúl Emilio Vinuesa et de Marcelo Kohen, PVPL plénière n° 10, 9e séance plénière, 10e Commission — sous-groupe D, 8 septembre 2011.

tranche avec la rhétorique qu'empruntent fréquemment certains auteurs de doctrine lorsqu'ils soulignent le caractère inadéquat et obsolète de la sécurité collective telle qu'elle est conçue au sein des Nations Unies (116).

* * *

(116) R.N. Gardner, «Neither Bush nor the 'Jurisprudes'», *A.J.I.L.*, 2003, pp. 585-590; S. Schieder, «Pragmatism as a Path towards a Discurisve and Open Theory of International Law», *E.J.I.L.*, 2000, p. 691; A.D. Sofaer, «On the Necessity of Pre-emption», *E.J.I.L.*, 2003, pp. 212-213.

REVUE BELGE DE DROIT INTERNATIONAL
2012/1 – Éditions BRUYLANT, Bruxelles

JURISPRUDENCE BELGE RELATIVE AU DROIT INTERNATIONAL PUBLIC (2008-2011)

PAR

Pierre d'ARGENT*

Avertissement

Sans rechercher à être parfaitement exhaustive, la présente chronique rapporte les décisions les plus significatives des cours et tribunaux belges portant sur des points de droit international public, prononcées entre le 1er janvier 2008 et le 31 décembre 2011 ou publiée durant cette période. Le lecteur voudra bien se rapporter aux deux chroniques précédentes, respectivement relatives aux années 1993-2003 (*R.B.D.I.*, 2003/2, p. 575) et 2004-2007 (*R.B.D.I.*, 2007/1, p. 149), pour plus de précisions quant aux matières couvertes et aux sources, notamment informatiques, utilisées.

Sommaire

* Professeur à l'université de Louvain (UCL), professeur invité à l'université de Leiden et avocat au Barreau de Bruxelles.

I. — TRAITÉS

A. — *Assentiment*

1. *Assentiment et référendum.* En application de l'accord de coopération du 8 mars 1994 « entre l'autorité fédérale, les communautés et les régions relatif aux modalités de conclusion des traités mixtes » et de la loi spéciale du 8 août 1980 de réformes institutionnelles, les parlements régionaux et communautaires sont appelés à donner leurs assentiments respectifs aux « traités mixtes » avant leur ratification par le Roi. La ratification du Traité de Lisbonne par voie référendaire prévue dans certains États membres de l'Union européenne ne peut donner lieu en Belgique à un quelconque grief de traitement discriminatoire prohibé par la Constitution dès lors que « la différence de traitement dénoncée dans le moyen découle du droit de cet État membre, sur lequel la Cour ne peut se prononcer ». Il est en effet certain que « [l]e fait que, dans un autre État membre de l'Union européenne, le Traité précité soit ratifié par référendum est régi par l'ordre constitutionnel de l'État membre en question » (C.C., 19 mars 2009, 58/2009, B.4).

2. *Assentiment — application ratione temporis de l'article 167 de la Constitution.* Dès lors que l'article 167 de la Constitution, par lequel l'assentiment parlementaire à été généralisé à tous les traités, n'était pas « applicable au moment de la conclusion » d'un accord bilatéral belgo-ouzbèque en date du 10 mars 1992, le moyen déduit de sa violation est irrecevable (Cass., 1re ch., 10 septembre 2010, F.09.0061.N). L'attention portée par la Cour de cassation au moment de la « conclusion » du traité s'explique par son caractère bilatéral en l'espèce : il paraît en effet certain que l'article 167 de la Constitution s'applique, dès son entrée en vigueur (18 mai 1993), à toute adhésion de la Belgique à un traité, quand bien même aurait-il été « conclu » (avec ou sans la participation de la Belgique à la conférence diplomatique dont il procède) avant cette date.

3. *Assentiment et accord externe de l'Union européenne.* En juillet 2007, l'Union européenne et les États-Unis signent un accord sur le traitement et le transfert de données des dossiers passagers (données PNR) par les transporteurs aériens au ministère américain de la sécurité intérieure (DHS). Au moment de sa signature, cet accord était régi par l'ancien article 24 du TUE, dont le paragraphe 5 disposait que l'accord ne liait pas l'État membre dont le représentant au Conseil avait déclaré devoir se conformer à ses propres dispositions constitutionnelles. La règle était sans préjudice d'une décision d'application de l'accord à titre provisoire, laquelle était d'ailleurs prévue par l'article 9 de l'accord PNR. La Belgique a fait usage de l'article 24, paragraphe 5, du TUE. En conséquence, l'accord PNR a été soumis à l'assentiment du parlement belge. La loi du 30 novembre 2009 a porté assentiment à cet accord. Le 1er décembre 2009, le traité de Lisbonne est entré en vigueur, alors que le Conseil n'avait pas encore procédé à la conclusion formelle de l'accord PNR (c'est-à-dire à sa ratification). L'accord PNR a alors été soumis pour approbation au Parlement européen en application du nouvel article 218 TFUE, lequel régit désormais la procédure de conclusion de tous les accords externes conclus par l'Union, à l'exception de ceux relevant de la politique commerciale commune. L'article 218 TFUE subordonne la conclusion de l'accord par le Conseil à son approbation préalable par le Parlement européen. Le 1er mars 2010, la Ligue des droits de l'homme introduit un recours en annulation de la loi d'assentiment du 30 décembre 2009 devant la Cour constitutionnelle. Ce recours a été déclaré irrecevable pour le motif que « depuis l'entrée en vigueur du Traité de Lisbonne, la loi attaquée du 30 novembre 2009 ne fait plus partie de la procédure à suivre pour conclure l'Accord PNR entre l'Union européenne et les États-Unis » et qu'« [e]n conséquence, la partie requérante n'a pas d'intérêt à demander l'annulation d'une loi qui n'a pas d'effet sur la conclusion de cet Accord » (C.C., 24 mars 2011, 42/2011, B.6.3.). La Cour constitutionnelle précise que la loi entreprise « ne porte pas assentiment à un traité conclu par l'État belge mais [qu']elle s'inscrit dans une procédure dans le cadre de laquelle l'Union européenne conclut un accord international avec les États-Unis d'Amérique » (*ibid.*, B.6.1.). La Cour juge encore que la Ligue « ne peut davantage déduire de l'application provisoire de l'Accord PNR 2007 un intérêt pour demander l'annulation de la loi attaquée, celle-ci n'ayant aucun rapport avec cette application provisoire », laquelle résulte « directement du droit de l'Union européenne, plus précisément du point 9 de l'Accord et de la décision 2007/551/PESC/JAI du Conseil du 23 juillet 2007 » (*ibid.*, B.6.4.). L'enchevêtrement de ces procédures de conclusion et le statut de la loi belge d'assentiment attaquée ont ainsi été clairement identifiés par la Cour constitutionnelle. Pour le reste, il est intéressant de relever que, empruntant un vocabulaire dont aime user la CJUE, la Cour constitutionnelle tient l'accord PNR — traité international conclu par l'Union européenne avec un État tiers — pour « du droit de l'Union ».

4. *Assentiment et accord d'exécution d'un traité.* Il est fréquent qu'un traité international instituant une organisation internationale dispose que son organe directeur réunissant les représentants des États membres est habilité à connaître des questions relatives à l'application dudit traité. Sans autre précision, il est difficile de savoir si les actes arrêtés par cet organe constituent

des *accords* entre États membres ou des *décisions* de l'organisation relevant d'une forme de droit dérivé qui lui serait propre et dont la portée obligatoire pour les États membres ou leurs sujets devrait être précisée par le traité de base. Sans trancher explicitement cette question au sujet du règlement du personnel adopté en 1972 par le Conseil de l'Union de l'Europe occidentale, mais paraissant pencher pour la première hypothèse tout en qualifiant cet acte de «décision», la Cour de cassation a jugé que ledit règlement du personnel «ne devait plus être soumise à l'assentiment du pouvoir législatif» dès lors que «[l]'approbation préalable d'un *accord* conclu en exécution d'un traité de base qui a fait l'objet de l'assentiment parlementaire peut résulter des dispositions mêmes de ce traité pour autant que les dispositions de l'*accord* n'excèdent pas les limites fixées par ce dernier» — ce qui n'était pas le cas en l'espèce (Cass., (3e ch.), 21 décembre 2009, *Union de l'Europe occidentale*, S.04.0129.F, je souligne; v. *infra* cet arrêt au sujet de l'immunité de juridiction des organisations internationales).

B. — *Effet*

5. *Effet interne et effet international.* Jugé qu'«il n'existe pas de principe général du droit suivant lequel une convention internationale n'a pas d'effet en droit interne si cette convention n'a pas d'effet dans l'ordre juridique international» (Cass., 1re ch., 10 septembre 2010, F.09.0061.N). Ce motif doit être bien compris : il est formulé afin de conclure à l'irrecevabilité de la branche d'un moyen fondé sur l'affirmation d'un tel principe général. Cela étant, il n'est pas douteux qu'un traité dépourvu d'effet obligatoire dans l'ordre juridique international, n'y liant pas encore l'État belge, ou ne le liant plus, ne peut produire d'effet en droit interne, quand bien même y aurait-il été réceptionné par une mesure interne d'assentiment.

C. — *Publication*

6. *Publication.* Après la dislocation de l'URSS, la Belgique et l'Ouzbékistan concluent le 10 mars 1992 un accord relatif à l'établissement de leurs relations diplomatiques. Ce même accord prévoit que les accords antérieurement conclus entre l'URSS et la Belgique demeurent en vigueur jusqu'à leur remplacement par d'autres accords bilatéraux, pour autant que ces anciens accords ne soient pas contraires à la législation et aux intérêts de deux pays. Cet accord, dont il a déjà été question dans cette *Chronique* au sujet de l'assentiment parlementaire (voir n° 2), n'a pas été publié au *Moniteur belge*. La question de son opposabilité aux particuliers a dès lors été soulevée. En effet, l'article 8 de la loi du 31 mai 1961 relative à l'emploi des langues en matière législative, à la présentation, à la publication et à l'entrée en vigueur des textes légaux et réglementaires dispose : «Lorsqu'il y a lieu à publication d'un traité auquel la Belgique est partie, cette publication se fait par la voie du *Moniteur belge* dans un texte original avec traduction française ou néerlandaise. Dans le cas où un texte original n'a pas été établi en français ou en néerlandais, la traduction dans les deux langues est également publiée au *Moniteur belge* ».

7. Interprétant cet article, la Cour de cassation juge que manque en droit le moyen qui « suppose qu'en application de cette disposition légale toute convention internationale doit être publiée au *Moniteur belge* pour être opposable aux justiciables » (Cass., 1re ch., 10 septembre 2010, F.09.0061.N). Donnant un sens utile aux mots par lesquels commence l'article 8 précité (« Lorsqu'il y a lieu… »), la Cour paraît ainsi confirmer que l'exigence de publication des traités est limitée à ceux qui sont « de nature à lier individuellement les Belges », pour reprendre la formule de l'ancien article 68 de la Constitution (en ce sens, voy. mes remarques dans la *Chronique 1993-2003*, *R.B.D.I.*, 2003/2, n° 13, p. 583). Dans ses conclusions, l'avocat général D. Thijs soutient cette solution — du moins, écrit-il, en ce qui concerne les traités conclus avant l'entrée en vigueur de l'actuel article 167 de la Constitution. La généralisation de l'assentiment parlementaire imposée par cet article relève d'une exigence de contrôle démocratique qui, si elle n'est pas sans rapport avec l'exigence de transparence à laquelle participe la publicité des textes normatifs, n'en demeure pas moins distincte. On peut dès lors soutenir que l'entrée en vigueur de l'article 167 de la Constitution n'a pas eu pour effet de requérir la publication de tous les traités conclus par l'État, l'article 8 de la loi du 31 mai 1961 n'ayant pas été modifié. On relèvera en outre que l'assentiment parlementaire, s'il ne remplace pas la publication au *Moniteur belge*, constitue en lui-même une forme de publicité donnée aux textes internationaux.

D. — *Exécution*

8. *Exécution d'obligations internationales et contrôle de constitutionnalité.* La Cour constitutionnelle rejette l'exception d'irrecevabilité d'un recours en annulation déduite de ce que la norme soumise à sa censure constitue l'exécution d'une obligation internationale de l'État. Le « motif de l'adoption de la norme attaquée » importe peu dès lors qu'il n'est pas mentionné dans la loi spéciale du 6 janvier 1989. Ainsi, « la circonstance que l'intervention du législateur soit dictée par la volonté de transposer une directive européenne dans l'ordre juridique belge n'affecte pas la compétence de la Cour » (C.C., 12 février 2009, 17/2009, B.6.2.).

9. *Exécution d'obligations internationales et respect de la légalité interne.* La légalité d'une norme interne exécutant une obligation internationale ne dépend pas seulement de sa conformité à cette dernière : « [l]a circonstance qu'une disposition de droit interne est la transposition d'une directive n'a pas pour effet que cette disposition serait dispensée des conditions qui, en droit interne, régissent sa légalité ». En conséquence, viole l'article 159 de la Constitution, l'arrêté ministériel n'expliquant pas les circonstances particulières rendant son adoption urgente au point de ne pas permettre la consultation du Conseil d'État, même dans le délai réduit de trois jours, alors que le délai de transposition de la directive qu'il entend exécuter était déjà expiré (Cass., 1re ch., 23 septembre 2010, C.08.0424.F).

10. *Exécution d'obligations internationales et légalité des infractions et des peines.* En vertu de la loi du 18 février 1969 relative aux mesures d'exécution des traités et actes internationaux en matière de transport par mer, par route, par chemin de fer ou par voie navigable, le Roi peut, par arrêté délibéré en Conseil des ministres, prendre toute mesure nécessaire pour assurer l'exécution des obligations découlant de ces traités et actes. Ce «mandat donné au Roi par le législateur est explicitement décrit dans l'article 1er» de la loi précitée et il permet de donner exécution aux «règlements européens concernant les temps de conduite et de repos», les obligations prévues par ces règlements étant «explicites et permett[a]nt aux personnes de savoir si le comportement adopté à un moment précis est punissable ou pas». Manque dès lors en droit le moyen déduit de la violation du principe de légalité pour motif de délégation prétendument inconstitutionnelle (Cass., 2e ch., 3 février 2009, P.08.1477.N). Au sujet du même dispositif pénal, la Cour constitutionnelle a considéré qu'«un règlement européen étant directement applicable dans l'ordre juridique belge, il peut [à l'instar de la législation habilitant le roi à porter des sanctions pénales] contenir, en vertu de l'article 34 de la Constitution, les éléments essentiels requis» des comportements que le roi est habilité par le législateur à sanctionner, respectant ainsi le principe de légalité consacré par l'article 12, alinéa 2, de la Constitution (C.C., 22 avril 2010, n° 37/2010, *Rev. dr. pén.*, note W. Van Vaerenbergh et A. Weyembergh).

E. — *Condition procédurale*

11. *Contrôle de constitutionnalité et texte normatif de valeur contraignante.* Il est bien établi que la Cour constitutionnelle accepte de contrôler la constitutionnalité d'une norme de nature législative au regard des articles 10 et 11 de la Constitution, combinés avec les dispositions d'un traité international ayant reçu l'assentiment et obligeant l'État (*R.B.D.I.*, 2003/2, n° 17). Il faut donc que le texte international invoqué à l'appui du recours soit juridiquement contraignant dans l'ordre juridique international. Tel n'est pas le cas, en tant que telle, de la Déclaration universelle des droits de l'homme. En conséquence, le recours visant la dite Déclaration est irrecevable (C.C., 24 avril 2008, n° 73/2008; dans le même sens s'agissant du contrôle par le Conseil d'État: C.E., 2 octobre 2000, n° 89.269). Est de même sanctionné d'irrecevabilité le recours dans la mesure où il est pris de la violation d'articles de la Charte des droits fondamentaux de l'Union européenne à défaut pour elle, à l'époque, d'être inscrite «dans un texte normatif de valeur contraignante qui s'imposerait à la Belgique» (C.C., 19 mars 2009, n° 58/2009). Toutefois, en ce que cette Charte «affirme l'existence de valeurs communes de l'Union européenne qui se retrouvent également pour l'essentiel dans des dispositions de la Constitution», la Cour a accepté de la «prendre en considération dans son examen» (C.C., 23 janvier 2008, n° 10/2008; C.C., 10 juillet 2008, n° 101/2008). Depuis l'entrée en vigueur du traité de Lisbonne, la Charte a, selon l'article 6, paragraphe 1, du TUE, la même valeur juridique que les traités, ce qui permet à la Cour constitutionnelle de recevoir le recours pris de la violation de ses dispositions, combinées avec les articles 10 et 11 de la Constitution. Il s'entend que les conditions de son application visées à son article 51 doivent être satisfaites (C.C., 30 juin 2011, n° 116/2011).

12. *Priorité du contrôle de constitutionnalité*. On sait que la primauté des dispositions de droit international ayant un effet direct sur la Constitution a été, pour la première fois, explicitement affirmée par la Cour de cassation afin de justifier son refus de poser des questions préjudicielles à la Cour constitutionnelle (*R.B.D.I.*, 2007/1, n° 31). Cette jurisprudence a suscité un grand émoi, d'aucuns n'hésitant pas à parler de «guerre des juges» (E. Cloots, «Samenloop van grondrechten — Is het einde van de 'guerre des juges' nabij ?», *T.B.P.*, 2006, pp. 259-272). À la suite de concertations intervenues entre les présidents des trois juridictions suprêmes (Cour de cassation, Conseil d'État et Cour constitutionnelle — cet ordre reflète seulement la chronologique de création des hautes juridictions), la loi spéciale du 12 juillet 2009 a modifié l'article 26 de la loi spéciale du 6 janvier 1989 sur la Cour d'arbitrage en y insérant un paragraphe 4. Aux termes de cette disposition, priorité est désormais donnée au contrôle de constitutionnalité sur le contrôle de conventionnalité lorsqu 'il est allégué qu'une norme législative viole un droit fondamental garanti «de manière totalement ou partiellement analogue par une disposition» de la Constitution *et* par une disposition «de droit européen ou de droit international»: dans un tel cas, la juridiction saisie «est tenue de poser d'abord à la Cour constitutionnelle» la question préjudicielle de constitutionnalité. Toutefois, ce renvoi ne s'impose pas dans certains cas énumérés par la loi (voir not. M.-F. Rigaux, «Le contentieux préjudiciel et la protection des droits fondamentaux: vers un renforcement du monopole du contrôle de constitutionnalité de la Cour constitutionnelle», *J.T.*, 2009, pp. 649-651; J. Velaers, «Artikel 26, § 4, van de bijzondere wet op het Grondwettelijk Hof: naar een nieuw evenwicht tussen de rechtscolleges bij samenloop van grondrechten», *T.B.P.*, 2010, pp. 387-410). La conformité de ce nouveau mécanisme avec le droit de l'Union européenne a suscité certaines interrogations critiques (N. Cariat, «Quelques réflexions quant à la compatibilité de la loi spéciale sur la Cour constitutionnelle avec le droit de l'Union européenne», *J.T.*, 2011, pp. 573-579). Sans préjuger quoi que ce soit à cet égard, force est de constater que l'«ordre» que ce mécanisme a voulu instituer par la manière de priorité accordée à la Cour constitutionnelle n'est pas à ce jour établi au sein de l'ordre juridique national. Tel est singulièrement le cas lorsque la Cour constitutionnelle a déjà conclu à la constitutionnalité de la disposition légale critiquée devant le juge du fond. Nonobstant cette conformité constitutionnelle qui s'impose par l'effet de l'article 9, paragraphe 2, de la loi spéciale sur la Cour constitutionnelle, la tendance des juridictions paraît être de se réserver le droit de s'interroger sur la compatibilité de la disposition légale en cause avec des droits fondamentaux analogues consacrés par des dispositions de droit international ayant effet direct, ce qui peut conduire à amener le juge du fond à poser une question préjudicielle à la Cour de justice de l'Union européenne. Le raisonnement fait alors appel à la primauté de ces mêmes dispositions, ainsi qu'à la responsabilité revenant en propre au pouvoir judiciaire, tant en vertu de la Constitution que du droit européen (Civ., Liège (21e ch.), 29 octobre 2009, *R.G.C.F.*, 2010, p. 287 et note A. Romer ; Civ. Namur (6e *bis* ch.), 25 février 2010, *R.G.C.F.*, 2010, p. 316 ; Civ. Liège (21e ch.), 24 juin 2010, *R.G.C.F.*, 2010, p. 327). Le Conseil d'État considère que l'article 9, paragraphe 2, de la loi spéciale sur la Cour constitutionnelle ne porte pas atteinte à la compétence des juridictions de contrôler la conformité des dispositions de droit interne aux dispositions de droit international ou européen ; la force obligatoire des arrêts de rejet de la Cour constitutionnelle prévue par cet article est limité à ce que la Cour a décidé en matière de conformité constitutionnelle, quand bien même fût-ce en combinant des normes constitutionnelles avec des normes internationales (C.E., 2 juillet 2010, n° 206.397, *R.W.*, 2010-11, p. 806).

13. *Contrôle de validité des actes administratifs.* En déclarant irrecevable le moyen déduit de la violation de dispositions de la convention sur les droits de l'enfant dont il constate qu'elles sont dépourvues d'effet direct, le Conseil d'État fait échapper à son contrôle les actes administratifs contraires à certaines obligations internationales de l'État (C.E., 25 septembre 2009, n° 196.388, voir n° 20 et 21 ; dans le même sens au sujet du moyen déduit de l'article 4-6 de la Charte européenne sur l'autonomie locale : C.E., 12 décembre 2011, n° 216.815 ; concluant que le moyen manque en droit en tant qu'il est pris de la violation de dispositions de la convention de Grenade du 3 octobre 1985 pour la sauvegarde du patrimoine architectural de l'Europe dont il est constaté qu'elles ne sont pas directement applicables : C.E., 23 avril 2009, n° 192.641). Il n'est pas certain que l'exigence d'effet direct de la norme de référence soit pertinente dans le cadre du contrôle objectif de validité. Cette exigence ne paraissait d'ailleurs pas requise antérieurement par le Conseil d'État (C.E., 7 octobre 1968, Corveleyn, *J.T.*, 1969, p. 694 et note J. Verhoeven) et a été explicitement abandonnée par la Cour constitutionnelle s'agissant du contrôle de constitutionnalité qu'elle exerce en combinant normes internes et normes internationales (voir *R.B.D.I.*, 2003/2, n° 29 et n° 43). Ce qui importe, c'est que le particulier puisse avoir intérêt à se prévaloir de la norme internationale, et ainsi à invoquer sa violation, ce qui peut être le cas même lorsqu'elle est dépourvue d'effet direct (voir les développements consacrés ci-dessous à la question de la responsabilité de l'État pour violation du droit international : n° 29). On relèvera d'ailleurs que, parfois, le Conseil d'État juge la disposition internationale invoquée sans effet direct, mais ne conclut pas pour autant explicitement à l'irrecevabilité du moyen déduit de sa violation (C.E., 27 juin 2011, n° 214.183 ; voir n° 21).

14. *Violation du droit international et contrôle des actes juridictionnels.* La méconnaissance par une décision juridictionnelle d'une disposition de droit international entraîne en principe sa cassation. La nullité de l'acte juridictionnel peut se présenter dans une situation de conflit entre une disposition de droit international ayant effet direct et une norme de droit interne, conflit devant se régler par application du principe de primauté de la première sur la seconde. Ainsi, l'exigence de motivation de tout verdict déduite par la Cour européenne des droits de l'homme du droit au procès équitable consacré par l'article 6 de la CEDH doit, en raison de l'autorité de la chose interprétée et du principe de primauté, conduire les juridictions nationales à refuser d'appliquer les articles 342 et 348 anciens du Code d'instruction criminelle. La méconnaissance de cette exigence entache de nullité l'arrêt d'assises n'expliquant pas un acquittement (Cass. (2e ch.), 17 mars 2010, P.09.1741.F, *Pas.*, 2010, p. 861 ; *J.T.*, 2010, p. 238 ; *J.L.M.B.*, 2010, p. 1712 et note P. Monville ; *Rev. dr. pén.*, 2010, p. 827 ; dans le même sens, toujours à propos de l'obligation de motiver le verdict d'assises : Cass. (2e ch.), 10 juin 2009, P.09.0547.F, *Pas.*, 2009, p. 1486 ; *J.T.*, 2009, p. 431 ; *J.L.M.B.*, 2009, p. 1392 ; *Rev. dr. pén.*, 2009, p. 958 ; Cass. (2e ch.), 17 novembre 2009, P.09.0903.N, *Pas.*, 2009, p. 2677 ; Cass. (2e ch.), 10 février 2010, P.09.1697.F, *Pas.*, 2010, p. 428 ; *Rev. dr. pén.*, 2010, p. 803 ; Cass. (2e ch.), 10 février 2010, P.09.1748.F, *Pas.*, 2010, p. 438 ; *Rev. dr. pén.*, 2010, p. 817).

15. La nullité de l'acte juridictionnel peut également se présenter en l'absence d'un tel conflit normatif entre droit international et droit interne. Ainsi, est cassé l'arrêt qui refuse au demandeur le statut d'apatride par application erronée de l'article 1er, paragraphe 2, (i), de la convention de New York du 28 septembre 1954 relative au statut des apatrides qui dispose qu'elle n'est pas applicable aux personnes bénéficiant d'une protection de la part d'un organisme ou d'une institution de l'ONU, alors que, ayant quitté le Liban pour la Belgique, le demandeur ne bénéficiait plus de la protection de l'UNRWA (Cass. (1re ch.), 22 janvier 2009, C.06.0427.F). On relèvera que la disposition conventionnelle violée n'a pas d'effet direct puisqu'elle est relative aux conditions d'application de la convention dans laquelle elle est insérée. Cela étant, la mauvaise application de cette clause de non-applicabilité ayant pour résultat de priver le demandeur d'un statut auquel il a droit de par l'effet de la convention, il n'est pas douteux qu'il était fondé à se prévaloir de la méconnaissance de cette disposition conventionnelle.

16. *Violation du droit international et autorité de la chose jugée.* Si, ainsi qu'on vient de le souligner, les actes juridictionnels pris en violation du droit international doivent être sanctionnés, c'est à condition toutefois qu'il existe contre eux des voies de recours prévues par le droit interne. Ni la CEDH ni le droit de l'Union européenne « n'imposent aux juridictions nationales, lorsqu'une partie peut se prévaloir d'une violation du droit international directement applicable par la décision définitive qu'elle critique, l'obligation d'écarter l'application des règles de procédure interne conférant l'autorité de la chose jugée à la décision contestée ». Lorsqu'une décision pénale passée en force de chose jugée apparaît « avoir été adoptée en violation du droit international ou sur la base d'une loi décrétée ultérieurement inconstitutionnelle », son réexamen « est subordonné à la condition, notamment, que la juridiction saisie dispose, en vertu du droit national, du pouvoir de revenir sur cette décision ». Il ne peut donc être mis fin à l'autorité de chose jugée que dans les conditions strictes fixées par la loi (procédures d'annulation, de cassation sans renvoi, de réouverture, de révision ou de rétractation). Cette autorité subsiste malgré la violation, par la décision juridictionnelle à laquelle elle est attachée, d'une disposition internationale ayant un effet direct (Cass. (2e ch.), 29 octobre 2008, P.08.0547.F : par cet arrêt, la Cour de cassation paraît avoir définitivement mis fin à l'affaire *Total Birmanie* dont la précédente chronique avait rapporté les méandres sur fond de (modifications de) loi de compétence universelle (*R.B.D.I.*, 2007/1, n° 25-27)). La Conseil d'État considère également que la constatation par la Cour européenne des droits de l'homme de la contrariété d'un jugement national avec la CEDH est sans incidence sur l'autorité de chose jugée dont cette décision juridictionnelle est revêtue en application du droit interne (C.E. (15e ch.), 22 décembre 2008, n° 189.048, *A.P.T.*, 2009, p. 79 (sommaire)).

F. — *Interprétation*

17. *Interprétation conforme du droit interne avec le droit international.* Le principe selon lequel le droit interne doit être, dans toute la mesure du possible, interprété conformément aux engagements internationaux de l'État est bien acquis en jurisprudence (voir les chroniques précédentes, *R.B.D.I.*, 2003/2, n° 20-31 et 2007/1, n° 10). Il y a été fait appel par la Cour de cassation afin de justifier un revirement de jurisprudence en matière pénale, après condamnation de l'État belge par la Cour de Strasbourg. Selon la jurisprudence habituelle, les circonstances aggravantes du vol visées par les articles 468, 474 et 475 du Code pénal étaient considérées comme applicables au coauteur ou au complice indépendamment de leur implication personnelle. Cette interprétation de la loi a été jugée incompatible avec le droit au procès équitable consacré par l'article 6 de la CEDH et l'article 14 du PIDCP, lesquels « requièrent une appréciation distincte de ces circonstances dans le chef de chaque auteur ou complice ». La cour d'assise est donc tenue de poser une question individualisée à ce sujet pour chaque personne accusée d'un vol avec l'une de ces circonstances aggravantes (Cass., (2e ch.), 17 juin 2008, P.08.0070.N).

18. *Interprétation d'un traité convenue par les administrations nationales.* Le paragraphe 3 de l'article 26 de la convention belgo-néerlandaise préventive de double imposition, signée à Bruxelles le 19 octobre 1970, dispose que «[l]es autorités compétentes des États s'efforcent par voie d'accord amiable, de résoudre les difficultés ou de dissiper les doutes auxquels peut donner lieu l'application de la Convention». Sur cette base, et à la suite de contentieux fiscaux portés devant les juridictions belges (Voir Cass., 21 décembre 1990), les administrations nationales se sont entendues (voir circulaire belge n° CI.C./37.875-H dd. 22.05.1992, *Bull.* n° 718, juillet 1992) pour considérer que, à partir de l'exercice d'imposition de 1991, les revenus d'un associé actif d'une s.p.r.l. belge tombaient sous l'application de l'article 16 de la convention, dont le paragraphe 2 dispose que «[l]es tantièmes, jetons de présence et autres rémunérations reçus par un résident des Pays-Bas qui est membre du conseil d'administration ou de surveillance d'une société par actions résidente de la Belgique sont imposables en Belgique. Cette disposition s'applique également aux rémunérations d'un associé commandité d'une société en commandite par action résidente de la Belgique». La Cour d'appel de Gand a estimé que cet accord amiable entre les administrations allait plus loin que la résolution de «difficultés» ou la dissipation de «doutes» nés de l'application de la convention et en constituait une interprétation contraire aux règles du droit international général relatives à l'interprétation des traités, telles que reflétées par l'article 31 de la convention de Vienne de 1969 sur le droit des traités. La Cour d'appel a indiqué que les autorités administratives des parties contractantes n'avaient pas été autorisées par la convention bilatérale de 1970 à convenir entre elles d'une interprétation opposable aux justiciables, lesquels en tirent des droits, et que les juridictions n'étaient pas liées par une telle interprétation. La Cour d'appel décida dès lors de ne pas appliquer l'article 16, paragraphe 2, de la convention au résident néerlandais, associé d'une s.p.r.l. belge, qui contestait sa dette d'impôt enrôlée par les services belges (Gent, 10 novembre 2009, *T.F.R.*, 387, 2010, p. 762).

19. *Interprétation d'un traité à l'aide d'un autre traité non ratifié.* Saisi d'un recours en annulation d'une amende administrative infligée par la Région de Bruxelles-Capitale pour des survols aériens trop bruyants, le Conseil d'État s'est penché sur la question de savoir si la procédure d'imposition de cette amende par l'administration compétente violait l'article 14, paragraphe 5, du Pacte international sur les droits civils et politiques, lequel accorde à toute personne «déclarée coupable d'une infraction» de disposer d'un double degré de juridiction. Le Conseil d'État rejeta le moyen tiré de cette disposition, considérant qu'elle était applicable aux condamnations prononcées en premier degré par un tribunal, et non par une autorité administrative. Pour fonder cette interprétation du PIDCP, la juridiction administrative s'est appuyé sur le rapport explicatif d'«une disposition similaire figur[ant] dans le Protocole n° 7» à la CEDH. Tout en reconnaissant que ce Protocole n'avait pas été ratifié par la Belgique, le Conseil d'État estima toutefois qu'il «n'en constitue pas moins un élément d'interprétation de la portée du Pacte». Le rapport explicatif du Protocole n° 7 dont fait état l'arrêt indique que «[p]ar rapport au libellé de la disposition correspondante du Pacte des Nations Unies (art. 14, par. 5), le terme 'tribunal' a été ajouté pour qu'il soit bien clair que cet article ne concerne pas les infractions jugées par des autorités qui ne sont pas des tribunaux au sens de l'article 6 de la CEDH». Il peut paraître singulier d'interpréter un traité multilatéral à vocation universelle à l'aide d'un instrument régional non ratifié. Cela témoigne toutefois d'une présomption de bon aloi selon laquelle la protection des droits fondamentaux en Europe n'est pas inférieure à celle que les instruments universels tendent à assurer. Dès l'instant où le rapport explicatif considère la disposition du Pacte comme «correspondante» à celle du Protocole, l'interprète est en effet fondé à ne pas trouver de significations divergentes aux deux instruments (C.E. (15e ch.), n° 201.373, 26 février 2010, *Amén.*, 2010 (reflet T. Hauzer), p. 248; *NjW*, 2010, p. 625 (note L. LAVRYSEN)).

G. — *Effet direct*

20. *Effet direct. Notion.* Jugé de manière très classique désormais qu'«une norme internationale doit être suffisamment claire, précise et inconditionnelle et [qu']elle ne doit pas s'adresser aux États, mais créer directement des droits ou des obligations dans le chef des citoyens pour avoir effet direct» (Liège (10e ch.), 16 septembre 2009, *J.T.*, 2009, p. 711). Ou encore que des articles d'un traité, bien qu'«utiles à l'interprétation des textes et cré[a]nt assurément des obligations à charge des États qui y sont parties, [...] ne sont pas suffisamment précis et complets pour avoir un effet direct, de sorte qu'ils n'ont pas l'aptitude à conférer par eux-mêmes des droits aux particuliers dont ces derniers pourraient se prévaloir devant les autorités nationales, administratives ou juridictionnelles, sans qu'aucune mesure interne complémentaire soit nécessaire à cette fin» (C.E., 25 septembre 2009, n° 196.388; parfois, le Conseil d'État ajoute l'adjectif «inconditionnel» pour juger du caractère directement applicable d'une norme internationale: C.E., 12 décembre 2011, n° 216.815).

21. *Effet direct. Application.* La jurisprudence continue de fournir de nombreuses affirmations relatives à l'effet direct (ou l'absence d'effet direct) de certaines dispositions conventionnelles. Les précédentes chroniques ont procédé à ce sujet à des recensions importantes (*R.B.D.I.*, 2003/2, n° 26-34 et 2007/1, n° 22-27). Sans revenir sur les prononcés très nombreux et parfaitement constants relatifs à l'effet direct des dispositions de la CEDH, du PIDCP ou de certaines dispositions des traités communautaires, on relèvera que la convention relative aux droits de l'enfant, signée à New York le 20 novembre 1989, continue de faire l'objet d'appréciations divergentes. Ainsi, le Conseil du contentieux des étrangers affirme qu'est erronée l'appréciation du ministre de l'intérieur selon laquelle toute la convention serait dépourvue d'effet direct (C.C.E., 29 avril 2008 n° 10796, *T. Vreemd.*, 2008, p. 212 (sommaire) et 29 mai 2008, n° 12070, *T.J.K.* 2009, p. 66 note Van Pachtenbeke ; *T. Vreemd.* 2008, p. 204 (sommaire)), tandis qu'il estime que l'article 3 de cette même convention est dépourvu d'effet direct (C.C.E., 18 mai 2010, n° 43.462, *T. Vreemd.*, 2010, p. 264 (sommaire)). La Cour du travail de Bruxelles a quant à elle estimé que «la Charte sociale européenne (...) a un effet direct en droit belge», ce qui donne à penser que l'ensemble de ses dispositions bénéficieraient de cet effet (C. trav. Bruxelles (2e ch.), 5 novembre 2009, n° 2009/AB/52381, *J.L.M.B.*, 2010, p. 646, *J.T.T.*, 2010, p. 139). Il y a là une appréciation particulièrement généreuse qui tranche avec certains prononcés antérieurs. Sans doute reste-t-il plus prudent de se garder d'affirmations relatives à l'effet direct (ou son absence) de l'ensemble d'un traité — d'autant qu'il est rare que tout un traité soit pertinent dans un contentieux — et de procéder à un examen de cette question disposition par disposition. C'est ce qu'a fait la Cour de cassation en décidant que sont dépourvus d'effet direct les articles 2, paragraphe 1, et 26, paragraphe 1, de la convention sur les droits de l'enfant ainsi que les articles 2, paragraphe 1, 9 et 10, paragraphe 3, du Pacte international relatif aux droits économiques, sociaux et culturels (Cass. (3e ch.), 26 mai 2008, S.06.0105.F, *Pas.*, 2008, p. 1279 ; *J.L.M.B.*, 2010, p. 1488 (sommaire) ; *J.T.T.*, 2008, p. 411 ; *R.T.D.F.*, 2010, p. 1340 (sommaire)). Le Conseil d'État énumère également les dispositions de la convention sur les droits de l'enfant qu'il estime dépourvus d'effet direct (à savoir : articles 2, 3, 4, 5, 8, 9, 16 et 18 ; C.E., 25 septembre 2009, n° 196.388). La haute juridiction administrative a également conclu au caractère non directement applicable de l'article 6 du Pacte international relatif aux droits économiques, sociaux et culturels (C.E., 27 juin 2011, n° 214.183) et de l'article 4-6 de la Charte européenne du 15 octobre 1985 de l'autonomie locale (C.E., 12 décembre 2011, n° 216.815).

H. — *Primauté*

22. *Primauté. Dispositions impératives de droit belge.* La primauté des dispositions de droit international ayant un effet direct constitue un «principe général du droit» bien établi (*R.B.D.I.*, 2003/2, n° 35). En vertu de ce principe, même les dispositions impératives de la loi belge sur le contrat de travail doivent être laissées inappliquées en cas de conflit avec une telle disposition de droit international (Cass., 3e ch., 21 décembre 2009, *Union de l'Europe occidentale*, S.04.0129.F ; v. *infra* au sujet des immunités des organisations internationales).

23. *Primauté. Portée et condition procédurale.* Pour être recevable, le moyen déduit de la violation d'une norme de droit international (en l'occurrence, une norme communautaire) doit non seulement indiquer la règle dont la violation est invoquée, mais également la violation du principe général du droit relatif à la primauté du droit international (en l'occurrence, communautaire)

« sur toutes les normes nationales » (Cass. (1re ch.), 4 avril 2008, F.06.0100.F ; *Pas.*, 2008, p. 819). Cette dernière précision n'a rien d'étonnant et confirme implicitement que, selon la Cour de cassation, la Constitution elle-même cède devant les normes internationales ayant un effet direct (voir *R.B.D.I.*, 2007/1, n° 28-34). En revanche, l'exigence jurisprudentielle nouvelle — selon laquelle le moyen de cassation doit également invoquer la violation du principe de primauté — a été critiquée, tant au regard de l'article 1080 du Code judiciaire puisqu'il en résulte que, pour être recevable, le moyen de cassation doit non seulement indiquer les dispositions dont il invoque la violation, mais également le principe en vertu duquel ces dispositions sont applicables (*J.T.*, 2008, p. 641, note J. Kirkpatrick), qu'au regard du droit de l'Union européenne (*R.C.J.B.*, 2009, p. 248, note J. Etienne). Il résulte de cette jurisprudence que le droit international partage en quelque sorte, devant la Cour de cassation, la condition procédurale du droit étranger : on sait en effet que le moyen déduit de la violation de ce dernier est irrecevable s'il n'invoque pas également la violation de la règle de conflit rendant le droit étranger applicable (Cass. (3e ch.), 14 février 2005, S.03.0135.F, *J.T.T.*, 2005, p. 261). Cette exigence imposée désormais aux moyens de cassation invoquant la violation du droit international risque de tempérer considérablement les avancées substantielles que permet le principe de primauté, exposant ainsi l'État à d'éventuels manquements à ses obligations internationales. En cela, on peut penser qu'elle est contraire à la primauté elle-même et au monisme qui semble, depuis les motifs de principe de l'arrêt *Le Ski* de 1971, la justifier. Cette exigence rappelle toutefois que, en droit interne, la primauté est un choix de l'ordre juridique interne lui-même, et non une obligation due au titre de l'ordre juridique international (voy. nos *Chroniques* précédentes). Cela ressortait déjà à l'évidence du fait que la primauté est réservée en droit belge aux normes de droit international ayant un effet direct, et à elles seules. Manque dès lors en droit le moyen déduit de la violation de la prétendue primauté de normes internationales dépourvues d'effet direct puisqu'il ne leur est pas applicable (Cass. (3e ch.), 26 mai 2008, S.06.0105.F, *Pas.*, 2008, p. 1279 ; *J.L.M.B.*, 2010, p. 1488 (sommaire) ; *J.T.T.*, 2008, p. 411 ; *R.T.D.F.*, 2010, p. 1340 (sommaire)).

24. *Primauté sur la Constitution. Rétroactivité.* Dans une affaire évoquée plus loin dans cette *Chronique* (voir n° 32), la cour d'appel de Liège a estimé que la jurisprudence de la Cour de cassation relative à la primauté des normes de droit international ayant un effet direct sur les normes de droit interne, y compris la Constitution, « a une incidence sur les situations nées avant que celle-ci ne se prononce sur une question déterminée, dès lors que la norme, telle qu'elle est interprétée par la Cour de cassation, est censée avoir toujours eu la portée telle que définie par la Cour suprême » (Liège (10e ch.), 16 septembre 2009, *J.T.*, 2009, p. 711). Le prononcé n'est pas parfaitement clair. Si la « norme » visée par la cour d'appel est celle du traité international applicable en l'espèce, on peut assurément comprendre que, selon la fiction bien connue, son interprétation s'y incorpore et opère rétroactivement. Toutefois, la primauté ne relève pas de l'interprétation de la norme internationale — sauf peut-être sous l'angle de l'analyse de son effet direct, puisque ce dernier est, en droit belge, une condition de la primauté. N'est-ce pas plutôt alors le principe de primauté du droit international, en tant que principe général du droit (belge), qui est la «norme» visée par la Cour d'appel ? Si tel est le cas, il n'est pas certain que décider que les règles de la Constitution y sont soumises puisse être considéré comme relevant d'un simple exercice d'interprétation de ce principe. Il s'agit plutôt d'en définir la portée, sachant, on le répète, qu'il relève d'un choix de l'ordre juridique interne (voir n° 23). Il paraît préférable de voir les choses sous cet angle, fût-ce pour les besoins de la sécurité juridique.

I. — *Responsabilité*

25. *Responsabilité de l'État pour violation du droit international.* Qu'il s'agisse de la responsabilité de l'État pour fait du législateur, de l'exécutif ou des magistrats, la question essentielle, s'agissant du droit international, est de savoir si la violation de toute règle de droit international obligeant l'État peut être constitutive, dans le chef des pouvoirs publics, d'une faute au sens de l'article 1382 du Code civil, ou s'il est requis que la norme internationale violée ait un effet direct pour qu'il puisse en aller ainsi. Sans doute la jurisprudence récente de la Cour de cassation vient-elle tempérer l'idée selon laquelle la violation d'une norme (dans l'espèce tranchée, une norme constitutionnelle) constitue nécessairement une faute civile (Cass. (1re ch.), 10 septembre 2010, F.09.0042.N, *J.T.*, 2011, p. 811). Ces débats relèvent du droit interne, et l'on se gardera bien de les examiner ici (voir not. B. Dubuisson et S. van Drooghenbroeck, «Responsabilité de l'État-législateur: la dernière pièce du puzzle ?», *J.T.*, 2011, p. 801-808). Même si l'on considère que l'existence de la faute ne peut pas se déduire automatiquement de la méconnaissance d'une norme supérieure et doit toujours faire l'objet d'une appréciation au cas par cas au regard des critères du comportement normalement prudent et diligent, il n'en demeure pas moins important de savoir si l'effet direct de la disposition internationale violée est — ou non — une condition nécessaire pour qu'une faute puisse résulter de cette violation.

26. La jurisprudence n'est pas claire à ce sujet. Ainsi que la *Chronique* précédente le relevait (*R.B.D.I.*, 2007/1, n° 37), un arrêt prononcé le 25 octobre 2004 par la Cour de cassation indique que la violation doit concerner «une *norme* de droit national ou *d'un traité international ayant des effets* dans l'ordre juridique interne, imposant [à l'autorité publique] de s'abstenir ou d'agir de manière déterminée» (Cass. (3e ch.), 25 octobre 2004, S.03.0072.F, *J.L.M.B.*, 2005, p. 638). C'est en utilisant exactement les mêmes termes que se prononce à nouveau la Cour par un arrêt du 21 décembre 2007 (Cass. (1re ch.), 21 décembre 2007, C.06.0457.F, *J.T.*, 2008, p. 554 et note D. Renders).

Alors que ce dernier arrêt utilise donc la formule «norme [...] d'un traité international *ayant des effets* dans l'ordre juridique interne», le sommaire publié au *Journal des Tribunaux* accole confusément l'adjectif «direct» au substantif «effet» et vise (1) plus généralement le traité dans son ensemble et non une de ses normes («norme de droit national *ou un traité international ayant des effets directs* dans l'ordre juridique interne»). L'ajout de l'adjectif «direct» ne s'explique pas et il change bien entendu le sens de la jurisprudence: a «des *effets*» dans l'ordre interne le traité qui, conformément à l'article 167 de la Constitution, y a été reçu par la formalité de l'assentiment parlementaire, tandis qu'a «des *effets directs*» dans l'ordre interne la norme d'un traité reçu conformément aux exigences constitutionnelles qui, en outre et selon ses termes mêmes, est suffisamment claire, précise et inconditionnelle, de telle manière à conférer directement un droit aux particuliers sans nécessiter de mesure interne d'exécution de la part des autorités étatiques — celles-ci ne pouvant donc pas, sans violer le traité, refuser à un particulier d'en bénéficier pour le motif que ses dispositions devraient encore faire l'objet de mesures de mise en œuvre nationales. Subordonner la faute de l'État à l'exigence de l'effet direct de la disposition conventionnelle violée (l'existence de cet effet direct relève du traité lui-même, et donc du droit international) a pour conséquence de limiter les cas dans lesquels sa responsabilité peut être recherchée en droit interne. Peut-être cet ajout malencontreux du sommaire du *J.T.* s'explique-t-il à la lumière de la jurisprudence antérieure de la Cour de cassation, qui par un arrêt du 14 janvier 2000, avait subordonné la responsabilité civile de l'autorité administrative au fait qu'elle ait violé «une disposition de droit international ayant des *effets directs* dans l'ordre juridique interne» (Cass., 14 janvier 2000, C.98.0477.F, *R.A.G.B.*, 2003, p. 851 et note S. Lust; *R.W.*, 2001-02, p. 1096 et note A. Van Oevelen). On relèvera encore que, comme pour ajouter à la confusion, la traduction néerlandaise de l'arrêt du 21 décembre 2007 se lit ainsi: «norm van een international verdrag met *rechtstreekse* werking in de interne rechtsorde» (ajoutant donc, comme le sommaire du *J.T.*, à l'original français qui se limitait à un «effet»), alors que la traduction de l'arrêt du 14 janvier 2000 vise «een internationaalrechtelijke bepaling met *directe* werking in de interne rechtsorde» (conformément à l'original français mentionnant un «effet direct»).

27. La jurisprudence postérieure paraît tout autant hésiter entre l'«effet» et l'«effet direct». Au sujet de la responsabilité de l'État pour faute du magistrat, deux arrêts de 2008 se prononcent différemment sur la nature de l'effet qui est requis de la norme internationale pour que sa violation puisse consti-

(1) C'est le cas également du texte de l'arrêt lui-même reproduit par le *J.T.*: contrairement au sommaire, il ne mentionne pas le caractère «direct» de l'effet, mais il attribue cet effet à «un traité» et non à «une norme d'un traité», alors que le texte original de l'arrêt que l'on peut retrouver sur le site de la Cour de cassation mentionne «une norme de droit national ou d'un traité international ayant des effets dans l'ordre juridique interne».

tuer une faute : tandis que, le 5 juin 2008, la 3ème chambre de la Cour de cassation subordonne la faute à la violation d'une disposition d'un traité ayant un effet direct (Cass. (3e ch.), 5 juin 2008, C.07.0073.N : « norm [...] van een internationaal verdrag met *rechtstreekse* werking », correctement rendu par la traduction française « norme [...] d'un traité international ayant des effets directs dans l'ordre juridique interne »), quelques jours plus tard, le 27 juin 2008, la première chambre de la Cour ne formule pas cette exigence en reproduisant les mots de l'arrêt du 21 décembre 2007 (Cass. (1re ch.), 27 juin 2008, C.07.0384.F, *Pas.*, 2008, p. 1732 ; *J.L.M.B.*, 2009, p. 52 et note D. PHILIPPE ; *R.C.J.B.*, 2010, p. 183 et note Renders : « norme [...] d'un traité international ayant des *effets* dans l'ordre juridique interne » ; à nouveau, la traduction ajoute : « norm [...] van een internationaal verdrag met *directe* werking in de nationale rechtsorde »).

28. Tous ces développements au sujet d'un pauvre petit adjectif placé ou omis peuvent sembler dérisoires. Comme il a été souligné ci-dessus (n° 26), la présence de ce mot change pourtant tout et l'on suppose que ces variations ne sont pas involontaires. On se gardera de voir dans les formules différentes retenues par la Cour de cassation des querelles tenant au rôle linguistique des chambres s'étant prononcées. Si le texte des arrêts ne visait pas « une norme [...] d'un traité international » mais « un traité international » (2), il serait assez clair que l'exigence d'effet direct, se rapportant alors à tout le traité, serait déplacée (voir n° 21). Tel n'est toutefois pas le cas. La formule retenue en néerlandais donne à penser que l'« effet direct » est requis s'agissant de la norme du traité et non du traité dans son ensemble, ce qui est parfaitement logique. Quant à la formule française, elle peut très bien être comprise comme signifiant que les « effets » ne se rapportent pas à la norme du traité (auquel cas, « effet direct » serait plus adéquat) mais au traité lui-même (renvoyant ainsi à la procédure de réception dans l'ordre interne réalisée par l'assentiment parlementaire donné au traité), tandis que la « norme » du traité est visée par le texte de l'arrêt car c'est elle qui doit avoir été violée (et non le traité dans son ensemble). Il est donc difficile, sur la base du texte des arrêts, de considérer que la jurisprudence pourrait être comprise d'une seule manière. Face à ces divergences qui suscitent la perplexité et alimentent l'incertitude juridique, il serait bon que la Cour se prononce de manière univoque.

29. Dans quel sens devrait-elle le faire ? La formule des arrêts prononcés par la première chambre de la Cour, le 21 décembre 2007 et le 27 juin 2008, semble préférable. Il ne vaut voir là aucun parti pris linguistique — encore que devoir le préciser en dit long sur les contraintes qui pèsent sur tout un chacun dans ce pays, et cela jusqu'à la tenue d'un propos doctrinal... Ainsi que la *Chronique* précédente le soutenait déjà (*R.B.D.I.*, 2007/1, n° 37), l'exi-

(2) Ainsi que le texte erronément publié par le *J.T.* au sujet de l'arrêt du 21 décembre 2007 : voir note précédente.

gence d'effet direct de la norme internationale ne paraît pas requis pour que sa violation puisse être considérée, en droit interne, comme fautive dans le chef des autorités publiques, puisque celles-ci sont tenues de respecter tout engagement international de l'État. Sans doute est-il correct d'exiger que la norme internationale, dont le particulier reproche à l'État la violation en vue d'obtenir réparation du préjudice qu'il a subi de ce fait, soit une norme qui a été conçue au bénéfice des particuliers car, autrement, on voit mal comment il pourrait avoir intérêt à en exiger le respect dans la conduite des affaires publiques (3). Cela ne signifie pas pour autant que cette norme ait nécessairement un effet direct, ni qu'elle doive avoir un tel effet. Ainsi, pour reprendre des exemples cités plus haut (n° 21), les dispositions du Pacte international relatif aux droits économiques, sociaux et culturels, ou celles de la convention sur les droits de l'enfant, ont été conçues au bénéfice des individus, mais elles ne sont pas toutes suffisamment claires, précises et inconditionnelles pour leur permettre d'en jouir directement sans l'entremise de mesures nationales d'exécution (elles sont, en ce sens, dépourvues d'effet direct). Même dépourvues d'effet direct, ces dispositions obligent l'État et il doit les respecter ; même dépourvues d'effet direct, il ne paraît impossible d'apprécier sa conduite en fonction d'elles pour les besoins de sa responsabilité civile.

30. Cette conclusion au sujet de la nature de la norme internationale dont la violation peut être constitutive d'une faute engageant la responsabilité des pouvoirs publics vaut en droit interne, et en droit interne seulement. En droit international, tout fait internationalement illicite engage la responsabilité internationale de l'État qui en est l'auteur (4). Cela étant, en droit international, tout fait internationalement illicite ne donne pas naissance au droit, dans le chef des particuliers qui en sont victimes, à obtenir réparation du préjudice qui en découle. En droit international (et non en droit belge de la responsabilité civile des pouvoirs publics), le droit des particuliers à obtenir réparation n'existe, selon moi, que pour autant que leur dommage ait été causé par la violation d'une norme de droit international conclue à leur bénéfice *et* ayant effet direct en droit interne (5). Il ne serait donc pas contraire au droit inter-

(3) En ce sens, il paraît normal de refuser qu'un particulier puisse mettre en cause la responsabilité interne des pouvoirs publics pour le motif qu'une autorité aurait violé une règle de droit international conclue au seul bénéfice des autres États.

(4) Responsabilité de l'État pour fait internationalement illicite, A/RES/56/83, art. 1.

(5) Voir nos développements à ce sujet dans P. d'Argent, « Le droit de la responsabilité internationale complété. Examen des Principes fondamentaux et directives concernant le droit à un recours et à réparation des victimes de violations flagrantes du droit international des droits de l'homme et de violations graves du droit international humanitaire », *A.F.D.I.*, 2005, pp. 27-55. Voir aussi P. d'Argent, « Compliance, Cessation, Reparation and Restitution in the Wall Advisory Opinion », *in* P.-M. Dupuy, B. Fassbender, M. N. Shaw & K.-P. Sommermann (eds.), *Völkerrecht als Wertordnung — Common values in International Law, Festschrift für/Essays in Honour of Christian Tomuschat*, N.P. Engel Verlag, 2006, pp. 463-477 ; P. d'Argent, *Les réparations de guerre en droit international public. La responsabilité internationale des États à l'épreuve de la guerre*, Bruylant-LGDJ, 2002, pp. 784-788.

national de limiter, en droit interne, la responsabilité de l'État aux violations des seules normes internationales ayant un effet direct. Certes, mais ce n'est pas parce que l'État n'a pas d'obligation internationale au-delà de tels cas qu'il est souhaitable ou heureux — selon la compréhension que l'on a de la jurisprudence ambiguë rapportée ci-dessus — de limiter sa responsabilité, selon son propre droit, à ces seuls cas.

J. — *Succession d'États*

31. *Succession d'États aux traités.* Jugé « qu'il n'existe aucune règle coutumière internationale suivant laquelle, contrairement aux traités qui créent des situations objectives, les traités bilatéraux ne sont pas transférés automatiquement à l'État nouveau en cas de succession d'État » (Cass., 1re ch., 10 septembre 2010, F.09.0061.N, voy. aussi *supra* n° 2, 5, 7). Ce motif de principe, pris sur conclusions conformes de l'avocat général D. Thijs, doit être bien compris, tant le recours aux négations paraît l'obscurcir. Affirmer l'absence d'une règle coutumière de non-transfert automatique pourrait en effet donner à penser, *a contrario*, qu'il existerait une règle coutumière de transfert. Ce n'est toutefois pas ce que dit la Cour de cassation : elle affirme simplement qu'il n'existe pas de règle de non-transfert automatique. Cette affirmation ne saurait être lue comme signifiant l'existence d'une règle de transfert, pas plus d'ailleurs que comme signifiant l'existence d'une règle prohibant ce transfert. La Cour affirme donc que le droit coutumier — contrairement à l'article 34 de la convention de Vienne du 23 août 1978 sur la succession d'États en matière de traités, laquelle est entrée en vigueur en 1996 mais ne lie pas la Belgique — ne commande aucune solution à cet égard. Son prononcé tient toutefois à distinguer, parmi les traités bilatéraux, ceux « qui créent des situations objectives ». Le motif est toutefois obscurci par l'emploi de l'adverbe « contrairement » : il en résulte une opposition donnant à penser que ces derniers traités seraient régis par une règle coutumière de non-transfert dont la Cour affirme l'inexistence s'agissant de tous les autres traités bilatéraux. À nouveau, ce n'est toutefois pas ainsi que doit être compris cet arrêt : l'original néerlandais permet en effet de comprendre que la Cour réserve son prononcé relatif à l'absence d'une règle coutumière de non-transfert aux traités bilatéraux autres (6) que ceux créant des « situations objectives », de telle manière que ces derniers sont tout au contraire, conformément à la pratique dominante codifiée par les articles 11 (« Régimes de frontière ») et 12 (« Autres régimes territoriaux ») de la convention de Vienne de 1978, automatiquement transférés en cas de succession d'États.

(6) Voy. l'original néerlandais de l'arrêt cité : « Anders dan het onderdeel aanvoert, bestaat er geen regel van internationaal gewoonterecht volgens dewelke bilaterale verdragen, andere dan verdragen die objectieve situaties creëren, bij statenopvolging niet automatisch overgaan op de opvolgende staat ».

K. — *Désuétude*

32. *Désuétude*. Dans un litige successoral, la demanderesse ne pouvait être considérée comme ressortissante belge qu'à la condition qu'il soit établi qu'elle fût la fille légitime d'un père demeuré belge malgré son acquisition, en 1953, de la nationalité américaine. Au moment de cette acquisition, la loi prévoyait en effet la perte de la nationalité belge en cas d'acquisition volontaire d'une nationalité étrangère. Toutefois, si l'intéressé était encore soumis aux obligations de service militaire, l'acquisition de la nationalité étrangère n'entraînait la perte de la nationalité belge que moyennant l'autorisation du Roi. La demanderesse se prévalait de cette dernière disposition, puisque l'homme dont elle soutenait être la fille était resté soumis aux obligations militaires lorsqu'il acquit la nationalité américaine, tandis qu'il n'avait pas obtenu l'autorisation royale visée par la loi. Cependant, selon l'article 1, alinéa 1, de la convention belgo-américaine du 16 novembre 1868, les Belges naturalisés américains étaient considérés par la Belgique comme citoyens des États-Unis. Pour contrer les prétentions successorales de la demanderesse, cette convention était mise en avant par les défendeurs afin de contester que l'homme dont la demanderesse prétendait être la fille eût conservé sa nationalité belge, quand bien même était-il resté soumis aux obligations militaires en Belgique. Sans s'attarder aux développements consacrés par le juge de première instance (Civ. Neufchâteau, 2 juillet 2008, *J.T.*, 2008, p. 573) et la Cour d'appel (Liège (10e ch.), 16 septembre 2009, *J.T.*, 2009, p. 711) à l'interprétation de la convention de 1868, on relèvera que la prétention de la demanderesse relative à sa désuétude au moment de l'acquisition de la nationalité américaine par son prétendu père a chaque fois été rejetée. S'appuyant sur des éléments de fait similaires, le tribunal de première instance et la cour d'appel rejettent les arguments déduits d'une prétendue non-application ou mauvaise application de la convention par les autorités belges dans des cas isolés. Le tribunal de première instance précise que pour qu'un traité tombe en désuétude, il faut établir que sa « non-application soit réciproque », tandis que la cour d'appel exige que soit prouvée « la volonté univoque des deux États parties de ne pas appliquer la convention ». Il est intéressant de relever que ces affirmations des deux juridictions ne se fondent sur aucune disposition de la convention de Vienne sur le droit des traités — et pour cause, puisque celle-ci ne contient pas de disposition à ce sujet, tandis qu'elle énonce de manière exhaustive les causes d'extinction des traités (art. 42, par. 2). La simple inapplication d'un traité par les parties n'emporte donc pas, par elle même, son extinction ; tout au plus cette inapplication pourrait-elle être le signe de leur volonté conjointe d'y mettre fin. C'est sans doute cela que les deux juridictions ont voulu dire. On relèvera encore qu'elles appliquent le principe selon lequel les effets acquis sous l'empire d'un traité subsistent après son extinction (consécutive, en l'espèce, à sa dénonciation), le tribunal de première instance citant à cet égard l'article 70 de la convention de Vienne.

33. En constatant que la Belgique et les Pays-Bas ont plusieurs fois modifié la convention de Maastricht du 8 août 1843 fixant les limites entre les deux États, le Conseil d'État a considéré que rien ne permettait de supposer que ce traité avait cessé de produire ses effets à l'époque de la décision administrative soumise à son contrôle. Tout comme le juge civil, le juge administratif évite ainsi de se prononcer sur le principe même de la désuétude ou de la caducité au regard du droit des traités codifié par la convention de Vienne (C.E., 30 mars 2007, n° 169.628, *C.D.P.K.*, 2008, p. 655, *T.R.O.S.*, 2010, p. 29).

II. — Immunités

A. — *Immunité de juridiction des États*

34. *Contrat de travail.* Il n'est plus contesté que les États ne bénéficient pas d'une immunité de juridiction lorsque sont en cause leurs actes de gestion (voir *Chroniques* précédentes). Jugé que l'engagement et le licenciement par un État d'un membre du personnel administratif et technique de son ambassade sont des actes de gestion, la personne en cause n'étant pas chargée de missions diplomatiques au sens de la convention de Vienne de 1961 sur les relations diplomatiques (Trib. Trav. Bruxelles, 11 janvier 2007, *J.T.*, 2008, p. 494; *Rev. dr. étr.*, 2008, p. 577 (sommaire)).

35. *Convention de Bâle : exception des actes dommageables et actes jure imperii.* A la suite des déboires de la banque Fortis, des actionnaires ont saisi le Tribunal de commerce de Bruxelles d'une action dirigée, notamment, contre l'État néerlandais et la Nederlandsche Bank. Ces derniers se sont prévalus de l'immunité de juridiction prévue par l'article 15 de la convention de Bâle du 16 mai 1972 sur l'immunité des États, convention liant la Belgique et les Pays-Bas. Les actionnaires ont entendu écarter cette immunité au titre de l'exception prévue à l'article 11 de cette convention, qui dispose que l'État étranger ne peut se prévaloir de son immunité lorsque « la procédure a trait à la réparation d'un préjudice corporel ou matériel résultant d'un fait survenu sur le territoire de l'État du for et que l'auteur du dommage y était présent au moment où ce fait est survenu ». Le Tribunal a jugé que cette exception était inapplicable à l'action dirigée contre les défendeurs publics néerlandais dès lors qu'elle n'avait pas pour objet un « préjudice corporel ou matériel » au sens de l'article 11 précité, cette notion supposant que des « dégâts à une chose », une « atteinte à une propriété tangible », ait eu lieu. Or, l'action diligentée était relative à des biens immatériels, à savoir une atteinte au patrimoine des actionnaires à la suite de la baisse de valeur de leurs placements.

36. Le Tribunal a par ailleurs rejeté l'argument des demandeurs selon lequel les actes reprochés à l'État néerlandais, à savoir le rachat des sociétés du groupe Fortis présentes aux Pays-Bas, auraient été des actes de gestion, étant de nature privée et commerciale, et non des actes de souveraineté. Selon le Tribunal, «la nature de l'acte concerné par le litige ne doit pas s'envisager d'un point de vue strictement formel», cet acte étant «indissociable de la crise boursière et financière mondiale qui a directement touché les États belge et néerlandais et en dehors duquel (*sic*) l'État néerlandais ne serait jamais intervenu ainsi qu'il l'a fait». En prenant ainsi en compte «ce contexte de péril économique majeur», le Tribunal s'est toutefois défendu d'avoir retenu le but poursuivi comme critère d'appréciation de la nature de l'acte en cause. Il a considéré que ce dernier, constitué par le rachat à 100% de sociétés privées par des fonds publics, aboutissait «*de facto* à la nationalisation de ces trois entreprises, dans l'intérêt du pays, au travers de négociations de gouvernement à gouvernement, menées en concertation avec les instances européennes»; qu'ainsi, l'État néerlandais «a mis en œuvre une politique de sauvetage essentiellement destinée à stabiliser son marché financier et restaurer la confiance de ses consommateurs en mobilisant des fonds publics à hauteur de sommes énormes». Le Tribunal a estimé que «cette stratégie n'est pas étrangère à l'exercice de la puissance publique».

37. Le Tribunal a par ailleurs retenu l'immunité de juridiction de la Nederlansche Bank au titre de l'article 27 de la convention de Bâle, dès lors que les demandeurs n'avaient pas établi que cette société civile, dont l'État néerlandais est l'unique actionnaire et qui exerce des fonctions publiques, «serait sortie de son rôle d'autorité administrative, qu'elle aurait excédé ses prérogatives légales et pris, comme aurait pu le faire une personne privée, des engagements ou commis des fautes qui auraient, pour conséquence, de la priver de son immunité de juridiction» (Trib. comm. Bruxelles (8e ch.), 8 décembre 2009, *J.T.*, 2010, p. 145; *Dr. Banc. Fin.*, 2009, p. 354; *TRV*, 2010, p. 58).

38. *Droit à un juge.* La *Chronique* précédente (*R.B.D.I.*, 2007/1, n° 38) avait rapporté la décision de la Cour du travail de Bruxelles de considérer comme constitutif d'un acte de souveraineté couvert, en principe, par l'immunité de juridiction, la relation de travail existant entre un État (en l'occurrence, le Maroc) et un de ses ressortissants engagé dans cet État en qualité de fonctionnaire pour servir dans un de ses consulats à l'étranger (C. trav. Bruxelles (4e ch.), 19 juin 2007, RG 46982, *J.T.T.*, 2007, p. 449). La Cour avait toutefois décidé de rouvrir les débats afin d'entendre les parties sur les voies de recours dont le fonctionnaire en question disposait dans son État d'origine, la Cour considérant donc que l'immunité devrait être écartée dans l'hypothèse où de telles voies n'existaient pas. Par un arrêt du 6 janvier 2010, la Cour du travail constate que le fonctionnaire consulaire dispose de voies de recours en droit interne de l'État concerné (Maroc). En conséquence, la Cour «déclare les cours et tribunaux du travail belges sans juridiction pour juger du litige» (C. trav. Bruxelles (4e ch.), 6 janvier 2010, inédit). Cette décision doit être approuvée, et l'on soulignera en particulier que la Cour se contente de prendre acte de l'existence d'une disposition étrangère conférant compétence aux tribunaux de l'État en cause pour connaître de litiges de même nature que celui dont elle avait été saisie. Fort heureusement, la Cour ne s'aventure pas dans des appréciations qualitatives relatives à l'effectivité de cette voie de recours, à l'indépendance ou à la probité des cours et tribunaux dans le pays en question, etc. Toutes questions qui reviendraient à porter un jugement sur des fonctions souveraines de l'État étranger, et, qui plus est, à propos d'actes qui ne sont pas déférés à l'examen du juge belge. Si la conclusion de cette affaire paraît donc conforme aux obligations internationales de la Belgique en matière d'immunité des États étrangers, on peut toutefois s'interroger sur la pertinence de la vérification de l'existence d'une voie de recours alternative dont le principe avait été décidé par l'arrêt de la Cour du travail en 2007. On sait que cette exigence provient de la jurisprudence de la Cour européenne des droits de l'homme développée au sujet de l'immunité des organisations internationales (voir *infra*) (voy. les arrêts de la CEDH du 21 novembre 2001 dans les affaires *McElhinney c. Irlande*, *Fogarty c. Royaume-Uni* et *Al Adsani c. Royaume-Uni*). Ce qui justifie l'exigence posée par cette jurisprudence au titre de l'article 6 de la CEDH, c'est que si une organisation se voit reconnaître une immunité de juridiction devant le juge du for à propos d'activités que son État l'y a autorisé à mener, mais qu'elle ne dispose pas de voie de recours interne, le particulier se retrouvera sans aucun recours possible tandis que l'État du for aura contourné son obligation de permettre à toute personne relevant de sa juridiction de disposer d'une voie de recours effective afin de protéger les droits consacrés par la CEDH. Or, l'absence de voies de recours n'est pas à craindre lorsqu'est en cause un État étranger, plutôt qu'une organisation internationale. En effet, tous les États disposent de cours et tribunaux nationaux, voire même d'autres types de recours non contentieux (7). Il est important de rappeler à cet égard que la Cour européenne des droits de l'homme ne conclut pas à la violation de l'article 6 de la CEDH (lequel consacre le droit au juge) lorsque les cours et tribunaux internes, accessibles au particulier, refusent de connaître de la demande dont ils sont saisis pour le motif que l'acte de l'État déféré à leur contrôle relève d'une catégorie d'actes non justiciables selon le droit interne (en ce sens, Cour eur. D.H., *Markovic et autres c. Italie*, arrêt du 14 décembre 2006). On relèvera par ailleurs que, dans un arrêt de principe important, la Cour internationale de Justice a récemment estimé qu'« [e]lle ne voit, dans la pratique des États — dont découle le *droit international coutumier* — aucun élément permettant d'affirmer que le droit international ferait dépendre le droit *d'un État* à l'immunité de l'existence d'autres voies effectives permettant d'obtenir réparation » (C.I.J., *Immunités juridictionnelles de l'État (Allemagne c. Italie; Grèce (intervenant))*, 3 février 2012, par. 101 ; je souligne).

(7) Voir cependant sur le droit au juge et l'immunité des États : Cour eur. D.H., 23 mars 2010, *Cudak c. Lituanie* et Cour eur. D.H., 29 juin 2011, *Sabeh Eh Lell c. France*.

39. *Signification d'actes à un État étranger*. Il est bien établi que l'assignation d'un État étranger en Belgique doit se faire par le canal diplomatique : l'assignation est transmise par lettre recommandée de l'huissier au ministère belge des affaires étrangères, lequel la remet à l'État concerné, soit par le canal de l'ambassade belge dans ce pays qui la remettra par note verbale au ministère des affaires étrangères de cet État, soit, plus directement, par note verbale adressée à l'ambassade de ce pays à Bruxelles. L'exploit d'huissier est en effet un acte de contrainte d'un officier public et il ne peut être adressé à l'ambassade étrangère sans son consentement, sous peine de porter atteinte à son inviolabilité. Même si elle a été par ailleurs irrégulièrement remise à l'ambassade par l'huissier instrumentant, la citation de l'État étranger est parfaitement valable pourvu qu'elle ait été dûment transmise par la voie diplomatique, ce qui est réalisé dès l'instant où il est établi que les autorités belges l'ont effectivement remise aux autorités étrangères. A cet égard, «il n'est nullement requis, pour la validité de la signification d'une citation par voie diplomatique, que l'État destinataire en accuse réception par note verbale» (C. trav. Bruxelles, 24 novembre 2010, *J.T.T.*, 2011, p. 430 ; voy. aussi *infra* n° 58 au sujet de l'absence d'accusé de réception par l'État étranger de dénonciations de saisies). Il n'est pas plus requis de joindre à la citation une traduction dans la langue officielle de l'État étranger (C. trav. Bruxelles, 16 mars 2009, RG 49250, inédit). En revanche, est entachée de nullité la citation qui, bien que transmise au ministère belge des affaires étrangères, a été retournée par ce dernier pour le motif que les délais étaient trop courts pour en assurer la transmission utile à l'État cité, celui-ci en ayant finalement eu connaissance par le moyen irrégulier que constitue une signification de copie par l'huissier à l'ambassade de cet État à Bruxelles, suivant les modalités de l'article 38 du Code judiciaire. Sans le consentement de l'État en cause, cette signification nuit à ses intérêts au sens de l'article 861 du Code judiciaire et n'est pas valable (C. trav. Bruxelles, 8 décembre 2009, RG 2008/AB/51126, inédit ; voy. en ce sens la *Chronique* précédente, *R.B.D.I.*, 2007/1, n° 48).

40. La même procédure de transmission par voie diplomatique est de rigueur lorsqu'il s'agit d'assurer la signification d'un jugement à l'État étranger, et non de l'assigner en justice : est nulle pour contrariété à l'inviolabilité des locaux diplomatiques consacrée par l'article 22, paragraphe 1, de la convention de Vienne du 18 avril 1961 sur les relations diplomatiques, la signification par exploit d'huissier faite à l'ambassade. Toutefois, lorsque cette signification irrégulière à l'ambassade s'est doublée d'une signification par voie diplomatique valable, la nullité de la première n'empêche pas la seconde de produire ses effets, notamment en ce qui concerne l'écoulement des délais de recours ou d'opposition (en l'occurrence, tierce opposition à une ordonnance d'exequatur d'un jugement étranger : Civ. Bruxelles (saisies), 31 juillet 2008, *J.L.M.B.*, 2010, p. 1613).

41. Lorsque la citation introductive d'instance est correctement adressée par la voie diplomatique à l'État étranger, la date à laquelle elle a été envoyée par l'huissier au ministère belge des affaires étrangères en vue d'être transmise à cet État — et non la date à laquelle ce dernier a été informé par les services diplomatiques belges —, est la date à prendre en considération pour apprécier l'interruption du cours de la prescription des actions naissant du contrat de travail (Trib. Trav. Bruxelles, 11 janvier 2007, *J.T.*, 2008, p. 494; *Rev. dr. étr.*, 2008, p. 577 (sommaire)).

B. — *Immunité d'exécution des États*

42. *Principe.* Bien que la Cour de cassation ne se soit pas encore prononcée à ce sujet, la jurisprudence est acquise au principe de l'immunité d'exécution restreinte, conformément au droit international général: « L'immunité n'est pas absolue en ce sens qu'elle ne s'étend qu'aux biens affectés aux activités de souveraineté de l'État et que les biens dont l'affectation est privée ou commerciale peuvent faire l'objet d'une exécution forcée » (Bruxelles (17e), 21 juin 2011, RG 2009/AR/3338, en cause: *Argentine*, inédit).

43. *Charge de la preuve de l'affectation des biens saisis et appréciation.* Prenant acte de ce principe, le juge des saisies de Bruxelles considère à bon droit qu'« il ne paraît pas contraire au principe de l'immunité de délaisser à l'État saisi [*ndlr*: en l'occurrence, la RDC] une part de la charge de la preuve de l'affectation des biens saisis », cette charge ne devant pas uniquement revenir au créancier saisissant. Considérant qu'« il s'agit donc de vérifier cette affectation au regard de tous les éléments concrets de la cause et en particulier des déclarations faites par les tiers saisis (8) » — sans que le retard mis par l'État étranger à agir contre les saisies puisse suffire à lui seul « à démontrer l'affectation privée des biens saisis » —, le juge décide que les saisies-arrêts exécution pratiquées sur les comptes doivent être levées car elles concernent des sommes nécessaires à la souveraineté de l'État étranger. Une partie de ces sommes concernait des garanties bancaires (de restitution d'avance ou de bonne exécution) destinées à couvrir l'État étranger « du risque financier découlant d'une non-exécution ou d'une mauvaise exécution de chantiers de travaux publics »: le juge estime que « le fait que de telles garanties se retrouvent dans des opérations commerciales ne permet pas d'exclure qu'elles puissent être consenties en dehors de ce cadre », ce dernier permettant de comprendre « qu'elles touchent à la sphère du service public assuré » par l'État étranger. Il en résulte que ces garanties bancaires « ne peuvent être saisies »; il en va de même d'autres sommes, relatives à des prêts de l'État belge à l'État étranger, ainsi qu'à des budgets destinés à des projets de coopération au développement de la Belgique dans cet État. (Civ. Bruxelles (saisies),

(8) Lesquelles sont par ailleurs jugées irrégulières au regard de l'article 1452 du Code judiciaire vu leur caractère incomplet ou tardif, entraînant la condamnation des trois tiers saisis comme débiteurs des causes de la saisie, ainsi que le permet l'article 1542 du même Code, à raison de montants fixés *ex aequo et bono* par le juge compte tenu des circonstances de l'espèce.

31 juillet 2008, *J.L.M.B.*, 2010, p. 1613 ; la *JLMB* note que ce jugement a été confirmé en appel, sous réserve que l'État étranger a en outre été condamné à garantir les tiers saisis condamnés comme débiteurs des causes de la saisie : Bruxelles (17ème ch.), 26 avril 2010, RG 2008/2441, inédit).

44. *Droit à un juge*. La levée, au bénéfice d'un l'État étranger, d'une saisie-arrêt exécution ne peut être considérée comme contraire au droit au juge consacré par l'article 6 de la CEDH et à la protection du droit propriété, y compris les créances, due au titre du premier protocole additionnel à cette convention, dans la mesure où « il n'était certainement pas dans l'intention des auteurs de la Convention européenne des droits de l'homme de mettre à néant le principe de l'immunité d'exécution unanimement admis en droit international » (ci-dessus, n° 43 : Civ. Bruxelles (saisies), 31 juillet 2008, *J.L.M.B.*, 2010, p. 1613).

45. Depuis ce jugement du 31 juillet 2008 dont l'énoncé reproduit ci-dessus nous paraît parfaitement refléter la réalité, la Cour de cassation a, sur la base de l'article 6 de la CEDH et dans le droit fil de la jurisprudence de la Cour de Strasbourg, prononcé d'importants arrêts en matière d'immunité des organisations internationales dans des litiges concernant des relations de travail en leur sein (voir *infra*, n° 59 et s.). Dans une affaire mettant en cause une saisie-arrêt exécution pratiquée par un ancien employé de l'ambassade de Malaisie subitement licencié, le juge des saisies de Bruxelles a estimé que « rien ne justifie que l'on raisonne autrement à l'égard d'un État que pour une organisation internationale ». Ainsi que cela a déjà été signalé en matière d'immunité de juridiction, cette manière de voir les choses, en plus d'être très abruptement affirmée, ne paraît pas parfaitement justifiée (n° 38). Quoi qu'il en soit, en application de la logique inhérente à cette jurisprudence dégagée dans le cadre des organisations internationales et afin de déterminer si la saisie était justifiée, le juge a donc examiné dans quelle mesure le créancier saisissant disposait d'une autre voie raisonnable pour obtenir l'exécution du jugement prononcé en sa faveur par le tribunal du travail. Le juge des saisies a estimé à ce propos que « rien dans [le] dossier ne v[enait] étayer » l'affirmation de la Malaisie selon laquelle une action devant ses tribunaux aurait été possible. Selon le juge, l'État n'a livré aucune « précision sur la possibilité pour un étranger d'agir en justice en Malaisie, sur le coût ni sur la durée des procédures ni sur les chances d'aboutir en combattant le couperet des soixante ans, à supposer qu'y existe une législation sociale comparable » ou encore sur la question de savoir « si les biens de l'État malaisien seraient saisissables dans l'hypothèse où l'*exequatur* » du jugement belge aurait pu être obtenue. Le juge ajoute qu'« on ne voit pas pourquoi un citoyen belge devrait préférer l'action en justice » dans l'État étranger (Civ. Bruxelles (saisies), 28 mars 2011, *J.T.*, 2011, p. 398 ; *J.T.T.*, 2011, p. 230 (publié sous la date du 22 mars (et non 28)). À la lecture de ces motifs, on peut ressentir l'irritation du juge face à un État récalcitrant ; sa volonté de rendre, tout simplement, justice à une personne victime des décisions de cet État après

« vingt-trois ans de bons et loyaux services » est manifeste. La décision peut sans doute se comprendre en l'espèce. En revanche, sa généralisation ne nous paraît pas souhaitable tant elle risque de heurter des principes bien établis en matière d'immunité des États. En effet, non seulement il semble hasardeux d'appliquer aux États, et sans autre explication, une jurisprudence élaborée au sujet des organisations internationales, mais en outre, on reste profondément hésitant face aux appréciations que cette logique amène le juge à devoir porter sur le système juridique malaisien sous forme d'interrogations (9), aboutissant *in fine* à une manière de protectionnisme en faveur des nationaux. À la lecture de ce jugement, on ressent que l'ignorance, somme toute parfaitement compréhensible, d'un système juridique étranger s'est transformée en véritable méfiance à son égard. Ce n'est assurément pas la bonne attitude pour aborder l'examen de la question des voies de recours alternatives disponibles. Qu'un juge soit, comme par mégarde, conduit à l'adopter conforte la conviction selon laquelle il est particulièrement imprudent de vouloir juger les États à l'aune des principes applicables aux organisations internationales, sous peine d'accepter que chacun d'eux se permette des jugements péremptoires sur ses semblables.

46. Dans une affaire dans laquelle la mainlevée de saisies-arrêts conservatoires pratiquées sur les comptes de l'ambassade d'Albanie à Bruxelles fut ordonnée pour défaut de célérité avérée, le créancier saisissant soutenait que sa créance était en péril de pouvoir être recouvrée au motif, notamment, que l'Albanie ne serait pas un État de droit et qu'en conséquence il se heurterait à de graves difficultés s'il tentait d'y pratiquer des mesures d'exécution. L'argument n'était pas exactement celui de l'absence de voies de recours alternatives que l'on retrouve au titre de la jurisprudence développée au sujet des immunités des organisations internationales, mais il en était proche — bien que développé à seule fin d'établir que la condition de célérité, requise en cas de saisie conservatoire, était rencontrée. Le juge des saisies a considéré que ces affirmations n'étaient pas suffisamment étayées et a ajouté, afin de rejeter l'argument, que l'Albanie « a ratifié la Convention européenne des droits de l'homme, laquelle garantit notamment un droit à une 'exécution effective et équitable' (...) et qu'elle a déposé sa candidature pour entrer dans l'Union européenne (ce qui implique un certain monitoring exercé par l'Union) ». Le juge a enfin relevé qu'aucune exécution forcée n'avait été tentée en Albanie (Civ. Bruxelles (saisies), 12 novembre 2009, RG 09/5970/A, en cause : *Albanie*, inédit).

47. *Saisie de comptes d'ambassade. Principes.* Une question récurrente dans la jurisprudence est celle de savoir si le compte d'une ambassade jouit d'une seule immunité, celle — d'exécution — qui est due aux biens de l'État

(9) Celles-ci portent tant sur des questions de fond en matière de législation sociale, alors qu'elles n'étaient pas en cause au stade de l'exécution, que sur des aspects généraux relatifs au système judiciaire de l'État étranger...

étranger affectés à une activité souveraine, ou s'il est également protégé par une seconde immunité — proprement diplomatique —, qui découlerait du fait qu'il est utilisé par l'ambassade. Mon point de vue à ce sujet a déjà été exposé dans une *Chronique* précédente : l'immunité diplomatique supplémentaire ne semble commandée ni par les textes ni par la coutume et, en toute hypothèse, le critère d'affectation à une activité souveraine servant à vérifier l'immunité est identique dans les deux cas (*R.B.D.I.*, 2003/2, n° 57-61). La jurisprudence paraît acquise à cette conception.

48. Une société établie aux îles Caïman a souscrit des emprunts obligataires de l'Argentine avant la crise financière ayant frappé ce pays. À la suite de cette crise, l'Argentine propose en 2005 à ses créanciers une offre globale d'échange ayant pour effet de diminuer la dette de l'État. Celui-ci s'engage en contrepartie, à l'égard de ses créanciers qui acceptent son offre, de ne pas honorer ses dettes dues à ceux qui la refusent — attitude qu'adopte la société caïmanienne. Cette société assigne en conséquence l'Argentine devant les tribunaux de New York et obtient sa condamnation à rembourser les créances initiales à raison de près de 285 millions de dollars américains. Elle tente ensuite d'obtenir l'exécution de ce jugement à travers le monde, là où elle trouve des avoirs argentins ; une saisie-arrêt conservatoire est ainsi pratiquée sur des comptes de l'ambassade d'Argentine à Bruxelles. Après avoir constaté que la condition de célérité requise pour les saisies conservatoires était en l'espèce rencontrée (question de droit belge au regard des faits (10)), le juge des saisies de Bruxelles constate qu'« aucune disposition de la Convention de Vienne [de 1961 sur les relations diplomatiques], pas plus que les différentes sources invoquées par [l'Argentine] ne permettent de conclure à l'existence d'une immunité diplomatique spécifique » au compte d'ambassade, qui serait une « immunité d'exécution distincte de l'immunité d'exécution générale ». Selon le juge des saisies, la double immunité est une « construction [qui] s'avère artificielle » (Civ. Bruxelles (saisies), 12 novembre 2009, RG 09/9325/A, en cause : *Argentine*, inédit).

49. Cette conception est confirmée en appel : « ni le texte de la Convention de Vienne de 1961 ni le droit international coutumier ni les conventions internationales ne justifient la thèse d'un régime d'immunité d'exécution tout à fait autonome, dérogatoire par rapport à l'immunité d'exécution des États en ce qui concerne les comptes de la mission diplomatique » (Bruxelles (17e), 21 juin 2011, RG 2009/AR/3338, en cause : *Argentine*, inédit) (11).

(10) On relèvera seulement à cet égard que le juge des saisies de Bruxelles estime que l'Argentine ne peut pas, sans contradiction, plaider l'absence de péril du recouvrement sur la base du caractère pérenne de ses ambassades, tout en cherchant à les protéger en se prévalant de l'immunité d'exécution au bénéfice des comptes qu'elles gèrent.

(11) Au moment de la mise sous presse de la présente chronique, la Cour de cassation a cassé cet arrêt pour le motif que « l'ensemble des biens de [la] mission qui servent à son fonctionnement bénéficie d'une immunité d'exécution autonome, se superposant à celle de l'État accréditant » : Cass. (1re ch.), 22 novembre 2012, C.11.0688.F. On y reviendra dans la prochaine chronique.

50. *Saisie de comptes d'ambassade. Affectation souveraine. Présomption et charge de la preuve.* Jugé que «les comptes d'ambassades bénéficient d'une présomption d'affectation à des fins souveraines» et qu'en conséquence le créancier saisissant ne peut exiger de l'État saisi qu'il «apporte la preuve que les fonds se trouvant sur les fonds saisis sont exclusivement utilisés pour les besoins de fonctionnement de l'ambassade en Belgique». Cela étant, «les juridictions de l'État accréditaire ne sont pas dépourvues de tout pouvoir d'appréciation»: la «présomption est en effet réfragable» et la «crédibilité de l'affectation publique des biens diplomatiques» peut faire l'objet d'une vérification judiciaire (Civ. Bruxelles (saisies), 12 novembre 2009, RG 09/9325/A, en cause: *Argentine*, inédit). Dans la même affaire, jugé dans le même sens en appel que, en vertu du «régime de l'immunité d'exécution applicable aux États [...] les sommes déposées sur un compte bancaire d'une ambassade ne sont protégées que si ces avoirs se rattachent à une activité souveraine de l'État, si elles sont utiles aux fonctions de la mission et non à une opération économique, commerciale ou civile relevant du droit privé», compte tenu toutefois que ces sommes bénéficient d'une «présomption d'affectation à une activité publique» ainsi qu'il ressort de l'article 19 de la convention des Nations Unies sur les immunités juridictionnelles des États et de leurs biens (non entrée en vigueur) (Bruxelles (17e), 21 juin 2011, RG 2009/AR/3338, en cause: *Argentine*, inédit).

51. *Saisie de comptes d'ambassade. Renonciation.* La renonciation à l'immunité d'exécution ne se pose utilement qu'à propos de biens qui, vu leur affectation à des fins souveraine, en bénéficient en principe. Dans l'affaire relative à la dette argentine relatée ci-dessus (n° 48), s'est posée la question de savoir si l'Argentine avait, par les contrats conclus avec son créancier, renoncé à l'immunité d'exécution protégeant les comptes de ses missions diplomatiques. En première instance, le juge des saisies a considéré que les clauses contractuelles ne pouvaient pas être comprises en ce sens; la levée de la saisie-arrêt conservatoire fut donc ordonnée (Civ. Bruxelles (saisies), 12 novembre 2009, RG 09/9325/A, en cause: *Argentine*, inédit). En appel, l'interprétation inverse des contrats a prévalu et la Cour d'appel déclara l'opposition de l'Argentine à la saisie non fondée (Bruxelles (17e), 21 juin 2011, RG 2009/AR/3338, en cause: *Argentine*, inédit). Les textes contractuels en cause comportaient une clause générale de renonciation à l'immunité de juridiction et à l'immunité d'exécution, sous réserve de certains biens parmi lesquels les comptes des ambassades de l'Argentine n'étaient pas spécifiquement mentionnés. Les appréciations divergentes de ces mêmes textes reposent donc sur une différence de principe.

52. Pour le juge des saisies, «la distinction [*ndlr*: rejetée, voir n° 48] entre une immunité d'exécution et une immunité diplomatique ne revêt pas même d'intérêt quant à la question de savoir s'il faut une renonciation expresse et distincte à l'immunité des biens de la mission, cette question étant tranchée dans les deux cas par l'affirmative: il est en effet exigé une renonciation expresse et distincte de l'État à l'immunité d'exécution sur *les biens de sa* *mission* (12) ». Le juge constate que les contrats litigieux contiennent « une renonciation générale à l'immunité d'exécution et ne désignent pas expressément les biens utilisés par les missions diplomatiques de la République d'Argentine, ni *a fortiori* ses comptes bancaires ».

53. La Cour d'appel ne partage pas cette exigence : « ni la Convention de Vienne ni aucune autre convention en vigueur ni la coutume internationale ne prévoient un mode de renonciation spécifique pour les avoirs bancaires des missions diplomatiques. Une renonciation expresse à l'immunité d'exécution suffit. Il n'est nullement requis que cette renonciation porte explicitement sur les comptes bancaires utilisés par les missions diplomatiques » ; « l'exigence d'une renonciation expresse [à l'immunité d'exécution] n'est pas synonyme de l'exigence — inexistante — d'une renonciation portant spécifiquement sur les avoirs bancaires de la mission diplomatique ». Citant les travaux de la Commission du droit international relatifs à la convention des Nations Unies sur les immunités juridictionnelles des États et de leurs biens (non encore en vigueur), la Cour note de surcroît que, alors qu'elle avait été un moment évoquée, la nécessité d'une renonciation spécifique à l'immunité d'exécution au sujet des biens affectés aux missions diplomatiques n'a finalement pas été retenue par ladite convention. Toutefois, la Cour d'appel paraît aller plus loin encore : tout en constatant que la convention de Vienne sur les relations diplomatiques ne vise pas les comptes bancaires parmi les biens spécifiques de la mission qu'elle protège en particulier (à savoir : locaux de la mission, ameublement, objets qui s'y trouvent, moyens de transport — art. 22 de la convention ; on peut y ajouter ses archives et documents, art. 24), la Cour affirme que la protection accordée à ces biens spécifiques par ladite convention ne relève pas d'une immunité « fondamentalement distincte du régime général. Il s'agit plutôt d'une application concrète, d'une précision apportée par rapport au régime général » de l'immunité d'exécution des États. Ceci paraît donc signifier que, selon la Cour d'appel, non seulement les comptes bancaires de la mission, mais aussi les locaux de la mission et les biens qui s'y trouvent, peuvent faire l'objet d'une saisie dès l'instant où l'État étranger a contractuellement renoncé en termes généraux à son immunité d'exécution sans les en exclure. Il ne serait pas plus nécessaire, tant pour les locaux diplomatiques et les biens de la mission que pour ses comptes bancaires, qu'une renonciation explicite les concernant ait été souscrite.

(12) Je souligne. Le jugement cite à ce propos une note de jurisprudence de 1995 : P. D'ARGENT, « Le juge des saisies, le Conseil de sécurité et l'immunité d'exécution restreinte des États étrangers », *J.T.*, 1995, p. 572. J'y écrivais : « sauf renonciation expresse et distincte de l'État accréditant à l'immunité d'exécution des biens de sa mission (note 56), [la charge de la preuve de l'affectation du compte] nous paraît devoir revenir au créancier saisissant dès qu'est en cause un compte d'ambassade ». La note insérée dans ce texte sous le n° 56 renvoyait à l'article 32 de la convention de Vienne de 1961 sur les relations diplomatiques, dont le paragraphe 4 rappelle que « la renonciation à l'immunité de juridiction pour une action civile ou administrative n'est pas censée impliquer la renonciation à l'immunité quant aux mesures d'exécution du jugement, pour lesquelles une renonciation distincte est nécessaire ».

54. Qu'en est-il ? A la lecture de ces deux décisions de justice, il semble que le nœud du problème réside dans la question de savoir si les comptes bancaires de la mission diplomatique font bien partie de ses « biens » au sens de la convention de Vienne sur les relations diplomatiques. Les deux juridictions répondent positivement à cette question, mais en tirent des conclusions radicalement opposées dès lors qu'elles partent de principes différents : le juge des saisies en déduit que les comptes bancaires doivent, comme les autres « biens de la mission », faire l'objet d'une renonciation expresse les visant explicitement ; la Cour d'appel considère à l'inverse que, la protection des « biens de la mission » contenue dans la convention de Vienne n'étant qu'une application particulière du régime général de l'immunité d'exécution des États, aucune renonciation expresse visant distinctement ces biens (y compris donc les comptes bancaires puisque la Cour les assimile tout autant à des « biens de la mission ») n'est nécessaire pour qu'ils puissent être saisis.

55. En réalité, le principe posé par le juge des saisies quant à la nécessité d'un consentement spécifique à des mesures de contrainte sur les « biens de la mission » au sens de la convention de Vienne sur les relations diplomatiques est correct, tandis qu'on peut hésiter à inclure les comptes d'ambassade parmi ces « biens ». En revanche, on ne suivra pas la Cour d'appel en ce qu'elle refuse d'admettre que les « biens de la mission » au sens de la convention de Vienne nécessitent une renonciation expresse les visant explicitement. En effet, ces « biens » sont non seulement immunisés de toute mesure d'exécution forcée conformément au régime général de l'immunité des biens affectés à une activité de la souveraineté (aussi longtemps et pour autant qu'ils y soient affectés, ce qui est en l'occurrence présumé pour les « biens de la mission »), mais ils sont en outre protégés par une obligation d'inviolabilité pesant sur l'État accréditaire. Cette obligation d'inviolabilité concerne les locaux de la mission et bénéficie logiquement aux biens qui s'y trouvent : on comprend dans cette mesure que ces « biens de la mission » ne peuvent faire l'objet d'une mesure d'exécution puisqu'une telle mesure suppose que des organes de l'État accréditaire, manquant à l'obligation d'inviolabilité, y pénètrent et en prennent possession. Une renonciation de l'État accréditant à l'immunité d'exécution qui ne vise pas spécifiquement les « biens de la mission » au sens de la convention de Vienne ne suffit donc pas pour justifier que l'État accréditaire soit libéré de son obligation d'inviolabilité à leur égard. Une telle renonciation est donc inopérante aussi longtemps que les « biens de la mission » n'y sont pas explicitement mentionnés, ce qui est nécessaire pour que l'obligation d'inviolabilité ne s'applique plus. On songe en particulier aux locaux de la mission, aux moyens de transport de la mission, aux meubles qui s'y trouvent, à ses documents et archives. En revanche, puisque les comptes bancaires de l'ambassade ne sont pas localisés à l'hôtel diplomatique et qu'ils ne sont pas mentionnés par la convention de Vienne, on peut hésiter à les inclure parmi les « biens de la mission » au sens de cette dernière. En outre, les comptes portent sur des sommes d'argent, biens fongibles. Les comptes ne jouissent donc pas du régime de l'inviolabilité (qui n'a de sens que pour des biens tangibles et matériels) et il n'est pas certain que, à l'inverse des « biens de la mission », ils doivent faire l'objet d'une renonciation les visant expressément. C'est donc l'inviolabilité de certains biens visés par la convention de Vienne sur les relations diplomatiques qui, tout à la fois, explique cette exigence et en trace les limites (13). Que la convention des Nations Unies sur les immunités juridictionnelles des États et de leurs biens (non encore en vigueur) n'en dise rien est parfaitement normal, puisque ce texte ne modifie pas la convention de Vienne de 1961 et n'a pas vocation à s'y substituer.

56. *Saisie de comptes d'ambassade. Cantonnement.* Lorsqu'un compte d'ambassade a fait l'objet d'une saisie-arrêt exécution mais que le créancier saisissant a donné la mainlevée de la saisie hormis pour le montant de sa créance compte tenu de l'accord des parties de cantonner ce montant, la question relative à l'immunité d'exécution de ce compte ne porte plus que sur cette saisie résiduelle. Sans contester que le compte saisi-arrêté était le seul compte bancaire dont disposait l'État étranger (la Malaisie) en Belgique et que ce compte était « nécessaire aux activités normales » de sa représentation diplomatique, le juge des saisies de Bruxelles en a néanmoins justifié la saisie et ordonné que les fonds cantonnés soient libérés en faveur du créancier saisissant « eu égard à l'énorme disproportion entre le poids, les ressources, les privilèges et immunités d'un État souverain et les moyens plus que limités d'un ex-employé du bas de l'échelle ainsi que de la nature de la condamnation [de l'État étranger auteur d'un licenciement jugé irrégulier], le [créancier saisissant] s'est trouvé dans un état d'absolue et urgente nécessité qui lui permettait légalement de recourir en tout dernier ressort à la saisie-arrêt ... dont les effets contraignants [ont été substantiellement limités] en acceptant le cantonnement ». Dans les motifs de sa décision, le juge invoque par ailleurs le « droit au juge », lequel inclut le droit à l'effet utile du jugement. Ces motifs ont été exposés par ailleurs dans cette *Chronique* (n° 45). On relèvera ici que, pour justifier l'équité de sa décision, et sans doute aussi son fondement en droit, le juge insiste longuement dans ses motifs sur la situation particulière du créancier, ressortissant belge employé pendant plus de vingt-trois ans de l'ambassade et victime d'une « décision brutale, totalement imprévisible », à savoir son licenciement à l'âge de soixante ans. Le tribunal stigmatise l'attitude de l'État défendeur sur le fond, mais également le fait qu'il a « obstinément [fait] la source oreille » aux demandes d'exécution volontaire du jugement du tribunal du travail le condamnant. Il y a assurément là une décision d'espèce, le cantonnement des sommes ayant fortement limité l'effet de la saisie (Civ. Bruxelles (saisies), 28 mars 2011, *J.T.*, 2011, p. 398 ; *J.T.T.*, 2011, p. 230 (publié sous la date du 22 (et non 28) mars)).

(13) Voy. toutefois Cass. (1re ch.), 22 novembre 2012, C.11.0688.F (*supra*, note antépénultième), qui, considérant les comptes de l'ambassade au titre des biens de la mission, exige une renonciation explicite. La prochaine chronique y reviendra.

57. *Saisie abusive.* Les saisies-arrêts exécution pratiquées sur des comptes crédités de sommes affectées à des activités de souveraineté ne peuvent être considérées comme abusives, vu le principe de l'immunité restreinte et le refus de l'État étranger d'exécuter volontairement les condamnations prononcées à son encontre par son propre juge et revêtues de l'*exequatur* en Belgique (ci-dessus n° 43 : Civ. Bruxelles (saisies), 31 juillet 2008, *J.L.M.B.*, 2010, p. 1613). Il en est ainsi même lorsque les comptes saisis sont ceux de l'ambassade de l'État étranger, dès lors qu'il n'apparaît d'aucun élément du dossier que le créancier saisissant «ait délibérément choisi de saisir» de tels comptes (Civ. Bruxelles (saisies), 12 novembre 2009, RG 09/9325/A, en cause : *Argentine*, réformé en appel : voir n° 51). Toutefois, lorsqu'il apparaît que des saisies conservatoires «ont été mises en œuvre sans que les [créanciers saisissants] ne se soient sérieusement renseigné[]s sur la situation de [l'État étranger] et sa capacité de répondre de sa dette», une condamnation pour saisie abusive à raison d'une indemnité fixée *ex aequo et bono* à 1500 EUR est prononcée (Civ. Bruxelles (saisies), 12 novembre 2009, RG 09/5970/A, en cause : *Albanie*, inédit, n° 46).

58. *Dénonciation de saisies-arrêts exécution et demande de mainlevée.* Sans trancher la question controversée de savoir si l'article 1412*bis* du Code judiciaire était applicable ou non aux personnes morales étrangères, le juge des saisies de Bruxelles a estimé que la demande de mainlevée de saisies, dont la dénonciation à l'État étranger débiteur saisi a été effectuée par la voie diplomatique, ne pouvait être considérée comme tardive dès l'instant où il n'était pas établi que l'ambassade de cet État avait «effectivement réceptionné» le pli que le ministère belge des affaires étrangères indique lui avoir adressé, à défaut de note verbale de réception adressée en retour au ministère par l'ambassade (ci-dessus n° 43 : Civ. Bruxelles (saisies), 31 juillet 2008, *J.L.M.B.*, 2010, p. 1613).

C. — *Immunités des organisations internationales*

59. *Immunité de juridiction et d'exécution des organisations internationales. Principes.* Les immunités de juridiction et d'exécution des organisations internationales ont fait l'objet de trois arrêts de principe de la Cour de cassation, prononcés le même jour sur conclusions de l'avocat général J.-M. Genicot, au sujet d'affaires précédemment rapportées (*R.B.D.I.*, 2003/2, n° 64-68). Le régime de ces immunités en vient à se confondre, ou du moins à être soumis au même contrôle, dès lors que leur compatibilité avec le «droit au juge» se résout au test de l'existence de voies de recours alternatives disponibles, le droit au juge incluant le droit à obtenir l'exécution effective d'une condamnation. En substance, la Cour de cassation reprend à son compte la jurisprudence bien connue développée par la Cour européenne des droits de l'homme quelque dix ans avant ses prononcés (voir C.E.D.H., 18 février 1999, *Waite & Kennedy c. Allemagne* et *Beer et Regan c. Allemagne*), au point d'ailleurs d'en emprunter certaines phrases, probablement dans un souci louable de sécurité juridique :

> « L'article 6, § 1er, de la Convention de sauvegarde des droits de l'homme et des libertés fondamentales garantit à chacun le droit à ce qu'un tribunal connaisse de toute contestation relative à ses droits et obligations de caractère civil. Le droit à un tribunal serait illusoire si l'ordre juridique interne permettait qu'une décision définitive et obligatoire demeure inexécutée *[ndlr : l'arrêt S.04.0129.F (voir références ci-dessous) ne comporte pas cette dernière phrase, étant seulement relatif à l'immunité de juridiction]*.
>
> Le droit d'accès aux tribunaux n'est pas absolu : il se prête à des limitations implicitement admises car il commande de par sa nature même une réglementation par l'État. L'État jouit en la matière d'une certaine marge d'appréciation.
>
> Les limitations mises en œuvre ne peuvent toutefois restreindre l'accès offert à l'individu d'une manière ou à un point tel que le droit s'en trouve atteint dans sa substance même. En outre, pareilles limitations ne se concilient avec l'article 6, § 1er, que si elles tendent à un but légitime et s'il existe un rapport raisonnable de proportionnalité entre les moyens employés et le but visé.
>
> L'octroi de privilèges et immunités aux organisations internationales est un moyen indispensable au bon fonctionnement de celles-ci, sans ingérence unilatérale d'un gouvernement. Le fait pour les États d'accorder généralement l'immunité de juridiction et l'immunité d'exécution aux organisations internationales en vertu des instruments constitutifs de celles-ci ou d'accords additionnels constitue une pratique de longue date, destinée à assurer le bon fonctionnement de ces organisations. L'importance de cette pratique se trouve renforcée par la tendance à l'élargissement et à l'intensification de la coopération internationale, qui se manifeste dans tous les domaines de la société contemporaine. Dans ces conditions, la règle de l'immunité d'exécution *[ndlr : l'arrêt S.04.0129.F (voir références ci-dessous) vise l'immunité de juridiction]* des organisations internationales poursuit un but légitime.
>
> Si des mesures qui reflètent des principes de droit international généralement reconnus en matière d'immunité des organisations internationales ne peuvent, de façon générale, être considérées comme une restriction disproportionnée au droit d'accès à un tribunal tel que le consacre l'article 6, § 1er, il demeure que la question de la proportionnalité doit être appréciée dans chaque cas à la lumière des circonstances particulières de l'espèce. Pour déterminer si l'atteinte portée aux droits fondamentaux est admissible au regard de l'article 6, § 1er, il importe d'examiner si la personne contre laquelle l'immunité est invoquée dispose d'autres voies raisonnables pour protéger efficacement les droits que lui garantit la Convention ».
>
> (Cass. (3e ch.), 21 décembre 2009, C.07.0407.F, *Secrétariat du Groupe ACP c. B.D.*, *Pas.*, 2009, p. 3117 ; *J.L.M.B.*, 2010, p. 410 ; *NjW*, 2010, p. 247 et note E. Brems ; *R.C.J.B.*, 2011, p. 226 et note E. David ; *R.W.*, 2010-12, p. 693, note J. Wouters, C. Ryngaert, P. Schmitt. Les extraits de cet arrêt sont reproduits car ils sont les plus complets, visant également l'immunité d'exécution. Un autre arrêt prononcé le même jour est identique en ses motifs de principe, sauf qu'il omet la question de l'immunité d'exécution car elle ne se posait pas en l'espèce : Cass. (3e ch.), 21 décembre 2009, S.04.0129.F, *Union de l'Europe occidentale c. S.M.* Un dernier arrêt concerne à nouveau le Secrétariat ACP et partage le 5ème paragraphe des motifs ici reproduits : Cass. (3e ch.), 21 décembre 2009, C.03.0328.F, *Secrétariat du Groupe ACP c. L. M.-A.* La *Pasicrisie* et la *R.C.J.B.* ont reproduit les trois arrêts).

60. Dans l'arrêt dont les extraits sont reproduits ci-dessus, la Cour ajoute :

> « S'il est vrai qu'aucune règle du droit international ne règle le conflit entre l'article 6, § 1er, précité, et une disposition qui, tel le protocole n° 3 de la Convention de Lomé IV, accorde une immunité d'exécution à une organisation internationale, il ne s'en déduit pas que cette immunité pourrait être opposée sans restriction à une personne se réclamant en Belgique des garanties dudit article 6.
>
> Il appartient au juge qui constate l'existence d'un conflit entre ces deux normes du droit international également applicables dans l'ordre interne et respectivement invoquées par les parties au litige, non de faire prévaloir l'une sur l'autre, mais d'examiner la mesure dans laquelle l'immunité d'exécution peut produire les effets que la partie qui l'invoque prétend en déduire à l'égard, non de la Belgique, mais d'un justiciable d'une juridiction belge, et d'arbitrer ce conflit en pesant les droits en balance.
>
> Le moyen, qui affirme que, à supposer l'immunité litigieuse contraire à l'article 6, § 1er, la seule conséquence pouvant être tirée de cette contrariété serait que l'État belge aurait commis une faute en adhérant à l'instrument qui prévoit cette immunité, et qui repose sur le soutènement que le juge ne pourrait en aucune circonstance écarter l'application de cet instrument, manque en droit ».
>
> (Cass. (3e ch.), 21 décembre 2009, C.07.0407.F, *Secrétariat du Groupe ACP c. B.D.*, *Pas.*, 2009, p. 3117).

61. Point n'est besoin d'insister sur les éléments bien connus de ces motifs appelant le juge à arbitrer le conflit entre deux dispositions de conventions internationales également applicables : le droit au juge n'est pas un droit absolu ; il peut être limité, mais pas au point d'y porter atteinte dans sa substance ; les limitations qui y sont portées doivent poursuivre un but légitime tandis que les moyens par lesquels elles sont mises en œuvre doivent avoir avec ce but un « rapport raisonnable de proportionnalité » ; les immunités de juridiction et d'exécution accordées aux organisations internationales poursuivent un but légitime et ne sont en général pas disproportionnées ; la proportionnalité doit toutefois faire l'objet d'une appréciation au cas par cas, selon les circonstances de chaque espèce ; pour ce faire, il faut vérifier « si la personne contre laquelle l'immunité est invoquée dispose d'autres voies raisonnables pour protéger efficacement les droits que lui garantit la Convention ». Puisqu'il revient au juge de « pes[er] les droits en balance » et de le faire « dans chaque cas à la lumière des circonstances particulières de l'espèce », cette jurisprudence signifie qu'aucune solution ne peut *a priori* prévaloir, le conflit normatif ne mettant pas face à face une règle plus fondamentale que l'autre, mais au contraire deux règles de force normative identique.

62. Dans les affaires finalement soumises au contrôle de la Cour de cassation, il n'était pas douteux qu'un conflit normatif existait entre la CEDH et un traité obligeant l'État belge à reconnaître une immunité à une organisation internationale. Il s'agissait de contentieux relatifs à des relations de travail. Dans de tels cas, la CEDH était incontestablement applicable, les personnes en cause « relevant » bien de la « juridiction » de la Belgique au sens de l'article 1 de la CEDH puisqu'elles y travaillaient au service d'organisations dont l'État belge avait accepté d'accueillir les activités sur son territoire. On comprend dans ces conditions que les États parties à la CEDH ne puissent pas se soustraire à leur obligation d'assurer à ces personnes la jouissance effective des droits garantis par la Convention en permettant à l'organisation de se draper dans ses immunités (voir aussi les développements sous le n° 38 ci-dessus). Ainsi que la Cour de cassation le souligne, la vérification de l'existence d'« autres voies raisonnables » n'a de sens qu'afin d'assurer que soient « protég[és] efficacement les droits que [...] garantit la Convention », c'est-à-dire les droits substantiels dont le respect est dû aux personnes relevant du champ d'application de la Convention tel que défini par son article 1.

63. La vérification de la disponibilité « d'autres voies raisonnables » doit se faire *in concreto*, le juge ne pouvant « se limiter à prendre acte que les instruments qui instituent [une commission de recours] la qualifient d'indépendante » (Cass. (3e ch.), 21 décembre 2009, S.04.0129.F, *Union de l'Europe occidentale c. S.M.*). Le juge du fond peut ainsi légalement écarter l'immunité de l'organisation après avoir constaté que « rien n'indique qu'il existerait des règles alternatives à l'immunité d'exécution dont [elle] bénéfice et qui offriraient des voies de recours en cas d'inexécution par [elle] des décisions prises à son encontre » (Cass. (3e ch.), 21 décembre 2009, C.07.0407.F, *Secrétariat du Groupe ACP c. B.D*; Cass. (3e ch.), 21 décembre 2009, C.03.0328.F, *Secrétariat du Groupe ACP c. L. M.-A*) ou que la commission de recours interne à l'organisation n'en est pas indépendante car ses membres sont désignés pour une durée de deux ans (seulement) par le comité intergouvernemental de l'organisation, alors que l'inamovibilité est considérée comme un corollaire nécessaire de l'indépendance (Cass. (3e ch.), 21 décembre 2009, S.04.0129.F, *Union de l'Europe occidentale c. S.M.*).

64. Dans une affaire opposant un (sous-)contractant de l'Agence spatiale européenne à cette dernière, l'immunité de juridiction de l'organisation a été retenue par la Cour d'appel de Bruxelles pour le motif qu'elle « n'emporte pas une restriction disproportionnée au droit d'accès [...] à un juge dans les circonstances particulières de l'espèce et, notamment, eu égard aux enjeux de la politique industrielle et au principe du juste retour des États membres, laissés à l'appréciation souveraine – mais non arbitraire — de l'Agence spatiale avec un mécanisme de contrôle des États, y compris au sein du [Comité de politique industrielle de l'Agence] ». La Cour constate, en les détaillant, que le (sous-)contractant écarté de la troisième phase d'un programme de développement financé par l'Agence « disposait, en l'espèce, de trois moyens raisonnables de faire valoir efficacement ses droits, d'autant qu'ils étaient susceptibles de se combiner ». La Cour relève à cet égard : la faculté « de faire défendre ses droits au sein de l'Agence, à l'intervention de la délégation belge près du Comité de politique industrielle » ; la possibilité d'assigner des sociétés concurrentes «sur la base des règles de la responsabilité civile pour l'évincement fautif allégué»; enfin, la possibilité de faire appel à l'ombudsman de l'Agence. A la différence des arrêts d'appel ayant donné lieu aux arrêts de cassation du 21 décembre 2009, la Cour d'appel ne limite pas son analyse à l'existence de voies alternatives présentant des garanties équivalentes à celle d'un juge, pas plus qu'aux seules voies disponibles contre l'organisation bénéficiaire de l'immunité. C'est peut-être un peu surprenant. Cela étant, la Cour d'appel paraît avoir adéquatement répondu à la question, posée par la Cour de cassation, de savoir «si la personne contre laquelle l'immunité est invoquée dispose d'autres voies raisonnables pour protéger efficacement les droits que lui garantit la Convention». Le contexte factuel très particulier de cette affaire explique assurément cet arrêt qui, comme l'exige la Cour de cassation, a procédé à une analyse de proportionnalité «à la lumière des circonstances particulières» de l'espèce (Bruxelles (21e ch.), 23 mars 2011, RG 2006/AR/1480, inédit).

65. *Immunité d'exécution des organisations internationales. Tiers saisi.* Jugé que le débiteur d'une banque, par ailleurs créancier d'une organisation internationale jouissant d'une immunité d'exécution, peut se prévaloir de cette immunité afin d'obtenir la mainlevée d'une saisie-arrêt exécution pratiquée entre les mains de cette organisation par ladite banque. L'article 6 de la CEDH n'interdit pas une telle mainlevée dès lors qu'il ne s'agit pas de faire obstacle à une décision judiciaire qui aurait été prononcée contre l'organisation titulaire de l'immunité (Civ. Bruxelles (saisies), 9 juin 2011, RG 10/11512/A, inédit). Ainsi, l'immunité d'exécution du tiers saisi profite à ses créanciers.

66. En revanche, l'immunité d'exécution de l'organisation créancière du tiers saisi ne protège que partiellement ce dernier. On rappellera que la Cour de cassation a décidé, par un arrêt du 2 mars 2007 rapporté dans la *Chronique* précédente (*R.B.D.I.*, 2007/1, n° 50), que le tiers saisi, débiteur d'une organisation internationale jouissant d'une immunité d'exécution, devait refuser, en cas de saisie-arrêt, de faire la déclaration prévue par l'article 1452 du Code judiciaire vu la «priorité des normes de droit international sur les dispositions du droit national». Le juge des saisies n'en décide pas moins que, en l'absence de voies de recours alternatives disponibles contre l'OTAN titulaire d'une immunité d'exécution en vertu de la convention d'Ottawa du 20 septembre 1951, le tiers saisi, débiteur de l'organisation, ne peut se prévaloir de cette immunité et doit vider ses mains entre celles de l'huissier instrumentant comme le prévoit l'article 1543 du Code judiciaire, et non entre celles du créancier de l'organisation (Civ. Bruxelles (saisies), 23 juin 2011, *J.T.*, 2011, p. 655 et note E. DAVID).

67. *Organisation Benelux de la propriété intellectuelle.* Dès lors qu'elle jouit d'une immunité de juridiction, l'Organisation Benelux de la propriété intellectuelle ne peut être impliquée en quelque qualité que ce soit dans une procédure de recours contre une décision de l'Office Benelux de la propriété intellectuelle, organe de ladite organisation (Cass. (1re ch.), 28 janvier 2011, C.08.0607.N, *Pas.*, 2011, p. 343 ; *R.D.C.*, 2011, p. 1045).

68. *Immunité de l'ONU et responsabilité de l'État belge engagé dans une opération de maintien de la paix.* Sans méconnaître l'immunité de l'ONU, les tribunaux belges peuvent connaître d'une action en responsabilité civile dirigée contre l'État belge pour le fait de ses militaires engagés dans une opération de maintien de la paix des Nations Unies (à savoir : la MINUAR présente au Rwanda en 1994) dès lors que l'action reprochée à ses troupes n'a pas été conduite sous l'autorité de l'ONU mais qu'elle a été effectivement commandée et prise «sous l'égide de la Belgique» (Civ. Bruxelles (71e ch.), 8 décembre 2010, *J.L.M.B.*, 2010, p. 1527).

III. — Relations diplomatiques

79. *Relations diplomatiques. Fiscalité et double imposition.* Un ressortissant belge possédant le statut de résident fiscal belge au moment d'être recruté par l'ambassade des États-Unis en tant que membre de son personnel administratif et technique reste soumis à l'impôt belge et ne peut se prévaloir de la convention préventive de double imposition conclue entre les deux États. La fiction de l'extraterritorialité de l'ambassade ne s'applique pas en matière fiscale, le bâtiment se trouvant effectivement sur le territoire belge (Civ. Bruxelles, 21 septembre 2007, *T.F.R.*, 2008, p. 447 ; Gand, 22 février 2011, *Fiscologue*, 2011, p. 1275 (sommaire)).

70. *Immunité diplomatique. Procédure civile.* Dans une procédure de divorce opposant deux ressortissants danois, dont l'un (l'épouse) bénéficiait, en qualité de diplomate rattaché à l'ambassade danoise à Bruxelles, de l'immunité de juridiction civile prévue par l'article 31 de la convention de Vienne sur les relations diplomatiques, le tribunal de première instance siégeant en référés a écarté cette immunité soulevée *in limine litis* en considérant qu'elle était invoquée de manière artificielle car les fonctions de son bénéficiaire prenaient fin quelques jours plus tard et que cette immunité protégeait avant tout les intérêts des États. En outre, le tribunal jugea que «le privilège s'attachant à l'immunité diplomatique [devait] céder devant le principe universel de l'intérêt des enfants garanti par la convention internationale relative aux droits de l'enfant du 20 novembre 1989 et notamment son article 2» (Civ. Bruxelles (réf.), 21 décembre 2007, *Act. dr. fam.*, 2008, p. 122).

71. Après avoir constaté que l'action en matière familiale intentée devant les juridictions belges n'était pas couverte par l'une des exceptions à l'immunité de juridiction civile prévues par l'article 31 de la convention de Vienne et que l'ambassade du Danemark avait refusé de lever l'immunité de son agent, la Cour d'appel a réformé le jugement rapporté ci-dessus. La Cour déclare à bon droit : « il n'appartient pas aux juridictions nationales de créer de nouvelles exceptions en considérant que le litige mettrait en cause des intérêts étrangers à ceux que les États contractants ont eu pour but de protéger, ou qu'elles pourraient se déclarer compétentes pour connaître du litige, sans porter atteinte à la protection de la fonction diplomatique recherchée par les États contractants ». Ainsi, si une analyse du rapport entre les actes mis en cause dans le cadre de la procédure civile et les fonctions exercées par la personne revendiquant une immunité peut se justifier au regard de l'article 37, paragraphe 2, de la convention de Vienne lorsque cette personne fait partie du personnel administratif et technique de l'ambassade, elle est sans pertinence lorsqu'est en cause un agent diplomatique. La Cour relève par ailleurs que la demande reconventionnelle de la défenderesse diplomate ne peut être considérée comme impliquant la perte de son immunité puisqu'elle a été formulée à titre infiniment subsidiaire dans l'hypothèse où il ne serait pas fait droit à l'immunité. Abordant l'argument déduit de la convention sur les droits de l'enfant et du droit au juge garanti par l'article 6 de la CEDH, la Cour d'appel considère que la reconnaissance de l'immunité n'implique pas « nécessairement » « qu'aucune solution au conflit ne pourrait être recherchée et trouvée devant une quelconque juridiction, dans le respect des intérêts des enfants » : les juridictions danoises sont compétentes en l'espèce et les droits fondamentaux en cause y seront protégés dès lors que le Danemark, tout comme la Belgique, est partie à ces traités internationaux. Il existe donc bien des « voies raisonnables » disponibles et le déclinatoire de juridiction déduit de l'immunité diplomatique ne porte atteinte à aucun droit internationalement garanti. Il importe peu que la personne en cause ne jouit plus du statut d'agent diplomatique au moment de l'arrêt, dès lors que son immunité a été soulevée *in limine litis* et qu'elle doit s'apprécier « au moment de l'introduction de la demande » (Bruxelles (3e), 28 février 2009, *Act. dr. fam.*, 2008, p. 123).

72. *Immunité des juges du TPIY*. Les juges du Tribunal pénal international pour l'ex-Yougoslavie bénéficient, en vertu de l'article 30, paragraphe 2, du Statut de ce Tribunal, des privilèges et immunités des agents diplomatiques conformément au droit international. En vertu de l'article 31, paragraphe 1, de la convention de Vienne de 1961, l'agent diplomatique jouit de l'immunité de juridiction pénale de l'État accréditaire, mais il ne possède pas d'immunité devant les juridictions de l'État accréditant (article 31, paragraphe 4). Jugé que cette exception à l'immunité pénale ne s'applique pas s'agissant du juge belge membre du TPIY dès lors que « les concepts d' 'État accréditaire' et 'État accréditant' sont seulement relevants dans le cadre de relations diplomatiques bilatérales. En ce qui concerne les fonctionnaires et les experts des Nations Unies, il ne peut toutefois être considéré que le pays de leur nationalité ou de leur domicile est l'État accréditant. L'immunité des fonctionnaires et des experts des Nations Unies vaut pour tous les pays et, partant, pour le pays d'origine du fonctionnaire ou de l'expert. Cette immunité leur est en effet conférée pour garantir leur indépendance dans l'intérêt de l'institution. Cette indépendance doit être respectée par l'ensemble des pays membres des Nations Unies, en ce compris l'État de leur nationalité ou de leur domicile. Cela vaut également pour les juges du TPIY.» En conséquence, l'action publique déclenchée dans le cadre de l'affaire *Fortis* à charge du juge belge membre du TPIY — qui était membre de la Cour d'appel de Bruxelles à l'époque des faits — ne peut être poursuivie en Belgique aussi longtemps qu'il y exerce ses fonctions (Cass. (2e ch.), 19 janvier 2010, *J.T.*, 2010, p. 142. Voy. à ce sujet la résolution sur «La situation du juge international» (art. 6) adoptée par l'Institut de droit international lors de la session de Rhodes de 2011 <www.idi-iil.org>).

74. *Archevêché.* La résidence de fonctions d'un archevêque et cardinal n'est pas un local diplomatique au sens de l'article 22 de la convention de Vienne sur les relations diplomatiques. Les perquisitions qui y ont été menées ne violent donc pas l'immunité de l'État du Vatican, d'autant qu'elles ne sont pas dirigées contre ce dernier (Trib. Bruxelles (ch. des mises en accusation), 22 décembre 2010, n° parquet 2010FR200, inédit).

IV. — Varia

74. *Souveraineté territoriale et pouvoir d'enquête.* Par un arrêt du 30 juin 2010 (n° Justel N-20100630-1), la Cour d'appel de Gand a jugé que la société californienne *Yahoo!* n'était pas un «fournisseur de services de communications électroniques» au sens de l'article 46*bis* du Code d'instruction criminelle parce qu'elle faisait uniquement usage du réseau mondial développé et géré par des opérateurs de réseaux et des fournisseurs de services de communications électroniques, lesquels devaient être considérés comme distincts d'elle-même. Cette appréciation a été critiquée par la Cour de cassation, laquelle a considéré que «le 'fournisseur d'un service de télécommunications électroniques' au sens de l'article 46*bis* du Code d'instruction criminelle n'est pas uniquement l'opérateur belge au sens de la loi du 13 juin 2005 relative aux communications électroniques, mais quiconque dispense des services de communications électroniques, comme notamment la transmission de données de communication». En conséquence, l'obligation de concours à charge de ces fournisseurs prévue par la disposition du Code d'instruction criminelle dans l'identification d'un abonné ou d'un service de communication électronique lors de la recherche d'un crime ou d'un délit par le Parquet «existe aussi dans le chef de celui qui fournit un service consistant entièrement ou principalement dans la transmission de signaux par la voie des réseaux de communications électroniques et la personne qui fournit un service consistant à autoriser ses clients à obtenir ou recevoir ou diffuser des informations au moyen d'un réseau électronique peut aussi être un fournisseur d'un service de communications électroniques» (Cass., 18 janvier 2011, P.10.1347.N/ ; v.

L. KERZMANN, « L'affaire *Yahoo* ! ou à qui s'adresse l'obligation de collaboration instaurée par l'article 46*bis* du Code d'instruction criminelle ? » *R.D.T.I.*, 2011, pp. 116-123 ; N. VANDEZANDE, « Yahoo ! als operator of verstrekker », *A&M*, 2011, pp. 220-223). La cause ayant été renvoyée devant la Cour d'appel de Bruxelles, celle-ci a cependant relaxé la société *Yahoo!* poursuivie pour n'avoir pas donné suite aux requêtes que le ministère public lui avait directement adressées, sans passer par l'intermédiaire des autorités américaines, au sujet de l'identification de certains utilisateurs de ses services, pour le motif que les pouvoirs souverains des autorités belges doivent en principe s'exercer dans les limites du territoire de la Belgique et qu'en conséquence le ministère public n'avait, en règle, pas le pouvoir (« rechtsmacht ») de poser des actes officiels, en l'occurrence effectuer ou commander des actes d'enquêtes, hors des frontières de l'État (Bruxelles, 13e ch., 12 octobre 2001, n° parquet : 2011.VJ11.000075, n° greffe : 2011BC537). Les procédures habituelles d'entraide pénale entre États paraissent donc devoir être appliquées. On notera toutefois que cet arrêt a été déféré par le ministère public à la censure de la Cour de cassation, pour un motif de procédure étranger à la question de son pouvoir (de juridiction — « rechtsmacht ») limité au territoire national.

75. *Statut colonial du Congo avant son indépendance.* Sur conclusions conformes de l'avocat général Werquin, la Cour de cassation a rejeté un pourvoi dirigé contre un arrêt rendu le 14 janvier 2010 par la Cour d'appel de Bruxelles qui avait refusé de faire droit à une demande de recouvrement de la nationalité belge faite en application de l'article 24 du Code de la nationalité belge par un demandeur ayant jouit de la qualité de Belge de statut congolais avant l'indépendance du Congo. La Cour de cassation rappelle que la nationalité belge a pu être acquise par des Congolais après l'annexion du Congo à la Belgique en application du Code civil congolais et non « pas en vertu des lois métropolitaines sur la nationalité », dès lors qu'en application des dispositions constitutionnelles alors en vigueur (art. 1, al. 4) et de la charte coloniale du 18 octobre 1908, « le Congo belge a[vait] une personnalité juridique distincte de la métropole et [était] régi par des lois particulières ». La Cour conclut à l'inapplication de l'article 24 du Code de la nationalité belge aux demandes de recouvrement introduites par des personnes ayant bénéficié de la qualité de Belge de statut congolais « qui n'avaient pas acquis la nationalité belge en vertu des lois métropolitaines sur la nationalité » et qui avaient omis d'exercer le droit d'option qui leur avait été ouvert par la loi du 22 décembre 1961, puis par l'article 28, § 1, du Code de la nationalité belge (Cass., 1re ch., 21 avril 2011, C.10.0394.F).

COMPTES RENDUS

Avec le concours de

Monique CHEMILLIER-GENDREAU, professeur émérite, Université Paris Diderot ; Olivier CORTEN, professeur ordinaire, Université Libre de Bruxelles ; Hanne CUYCKENS, research fellow, University of Leuven ; Sanderijn DUQUET, research fellow, University of Leuven ; Dylan GERAETS, research fellow, University of Leuven ; Nabil HAJJAMI, assistant, Université Libre de Bruxelles ; Vaios KOUTROULIS, maître d'enseignement, Université Libre de Bruxelles ; Katrien MEUWISSEN, research fellow, University of Leuven ; Agatha VERDEBOUT, chercheuse, Université Libre de Bruxelles

BEN-NAFTALI, O. (ed.), *International Humanitarian law and International Human Rights Law – Pas de Deux*, Oxford, Oxford University Press, 2011, 388 p., ISBN : 978-0-19-1000160-4.

The book under review is an edited volume under the lead of Orna Ben-Naftali and published in 'the Collected Courses of the Academy of European Law' series. The contributions are based on a series of lectures given at the European University Institute in Florence as part of the Academy of European Law's annual summer course in the field of international human rights law. It includes eight contributions on the relationship between international humanitarian law (IHL) and international human rights law (IHRL). In addition to the essays that were submitted by the lecturers of the course (Christine Bell, Paolo Gaeta, Andrea Gioia, Marco Sassoli, Ana Filipa Vrodoljak and Orna Ben-Naftali herself), the book was further enriched by contributions by Yuval Shany and Marko Milanovic.

The question of the interaction between IHL and IHRL is a blooming one in the study of armed conflict and numerous writings on this topic can be found. Even though human rights have originally been designed for peacetime, it has been generally admitted that the protection offered by human rights treaties does not cease to apply in cases of armed conflict. The general applicability of human rights law in addition to the more specific rules of international humanitarian law in situations of armed conflict has become widely accepted but a number of more specific questions remain unresolved.

The book is structured around three main parts.

The first part, Adagio, focuses on the normative complexities of the interaction between both bodies of law. The first contribution in this part, written by Yuval Shany, looks at the relationship in the framework of the war against terror. In this context, the tension between a law enforcement-regime under human rights law and the IHL-based armed conflict paradigm is strongly perceptible. This makes him wonder whether a merger or at least a greater convergence between both bodies of law is possible. In any case, he recognizes that even if a mixed paradigm were to be developed, ideological tensions between the camps supporting the competing paradigms cannot be avoided. In the second contribution of this part, Marco Sassoli, further explores the relationship with regard to new types of conflicts (asymmetric conflicts, conflicts in failed states, and UN peace operations). He takes a co-application approach and explores the relationship in the light of the lex specialis principle, both on a general level and with a specific focus on the targeting and preventive detention of members of armed groups. He concludes that existing law, if correctly interpreted, does contain realistic, even if controversial and situation-dependent, solutions for the legal problems arising in new types of conflicts. In the third contribution of this part, Marco Milanovic, agrees with this conclusion but also states that the lex specialis maxim, even though it can work in certain situations, should not be seen as a magical response to all situations of conflict of norms arising between IHL and IHRL in situations of armed conflict and can certainly not be used to describe the relationship as a whole. He further identifies three situations in which the resolution of the conflict of norms proves to be especially challenging: targeted killings, preventive security detention and positive obligations in cases of occupation.

The second part of the book, Variations, contains three chapters, each focusing on the interplay between both bodies of law in the context of a specific international regime. The chapter by Orna Ben-Naftali applies the question to situations of occupation, the chapter by Andrea Gioa focuses on the relationship between the European Convention on Human Rights and IHL in situations of armed conflict and the chapter by Ana Filipa Vrdoljak discusses the protection of Cultural heritage under IHL and IHRL.

The last part, Coda, emphasizes on the possibilities offered by the merging of IHL and IHRL. Paola Gaeta wonders whether individuals possess primary rights against states in the event of armed conflicts and whether consequently they are entitled to obtain reparation for violations committed to this regard. Drawing on the 'humanization' of IHL as well as on the evolutions in the field of state responsibility, she provides an affirmative answer to these questions. In the last chapter, Christine Bell, analyses whether the merging of both regimes can help in generating some kind of post-conflict accountability regime.

Orna Ben-Naftali states in the introductory chapter that "this book begins in medias res and ends with no climatic, much less absolutist conclusion. (...) It is, however, to acknowledge that navigating forward is, as it has always been, a process wrought with interpretative twists and turns in the often turbulent waves of multitude of competing narratives, shifting paradigms, polar doctrines, and a patchwork of governing norms, where we, the participant (both writers and readers), are engaged in the 'art of establishing the probable by arguing from our sense of the possible'". This book indeed does exactly that, it analyses the relationship between IHL and IHRL with regard to different issues and in different areas. Every contribution offers its own view on the matter and this with regard to the specific topic chosen. There is thus no general conclusion provided on the issue at hand. Accordingly, the book is a patchwork of different contributions related to the relationship between IHL and IHRL, without it really providing a common thread.

It nevertheless adequately highlights a certain number of salient issues with regard to the relationship between IHL and IHRL. It, for example, explores the relationship in the framework of the fight against terror, in the field of the new types of armed conflict and in situations of occupation. It also highlights an important practical issue concerning monitoring, access to justice and compensation. Indeed, if various international procedures to monitor and enforce compliance with human rights have been developed, including providing individuals the right to complain to judicial bodies, this is far from being the case with regard to IHL. Consequently, increasing the influence of the human rights regime on the matter, also has an impact on compensation. Furthermore, the two issues that are believed to be the most problematic with regard to the relationship between IHL and IHRL, namely the use of force and detention, are also addressed in some of the contributions, even if not addressed independently and as such. The contributions also reflect the different existing views on the matter. Indeed, even if most scholars recognize that there is at least some degree of convergence between both bodies of law, there are disagreements with regard to the exact scope of that convergence and the different methods of dealing with this conflict of norms.

To conclude, it is our opinion, that the book under review offers a very interesting contribution to the problematic of the relationship between both bodies of law in situations of armed conflict and this from very diverse angles. Its failure to provide a common response to the issue at hand is an adequate reflection of the current situation of the debate on this question. Ultimately, it leaves us with the important different tools for further reflection on the matter.

H. C.

DINSTEIN, Y., *War, Aggression and Self-Defence*, 5th ed., Cambridge, Cambridge University Press, 2012, XXXII et 375 p., ISBN 978-1-107-40145-7

KAMTO, M., *L'agression en droit international*, Paris, Pedone, 2010, 464 p., ISBN 978-2-233-00588-5

RUYS, T., *'Armed Attack' and Article 51 of the UN Charter. Evolutions in Customary Law and Practice*, Cambridge, Cambridge University Press, 2010, XXX et 585 p., ISBN 978-0-521-766641-7

VAN STEENBERGHE, R., *La légitime défense en droit international public*, Bruxelles, Larcier, 2012, préface de Pierre d'Argent, 612 p., ISBN 10-2804451747

Ces quatre ouvrages complètent une littérature déjà abondante sur la légitime défense, spécialement en intégrant les aspects récents de la pratique et de la jurisprudence. Ils illustrent également, dans une certaine mesure, la diversité des approches et des positions qui s'expriment régulièrement dans ce domaine très controversé. Si Maurice Kamto peut ainsi représenter une position tendant à défendre toute la rigueur de l'interdiction du recours à la force en droit international positif, Yoram Dinstein, et plus encore Raphaël van Steenberghe, incarnent la position inverse, Tom Ruys développant sans doute une position moins radicale, quoique plutôt éloignée des deux derniers auteurs cités.

L'ouvrage de Maurice Kamto n'envisage qu'un élément particulier de la légitime défense, puisqu'il se concentre sur la notion d'agression en droit international. L'intérêt de son ouvrage est notamment une lecture intégrant à la fois les aspects relatifs au jus contra bellum (l'agression armée au sens de l'article 51 de la Charte des Nations Unies) et ceux qui renvoient au droit pénal international (le crime d'agression et sa répression). Sur le premier de ces points, le professeur Kamto soutient une conception plutôt réticente face aux tendances d'une certaine doctrine d'assouplir le régime institué par la Charte des Nations Unies. Y sont ainsi critiquées les doctrines de l'« ingérence humanitaire », de l'assimilation du terrorisme à l'agression, de l'agression indirecte, ou encore de la « guerre préventive ». Sont également analysées les particularités du droit international africain, spécialement dans le cadre de l'U.A., avec une appréciation critique de certains instruments récents. Dans le domaine du jus in bello, Maurice Kamto met également en cause les doctrines tendant à écarter le droit international humanitaire en cas d'agression, ou de l'appliquer de manière différenciée en fonction de la légitimité des parties.

La cinquième édition du classique de Yoram Dinstein actualise la précédente, qui datait de 2005. On y retrouve des commentaires d'instruments récents, comme la définition de l'agression réalisée à Kampala, ainsi que de la jurisprudence pertinente de ces dernières années. L'auteur y développe un point de vue assez proche de la doctrine de l'État israélien, avec une conception très large de la légitime défense, fondée essentiellement sur le critère de nécessité et se référant à une sorte d'état de guerre permanent lorsqu'aucun traité de paix n'a été conclu. Pour plus de détails sur cette approche, on se reportera au compte-rendu d'une précédente édition publié dans cette Revue (1).

Les positions défendues par Raphaël van Steenberghe sont en définitive assez proches de celles de Yoram Dinstein, et plus largement d'une partie de la doctrine nord-américaine : survivance d'un droit coutumier autorisant des conceptions extensives de la légitime défense après l'adoption de la Charte, rejet du critère de gravité pour établir l'existence d'une agression armée, licéité d'une action militaire contre un État abritant des groupes terroristes (et ce, le cas échéant, alors même que cet État n'est responsable d'aucune agression armée ni d'aucun acte illicite), possibilité d'une guerre préventive en riposte à des menaces, y compris non imminentes, insistance sur le critère de nécessité comme élément décisif justifiant tout recours à la force, ... On y retrouve aussi les techniques tendant à considérer comme peu pertinents le sens ordinaire du texte de la Charte ou de certaines résolutions de l'Assemblée générale, ou encore celle insistant sur l'importance prépondérante qu'il conviendrait de réserver à la position des États occidentaux (lesquels seraient des États « particulièrement intéressés » car « particulièrement exposés à l'usage de la force » (p. 398), affirmation qui n'est guère étayée en dépit de son apparent décalage avec la réalité historique). Dans ces conditions, il semble difficile de suivre Raphaël van Steenberghe lorsqu'il affirme incarner une « voie médiane » (p. 562), ce que semblait certes suggérer l'exposé de sa méthodologie que l'on retrouve dans la première partie de l'ouvrage. Sa conclusion est à cet égard édifiante : « on peut affirmer l'existence de règles abstraites dont les principes sont restrictifs, tout en admettant l'application, dans des cas limites, de solutions plus souples » (p. 568). En pratique, la lecture de ses raisonnements peut ainsi donner l'impression d'un grand écart entre des affirmations de principe respectueuses d'une interprétation stricte de la Charte et l'admission, dans la pratique, des thèses les plus radicales tendant à s'en émanciper.

Différente à cet égard apparaît la thèse de Tom Ruys, thèse qu'il publie dans un ouvrage déjà couronné par un prix accordé par l'*American Society of International Law*. L'importance du texte des instruments pertinents, et le confinement de la nécessité à l'un des aspects de la légitime défense sont, cette fois, affirmés. Aucun statut supérieur n'est non plus attribué aux États occidentaux dans l'établissement de la règle coutumière. Tom Ruys développe donc une méthode plutôt restrictive, tout en prenant en compte l'objet et le but de la règle et en intégrant les effets de la pratique qui s'est développée après le 11 septembre 2001. Le tout offre au lecteur une analyse particulièrement développée et pointue à partir des nombreux précédents et textes pertinents. Sur le fond, Tom Ruys critique les théories de la guerre préventive, et plus largement de toute survivance d'une coutume antérieure à la Charte qui justifierait des interventions militaires incompatibles avec ses articles 2, § 4, et 51. Dans la conclusion de son ouvrage (pp. 541-545), Tom Ruys reproduit cependant un projet de résolution de définition de l'agression dont la lecture comprend manifestement de nombreuses extensions si on la compare à celle qui a été annexée à la résolution 3314 (XXIX) de 1974 ou qui a été réaffirmée lors de la conférence de Kampala de 2010. Cette définition intègre des aspects de développements progressif du droit international, de sorte qu'elle va incontestablement plus loin que ce qui ressort de l'analyse *de lege lata* qui constitue le corps de l'ouvrage. Il reste que, et ceci ne constitue qu'un avis personnel, on est devant une interprétation particulièrement subtile et argumentée du *jus contra bellum* institué par la Charte des Nations Unies. On pourrait même affirmer qu'il s'agit de l'ouvrage le plus rigoureux et le plus réussi existant à ce jour au sujet de la légitime défense.

O.C.

(1) *R.B.D.I.*, 2001, pp. 292-295.

FINKELSTEIN, C., OHLIN, J. D. et ALTMAN, A., *Targeted Killings : Law and Morality in an Asymmetrical World*, Oxford, Oxford University Press, 2012, XX et 496 p., ISBN : 978-0-19-964648-7

L'ouvrage recensé est le fruit d'une conférence qui a eu lieu à Philadelphia (États-Unis) en 2011 sur la question des assassinats ciblés. Il est composé des dix-sept interventions des professeurs de droit et de philosophie de plusieurs universités américaines ainsi que d'une intervention d'un *Judge Advocate* des forces armées américaines. Une introduction analytique pose les termes généraux du débat et fournit un résumé assez détaillé de chaque intervention. Les interventions sont regroupées en cinq parties :

I – The Changing Face of War : Targeting Non-combatants

II – Normative Foundations : Law Enforcement or War ?

III – Targeted Killing and Self-defense

IV – Exercising Judgment in Targeted Killing Decisions

V – Utilitarian Trade-offs and Deontological Constraints.

L'ouvrage est utilement complété par un index, une table de jurisprudence et une table des législations et autres instruments cités par les différents auteurs.

L'ouvrage s'inscrit dans la longue liste des œuvres doctrinales portant sur les assassinats ciblés, liste dont la longueur est justifiée tant par la complexité des questions posées par le recours à la pratique des assassinats ciblés que par l'actualité qui maintient cette pratique sous le feu des projecteurs (il suffit de penser, à titre d'exemple, à l'assassinat de Osama Ben Laden qui fait l'objet d'un chapitre distinct dans l'ouvrage). La particularité et le point fort de l'ouvrage recensé consistent en son approche interdisciplinaire assumée : les diverses questions posées par les assassinats ciblés sont analysées aussi bien sous un angle juridique que philosophique. Les interventions sont équilibrées, les fondements philosophiques et moraux du recours aux assassinats ciblés se voyant accorder autant d'importance que les fondements juridiques de ce recours. Les prémisses de l'étude, qui servent de toile de fond aux différents chapitres, se placent dans le contexte de la « guerre contre le terrorisme » : on retrouve l'idée selon laquelle la manière « traditionnelle » de la conduite des hostilités a été modifiée par la guerre contre le terrorisme et le caractère asymétrique des nouveaux conflits. Dans ce contexte, l'analyse des assassinats ciblés est déterminée par le choix entre le paradigme du conflit armé ou celui du maintien de l'ordre en tant que contexte général de tels assassinats. Cette distinction forme l'axe central de la majorité des interventions.

V. K.

GOODMAN, R. and PEGRAM, Th. (eds.), *Human Rights, State Compliance and Social Change. Assessing National Human Rights Institutions*, Cambridge, Cambridge University Press, 2012, 351 p., ISBN 978-0-521-15017-0.

National Human Rights Institutions (NHRIs) can be broadly defined as 'bodies established by a government under the constitution, or by law or decree, the functions of which are specifically designed in terms of the promotion and protection of human rights'. (2) While NHRIs used to be an institutional oddity only twenty years ago, they have now emerged in every continent and sub-region of the world, and – as

(2) United Nations, *National Human Rights Institutions : A Handbook on the Establishment and Strengthening of National Institutions for the Promotion and Protection of Human Rights*, 1995, p. 6, as referred to in the edited volume at p. 1, footnote 1.

the editors remark in their introduction – 'in dozens of democratic and undemocratic states alike'. NHRIs have been promoted widely by the United Nations as they can potentially bridge the disjuncture between human rights ideals and political reality on the ground. While the presence of NHRIs in the international human rights regime is becoming a settled fact, the significance of this new class of formal organizations is still undertheorized and not well understood. Goodman and Pegram intend to address this gap in literature with their edited volume. Whereas the "first generation" of NHRI literature focused mostly on general trends of diffusion of NHRIs and formal features in the design of the institutions, the present volume intends to take NHRI research a step further and aims to clarify the role of NHRIs in state compliance with international human rights norms as well as their role in socialization of domestic actors and institutions. As the scope of the book indicates, the volume subscribes to a multidisciplinary approach and aims to bridge legal scholarship with social science concerns of political contestation and norm diffusion.

The idea for the present volume emerged out of various conferences, lectures and fellowships convened by the Human Rights Program at Harvard Law School during 2007-2008 ; the period that Ryan Goodman served as director of the program. In November 2008, the Harvard Program recruited Thomas Pegram, and tasked him with the development of a broader project related to NHRIs, their success and on-going challenges in different political contexts. The present book, then, is the culmination of a conference convened jointly by Harvard Law School's Human Rights Program and New York University School of Law Centre for Human Rights and Global Justice in September 2009.

Each of the thirteen chapters of the book is grounded on profound research which often entails a critical and nuanced stance of the authors towards the significance of NHRIs as human rights promoters and protectors. The book is divided into four different parts, which provide rather loose correlations between the different chapters : NHRIs in Theory and Reality (Part I) ; NHRI Performance : Global, Regional and National Domains (Part II) ; NHRIs and Compliance : Beyond Enforcement (Part III) ; and 'Final Reflections' (Part IV). In order to get fully aware of the inter-linkages between the chapters and the broader significance of the findings of the chapters for the general human rights debate, it is indispensable to carefully read the introduction to the book, which presents three themes that run throughout the book : 1) refining the concept of NHRIs ; 2) norm diffusion and state compliance ; and 3) the domestic impact of NHRIs. The introduction summarises how these themes recur in the separate chapters, and explains the significance of major points of agreement and disagreement between the different contributors to the book.

Part I of the book – 'NHRIs in Theory and Reality' – encompasses three chapters tackling theoretical and analytical questions of a general nature, concerning the design, definition and evaluation of NHRIs. Sonia Cardenas starts off with a chapter building upon social science research on compliance with international norms, exploring reasons why states create NHRIs on the one hand, and investigating the subsequent influence of NHRIs upon state behaviour on the other hand. Contrary to the human rights field's focus on human rights violations to measure the effectiveness of NHRIs, Cardenas argues that an NHRI's effectiveness is most evident in the intermediate actions it takes ; i.e. when challenging the state and mobilizing civil society on behalf of human rights concerns. In a next chapter, Linda Reif embarks on a critical recentering of the NHRI concept in light of contemporary developments in NHRI practice. Reif concludes that the definitional templates used on the international level (such as the Paris Principles) do not accurately reflect the proliferation of NHRIs in practice. Accordingly, Reif highlights the need for human rights researchers to be aware of the definitional boundaries used on the international level, and to look outside them and take into account additional domestic institutions that play a role in human rights protection and promotion. In chapter four Julie Mertus critiques conventional analytical frameworks for evaluating NHRI performance. While the conventional NHRI evaluation (based on the Paris Principles) focuses on an assessment of structural NHRI features, Mertus proposes to move the focus of NHRI assessment towards whether the institution effectuates different forms of social change on the ground.

Part II of the book (chapters 5 to 9) considers 'NHRI Performance in Global, Regional and National Domains'. The chapters are more specific in scope and analyse the practices of NHRIs in engaging international institutions at the global or regional level : chapter five analyses NHRI functioning in the international human rights system ; chapter six addresses the setbacks and achievements of three NHRIs in "Anglophone Africa" (Nigeria, South Africa and Uganda) ; chapter seven studies the experience of NHRIs in the Asia-Pacific region ; chapter eight discusses the proliferation of NHRIs in former communists states of Central and Eastern Europe ; while chapter nine surveys the experience of NHRIs in Latin America. Part II accordingly extensively illustrates the construction of NHRIs through international and regional associations and processes. Taken together (and as concluded in the introduction to the book), the chapters indicate that international and regional associations and networks constitute a significant factor in the formulation of NHRIs and that this entails important areas of variation in NHRI creation and performance. Consequentially, the contributions to Part II of the book clarify why the population of NHRIs is composed of similar organizational structures and formal agendas.

Part III of the volume contains two chapters that specifically focus on NHRIs and their impact on state compliance with human rights. Building on new scholarship in the social sciences on opportunity structures and accountability theory, Peruzotti in chapter nine contends that the involvement of the Argentinean NHRI in a dispute involving massive environmental contamination constituted a 'turning point' in the social struggle. As Peruzotti finds, the Argentinian NHRI provided an entry point for civil society actors to the horizontal network of accountability agencies within Argentina and served as a bridge between social accountability initiatives and the intrastate network of horizontal agencies. In chapter ten, Uggla explains the compliance of Bolivian state authorities with the resolutions of the Bolivian Defensor del Pueblo. Uggla argues that the NHRI effectuated compliance not by building relationships with external civil society actors but by building relationships of trust with state authorities and mobilizing other mechanisms of influence such as peer pressure. Regardless of whether Peruzotti's or Uggla's findings are generalizable, the broader significance of the chapters is again made explicit in the introduction to the book. As is clarified by the editors, the volume embraces a broad conception of the powers that NHRIs might employ to effectuate compliance with human rights standards. Contrary to the general trend in international relations theory, it is thus argued to be important to look at channels of influence that exist outside formal enforcement authority and material inducements when assessing the impact of NHRIs on state compliance.

The final part of the book constitutes of two chapters that draw on the other contributions to the volume, and indicate important insights for future NHRI research. In chapter 12, Rosenblum critically evaluates the great proliferation of NHRIs under the impulse of promotional activities of various actors and institutions. In particular, Rosenblum highlights the gaps between the aspirational vision of NHRIs and the often sobering reality of NHRI effectiveness on the ground. The chapter ends with a call for a sceptical approach to NHRI impact. According to Rosenblum, 'a serious evaluation of NHRI performance should elicit critical reactions and seek to understand a NHRI in local context'. As institutions outlive the circumstances of their creation, the final chapter 13 focuses on the potential importance of NHRIs over the long term, particularly in establishing a venue for human rights activists to lodge claims. Meyer's chapter highlights how progress can be made in understanding NHRIs through explicating the different roles NHRIs can play both as actors and venues for action. While NHRIs often generate unrealistically high expectations and fail to close that gap, Meyer contends that this can have an unintended beneficial consequence, as 'aspirational words can inspire others, animating and legitimating meaningful action'.

The present volume does not give – and does not intend to give – a definitive account of the impact of NHRIs upon international politics or state compliance. Rather, this book gives greater insight into the conditions under which NHRIs are more or less effective in promoting or protecting human rights from a multidisciplinary perspective. Thereby, the book challenges some of the assumptions that underlie current thinking on NHRIs. The book leads to a better understanding of NHRIs and instigates a more nuanced approach regarding the potential impact of these novel actors on the human rights scenery. The volume constitutes an important step forward in the research on NHRIs and provides scholars and practitioners with a useful frame through which to better understand and further investigate NHRIs.

K. M.

Hamant, H., *Succession de l'URSS. Recueil de documents. Textes rassemblés, traduits et introduits*, Bruxelles, Bruylant, 2010, 362 p., ISBN 978-2-8027-2750-7

Comme Hélène Hamant le souligne « la succession de l'URSS est la plus importante, à commencer par son ampleur », de sorte qu'elle constitue un précédent dont on ne peut faire l'économie. Ce n'est pas la première fois que l'auteur se penche sur cette problématique. En 2004, elle avait publié un article sur le sujet dans l'*Annuaire français de droit international* (« La succession d'États de l'URSS en matière militaire », *A.F.D.I.*, vol. 50, 2004, pp. 213-230) et en 2007 un ouvrage intitulé *Démembrement de l'URSS et problèmes de succession d'États* (Bruxelles, Bruylant, 2007, 616 p., ISBN 978-2-8027-2407-0). A ces occasions, l'auteur avait analysé concrètement comment s'est déroulé le règlement de la succession d'États avec une focale particulière sur les questions militaires.

Le présent ouvrage adopte une démarche entièrement différente. De fait, tel que son titre l'indique, il s'agit d'une compilation de documents et de textes juridiques officiels ayant trait au règlement de la succession. On y retrouve des textes emblématiques comme que les Accords de Minsk et d'Alma-Ata, mais aussi de nombreux accords entre les républiques ex-soviétiques sur des points plus précis ainsi que des documents d'apparences plus marginales telles des notes ministérielles. Ces documents souvent issus des archives et inaccessibles aux non-russophones ont été traduits par Hélène Hamant. Elle permet ainsi au chercheur d'avoir accès à de nombreuses sources primaires, sources dont on connaît l'importance pour tout travail de recherche empirique. En outre, les différents documents ont été classés sous plusieurs thématiques. Après une brève introduction historique relatant en quelques pages la chronologie de la dissolution de l'URSS, l'ouvrage se décompose en dix parties : (i) accords de Minsk et d'Alma-Ata ; (ii) les initiatives prises par la Russie l'instaurant comme la successeure de l'URSS sur le plan international ; (iii) positions des États tiers ; (iv) succession aux traités ; (v) succession aux biens ; (vi) succession aux dettes et aux actifs ; (vii) succession concernant l'armée ; (viii) succession aux traités de désarmement ; (ix) incidences sur la nationalité ; et (x) conventions et projets internationaux en matière de succession d'États. L'ensemble de ces sections est précédé des quelques pages introductives indispensables pour mieux saisir la portée des documents qui suivent. Au demeurant, le spectre de textes choisis – qui couvre tant les relations entre républiques ex-soviétiques que les réactions (documents diplomatiques et discours) des autre États – offre un panorama général éclairant du processus de succession de l'URSS.

A. V.

Le Bris, C., *L'humanité saisie par le droit international public*, LGDJ, Paris, 2012, 667 p., ISBN 978-2-275-03816-2

L'ouvrage de Madame Catherine Le Bris, intitulé *L'humanité saisie par le droit international public*, résulte d'une thèse de doctorat soutenue, sous la direction du professeur Michel Bélanger, le 30 novembre 2010 à l'Université Montesquieu-Bordeaux IV.

Concept complexe et controversé, «l'humanité» a fait l'objet d'un nombre considérable d'études en droit international public. À cet égard, l'ouvrage repose sur un matériau doctrinal impressionnant et s'avère très richement documenté. À sa lecture, on perçoit d'ailleurs la mesure dans laquelle la réflexion de Madame Catherine Le Bris fut influencée par la pensée de certains maîtres francophones de la discipline, telle que celle, notamment, du professeur René-Jean Dupuy.

Pourtant, très loin de constituer une simple compilation d'écrits préexistants, l'ouvrage de Madame Le Bris s'avère original, à deux égards au moins. Original, d'abord, par l'approche retenue, laquelle ressort d'emblée du titre de l'ouvrage. Madame Catherine Le Bris se propose d'étudier non pas le concept d'humanité en tant que tel, mais plutôt de montrer la façon dont il irrigue, voire structure, l'ensemble du droit international positif. Original, ensuite, par l'optique méthodologique retenue. L'auteur a en effet entendu conduire une recherche de type positiviste, sans pour autant faire abstraction des considérations métajuridiques qui se trouvent aux soubassements du concept d'humanité. Outre sa clarté, cette grille d'analyse s'avère particulièrement riche en enseignements quant aux incidences juridiques du concept d'humanité. L'intitulé de l'avant-propos de l'ouvrage, signé par le professeur Pierre-Marie Dupuy, s'avère à cet égard significatif: «*Du bon usage d'un positivisme bien tempéré*».

Le lecteur est réellement impressionné par la richesse des analyses de fond que recèle l'ouvrage de Madame Catherine Le Bris, dont le champ d'étude paraît particulièrement riche. L'auteur remonte loin dans le passé (en étudiant, entre autres, la place de l'humanité dans l'émergence du droit des conflits armés), examine attentivement le présent (en s'arrêtant sur l'émergence de notions telles que la «responsabilité de protéger») et invite le lecteur à une réflexion sur l'avenir (en abordant les incidences juridiques du concept d'humanité sur des problématiques telles que l'eugénisme ou le clonage thérapeutique).

Cette diversité n'obère en rien la cohérence d'ensemble de l'ouvrage, lequel s'avère construit autour de deux parties solidement articulées: «I. L'humanité, principe fondamental du droit international public»; «II. L'humanité, sujet hypothétique du droit international public». L'effort conceptuel de systématisation fourni par l'auteur mérite indéniablement d'être salué.

Madame Catherine Le Bris a ainsi abordé nombre de questions controversées, qu'elle a systématiquement traité avec recul et rigueur juridique. L'auteur a, de notre point de vue, produit un ouvrage de très belle facture, indispensable pour quiconque entend comprendre la façon dont le concept d'humanité travaille le droit international contemporain.

N. H.

LESTER, S., MERCURIO, B. and DAVIES, A., *World Trade Law: Text, Materials and Commentary*, 2nd ed., Oxford, Hart Publishing, 2012, 950 p., ISBN 978-1-84-946222-8

There is a wide variety of textbooks that deals with the subject of the law of the World Trade Organization (WTO). Most of these contributions focus on a specific aspect of the law of the WTO, such as anti-dumping, agriculture, the role of developing countries, dispute settlement or the relationship between regional integration efforts (EU, NAFTA) and the WTO. Only a few of these books are specifically aimed at providing a general introduction to students (whether at undergraduate, graduate or postgraduate level) dealing with this distinct field of (public) international law. (3)

In 2008 the first edition of World Trade Law: Text, Materials and Commentary by Simon Lester, Bryan Mercurio, Arwel Davies and Kara Leitner was published. Now, four years later there is a newly updated version (Lester, Mercurio and Davies) of this textbook, which claims to offer a 'unique perspective' on WTO law, whilst being 'truly global' in outlook. The second edition contains eight parts, divided over nineteen chapters.

In the first part the contribution provides a general introduction into the economics of international trade and discusses the arguments for free trade or protectionist policies. In the next three chapters (Part II), the perspective is a historic and institutional one, with a focus on the nascence of the multilateral trading system by means of the GATT 1947, its role as an institution and the evolution to a rules-based international organization specifically dealing with trade in the form of the World Trade Organization. Furthermore the relationship between (public) international law and world trade law (Chapter 3) and the place of world trade law in domestic legal orders (Chapter 4) are discussed. In this respect the authors make a distinction between the concepts of direct and/or indirect effect as applied by domestic courts in the EU and those used by domestic courts in the US. Here one gets a first glimpse at what is meant by being 'truly global' in outlook, since Chapter 4.IV also assesses 'other jurisdictions'.

Part III is dedicated in its entirety to a discussion of what former WTO Director-General Renato Ruggiero once referred to as 'the jewel in the crown of the WTO'; its Dispute Settlement Mechanism. The dispute settlement process is discussed in a basic overview, whilst the sub-chapter containing statistics on WTO dispute settlement provides additional value of other textbooks as it illustrates the importance of the mechanism. Finally, thirty pages are spent to discuss systemic issues in the dispute settlement system, such as the fear of judicial activism.

In Part IV, V, VI and VII the focus of the book shifts to the substantive law of the WTO. Chapters 6 to 9 deal with traditional GATT obligations (6 and 7) and exceptions (8 and 9). The former provide a thorough discussion of the concepts of tariffs and quotas (market access), as well as the traditional rules on non-discrimination: the Most Favoured Nation treatment obligation and the National Treatment obligation. It is noteworthy that Chapter 6 provides quite an elaborate discussion on the importance of export restrictions (quotas and tariffs), as this is an issue that has attracted considerable attention (China – Raw Materials, and China – Rare Earths) since the publication of the first edition of this book. Chapters 8 and 9 elaborately discuss the

(3) The most prominent ones are M. MATSUSHITA, Th. J. SCHOENBAUM and P. C. MAVROIDIS, *The World Trade Organization: Law, Practice and Policy*, 2nd ed., Oxford, Oxford University Press, 2006, 989 p., P. VAN DEN BOSSCHE, *The Law and Policy of the World Trade Organization: Texts, Cases and Materials*, 2nd ed., Cambridge, Cambridge University Press, 2008, 917p., and J. WOUTERS and B. DE MEESTER, *The World Trade Organization: A Legal and Institutional Analysis*, Antwerp, Intersentia, 2007, 301 p.

exceptions GATT 1947 provides for regional economic integration (Art. XXIV) and the pursuit of other objectives such as health, environment and public morals (Art. XX).

Part VI deals with trade remedies for both fair and unfair trade. The discussions of the Agreements on Subsidies and Countervailing Measures (SCM Agreement), the Agreement on the Implementation of Art. VI of the GATT 1994 (Anti-Dumping Agreement) and the Agreement on Safeguards are elaborate, yet well-structured and written in an easy-to-comprehend manner. Here, again, the authors provide additional insights and comments on relatively recent problems such as the WTO compatibility of 'double remedies', a concept that was dealt with by the Appellate Body in US – AD/CVD (China). (4)

The penultimate part (VII) of the book discusses WTO rules on domestic regulation, services, investment, government procurement and intellectual property. The relevant agreements (SPS/TBT, GATS, TRIMS, GPA and TRIPS) are dealt with in a structured manner, highlighting the complexities linked to each agreement and discussing their roles in WTO dispute settlement.

In the last two chapters (18 and 19) that make up Part VIII, the authors deal with what they have termed 'Social Policy Issues'. First, they take an extensive look at the role of developing countries in the Multilateral Trading System. In particular they pay attention to the 'Developing' and 'Least Developed' country classification and the role these two groups of countries play in the negotiating process and in WTO dispute settlement. They also pay attention the role of Special and Differential Treatment provisions in WTO law. Chapter 19 puts the liberalization of trade in a broader context of policy making in times of globalization by looking at five different 'Trade and ...' topics. Environment, culture, labour standards human rights and health and safety are all discussed in their respective relationship with trade.

The last chapter of the book is a good example of one of the strengths of this contribution : the way in which it combines a discussion of the relevant rules of WTO law with their relationship with policy concerns of individual Members that go beyond the mere liberalization of trade. The book also stands out from other textbooks by discussing systemic implications of certain rules on the Multilateral Trading System as a whole. This is particularly well reflected in Chapter 8 on regional integration exceptions, which includes a discussion of Article XXIV GATT and places it into perspective by discussing the relationship between the WTO and Preferential Trade Agreements (PTAs) and the emergence of the Multilateralism vs. Regionalism debate. The 'guiding' questions included at the end of every chapter also provide readers with the opportunity for reflection on the Chapter read. Finally, the book is different from other textbooks in the field because it discusses, in quite some detail, certain domestic policies of WTO Members and their conformity with the obligations of the Member in question under WTO law.

Are there downsides ? If one were to be extremely critical, one could always find issues such as the fact that not all recent developments are incorporated. Inevitably, any textbook on the WTO faces the problem of the steady flow of Panel and Appellate Body reports. In 2012, six Appellate Body Reports have been circulated, three of which dealing with the Agreement on Technical Barriers to Trade (TBT Agreement). (5) Nev-

(4) See, Appellate Body Report, United States – *Definitive Anti-Dumping Duties and Countervailing Duties on Certain Products from China*, WT/DS379/AB/R, adopted 11 March 2011. The Appellate Body in this case reversed the Panel's finding that "double remedies" (the offsetting of the same subsidization twice through the concurrent imposition of anti-dumping duties based on an NME methodology and countervailing duties) are not prohibited under the SCM Agreement.

(5) Appellate Body Report, *United States – Measures Affecting the Sale of Clove Cigarettes*, WT/DS406/AB/R, adopted 24 April 2012 (*US – Clove Cigarettes*); Appellate Body Report, *United*

ertheless, the main articles at issue in these disputes are all explained in great detail. There are separate paragraphs on Article 2.1 TBT Agreement (National Treatment and Most Favoured Nation Treatment), Article 2.2 TBT Agreement ('More Trade-Restrictive than Necessary') and Article 2.4 TBT Agreement (International Standards).

Does World Trade Law: Text, Materials and Commentary (Second Edition) live up to its promise of offering a 'unique perspective' and whilst being 'truly global' in outlook ? It certainly offers a thorough update compared with the 2008 edition. The attention paid to the domestic implications (direct effect, domestic regulatory autonomy) means that the reader gains insight into the careful balance (trade) policy-makers have to strike between the liberalization of trade and the protection of other, non-trade, concerns. The inclusion of recent developments and statistics, combined with the fact that the book manages to place, often technical, rules of WTO law within the broader policy framework makes that any student of the subject would find this contribution valuable. As such the updated book is a worthy addition to university libraries across the globe.

D. G.

Leuprecht, P., *Reason, Justice and Dignity. A journey to Some Unexplored Sources of Human Rights*, Leiden, Martinus Nijhoff, 2012, 105 p., ISBN 978-9004-22043-0

Pour être bref par le nombre de pages (105 pages de texte), cet ouvrage n'en est pas moins d'une importance considérable pour quiconque persiste à s'interroger sur la pertinence du respect des droits de l'homme comme condition universelle d'une humanité homogène et apaisée. De quoi s'agit-il ? De mener une lumineuse démonstration permettant de liquider le débat stérile sur l'universalisme ou le relativisme des droits humains et dans le même mouvement d'aller au fondement des droits en dépassant les formulations juridiques dans lesquelles ils sont trop souvent enfermés.

Proposant à son lecteur un voyage en trois étapes, Peter Leuprecht, fort de sa longue expérience de la pratique des droits de l'homme en Europe (notamment comme Directeur des Droits de l'Homme au Conseil de l'Europe), et surtout du souci de voir l'être humain respecté partout, conduit dans cet ouvrage un projet précis. Il entend montrer comment l'Occident, en dépit des certitudes qu'il affiche à cet égard, n'a pas eu le monopole de l'invention des droits de l'homme. Et il démontre qu'il est vain de penser que ces droits auraient une origine géographique ou culturelle située et qu'ils seraient donc difficiles à concevoir par d'autres cultures. Pour mener ce périple, il fait appel avec une érudition impressionnante à des penseurs ayant appartenu à d'autres civilisations. Il montre alors comment, pour différents qu'ils soient entre eux, ces penseurs ont pu ouvrir un chemin fondé sur des valeurs communes, celles qui servent aujourd'hui de socle à la conception moderne des droits de l'homme. Mais par le choix de ses exemples (Confucius et Mencius pour la première étape, des penseurs du monde arabe, Avicene, Averroes, Ibn Khaldun pour la seconde et les auteurs chrétiens qui ont contesté la colonisation de l'Amérique pour la troisième) il enrichit et élargit sa problématique dans la mesure où il aborde de manière critique et parfaitement objective la question de la place de la religion dans ce débat.

States – Measures Concerning the Importation, Marketing and Sale of Tuna and Tuna Products, WT/DS381/AB/R, adopted 13 June 2012 (*US – Tuna II*); and Appellate Body Report, *United States – Certain Country of Origin Labelling (COOL) Requirements*, WT/DS384/AB/R, WT/DS386/AB/R, adopted 23 July 2012 (*US – COOL*).

Le premier message que l'on retient de ce livre est celui de la nécessité d'approcher les droits de l'homme en termes de valeur et non en termes de formulation juridique. On comprend alors que le juridisme moderne conduit plutôt à un appauvrissement de ce qui vient de la sagesse humaine. Ainsi, Peter Leuprecht montre-t-il comment Confucius a développé une conception éthique construite à partir d'une vision positive de l'être humain et de sa bonté et comment il a insisté sur le goût d'apprendre et la précision du langage. Nous livrant des explications éclairantes sur les notions confucéennes de «ren» (concept de synthèse des vertus), de «junzi» (notion correspondant à celle d'honnête homme) et de «li» (notion qui renvoie aux rites, aux contraintes de la vie sociale), l'auteur nous montre comment cette éthique séculière est basée sur la raison humaine, à la recherche de l'honnête homme, celui qui cultive les vertus. Mais cette voie vers la sagesse est tracée par la persuasion. Le droit et la contrainte qu'il engendre n'ont d'utilité que s'il y a échec. Le devoir suprême du gouvernant est d'instruire le peuple et Confucius doute de l'efficacité des sanctions. L'harmonie et la sollicitude pour les êtres humains sont ainsi dans le droit-fil de la tradition culturelle chinoise. Les auteurs du Siècle des Lumières le savaient bien et ils avaient montré un intérêt enthousiaste pour cette philosophie alors que les modernes persistent à développer une conception biaisée de l'apport chinois dans ce domaine.

La seconde et la troisième étape dans lesquelles Peter Leuprecht nous invite à le suivre vont ouvrir une autre dimension de la problématique des droits de l'homme. Il s'agit alors de se pencher sur des auteurs qui se sont situés au sein de grands courants religieux en tentant de développer une philosophie des droits, compatible avec leur foi. Ce que Peter Leuprecht veut alors nous montrer, c'est comment l'humanisme a pu conduire à concilier la raison et la foi en évitant le piège du fanatisme. Les trois penseurs issus de l'Islam classique sont très différents entre eux. Mais Avicène, Averroes et Ibn Khaldun, tous habités d'une réelle foi religieuse, ont pu construire une approche de l'autre fondée sur le refus du dogmatisme en cherchant à concilier raison et croyance, de manière à rester ouverts à d'autres humains qui ne partageaient pas leur religion. Ils ont en commun une grande confiance dans l'être humain et dans la raison humaine, la certitude de l'interdépendance des humains et de la nécessité du bien commun. Leur originalité est dans l'importance qu'ils accordent au jugement personnel et à l'interprétation personnelle. Ces éléments permettent de faire triompher la raison dans un environnement islamique et sont le gage de la liberté qui peut persister même pour ceux qui sont engagés dans une démarche religieuse. Ces données humanistes qui ont marqué la pensée de l'Islam méritent d'être rappelées d'autant plus que l'Occident chrétien s'est construit une figure de l'autre caricaturale. Peter Leuprecht rappelle utilement comment Monseigneur Brandmüller soulignait en 2005 que la Déclaration des droits de l'homme était le fruit culturel du monde chrétien. Il oubliait ainsi curieusement que le pape Pie VI avait dénoncé violemment la Déclaration française des droits de l'homme en 1791, considérant les principes de liberté, d'égalité, de liberté de pensée et de conscience comme un «droit monstrueux» et qu'en 1832, le pape Grégoire XIV avait rejeté cette «proposition absurde et erronée qui prétend que la liberté de conscience doit être reconnue à quiconque». Ainsi n'est-il pas inutile de revenir aux penseurs de l'Islam qui ont contribué à forger le chemin de l'humanisme et de l'égalité entre tous afin de couper la route à une appropriation indue de ces progrès par l'Occident.

La troisième étape du voyage proposé vient parfaitement corroborer l'idée que la construction en cours des droits de l'homme n'est appropriable par personne. En effet, Peter Leuprecht revisite alors deux grands personnages de la Scholastique espagnole, Las Casas et Vitoria. S'exprimant alors que l'Église catholique soutenait ouvertement la conquête de l'Amérique et les méthodes barbares qui y étaient employées, ils ont, à des titres différents l'un et l'autre, et Las Casas de manière beaucoup plus frontale que Vitoria, critiqué la position commune aux souverains et à l'Église. Et au nom du respect universel de l'humain, fondement du combat contemporain pour les droits de l'homme, ils se sont insurgés contre la dogmatique hypocrite qui infeste toujours les institutions religieuses. Celles-ci, par la voie du Pape ne s'étaient-elles pas engagées dans des menaces précises contre les Indiens qui ne reconnaîtraient pas la Reine d'Espagne, menaces de différentes mesures qui allaient jusqu'à la guerre. Cette analyse concise et rigoureuse contribue à persuader ceux qui auraient encore des doutes que les sociétés qui revendiquent un héritage chrétien n'ont aucune leçon à donner à quiconque car elles ont leurs pages noires d'une histoire faite de domination, de mépris des autres et de violations revendiquées des droits les plus élémentaires. Ainsi, le fondamentalisme n'est-il pas le monopole d'une seule religion, mais cette impasse, incompatible avec le libre usage de la raison et le respect des autres, qui vient de la certitude arrogante de posséder une vérité exclusive.

Et le travail mené par Peter Leuprecht montre bien comment la formalisation juridique peut conduire à la perte de la valeur originelle. Les sociétés occidentales, si fières de leur apport aux droits de l'homme, en se repliant sur le juridisme se sont engagées dans la voie d'une expansion considérable des sanctions et notamment des incarcérations. Dès lors que ces sanctions sont prononcées par le juge, elles ne sont pas considérées comme incompatibles avec la philosophie des droits de l'homme, en dépit de leur nombre grandissant et des conditions inhumaines et dégradantes dans lesquelles elles se déploient. Ainsi le fossé se creuse-t-il entre l'État de droit (qui justifie ces incarcérations) et les droits de l'homme (dont le respect ne peut conduire qu'à les contester). Et l'on n'ose imaginer la stupéfaction de Confucius à découvrir quelle proportion des populations des Etats-Unis ou de la France, pays qui se posent comme fondateurs des droits de l'homme, se trouve aujourd'hui derrière les barreaux.

On ajoutera pour finir deux remarques qu'inspire la lecture de cet ouvrage stimulant. Peter Leuprecht lui a donné pour titre « Raison, justice et dignité ». En invoquant la dignité, il rejoint la conception contemporaine des droits qui met l'accent, de plus en plus à vrai dire, sur la dignité. Mais à lire cet ouvrage, il n'est pas certain que la dignité ait été le souci prioritaire des auteurs étudiés. Il semble plutôt que pour eux la question essentielle ait été celle de la liberté. Ainsi y a-t-il comme un hiatus entre le titre de l'ouvrage qui met la dignité, notion passive au cœur du dispositif et la démonstration qu'il contient qui révèle que le fondement véritable et universel des droits est dans la notion dynamique de liberté.

Par ailleurs, et c'est l'apport non-dit mais le plus précieux de cet ouvrage, ce qui vient à l'esprit du lecteur en le refermant, c'est l'incompatibilité criante entre la défense véritable des droits de l'homme et le développement accéléré du capitalisme financier comme valeur dominante de la société mondiale. La mise en lumière des valeurs humanistes communes aux auteurs étudiés (en dépit des grandes différences de culture et de civilisation entre eux), donne à voir à quel point, ces valeurs sont déconsidérées aujourd'hui par le système économique. Il n'est que de penser à l'accroissement du chômage des jeunes dans le monde entier, à la dégradation des conditions de l'enseignement, à la marchandisation de la culture, à la priorité donnée aux intérêts des actionnaires aux dépens de ceux des salariés que ce soit à propos des fermetures d'usines ou des déplacements de populations pour la réalisation de grands travaux, bref au peu de confiance accordée à l'être humain, pour comprendre que les valeurs prônées par Confucius, Avicéne ou Las Casas ont été englouties aujourd'hui sous les intérêts de la finance. Alors le discours juridique sur les droits de l'homme et les quelques procédures accessibles aux victimes apparaissent comme dérisoires. Il ne peut y avoir de revitalisation de ces droits que si les sociétés concernées reviennent aux valeurs permettant leur promotion, ces valeurs dont l'importance est si bien soulignée dans ce livre. Tant que le culte de l'argent restera une valeur fondamentale, les droits de l'homme ne seront qu'une feuille de vigne cachant mal le manque d'humanisme du système mondial.

M. C.-G.

PAUWELYN, J., WESSEL, R. A. and WOUTERS J. (eds.), *Informal International Lawmaking*, Oxford, Oxford University Press, 2012, 549 p., ISBN 978-0-19-965858-9

Global governance structures include a variety of different forms of bilateral and multilateral cooperation. Alongside the more traditional way to create international law through the conclusion of treaties or customary law, for a number of decades now there is a tendency to engage in alternative methods to generate international agreement. Indeed, although for most pressing trans-boundary issues such as trade, investment, health, finance and human rights institutional frameworks have been established for many years and are fully operational, regulators have simultaneously been looking for less institutionalized forms of lawmaking. One of the most commonly heard justifications for this observation is the search of States, sub-state entities and private actors to engage in interaction across national borders that results in more desirable, detailed and effective regulation in technical or highly political matters. It is precisely this understudied category of international lawmaking that is labeled 'Informal International Lawmaking' by Joost Pauwelyn (Graduate Institute of International and Development Studies, Geneva), Ramses A. Wessel (University of Twente) and Jan Wouters (KU Leuven) and forms the object of a new edited volume, published by Oxford University Press.

Importantly, the book starts with an introduction to the concept of informal international lawmaking, abbreviated by the editors as 'IN-LAW'. The term 'informal' is used in contrast and opposition to 'traditional' international lawmaking. More concretely, IN-LAW is informal in the sense that it dispenses with certain formalities traditionally linked to international law. These formalities relate to lawmaking processes, actors involved and output generated. First, in terms of 'process', international cooperation may be 'informal' in the sense that it occurs in a loosely organized network or forum rather than a traditional treaty-based international organization. Such process informality does, however, not prevent the existence of detailed procedural rules, permanent staff or a physical headquarter. Nor does process informality exclude IN-LAW in the context or under the broader auspices of a more formal organization. Second, in terms of 'actors' involved, international cooperation may be 'informal' in the sense that it does not engage traditional diplomatic actors (such as heads of State, foreign ministers or embassies) but rather other ministries, domestic regulators, independent or semi-independent agencies (such as food safety authorities or central banks), sub-federal entities (such as provinces or municipalities) or the legislative or judicial branch. While the focus is on cooperation among governmental actors, it can also include private actors and/or international organizations. Third, in terms of 'output', international cooperation may be informal in the sense that it does not lead to a formal treaty or any other traditional source of international law, but rather to a guideline, standard, declaration or even more informal policy coordination or exchange.

Following this introduction, a first section focuses on the conceptual elaboration of informal international lawmaking. Joost Pauwelyn introduces research questions that are further developed from different angles. Ayelet Berman and Ramses A. Wessel take a legal perspective and observe that, in the current state of international law, that is, in the absence of a procedural international law on accountability, an international legal personality for IN-LAW networks is largely meaningless in relation to accountability questions. They argue that in IN-LAW processes its participants (domestic agencies or political actors) are the main source of accountability. Liliana Andonova and Manfred Elsig analyze IN-LAW schemes within a principal-agent framework. International relations theory enables the authors to treat IN-LAW networks as agents with authority delegated to them by executive agencies and ministers. Stefan Voigt on his turn reflects on why and when governments prefer informal agreements to more formal international lawmaking. Tools developed in institutional economic scholarship are employed and practices of the US regarding international agreements serve as a case study. A last, comparative, perspective is presented by Philipp Dann and Marie von Engelhardt who weigh the IN-LAW, NYU-IILJ's Global Administrative Law Project and the Heidelberg International Public Authority Project against each other.

In a second part of the book, the legal nature of informal international lawmaking is further examined. Joost Pauwelyn kicks off by raising the complex, yet conceptually important, question: 'Is it international law or not, and does it even matter ? '. He discusses the fine differences between, law, non-law, (legally) binding effects and normativity. Dick W. P. Ruiter and Ramses A. Wessel go one step further and use institutional legal theory to ask whether it is not possible to view IN-LAW as law. Jean d'Aspremont takes the opposite approach and argues against the encompassing of all 'new' normativity in legal terms. By way of a synthesis, Andrea Bianchi observes that the normative outcomes of IN-LAW have no distinct legal structure from treaties. Both could be seen as different points on a spectrum of commitment and affect States' incentives, because both, so it is argued, affect the relevant payoffs.

The book continues in a third part with an analysis of the impact of informal international lawmaking. Jan Klabbers discusses the position of international courts and tribunals in respect of IN-LAW instruments. The next chapter, on the interaction between informal and formal international law and the preferences for one or the other by States was written by Greg Shaffer and Mark Pollack. The authors discuss two parallel, yet related, universes existing next to each other and often addressing the same substantive issues in world affairs. In his contribution, Yane Svetiev, evaluates the impact of transnational regulatory networks on the basis of a case study on the International Competition Network.

In a fourth section, the accountability of the involved actors, processes, and output is assessed in five chapters. Eyal Benvenisti focuses on possible 'accountability gaps' of IN-LAW, by taking into account the notion that different lawmaking mechanisms may benefit certain actors and constituencies while they disadvantage others. Building on the Benvenisti findings, the Leuven quartet Tim Corthaut, Bruno Demeyere, Nicolas Hachez and Jan Wouters set out key parameters in order to strengthen the accountability of IN-LAW mechanisms. Their suggestions to operationalize accountability in the IN-LAW context are drawn from a careful analysis of accountability problems of IN-LAW mechanisms. Subsequently, Fabian Amtenbrink advances a conceptual framework based on which the (democratic) accountability of IN-LAW actors can be assessed. He uses macroeconomic policy and financial market regulation as case studies to develop indicators. Although purely private cooperation falls outside the IN-LAW scope, the editors included a chapter on private participation in IN-LAW, of which Harm Schepel is the author. Finally, Ellen Vos seeks to identify what kind of mechanisms have been created to control European agencies and hold them accountable.

In the final section, the book focuses on domestic elaboration and implementation of IN-LAW. By reading this book, it becomes clear that the underlying assumption of the editors is that much of the legal implementation of IN-LAW does takes place in binding domestic law and that the accountability problem of IN-LAW essentially arises at the domestic level and must be resolved there. Lorenzo Casini analyzes the different, crucial roles national administrations play in IN-LAW. Casini also points to an existing paradox : the less structured global networks are, the less globalized domestic legal orders remain. In a next chapter, focusing on Swiss law, Alexandre Flückiger shows how domestic law has introduced various mechanisms to ensure legitimacy and control. According to the author, the growing expansion of IN-LAW will increase the expectations to further democratic control mechanisms, which inevitably will lead to more democratic safeguards but also more formalization and less flexibility. To some, however, the ultimate answer as to the nature and effects of IN-LAW is to be found in the way that it is applied by domestic courts. The actual role domestic courts can play, partly depends on the way IN-LAW is (to be) implemented domestically. Two case studies, on the US implementation of the Basel II Accord on banking supervision (by Pierre-Hugues Verdier) and of the International Conference on the Harmonization of Technical Requirements for Registration of Pharmaceuticals for Human Use (by Ayelet Berman) provide the reader with interesting insights in these processes. The editors conclude the volume and its many interesting contributions in a final chapter, by portraying an assessment and a template to keep informal international lawmaking both effective and accountable.

One of major advantages of the IN-LAW book is that it is the fruit of a research project entitled Informal International Lawmaking, launched in November 2009 for a two-year period and sponsored by the Hague Institute for the Internationalization of Law (HiiL), and as such draws on extensive research results. Furthermore, it adds to the broader debate on global governance by analyzing the reasons why IN-LAW has emerged and is on the rise sociologically, strategically and normatively. Notwithstanding the multi-disciplinary approach taken in the first section of the book, students of (sources of) public international law should be pleased to see the serious legal effort made to trace and assess the sources of true global governance. The assessment of practical legal questions flowing from IN-LAW (is it law, does it have legal effects, do networks have legal personality, how does informal law interact with formal law, and what does IN-LAW mean for the discipline of international law ?) will undoubtedly feed further pertinent discussion. The editors finally also present a conceptual framework to improve the accountability of IN-LAW focusing on international and, in particular, domestic mechanisms. The volume thereto builds on lessons learnt from private regulation, domestic law and EU law which face similar problems. Overall, the book has a surprisingly positive tone. The editors argue that IN-LAW may actually be more adapted to the challenges of our society and, on top of that, also be more transparent and ultimately more accountable than many parts of traditional international law.

S. D.

Erratum :

Revue belge de droit international, numéro 2011/1-2, p. 271, résumé, 2e §, il faut lire :

« Mais ces inconvénients **pourraient** être palliés si la haute juridiction **reconnaissait** dans un premier temps, que la demande additionnelle est une demande en justice, et que dans un second temps, elle est une demande incidente ».

Table des matières - Inhoud - Table of Contents

DOSSIER SPÉCIAL :

Israël — Palestine, trois questions actuelles de droit international

ETUDES - STUDIES - STUDIES

CHRONIQUES - KRONIEKEN - CHRONICLES

COMPTES RENDUS - BOEKBESPREKINGEN - BOOK REVIEWS